高等学校内部审计知识系列丛书
Series On Internal Audit In Higher Education

审计结果性文书
选例读本

复旦大学审计处　/编

复旦大学出版社

编 委 会

丛书策划

袁正宏

丛书编委会

主　　编　郁　炯
编　　委　张　育　谢静芳
　　　　　刘丹丹　郑　勇

本书编委会

主　　编　郁　炯
副主编　张　育　谢静芳
编写人员　郁　炯　张　育　谢静芳
　　　　　刘丹丹　郑　勇　高卫强
　　　　　刘　妍　陆茂华　张璐妍
　　　　　　　（以上为复旦大学参编人员）
　　　　　高浩玮　江　进　金　晶
　　　　　雷洋昆　许　斌　周国华
　　　　　郑梅娟　张晓钧　郑耀琦
　　　　　　　（以上为其他单位参编人员）

序 一

　　随着我国经济改革的不断深入和互联网的日益普及，作为一个组织，其应承担的各种责任越来越清晰，也越来越透明。过去，由于种种原因，如果出了一些问题，组织往往通过各种渠道和方法，将这些问题掩盖、蒙混过去。但是，现在不行了，互联网随时会将事情真相反映出来、曝光出来，让群众了解真相，最后使组织得到应有的处罚。也就是说，到了今天这样的环境，任一组织应该承担的必要责任，如果没有做到位，社会和环境就会监督你到位；如果违反了，就必须接受问责，承担应有的处罚。这就是现实。因此，发挥好组织治理结构中不可或缺的内部审计部门的作用，其重要性已到了不言而喻的地步。

　　在我国的内部审计领域，目前存在着两大类群体：一类是包括学者、专家等在内的少数精英，他们研究内部审计的当下与未来，发表的见解偏重于理论性；另一类是战斗在第一线、数量庞大的基层审计工作者，他们深陷于繁复细致的实际工作，无暇探究与提炼审计实际运行的经验与法则。虽然市面上有关内部审计的著作比比皆是，但那些经典著作读起来旷日费时，需要细细咀嚼、慢慢消化；而现实中的审计人员，却更需要一些工具类的书籍和通用类的手册，因为这对于他们的日常工作有极大的帮助。可惜这类书籍并不太多。现在，我很高兴地看到，由复旦大学审计处郁炯老师领衔编撰的《审计结果性文书选例读本》，恰巧在这两者之间架构起一座桥梁。

　　这本书的出版，对于高校审计人员来说无疑是一个福音。在具体工作过程中，他们往往将如何把握审计报告中的度，如何恰当地把握审计中的结果，视为一件痛苦的事情。这是在以往教科书中无法学习到的知识，但又是必须面对、无从逃遁的现实问题。现在有了这本书,可以提供非常实用、有效的借鉴,可以事半功倍地迅速解决他们审计工作中的困惑。从这点上来讲,这本书是高校内部审计工作科学开展的一个非常有效的工具。

这本书的选题新颖、立意独特,其丰富的内容凝聚着郁炯老师及其同事们在高校内部审计战线经年积累的心血与结晶,也折射出复旦大学等高等学校内部审计的实力与水准。我更认为,它的可贵之处,不仅在于收集整理了高校内部审计有代表性的审计业务结果性文书,更在于通过前言、总论和各章节的概述、简述及对每一选例的具体评析,将高校内部审计的理念、定位、任务和每一类业务特征,进行认真的推敲与研究。这种理论引领实践、实践印证理论的阐述方式,让审计概念活泼起来,让审计业务生动起来,让文书逻辑清晰起来,让阅读体验丰富起来,可谓用心良苦。

我注意到,在前言中,郁炯老师将内部审计的职业内涵浓缩为"利物不争、上善若水"八个字。我以为,这本书的推出,正是将内部审计"利物不争、上善若水"的职业内涵身体力行地落实于内部审计自身领域的一种最好体现;我也以为,本书不仅适用于高等学校内部审计同行,同样适用于其他行业的内部审计工作者阅读与借鉴,亦可为高等学校审计教学的案例之用。

我为这类书籍的出版,鼓与呼!

李若山

2019 年 3 月 23 日于复旦大学

李若山:

复旦大学管理学院教授、博士生导师。新中国成立后我国培养的第一位审计学博士学位获得者。曾任厦门大学经济学院会计系副主任、经济学院副院长,复旦大学管理学院财务系主任;现任教育部工商管理学科指导委员会委员、上海证券交易所上市公司专家委员会委员、财政部会计准则委员会咨询专家、中国会计学会学术委员会委员、数家上市公司独立董事。

序 二

　　这是一本泽惠后学的好书。好在真材实料，好在刀法纯熟，好在活色生香，为我们提供了一道道精神大餐。

　　审计学是致用之学，来不得半点虚招。从审计结果性文书里学审计，是个捷径要津。审计的立意格局、策略套路、质量水平都体现在审计结果性文书里，处处见真功夫。这本书既是本案例书，又是本指导书，编者广收博采各类原汁原味的审计报告等文书加以编辑分析点评，让我们见识了一场审计报告的盛宴。所选文书绝非千篇一律，丰富多彩的探索处处可见。这些审计文书启示我们：审计报告还可以这样写，审计还可以这样做，审计原来是这样有趣。

　　此外，这本书还是教育审计行业的一个精彩展现。一个个精彩报告的背后，是一群精彩审计人的道义担当与专业奉献。通览全书，我们不禁感叹：教育审计内容是这么丰富，技术方法是这么强大，对治理管理是这么有用！

　　存志留史，以启后学。感谢郁炯老师，是她的精神魅力和专业眼光带领和凝聚大家成就了这本好书，让我们感谢她，深深地感谢她。

王 雷

2019 年 3 月 20 日于北京大学

王雷：

　　北京大学研究员。曾任北京大学审计室主任，现任北京大学纪委副书记、党委巡察办公室主任、内部控制管理办公室主任；财政部内部控制标准委员会咨询专家、审计署高级职称评审委员会委员、中国教育审计学会专业规范委员会主任、中国内部审计协会准则委员等。

目 录

第一部分　高校基础性审计业务文书

第二部分　高校经常性审计业务文书

前　言

　　本书选题的确定纯属偶然。2018年4月前后,我与一位同事,也就是本书的副主编之一,因执行教育部的一个异地审计任务而朝夕相处了月余。其间,我俩围绕着所共同从事的内部审计职业,聊得很深、很广。

　　我俩聊到,内部审计从其萌芽发展到形成一门具有理论和方法体系的学科,已有几百年的历史。尽管它在组织机构、审计范围、审计方法等方面不断地发展与变化,但其根本性质却从未改变,就如国际内部审计师协会(IIA)2001年《国际内部审计专业实务框架》和我国2014年《中国内部审计准则》共同的定义:"内部审计是一种独立、客观的确认和咨询活动。"这里的"独立、客观",精准地道明了内部审计与身俱来的执业特征和应当秉持的执业态度;而"确认和咨询",则明确地指向内部审计执业行为的作用和结果。

　　我俩聊到,内部审计事业正处于历史上最好的发展机遇期,曾长期困扰内部审计的存废之虞不复存在,党的十九大已明确将内部审计视作新时代审计监督体系的基础和国家审计战略统筹的有机构成,内部审计将被赋予更多的职责。然而,欣喜与鼓舞之余,我们备感忧虑和惶恐——一种极深的责任忧虑和一种强烈的能力惶恐。因为,接踵而至的无疑将是上下左右对高质量审计结果的迫切要求。那么,我们的履职能力,是否能够应对这前所未有的严峻挑战?

我俩聊到,作为大学治理中不可或缺的内部审计部门,担负着监督与服务的两个天然职能。这里的监督与服务绝非对立的关系,而是相辅相成、相得益彰的。若用语言去具象地解释这两个职能,如下的表述似为妥帖:所谓监督,实为防止学校在业务运行中对政策法规执行出现偏差,而由内部审计部门实施的一种检查和鞭策;所谓服务,是指通过审计工作者的付出,使学校各级组织以及人员受益的一种协助与关怀。这正是内部审计的初心。那么,在这样的初心之下,审计人应当如何站准定位、把握方向,去开展这种"检查和鞭策"、实现这样的"协助与关怀"?

我俩聊到,无论是检查和鞭策,还是协助与关怀,最终都必将集中体现在审计结果性文书里。这里所言的审计结果性文书,是审计人员经过必要的实施程序后所形成的审计结论性意见和建议文书的统称。其中,有各类审计项目实施后,所形成的内容翔实、直言弊端的"审计报告";有围绕学校焦点、难点或热点问题开展审计调查后,所出具的有针对性的"审计调查报告";有为学校相关职能部门加强管理、科学决策,提供的施之有策的"审计咨询意见书";也有发现涉及制度、机制或方法等管理缺陷和管理漏洞后,向相关职能部门提出言之有据的"审计建议书";还有在察觉学校发展过程中的重大风险、影响或制约发展的瓶颈性问题时,主动向学校主要领导发出预警的"审计要情"。

我俩聊到,上述审计结果性文书,是审计人在依法依规履行职责过程中形成的工作结晶,是审计实施结果的载体,更是内部审计部门的立身之本。因为审计结果性文书的品质优劣,将直接呈现为审计价值的高低,表现为学校领导的重视程度,随之转化成"有为才有位"的现实。然而,即便是相同的审计程序、审计方法以及审计文本模板下形成的审计结果性文书质量,也会因各种因素而不尽相同,甚至是云泥之别。因此,尽量缩小这种差异性或曰不均衡性,已成为内部审计管理工作的重中之重,也可谓莫此为甚。

　　我俩也聊到,内部审计的职业内涵,当为"利物不争、上善若水",故"善谏言、不争功"实乃我们的从业之道和行动指南。在当下审计环境已然改善与优化的条件下,过往的"被审计对象不理解""职能部门不配合"或"学校领导不重视"等借口已统统不复成立。我们该如何去获取与审计职能相匹配的地位,如何站上与审计职能相符的舞台,已完全取决于我们自己如何来立身、立业、立信。试想,在审计实施后,若我们的审计结论没有相当的说服力,怎令被审计对象真正信服并警醒? 若我们的审计发现没有深度、审计建议没有高度,何谈相关职能部门的真心认同并采纳? 在学校事业运行过程中,内部审计若发挥不了应有的建设性作用,更遑论学校高层依靠审计、尊重审计,进而支持审计的发展!

　　交流之中,一个念头猛然萌生,何不对我们这些年来审计实践所积累的各类文书进行梳理与提炼,在已有的《经济责任审计知识读本》和《建设工程管理审计知识读本》的基础上,再编撰一本《审计结果性文书选例读本》?! 如此,既可从逻辑上展示在既定的审计规程基础上,通过审计实施所获取的与审计目标一致的最终结果,用以充实"高等学校内部审计知识系列丛书",也据此推动各高校内部审计部门建立以文书质量为导向的工作机制,促进内部审计结果性文书质量的提升,从而更有效地服务于高等教育事业发展的需求。

　　这便是《审计结果性文书选例读本》(以下简称《读本》)诞生之由。

　　《读本》参考了来自不同高校的审计结果性文书,整理后编辑为58个选例,根据高校内部审计业务分类和实施的现状,通过三大部分十章进行集中展示。各章的内部结构均呈现为三个层次:首先,对相应类别的审计业务概念、特征、要义等进行表述;其次,对所选文书进行综合评析;最后,展示具体的选例文书。虽则三个层次的篇幅不同,但其承载的作用同等重要,难分仲伯。

　　第一部分为两章25个选例,在概述和简述之下,先后展示了大家都耳熟能详的两类基础性审计业务结果性文书,即领导干部经济责任审计和建设工程管理审计。鉴于其为高校内部审计最常态也最频繁的业务活动,因而文书选例的份额最大,文书内容亦相对成熟。

第二部分共四章,在概述的带领下,分别展示了高校经常性审计业务报告的11个选例,尽可能覆盖了当前高校已开展或应开展的审计业务类型,包括第三章"预算管理审计"、第四章"科研经费管理审计"、第五章"内部控制审计"和第六章"绩效审计"。但由于其中的某些业务开展频次相对不高,实例基数亦相对有限,故内容和篇幅或显偏颇而无法概全。

第三部分由四章组成,这是颇具特色的一个部分。它通过概述和22个选例,反映了内部审计在参与学校治理的探索过程中所生成的更富建设性的审计成果。第七章"专项审计调查"、第八章"审计咨询"反映内部审计发挥职业优势、服务学校大局的一种积极作为;第九章"审计建议书"、第十章"审计要情"则展示内部审计主动识别系统风险、践行价值创造的拓展性成果。这几类审计行为所产生的增值效应,令内部审计工作变得有趣且更有意义。

对于《读本》的编撰,需要作如下特别说明:

首先,"总论"和各章节的"概述""简述"以及结果性文书撰写规律等的阐述与提炼,均基于且受限于编者的认知和实践,虽然我们力求在概念、定义与措词上的准确与扼要,但未必能做到,也一定无法全面与尽然。

其次,"选例评析"的成效和亮点等描述,虽多源于实际但又不同于实际,是为更准确地体现主旨经恰当演化后的产物,因其携有明显的高校特征,且存在一定的局限性,难免有所不当或不足。

最后,"选例文书"的挂一漏万实为必然,且文书体例及内容亦仅供参考。其中审计发现的问题素材,虽均源于高校实例,本属"实然"的范畴,但因在编辑时已作提炼、切换或融合等重构处理,故已转化为一种"应然",不宜也无法对号入座某一高校的某一具体审计项目。此外,为便于阅读或更加清晰直观,与实际操作不同,文书中的金额单位大都以

"万元"或"亿元"整数表述,且对大多数金额作了屏蔽处理,部分具体问题或表格亦作相应省略。

总之,《读本》的编撰初衷在于分享和启迪。但如同在实施审计项目时,审计人员能做到的只是提供合理保证却无法给予完全保证一样,该《读本》的总论、引言、概(简)述和选例评析、选例文本等系列内容,也只能给予审计同行以借鉴思路,无法提供全方位的保证。

《读本》源于实践,极接地气,可供以下对象阅读或参考:高校的内部审计工作者,高校各级组织的管理者和相关业务部门的管理人员,为高校内部审计服务的社会审计机构人员,以及非高校条线的内部审计同行。鉴于《读本》汇集了不同审计业务领域的文本模型,且对内部审计的理论与方法有较为全面的阐释,我们以为,它亦可用作高等学校审计专业教学的辅助用书。

编辑《读本》的过程,是我们重新认识内部审计静水流深之职业内涵和职业特征的过程,也是我们重新审视既有审计行为规范和设计未来审计发展路径的过程。但受本身的见识和水平所限,且时间相对仓促,故本书一定存在不少缺陷与瑕疵,敬请同行包涵,并欢迎阅者斧正。

愿我们的这种尝试是有价值的,更愿我们此次的提灯而行,能够成为一束光——哪怕只是微弱之光,映照内部审计工作者的爬坡之程以及必须抵达的终点。

路虽远,行则方至;事不易,做则有成——这是本次编辑《审计结果性文书选例读本》带给我们最深切的启迪与感悟。

主　编

2019 年 3 月 10 日

审计实施结果的载体与结晶

在以审计结果性文书为主题进行选例展示之前,让我们重温内部审计的基本职能,以更深刻地领会现代内部审计的思想精髓和核心价值,准确地把握内部审计的发展方向。

内部审计的本质在于受托责任关系。著名审计学者佛林特曾指出:"审计是确保受托责任有效履行的手段,在受托责任的委托、执行和解除过程中发挥着一种控制机制的作用。"同样,高校的内部审计也是以满足大学治理和管理需求为基础,为确保受托责任履行的一种内部控制机制。由此,我们可推导出这样一个结论,在本质上内部审计是一种具有内向性特征的服务型职能。

内部审计的服务型职能,基于内部审计的独立评价职能发展而来,进一步细化,可分为"确认服务"和"咨询服务"。其中,确认服务职能具备传统审计的完备要素,是指在对证据进行独立客观的检查后,依据某种标准,针对组织治理、管理和控制的过程或结果而发表审计评价意见的活动;咨询服务职能由确认服务职能衍生而出,是指经过必要的实施程序后,内部审计为帮助组织实现改进治理、完善管理和加强控制,提前识别风险而提供审计咨询意见的活动。

2013 年 8 月发布的《中国内部审计准则》提出了目前最具权威性的中国定义:"内部审计是一种独立、客观的确认和咨询活动,它通过运用系统、规范的方法,审查和评价组织的业务活动、内部控制和风险管理的适当性和有效性,以促进组织完善管理、增加价值和实现目标。"这个定义与2001年1月国际内部审计师协会《国际内部审计专业实务框架》发布的国际内部审计最新定义已完全接轨:"内部审计是一种独立、客观的确认和咨询活动,旨在增加价值和改善组织的运营。它通过应用系统的、规范的方法,评价并改善风险管理、控制和治理过程的效果,帮助组织实现其目标。"这两种定义高度概括了内部审计的特征、功能、业务范围、审计内容和审计目标,精准诠释了现代内部审计的思想内涵和价值理念:

"独立、客观",构成了内部审计职业道德规范的基本要素;"确认和咨询",确认了内部审计的基本职责;帮助组织实现目标,则是内部审计的根本任务,更是其得以生存与发展的基础。由此,高校内部审计的转型,势必是一场无可抗拒的变革。

2018年3月1日起施行的《审计署关于内部审计工作的规定》(审计署令第11号)明确:"内部审计是指对本单位及所属单位财政财务收支、经济活动、内部控制、风险管理实施独立、客观的监督、评价和建议,以促进单位完善治理、实现目标的活动。"因此,我们必须明了,有关内部审计职能服务型属性的定论是对应于所在高校管理层而言的。而相对于高校的院系中心、业务部门或所属单位等内部细胞(即审计对象),内部审计毋庸置疑地体现为一种控制与监督,只不过是以服务学校治理为根本目的的控制与监督,即应合了我们常道的"监督为手段,服务是根本"的口号。

由此可见,内部审计是运用专业技术,通过"独立、客观的监督、评价和建议",履行审计确认职能或审计咨询职能,以发挥作为组织"免疫系统"的预防、揭示和抵御功能,执行识别和减少组织运行风险、净化和更新组织肌体的专项任务,从而实现服务于组织治理、内部控制和风险管理的内部审计工作目标。

然而,无论是确认、咨询,抑或是监督、评价和建议,内部审计履职的最终结果,都将以审计结果性文书作为载体,报告给授权人(校领导),反馈与委托者(相关部门),并提供给相关利益方(被审计对象、有关业务部门),从而为他们所运用、参考。

受限于主题,有关高校内部审计履职过程,即审计实施的组织方式和目标实现路径,本文不作展开阐述,读者可参阅文后的三张插图(审计实施流程图、审计管理四维体系图和审计质量与审计价值关系图)。

本书所称的审计结果性文书,是指内审部门在实施审计业务后,用来记录和报告内部审计履职情况和结果的各类文书的合称,是内部审计成果的重要体现,也即审计实施结果的载体与结晶。

基于内部审计的基本职能,在高校的审计实践中,审计结果性文书体现为以下两大类型:

一是以审计确认服务为主要导向的文书类型。这是内审部门落实学校年度审计计划中的具体审计业务,根据特定项目的不同审计实施方案,在实施必要的审计程序后,对被审计单位业务活动和内部控制的恰当性、合法性和有效性所出具的一类书面文件。通常包括经济责任审计报告、预算管理审计报告、内部控制审计报告,建设工程管理、科研经费管理等各重点业务领域的常规审计报告和专项审计报告等。

二是以审计咨询服务为主要导向的文书类型。这是高校内审部门利用职业优势和专业判断,为最大限度地挖掘内部审计的增值效益而主动出具的另一类书面文件。它的表现形式可以是审计调查报告、审计咨询意见书,也可以是审计建议书、审计要情等。

若把内部审计工作比喻为一项生产活动,审计结果性文书就是这项生产活动的终端产品。终端产品的质量优劣,既是各层级的利益相关者认可与否的决定性因素,更是打造"有为才有位"良好环境的关键所在。因此,通过有增值作用的审计结果性文书,积聚内部审计的能量,体现内部审计的权威,实现内部审计的作为,是下一阶段以及未来推进高校内部审计事业可持续发展的着力点之一。

关于审计结果性文书的撰写，审计署《第 2106 号内部审计具体准则——审计报告》中已有明确要求：

一、实事求是、不偏不倚地反映被审计事项的事实；

二、要素齐全、格式规范，完整反映审计中发现的重要问题；

三、逻辑清晰、用词准确、简明扼要、易于理解；

四、充分考虑审计项目的重要性和风险水平，对于重要事项应当重点说明；

五、针对被审计单位业务活动、内部控制和风险管理中存在的主要问题或者缺陷提出可行的改进建议，以促进组织实现目标。

与撰写文学作品和任何行政公文一样，审计结果性文书的撰写，也必须始终紧扣与把握"为什么写""写给谁看"和"怎么写"这三个核心问题。前两个属于目标性问题，是为"道"；后一个属于方法论问题，是为"技"。这里面的逻辑关系是，只有先确定并明晰了目标，才有可能找到并运用恰当的技艺去实现既定的目标。同时，"技"又近乎"道"，当技艺达到巅峰时，亦可反过来推动目标的实现。

高校的审计结果性文书撰写要求以及表述方式，或会因审计业务类别、审计方式方法以及审计实施重心的不同而有所不同，但单从"技"的角度，客观、缜密、理性、清晰，体现重要性原则和具有建设性，一定是应当普遍遵循的基本要求。在上述五点基本要求的基础上，我们对其作了进一步的延伸与细化：

一、**事实清楚，数据准确**。所列举的事实和数据必须真实可靠，且事实描述和数据引用应当支撑观点的需要。

二、**重点突出，主次分明**。应按重要性原则和系统性要求，合理归类所发现的问题；每类问题均应有具体定性的小标题，其下再列举相应的事实。

三、**分析客观，评价恰当**。应当做到紧扣特定事项，语言运用恰当，法规引用准确，问题定性客观，评价独立公正，结论符合事实。

四、**逻辑清晰，文风简明**。梳理因果关系，厘清内在规律。数据与事项之间的关系可用复式图表描述，尽量避免使用专业术语，切忌使用强调性或指责性的话语，不可使用华丽辞藻，不应使用形容词。

五、关联审计发现，提出切实可行的审计建议。应当结合审计发现，从治标和治本两个层面，提出针对性强、符合客观环境的审计建议。

同样的审计文书模板，同样的审计实施方案，同样的审计生产流水线（内容、范围、程序等），甚至是同样的审计发现，因经不同的审计人员之手，所产出的审计文书依然会质量不同、效能不同，由此带给文书阅读者的感受也将截然不同。

以编者多年实践的体会，审计结果性文书的最终生成，须经历部门内部从文书初具雏形到最后定稿的多环节运行（整理分析工作底稿、研讨报告内容、撰写初稿和审定终稿）、多层级管理（审计人员、审计组长、分管领导和审计部门主要负责人）。由于每一环节和每一层级本身的不同定位和不同作用，因而各环节、层级有不同的撰写内容要求和文字处理技巧，不可能一蹴而就、一步到位。也就是说，这应该是一个反复磨合提炼、由细至精、化繁为简的"进化"过程。所谓的进化过程，是指各环节、各层级的审计实施精细化管理全过程，包括如何把握政策方向、如何发现重大和主要问题、如何明确定性标准、如何提升评价准确性和提出建议的科学合理性等诸多要素。因此，若出现初稿就是定稿的情形，在理论上是不应该的。

总而言之，审计结果性文书在实质上体现为一种逻辑能力：审计发现是审计结果性文书之眼；风险评估、问题定性和管理建议是审计结果性文书之魂；谋篇布局、行文体裁和遣词造句是审计结果性文书之翼。

诚然，一份好的审计结果性文书不仅是写出来的，而且是靠项目做出来的，是靠对项目整体实施过程的有效控制管出来的。这既取决于审计工作者的能力和品行等因素，更与审计工作者对业务内涵的透彻理解以及敢于担当与否的勇气密切关联。

必须说明的是，本书之所以定名为"选例"而非"范例"，就是我们自知并非是标准的范文。最终择定的 58 个选例,也是"弱水三千,只取一瓢",仅为高校同类审计业务中审计结果性文书的沧海一粟。若严格对照中国内部审计协会相关审计报告准则的要求,入选文书在要素、内容等方面尚存差距。基于内部审计基层运行的实际需求,我们在基本遵循内部审计准则的前提下,力求文书的行文既切合高校的特点,更易为使用者理解,且符合多数人的阅读习惯。同时,考虑到《读本》的体量过于庞大,为兼顾阅读体验,对文书中形式雷同的常规性内容(如文号、审计依据、审计概况、送达对象和抄送部门等)和细节性问题描述以及部分表格数据等,我们有选择性地作了或省略或简化的技术处理。因此,审计同行在参阅时,应当摒弃简单的路径依赖思维,避免文字措词的生搬硬套,应当结合所在行业或单位的实际,注重三个"相对"与"更加":

相对于文书元素,更加注重力求切合内部审计准则的相关具体规定;相对于文书模板,更加注重审计实施的方式与方法;相对于文书内容,更加注重审计实施的思路和着力点。

新时代的号角已经吹响。《中共中央关于全面推进依法治国若干重大问题的决定》明确了对权力运行制约和监督体系的八个组成部分(党内监督、人大监督、民主监督、行政监督、司法监督、审计监督、社会监督、舆论监督),要求"完善审计制度,保障依法独立行使审计监督权",审计监督首次独立于行政监督并成为"八大监督"之一。

根据党中央的重大战略部署,内部审计作为新时代审计监督体系的基础,已成为国家审计战略统筹的有机构成。与此同时,审计署第 11 号令明确,国家审计"对内部审计发现且已经纠正的问题不再在审计报告中反映"。

然而,正如国际内部审计师协会总裁钱伯斯所言:"变化的步伐正在加速风险的形成和成熟,要求内部审计功能更具弹性、多面化和适应性,这比以往任何时候都更加重要。""要成功地提升这一职业,使之成为良好治理不可或缺的一部分,我们就必须认识并应对这些挑战和其他挑战。"因此,在新形势下,如何以效能和发展为依托,努力实现思维方式的创新和技术方法的变革,切实提高内部审计的质量和绩效,交出具有高度、深度和锐度的审计结果性文书,以真正发挥捍卫学校良好治理、实施有效监督的应有作用,已成为现阶段每个高校内审部门乃至每一位内部审计工作者所必须直面的挑战。

我们真切地期望通过这种形式的抛砖引玉,产生"一石激起千层浪"的效应,推动广大内部审计工作者不忘初心、积极思考,勇于探索并不断实践,写出有利于发挥内部审计增值作用、受组织各层级利益相关者欢迎和受国家审计部门肯定的审计结果性文书,成为组织治理层面和执行管理层面寻找看法和前瞻性意见的值得信赖的顾问,为本单位治理提供高质量的审计服务作出积极贡献。

附:插图

插图1　审计实施流程图

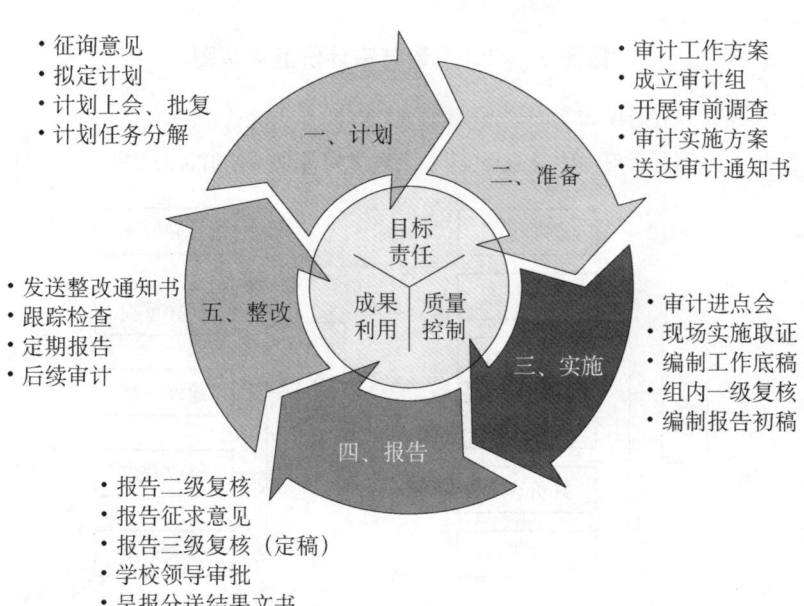

插图 2　审计管理四维体系图

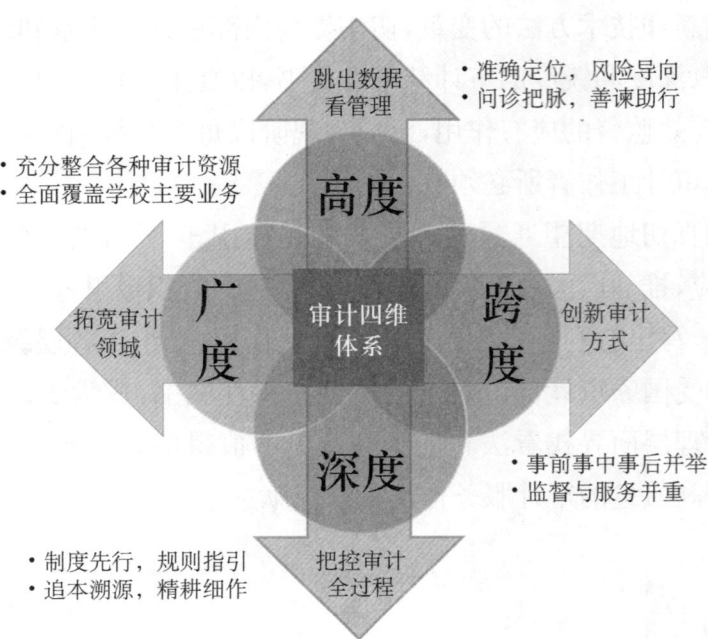

插图 3　审计质量与审计价值关系图

过程管理:将"审计"做成真正的"审计"

目标管理:学校管理层值得信赖的顾问,各方寻求看法的专家

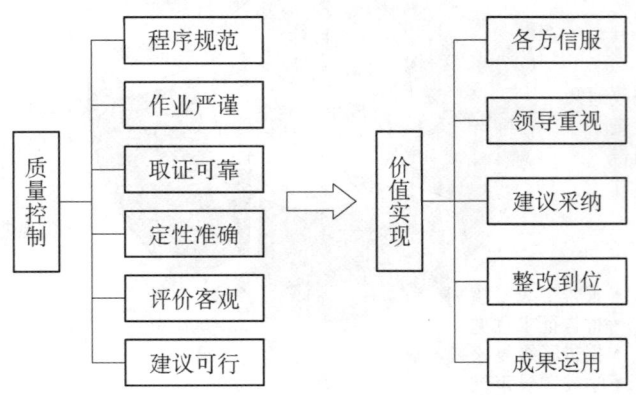

引言

　　纳入本部分的审计业务为领导干部经济责任审计和建设工程管理审计。前者为一个独立的审计业务领域，后者是高校重点领域中的一个审计业务类别，它们是高校内审部门已普遍开展的两个主打型审计业务类型。由于实践广泛，故而内容丰富、层次较多，其选例占据《读本》近一半的篇幅。为方便阅读，我们对这两章分别作了分节处理。首先，从审计本质和业务内涵出发，通过下设的若干节次，对两个业务类型的特征与特性进行提炼性的阐述；随之，展示在完成规范的审计实施流程后所生成的以审计报告为主的各类别审计结果性文书选例。相关业务的审计实施流程，可参见系列丛书之一《经济责任审计知识读本》和之二《建设工程管理审计知识读本》。

第一部分　高校基础性审计业务文书

第一章

领导干部经济责任审计

【概述】

领导干部经济责任审计从 20 世纪 80 年代中期开展至今,已走过 30 余年的探索、发展、成熟以及创新转型历程,成为高等学校内部审计监督与服务体系的重要组成部分,在干部监督和经济监督两方面发挥着重要作用。

《中华人民共和国审计法》《党政主要领导干部和国有企业领导人员经济责任审计规定》和《党政主要领导干部和国有企业领导人员经济责任审计规定实施细则》已在法律和制度的层面,赋予了经济责任审计独特的内涵和丰富的内容——以财务收支审计为基础,以推动单位事业发展为目标,重点检查领导干部守法、守纪、守规、尽责情况,推进单位治理能力的现代化和治理体系的科学化。

这是中国独创的审计形式。其设计思想是从信息追溯行为、从结果追溯过程,从而促进领导干部树立正确的权力观和政绩观,促进领导干部勤政廉政和履职尽责。

通常,人们将经济责任审计形象地比喻为“全面体检”,即对领导干部所在单位的经济运行情况进行整体的健康检查,将检查结果与各个标准值进行比对,得出一份全面而详尽的“体检报告”。若发现已“患病”,则立即着手“治疗”;若发现“亚健康”情况,则建议马上“调理”身体，以求固基强本，实现"治既病、防未病、强体系"的监督工作思路与目标。

这份"体检报告"即经济责任审计报告。它是内审部门站在独立客观的角度，对领导干部履行经济责任情况的一种"确认"，也是学校管理层以"全面体检"发现的问题为引子，排摸风险隐患，改良内控措施，推进学校治理体系向现代化、科学化发展的重要参考文书。如何写好这份"体检报告"，我们认为应当从以下四点着力：

一是要抓住经济责任审计的特点。经济责任审计的特点是由人及事，是以财务收支审计为基础、以管理审计为核心的一项审计工作。需要以财务数据为起点，关注数据背后的业务、业务背后的决策；以问题为指引，关注问题发生的原因、原因后面的背景。审计人员抓住了这个特点，就能跳出习惯性的财务审计思维定势，成功避免将经济责任审计报告写成财务收支审计报告的误区。

二是要紧扣项目重点，合理安排主次。既然是"全面体检"，则所涉内容相对庞杂。故只有坚持重要性原则，对于发现的重大或重要问题进行深入阐述，对于一般问题则简要描述，只有如此，审计报告才能做到层次清晰，重点突出。

三是采用精练简明的行文风格。大家通常希望医生的病历写得让业外人能看懂，同理，一份审计报告也要让非专业的报告阅读者看懂。所以，在报告中要减少冗词赘句，少用或尽量不用专业术语，遣词造句通俗易懂，表述观点直接明确，这样才能写出一份让人看得懂的"体检报告"。

四是要站在治理的高度撰写审计报告。审计报告的阅读者一般是高校的高层管理者或部门负责人，在写作时，要充分考虑报告阅读者的思维方式和关注点，在揭示问题的基础上，分析单位体制、机制和制度方面的原因，审慎做好三个区分（区分无意过失与明知故犯、区分工作失误与失职渎职、区分探索实践与以权谋私），提出治标又治本的建议，使审计报告具有较高的利用价值，审计结果得以有效运用，最终实现审计价值。

本章选材以高校运行架构设置为基础,结合近年来国家高度关注的财务管理、科研管理、国资管理、医院管理等条线工作,着眼于若干重要业务领域,分别以机关部处、二级院系、校办企业、附属医院等领导干部或领导人员经济责任审计报告作为选例,分节进行简述和展示。同时,另专设一节"年度综合报告",以反映学校年度审计计划中经济责任审计计划执行的整体情况。通过归纳审计发现的共性或典型性问题,汇报审计整改总体情况和审计部门的主要工作措施,帮助高校管理层从宏观层面了解全面情况和突出问题,有的放矢地采取相应措施。

根据"两办"文件,审计机关实施经济责任审计项目后,应当按照相关规定,出具经济责任审计报告和审计结果报告。审计结果报告是指审计机关在经济责任审计报告的基础上,精简提炼形成的提交干部管理监督部门的反映审计结果的报告,重点反映被审计领导干部履行经济责任的主要情况、审计发现的主要问题和责任认定、审计处理方式和建议。在实践中,高校内审部门参照此条规定,也会在经济责任审计报告的基础上,精炼出一份经济责任审计结果报告。经济责任审计报告作为比较全面的详尽的"体检报告",报送学校领导,送达被审计领导干部和所在单位,并抄送经济责任审计联席会议成员单位和相关管理部门等;结果报告则主要报送组织部门,作为存档备查之用。考虑到篇幅及可读性,本章仅在第一个选例后附上审计结果报告,后续的选例统一作省略处理。

诚如前言中所道,本章选例原始素材虽来源于实例,但为更切合"应然"和更符合高校的普遍适用性,经过一定的重构处理,已非某一高校某一具体的审计项目。因此,请读者以专业探讨、相互切磋之心且读且思,切莫主观地对号入座。

第一节　机关部处领导干部经济责任审计

【简述】

在高校的现代化治理架构体系中,机关部处是连接学校最高管理层与二级学院的重要枢纽,是贯彻落实管理层决策部署的关键环节,是校领导观察和了解学校情况的眼睛,也是驱动学校政策落地和基层单位有序运转的有力双手。

在这样的定位下,各机关部处承担着确保学校教学和科研有序运行的归口管理职能。其中,有部分职能正是内部控制体系中业务层面的控制,如预算管理、资产管理、收支管理、合同管理、工程管理、采购管理等。因此,在对机关部处领导干部的经济责任审计中,审计人员要有一分为二的思路,从两个视角切入,既要关注领导干部管理本部门经济活动的责任履行情况,更要从其部门的职能定位出发,重点关注领导干部组织本部门落实学校赋予的管理职责履行情况。

例如,在对财务处负责人进行经济责任审计时,不仅需要关注其部门本身的经费预算管理情况,更需要关注它根据《中华人民共和国预算法》《高等学校财务制度》等规定,对学校总体预算编制、执行、调整等职能的履行情况;在关注其部门经费收支活动是否合规合法的基础上,更要关注它对学校各类经费收支的管理和监督情况等。

需要注意的是,经济责任审计的内涵之一是对领导干部权力运行的监督与约束,机关部处既身负管理职责,相应也被学校授予部分行政权力,故而在经济责任审计过程中,对于机关部处是否严格按照被赋予的职责行使权力也应予以重点关注。

在撰写机关部处领导干部的经济责任审计报告时,须将上述要点作为重要内容进行披露。

在高校各业务条线中,教学、科研、财务、国资、基建等部门经济活动的重要性和复杂性,导致这些部门的管理风险相对较高。本节的选例为高校财务处和科研处两个业务部门领导干部经济责任审计报告。这两份报告中所披露的内容,间接反映出高校普遍存在的财务管理和科研管理方面的共性问题。

【选例1】《关于财务处原处长××同志的任期经济责任审计报告》

一、选例评析

(一)选例介绍

本选例为高校财务处处长的离任经济责任审计。根据高等学校职能定位,财务处是学校财务管理、会计核算及财务监管的行政管理部门,其主要职能是:为学校教育科研事业的发展多渠道筹集资金;根据学校事业发展规划合理编制资金预算;控制督促预算执行;办理各类资金收支核算等业务;监督学校各类财务行为;规范校内经济秩序等。

本选例中,被审计领导干部自200×年1月至201×年12月任财务处处长,在该职位上近十年,其间未经过审计。考虑其任期跨度较长,故将审计时间范围界定为2010年1月至2013年12月。审计实施之时,该领导干部已退休,属于离任审计。

在该领导干部任期内,学校经历了多校合并、校院两级管理改革等重大事件,但学校财务管理思路比较保守,财务管理功能弱化,未能及时跟上学校发展思路,尤其是预算管理工作,在其任职后期方才着手进行相关体制、制度方面的初始设计。

审计立项之初,学校领导意识到这是转变的契机,一则可以理清旧账、发现问题,二则希望借审计建议为后续工作开出一剂良方。审计处谨守审计定位,认为仅凭一次审计不可能查清学校财务管理方面的所有问题,但可将突出问题和主要矛盾揭示出来。因此,审计人员结合近年来国家、教育部和学校关注的预算管理、国有资产管理等热点工作进行了深入检查,对财务处应履行的会计核算、收费管理、财务监督等职能进行了重点检查,初步理清了在这些方面存在的一些重要问题,也揭示了部分管理风险点,为学校后续深化财务管理改革提供了重要的参考与依据。

(二)审计成效

该项目审计涉及金额××亿元。审计中发现问题29个,分别为制度建设方面的问题4个,部门内部管理方面的问题3个,预算管理方面的问题3个,会计核算方面的问题5个,财务监督方面的问题4个,收费管理方面的问题5个,国有资产管理方面的问题5个,共涉及损失浪费金额××万元,不符合规定或程序金额××万元,违规违纪金额××万元。

审计所发现的问题主要集中在学校财务管理职能方面。例如,在制度建设方面,发现学校在预算管理、收费管理、票据管理方面的制度缺失,存在较大制度缺陷;在预算管理方面,不仅制度缺失,组织预算编制、预算下达、督促预算执行工作均不到位;在国有资产管理方面,存在账外投资、资产账账不符等问题。问题揭示出来之后,财务处着手进行整改,在采取措施加强会计核算、强化财务监督的基础上,还在以下四方面取得了较大成效:

1. 完善财务制度。财务处相继制定了《××大学预算管理办法》《××大学票据管理制度》《××大学收费工作规程》等多项制度,并修订了已实行20年的《××大学财务管理条例》,更新有关条款,以契合现时管理要求。

2. 加强收费管理。开发学校统一的收费管理平台,将各类收费均纳入平台进行管理,实现网上交费、自助打印票据等功能。

3. 加强国有资产管理。一方面,核实对外投资,经规定程序后补记账外投资,减少已注销投资;另一方面,与国资办、资产经营公司等部门协调,催收校企欠缴人员经费等。

4. 优化预算管理。针对审计提出的预算调整时间滞后，预算执行下达率、执行率较低等问题，财务处举一反三，从审计后次年起，提前布置预算编制工作，逐步推进预算编制时效；改变预算下达方式，减少职能部门的中转环节，由财务处直接按照预算批复情况下达至项目执行单位，提高预算下达和执行效率；设置预算专管员，设置3、6、9月三个预算执行督促节点，由预算专管员实时跟踪督促预算执行。

总体而言，经审计后，学校的财务管理体制及管理模式有了较大变革与进步。当然，其所取得的成效并非全是审计的功劳，但审计的结果作为重要参考，在学校财务管理改革工作中，实实在在地发挥了催化剂的作用。

（三）选例亮点

审计人员在项目实施以及报告撰写过程中，均在常规审计思路的基础上有所思考和突破。

1. 利用以往审计结果，梳理财务处职能履行方面的问题。财务处的职能履行情况反映在全校的经济活动中，但在有限的审计实施期间内，如何有效地找准问题是个难点。审计人员想到，在对学校其他部门或学院进行经济责任审计时，常会发现一些财务管理方面的问题，其中有部分问题是被审计单位的责任，但也有部分问题与财务处管理监督职能履行不到位相关，如虚假发票入账、会计核算错误等方面的问题等。审计人员梳理了在审计时间范围内、其他项目中发现的一些突出的财务管理问题，作为财务处职能履行不到位的证据，在报告中进行反映。此方法充分利用了以往审计结果，取得了非常好的效果。

2. 以职能为导向，重建报告架构。常规的经济责任审计报告，一般从六大块审计内容（制度建设、"三重一大"、内部管理、资产管理等）着手撰写，但在财务处处长的经济责任审计报告中，我们要重点披露财务处管理职能履行方面的问题。常规的报告架构有限，因此，审计人员将报告架构进行重建,在"审计发现的主要问题和责任认定"部分,以财务处职能为导向,分别从制度建设、内部管理、预算管理、会计核算、财务监督、收费管理、国有资产管理等方面进行分类阐述,思路明晰,问题清楚,报告阅读性较强。

二、选例文书

关于财务处原处长××同志的任期经济责任审计报告

校领导:

　　受党委组织部委托,根据《××大学领导干部经济责任审计规定》,2014 年 9 月至 2014 年 11 月,审计处对财务处原处长××同志实施了任期经济责任审计。

　　本次审计的时间范围为 2010 年 1 月至 2013 年 12 月(下称当期),审计重点内容为:事业发展情况;遵守法律法规,贯彻执行国家、学校有关政策决策情况;制定和执行重大经济决策情况;学校财务管理职能履行情况;本部门内部管理、预算执行、财务收支、资产安全完整情况;以及××同志个人廉洁从政情况。

　　审计期间,根据财务处提供的书面资料,我们采取抽样审计的方式,对当期相关业务实施了资料检查、查账勘验、实地调查等审计程序,并对其中的重要事项作了必要的延伸和追溯。财务处及××同志对所提供资料的真实性、完整性作出书面承诺。本次审计得到了财务处的配合。

　　现将审计情况报告如下:
　　一、基本情况
　　××同志自 200× 年 1 月至 201× 年 12 月担任××大学财务处处长职务,在此期间全面主持财务处工作。

　　(一)部门概况
　　财务处为学校财务管理、会计核算及监督的行政管理部门,其主要职能是：为学校教育科研事业的发展多渠道筹集资金；根据学校事业发展规划合理编制资金预算；控制督促预算执行；办理各类资金收支核算等业务；监督学校各类财务行为；规范校内经济秩序等。

任期内，财务处设有"四办一中心"：审核办公室、核算办公室、管理办公室、基建财务办公室和校园卡管理中心。任期末，财务处共有在职人员××人，离退休人员××人。

（二）当期部门财务收支及预算执行情况

1. 本部门财务收支情况

（1）资金来源。财务处资金来源主要为学校预算分配的办公经费及少量其他收入。当期，共计收入×××万元，其中，校拨办公经费×××万元，占比 59.24％；工作补贴拨款××万元，占比 11.83％等。明细来源如下表所示：（略）

（2）资金使用。当期，财务处共支出资金×××万元，其中，人员酬金福利等（不含学校直接发放工资岗贴等）支出×××万元，占比 38.27％；办公费××万元，占比 11.04％；招待费××万元，占比 9.91％；购置设备及维修等支出×××万元，占比 14.00％；差旅费××万元，占比 7.59％；会议费××万元，占比 4.60％；培训费××万元，占比 3.34％。具体资金使用明细用途如下表所示：（略）

（3）资金结余。2010 年年初，资金结余×××万元，当期内，学校收回预算结余经费××万元，截至 2013 年年末，财务处各类经费的历年滚存结余×××万元。

2. 本部门预算执行情况

2010 至 2013 年期间，财务处办公经费预算执行情况较好，但专项经费预算执行率较低，如××工作经费 2012 年执行率为 0，2013 年执行率为 32.06％，××专项经费执行率为 59.5％。具体如下表所示：（略）

二、审计评价

××同志任职期间，部门事业发展平稳，涉及部门职能的重大经济事项按照国家和学校有关政策执行，职能履行情况较好，部门内部以处务会议形式进行"三重一大"事项的讨论及决策工作,内部重大经济事项基本通过集体讨论,有一定制度建设基础,但内部管理、学校预算管理及会计核算工作仍须加强。具体评价如下:

(一)事业发展平稳

1. 学校收支规模稳步增长

任期内,财务处积极争取教育部和地方支持,多方筹措办学资金。除基建、教育经费、科研经费等收入外,充分利用国家政策争取捐赠配比、化债资金、购房补贴等支持,收入逐年增长,2010年至2013年各类收入共计×××亿元,相应支出×××亿元。

2. 推动学校预决算管理体制改革

自2011年起,根据学校安排推进并深化校院(系)预决算管理体制改革,初步建立预决算管理制度体系,逐步完善预决算编制流程,改进预算核拨方法,推动全口径预算编制工作等,学校预决算管理工作逐步完善。

3. 内外结合,加强财务监督

任期内,接受上级主管部门多次专项检查和审计,按照要求,在校内组织开展了"小金库"专项治理检查等工作,针对检查中发现的问题组织整改,并在体制、机制与制度建设方面探索建立强化财务监督的长效机制。

4. 增强服务意识,革新财务管理手段

利用信息化手段,在任期内陆续开发更新了"××大学收费管理服务系统""校园卡经费管理系统""××大学项目预决算管理系统""网上预约报销系统""财务管理信息系统"等,逐步实现了不等候无现金报销、经费本电子化、项目预算模板控制、预算申报电子化等财务管理功能,提高财务管理及服务能力。其间,先后获得教育部下拨的财务管理绩效奖励和财务综合能力建设绩效拨款××××万元。

(二)遵守法律法规,能较好地贯彻执行有关政策

经抽查,财务处对于部门日常运作及预决算管理等涉及部门职责范围内的重大事项处理,较好地贯彻执行国家和学校有关政策,未发现

任期内部门存在明显违反法律法规的情况。

（三）重大经济事项的决策制定和执行情况较好

任期内,财务处有关学校预算编制、调整、决算编制、银行贷款还款续借、大额货币资金支付等重大经济工作履行学校相关决策程序,部门内部重大经济事项决策程序亦在逐步完善中。

（四）学校财务管理职能履行较好

任期内,财务处负责起草或配合其他部门制定了部分涉及部门职能的校级管理制度,包括财务管理、预决算制度改革、费用报销、"小金库"专项治理等方面,为履行财务管理职能提供了部分制度依据。在多渠道筹集办学资金、配置资源、加强国有资产管理、如实反映学校财务状况、规范校内经济秩序等方面做了大量工作,但预算管理、会计核算、财务监督方面的工作仍须加强。

（五）内部管理基本有序

针对部门内部管理制定相应的"三重一大"决策、党风廉政建设、印章管理等制度,有一定制度基础。部门财务收支较规范,办公经费预算执行较好,但在合同管理、实物资产管理等方面尚须加强。

（六）落实廉政建设责任制和遵守有关廉政规定情况

任期内,××同志认真落实学校关于党风廉政建设要求,带领处领导班子成员签订了廉政承诺书,并定期召开部门廉政建设工作会议,对党风廉政建设工作任务进行责任分解,明确领导班子、关键岗位人员的职责和任务分工,并推动落实。

本次审计中未收到有关××同志以及处领导班子成员违反廉洁从政、从业规定的举报、信访材料。根据财务处提供的资料,审计未发现××同志存在违反廉洁从政、从业规定的情况。

三、审计发现的主要问题和责任认定

（一）制度建设不健全,部分职能履行方面的校级制度和部门内部管理制度缺失

1. 学校预算管理制度不健全

审计发现,2012年前,学校尚未制定有关预算管理的专门制度;2012年后,为配合校院两级管理的要求,相继出台了部分改革方案、预决算委员会章程等,但对于有关预算编制、审议、批复、下达等工作节点的规定、流程设计未进行整合梳理,仅在每年度预算工作布置通知中有所体现,未制定系统的预算编制、审批、执行、决算与评价等管理制度。

上述情况不符合《××大学财务管理条例》第××条规定的"学校与学院(系)应根据'公开、公平、公正、科学、规范'的原则,制定必要的预算管理办法,明确预算编制、审批与调整程序,明确预算编制和预算执行控制办法,以及预算执行结果考核办法"。

2. 学校收费管理方面的制度缺失

作为学校收费管理部门,财务处对于该职能仅在《××大学财务管理条例》中第××条提到"学校在收费上实行'统一领导、分类管理、收费公示'的管理办法"的原则,无其他制度或实施细则。历年来,学校部分院系和部门因存在自主办班、联合办班或对外提供服务等行为,须收取相应的费用,但学校无相应的制度规范各类收费行为。

同时,《××大学财务管理条例》中第××条提到"非行政事业性收费项目,由财务处负责审定"的原则,但财务处未制定相应的办法进行收费审定工作的操作,对于非行政性事业收费项目的审定范围、方式、流程均无制度约束,操作性不足。

3. 学校票据管理方面的制度缺失

财务处未制定有关票据管理办法,对票据的种类、使用范围、领用方式、启用、核销、销毁等工作均无制度规定,抽查所见其2009年发布的《票据领用与核销流程》亦未得到有效执行。

4. 部门内部财务管理、资产管理制度缺失

财务处尚未制定部门内部的财务管理、资产管理制度,未就相应的财务报销流程、审批权限以及资产采购的申请、审批、采购、验收、保管等职责进行明确。

（二）内部管理不规范，部分重大支出未经集体决策，合同管理、资产管理等工作存在不足

1. 部分重大支出未经"三重一大"决策程序

审计抽见部分大额支出未经部门决策程序。如2010年×月×日购买戴尔服务器一台，金额×万元；2011年×月×日购买预决算管理系统，金额××万元；2012年发放加班费×万元等。

该情况不符合《××大学财务处三重一大决策制度》第×条"本部门大额资金支出起点为3万元（含），大额资金支出均须经处长办公会议决策通过"的规定。

2. 个别合同签订主体不规范

2010年3月24日，财务处与某计算机有限公司签订"××大学项目预决算管理系统"的技术开发合同，金额××万元，甲方盖章为"××大学财务处"，合同签订主体不规范。

该情况不符合《××大学合同管理办法》第×条"学校作为一方当事人与相对方订立合同的，签订合同时应当由校长或者授权代表签字，并且加盖学校合同专用章或者学校印章"的规定。

3. 固定资产未定期盘点，日常管理不到位

任期内，财务处未对部门所属资产进行定期盘点、核对账实。本次审计对部分设备进行了监督盘点，监盘发现1990年购买的××件档案柜（账面原值××万元）盘亏；同时，发现部分电脑主机、显示器等待报废设备堆放在行政楼某室已近两年，未能及时报废；部分设备实际存放地点与账面安置地点不一致；部分固定资产信息不完整，其安置地点或保管人账面填列不清晰或未填列，无法显示具体存放地点及保管人。

上述情况不符合《××大学财务管理条例》第××条"学校及各单位应制定各类固定资产管理办法，明确有关采购、验收、保管的工作程序；健全固定资产明细记录体系，定期或不定期组织清查盘点，确保账、卡、物相符；建立固定资产使用考核办法，提高固定资产的共享程度与使用率"的规定。

（三）学校预算管理工作尚存在不足，预算调整时间较晚，预算下达率及执行率均较低，个别预算未按照批复途径下达

审计重点检查了 2012 年度和 2013 年度学校校级支出预算编制、调整、下达、执行等情况，发现存在以下问题：

1. 2013 年预算中期调整时间相对滞后

审计发现，2013 年，财务处于 6 月 15 日发布关于中期预算调整的通知，要求各院系在 7 月 2 日前完成预算调整申报工作，并安排于 7 月 30 日根据校会批复意见下达调整预算。7 月 2 日，各部门及院系已完成调整申报工作，但财务处汇总后报校会审议时间已为 9 月 8 日，校会批复时间为 10 月 8 日，正式下达调整预算时间为 10 月 14 日，时间滞后，未能按照原定时间节点及时完成该项工作，对推动当年预算执行工作造成一定影响。

2. 学校预算下达率及执行率均较低

审计发现，学校 2012 年、2013 年预算下达数、执行数均较低。其中：2012 年总体预算安排××××万元，财务处下达××××万元，当年支出××××万元，下达率仅 49.49％，预算执行率仅 43.46％；2013 年预算总体安排××××万元，财务处下达预算×××万元，当年支出×××万元，预算下达率为 68.12％，预算执行率为 65.12％。具体如下表所示：（略）

经财务处说明，各类预算下达方式不同，比如基建经费采取实际发生时同步下达预算，专项经费采取部门申请方式下达预算，差额较大的原因是大量基建项目未发生支出或某些专项项目未启动，故未下达预算。

审计认为，财务处应加强对各预算单位上报预算内容的审核，合理编制当年预算草案，并采取相应的措施督促预算执行。

3. 个别预算下达途径与安排不符，未经相关审批程序

审计发现，经校长办公会议审议批复，2013 年度学校在专项经费中安排 2 800 万元，用于发放学院科研绩效，学校批复中列明"201×年度××资金全部安排在专项经费预算中下达",但财务处却在日常经费中下达了该预算。

审计认为,预算下达来源途径与学校批复文件不符,改变经费途径亦未见财务处请示文件和学校批复等资料,程序不合规。

上述情况不符合《高等学校财务制度》第十五条规定"高等学校应当严格执行批准的预算"。

(四)会计核算工作存在不足,部分核算方式不规范

1. 部分收入核算不严谨,未正确归集相关收支

审计发现,长期以来,财务处对部分院系单位提供校内服务产生的校内收入以冲减本部门运行支出的方式进行核算,如:(略)

审计认为,以收入直接冲抵支出的方式未正确反映相关收入与支出,不符合《事业单位会计准则》第十二条"事业单位应当以实际发生的经济业务或者事项为依据进行会计核算,如实反映各项会计要素的情况和结果,保证会计信息真实可靠"。

2. 长期投资科目未设置明细科目核算

审计抽查发现,财务处未对"长期投资"科目按照被投资单位设置明细科目核算,不利于投资增加或减少的账务处理及日常管理。

该情况不符合《高等学校会计制度》"长期投资应按照投资种类和被投资单位进行明细核算"的规定。

3. 部分应收及暂付款项长期挂账未及时收回或清理

审计发现,截至2013年12月31日,学校账面应收及暂付款余额总计××亿元,共计8 201笔,其中,5年及以上账龄共1 357笔,金额共计×亿元。明细如下表所示:(略)

上述情况不符合《高等学校财务制度》第四十一条"对应收及预付款项应当及时清理结算,不得长期挂账;对无法收回的应收及预付款项,要查明原因,分清责任,按照规定程序批准后核销"的相关规定。

4. 部分应付及暂存款项长期挂账未及时支付或清理

审计发现,截至2013年年底,学校应付及暂存款余额为×亿元,共

计3 831笔,其中,5年以上账龄共1 885笔,金额×亿元。具体如下表所示:(略)

上述情况不符合《高等学校财务制度》第五十四条"高等学校应当对不同性质的负债分类管理,及时清理并按照规定办理结算,保证各项负债在规定期限内归还"的相关规定。

5. 借出款长期挂账,未及时收回或清理

截至2013年12月31日,校财务账上借出款余额×××万元,共计7笔,其中,6笔账龄13年,1笔账龄9年。账龄13年借款分别为:(略)

上述情况不符合《高等学校财务制度》第四十一条"对应收及预付款项应当及时清理结算,不得长期挂账;对无法收回的应收及预付款项,要查明原因,分清责任,按照规定程序批准后核销"的相关规定。

(五)财务监督不到位,未能及时发现并纠正违规违纪行为

1. 原始票据检查不严格,存在虚假发票入账的现象

在以往的校内各类审计中,曾多次发现因财务处原始票据审核不严,导致大量虚假发票入账报销经费的现象,例如,2011至2012年,抽查发现××学院31笔会计凭证中存在虚假发票,合计金额××万元,其中,现金报销方式×万元,银行转账方式××万元,经××市税务局网站及电话查询,上述发票均非该纳税人购买,涉嫌虚假发票等。

上述情况不符合《事业单位财务规则》(财政部令第8号)第二十七条"事业单位应当依法加强各类票据管理,确保票据来源合法、内容真实、使用正确,不得使用虚假票据"和《会计基础工作规范》第七十五条"会计机构、会计人员应当对原始凭证进行审核和监督。对不真实、不合法的原始凭证,不予受理。对弄虚作假、严重违法的原始凭证,在不予受理的同时,应当予以扣留,并及时向单位领导人报告,请求查明原因,追究当事人的责任"的规定。

2. 合同审核不严格,部分作为支付依据的合同主体不规范

依据学校规定,在学校未授权的情况下,院系以单位名义对外订立的合同均为不合规合同,但在以往审计过程中,在报销凭证中抽见不合规合同现象较多,例如,2011 至 2013 年,××学院以学院名义与供应商签订设备采购合同 7 份,金额共计××万元;2012 年 5 月,××学院以学院名义与供应商签订会务费合同 1 份,金额××万元,财务处均依据不合规合同支付了相关费用。

该情况不符合《××大学关于加强合同订立与支付管理的通知》中第×条"订立书面合同只能加盖学校印章或合同专用章。未经学校授权,各单位各类印章均不能用于订立合同,也不能以本单位名义与合同相对方订立合同"的规定。

3. 收入管理监督不严,未能发现并纠正个别院系部分收入未及时上缴学校的情况

当期,学校部分院系因办班管理需要,从财务处领出收据自行收费后再统一上缴学校财务处。但财务处对这些院系收入监管不够严格,未能督促相关单位及时全额上缴全部收入。在对有关院系的审计中发现,存在部分院系收取学费后未能及时上缴财务处的情况,如 2010 年 4 月至 5 月,××科学系收取工程硕士班学费××万元,至同年 7 月才上缴财务处,该笔大额现金已在账外滞留至少超过 2 个月,开具的相应收据均未填写收款日期,其间现金收入存入经办人个人银行账户;2012 年,×学院开办的××培训班在 7 月初集中收取,但经办人在 9 月和 10 月才将相关收入上缴财务处,其间,相关收入××万元经办人书面说明存放于其家中。

审计认为,财务处应对分散在各院系的收费行为加以约束并进行督查,行政事业性收费应统一由财务处收取,确须由二级单位收取的非行政性事业收费,则应负责监督相关单位或人员及时解缴现金并核销票据,确保收入能及时全额上缴财务处,避免舞弊风险。

4. 大额货币资金支付内部控制尚存在不足

2010 至 2013 年,审计处对财务处有关大额货币资金支付的内部控制情况进行了审计,发现存在一些不足,例如,若干大额货币资金支付业务未履行规定的审批程序;少数大额货币资金支付业务审批手续不齐全;对大额水电费托收无承付款项未办理事先审批手续。

在本次审计中,审计仍抽见部分支出未填写"大额货币资金支付申请表",未履行相应的大额支付审批程序,例如,2011 年 6 月 30 日,××学院发放酬金××万元;2011 年 12 月 29 日,××学院发放酬金×万元;2012 年 4 月 28 日,××学院发放酬金×万元;2013 年 1 月 8 日,××学院发放酬金×万元。上述支出均未见"大额货币资金支付申请表"。

上述情况不符合《××大学大额货币资金支付审批办法》第×条"各单位支付单笔金额在 5 万元(不含)以上的款项,必须按格式填写'大额货币资金支付申请表'"的规定。

(六)收费管理不严谨,部分收费项目未报上级主管部门备案,部分收费行为未集中在财务部门,票据管理存在不足

1. 学校部分行政事业性收费项目未报上级有关部门备案

审计抽见部分短期培训班收费项目未进行备案申请,例如,2010 至 2013 年度,××学院自主举办各类短期培训班 120 个,收费总计×××万元;联合举办各类短期培训班 1 个,收费总计××万元;2010 年,××学院自主举办短期培训班 13 个,收费总计×××万元。此类收费项目仅由相关院系向财务处报备,但均未向上级收费主管部门办理审批或备案手续。

上述情况不符合《关于进一步规范高校教育收费管理若干问题的通知》第二条"高校以学校或院(系、所、中心等)名义,按照自愿原则面向在校学生和社会人员提供各类培训服务,向其收取培训费。培训费具体标准由高校按照成本补偿和非营利的原则制定,报所在地省级教育、价格、财政部门备案后执行"和第四条"高校收取行政事业性收费和服务性收费,必须到指定的价格主管部门办理收费许可证"的相关规定。也不符合《××大学财务管理条例》第××条"学校在收费上实行'统一领导,分类管理,收费公示'的管理办法。各类行政事业性收费项目及标准必须经过××市物价局与教委的审批或备案"的相关规定。

2. 部分服务性收费未经财务处审定，未取得上级部门收费许可证

审计发现，学校部分院系利用自身资源向校内外提供场地出租、大型仪器设备共享等服务，并区分校内、校外收取一定的费用，但财务处对该类服务性收费项目未规定明确、规范的审定程序，亦未到相关主管部门办理收费许可证，仅在院系向财务处申领发票时，依照票据领用规则，要求收费部门提供收费项目的内容及标准等。但审计期间财务处未能提供相关资料。审计抽查发现，部分院系对外服务收费均无财务处报备审定资料，如××学院仪器测试分析、××中心场地出租等。

上述情况不符合《××大学大型仪器设备管理办法（试行）》第××条"共享服务采用有偿使用，合理收费，保障运行的管理办法。部门根据设备运行损耗、维护保养和必要的劳务费用支出等情况制定合理的收费标准。可以制定本部门、校内、校外等多个收费标准，但是必须经学校财务主管部门审核同意后执行"、《××大学财务管理条例》第××条"非行政事业性收费项目，由财务处负责审定"及《关于进一步规范高校教育收费管理若干问题的通知》第四条"高校收取行政事业性收费和服务性收费，必须到指定的价格主管部门办理收费许可证"的相关规定，

3. 部分收费行为分散在非财务部门，不符合相关规定

审计抽查发现，任期内，学校部分院系、部门自行收取有关行政性事业收费后再上缴学校财务部门，例如，2010年，××系收取工程硕士班学费；2011年和2012年，××学院领用票据收取××师考前培训班学费等。

上述情况不符合《教育部　国家发展改革委　财政部关于进一步规范高校教育收费管理若干问题的通知》（教财〔2006〕2号）中第四条规定的"高校行政事业性收费应当由学校财务部门统一收取、管理和核算，并严格实行'收支两条线'管理。……服务性收费原则上也应由学校财务部门统一收取，不具备条件的，可由学校相关职能部门收取，但

应由学校财务部门统一进行管理和核算"。

4. 部分票据开具不规范，要素不齐全

审计抽查发现，××学院开办的2012年××考前培训班给学员开具的相关收据均未填写交缴人姓名，收费标准、项目名称栏仅填写"学费"和总金额，无具体课程和收费标准，每位学员的具体交费信息无法显示，造成收入的完整性无法核对确认。

该情况不符合《财政票据管理办法》第二十七条"财政票据应当按照规定填写，做到字迹清楚、内容完整真实、印章齐全、各联次内容和金额一致"的规定。

5. 部分票据台账登记信息不完整

财务处所使用票据种类主要有非税收入类票据、结算类票据、公益事业捐赠票据、服务业文化体育业发票等。审计查阅财务处相关票据登记台账时，发现部分票据核销记录仅有票据管理员在台账上的签名，未能完整记录相关的票据入账时间、入账金额、经费代码等信息，台账登记信息不完整。

（七）国有资产管理存在薄弱环节，对外投资记录不实，固定资产财务账与实物账存在较大差异，未能及时回收下属单位人员经费

1. 个别对外投资企业未在学校账面记载，形成账外投资

审计发现，个别对外投资企业未在学校账面记载，形成账外投资。例如，学校账面记录及财务处内部备查汇总表均未见学校对"××药业有限公司"的投资记录。该公司由××学校与××集团有限责任公司在2000年共同出资设立，注册资本××××万元，其中，学校出资×××万元，占股18.14%；又如，2001年4月，学校与××（中国）投资有限公司合作成立××网络技术有限公司，投资总额为××××万元人民币，学校以无形资产入股，占60%股份，该笔对外投资亦未在学校账面体现。

2. 已划转至资产经营公司企业未及时进行投资核销处理

截至2013年年底，共有××家原由学校投资的企业已划转至学校

的资产经营有限公司,但学校账面尚未作划转处理。上述对外投资在学校及资产经营公司双边同时挂账,原始投资额总计×亿元,其中,对校办产业投资××家,投资额×亿元;其他对外投资××家,投资额××××万元。

3. 部分已注销企业未及时进行投资核销处理

审计发现,有2家公司(××、××)已在2012年按程序进行工商注销,但学校账面尚未作对外投资核销处理。

上述1至3条情况不符合《事业单位会计准则》第十二条"事业单位应当以实际发生的经济业务或者事项为依据进行会计核算,如实反映各项会计要素的情况和结果,保证会计信息真实可靠"以及第十四条"事业单位对于已经发生的经济业务或者事项,应当及时进行会计核算,不得提前或者延后"的规定。

4. 固定资产财务账与实物账存在较大差异

根据职能,财务处进行固定资产核算的账务处理,并定期与资产管理处、图书馆等实物管理部门的实物账进行核对。审计核对了2013年年底学校固定资产财务账与实物账的数据,发现存在较大差异,财务处固定资产账面数据为××亿元,实物管理部门实物账数据为××亿元,两者差异××××万元。据了解,差异原因一方面为多年历史差异形成,另一方面为当年度未达账,但财务处与实物资产管理部门多年来均未对历史差异进行处理,亦未采取相应措施核对或减少未达账,导致差异长期存在。

上述情况不符合《会计基础工作规范》第七十七条规定"会计机构、会计人员应当对实物、款项进行监督,督促建立并严格执行财产清查制度。发现账簿记录与实物、款项不符时,应当按照国家有关规定进行处理"。

5. 未能及时回收校办企业等单位应返回的人员经费

任期内,财务处负责校办企业以及二级事业单位的部分管理工作,其中包括回收各校办企业中事业编制人员的费用。但该项工作并未得到全部落实,历年来,各企业各单位欠缴现象长期存在。

截至 2015 年 10 月,财务处备查记录显示,历年应收取尚未收取的下属单位人员经费尚有××××万元。

上述情况不符合《××大学财务管理条例》第××条规定"各级财务机构应对应收及暂付款项开展定期的清理结算工作。对于长期无故欠缴学校各类费用,或无故不及时办理暂付款结算手续的师生员工,学校可以采取必要的行政或经济措施"。

(八)责任认定

对上述问题,根据《××大学领导干部经济责任审计规定》,××同志应对第(一)项制度建设方面、第(二)项内部管理方面中第 1 条"三重一大"决策方面的问题承担主管责任,对其他问题承担领导责任。

四、审计建议

审计在实施期间也关注到,2014 年之后,财务处继续推动预算管理体制改革,改善财务核算方法,制定财务管理相关制度,学校财务管理体系也有相应改变。针对审计所发现的问题,提出如下建议:

(一)进一步加强制度建设

1. 推动学校预决算管理制度的颁布实施;

2. 制定学校收费管理制度;

3. 制定学校票据管理制度;

4. 制定部门内部有关财务、资产管理等方面的制度。

(二)进一步加强内部管理

1. 严格执行部门"三重一大"决策制度,凡重大事项、重大支出均应履行相应决策程序;

2. 加强合同管理,严格按照规定签订合同;

3. 加强固定资产管理,依据实际使用及保管情况,及时变更安置地点、保管人等相关信息和办理资产报废手续,保证资产信息真实、完整。

(三)进一步加强学校预算管理工作

1. 尽早启动学校年度预算编制工作,将后续预算审批、下达等工

作节点均适当提前,严格按照学校安排的时点完成申报、调整等工作,尽早下达预算,保证预算执行效果;

2. 加强预算申报的审核工作,安排的各类预算应有充分的依据,提高预算内容的合理性与科学性,统筹兼顾,注重效益;

3. 加强对预算执行的控制与督促,对已列入预算安排的项目应采取相应措施,促进项目启动与实施,推动预算执行;

4. 严格按照学校批复的预算安排下达预算,如遇预算项目变动、经费来源变化等须调整时,应履行相应的审批程序。

(四)进一步强化会计核算基础

1. 按照经济业务的性质正确核算各类收支,保证会计信息正确;

2. 按照《高等学校会计制度》的相关要求,对有关科目应明细核算,便于账务处理,保证会计信息记录清晰、明确;

3. 及时清理各类往来款项和各类借出款。

(五)进一步加强财务监管工作

1. 提高财务审核能力,严格审核原始票据,杜绝虚假发票入账的现象。严格审核合同等各类入账依据,对于不符合要求的资料应不予办理。

2. 加强各类收入管理,原则上应由财务部门统一收费,如确须分散收费的,应及时督促经办部门上缴收入。

3. 加强对各类支出的审核,确保相关审批程序准确,要件齐全,避免支出真实性、合法性、合理合规性风险。

4. 继续加强对大额支付的内部控制管理,完善审批程序。

(六)进一步加强学校收费和票据管理工作

1. 全面梳理学校各类行政事业性及非行政事业性收费项目,并按照相关程序报上级主管部门备案或审批,取得相应的收费许可证。

2. 完善收费项目校内审批工作,对各类收费应有校内审批或备案程序,并采取方法予以公示。

3. 所有行政事业性收费必须集中在财务部门统一收取,服务性收费如需相关职能部门或院系收取,须对其加以监督和约束。

4. 规范票据开具工作,正确完整地填写票据各要素;完善票据台账信息,及时催收领出票据,保证票据及时回收核销。

(七)进一步加强国有资产管理工作

1. 协同学校校产管理相关部门,梳理对外投资情况,准确记录对外投资金额,避免漏记情况。对于已划转、已注销的企业,应协同有关部门办理相关手续,及时进行账务处理。

2. 协同学校校产管理相关部门,对经营不善、长期亏损的企业,逐步关停并转,降低投资风险。

3. 加强固定资产财务账与实物账核对工作,协同实物资产管理部门查找差异原因,采取措施解决历史差异长期存在的问题,对于未达账亦应采取相应措施进行管理,避免账账差异长期存在或扩大。

4. 采取措施积极督促下属企业或单位归还学校人员经费。

审　计　处

2014 年×月×日

附:《关于财务处原处长××同志的任期经济责任审计结果报告》

关于财务处原处长××同志的任期经济责任审计结果报告

组织部:

受贵部委托,2014 年 9 月至 2014 年 11 月,审计处对财务处原处长××同志实施了任期经济责任审计。

本次审计的时间范围为 2010 年 1 月至 2013 年 12 月,本次审计工作得到财务处的配合,现将结果报告如下:

一、基本情况

××同志自 200×年 1 月至 201×年 12 月担任××大学财务处处

长职务,在此期间全面主持财务处工作。

　　财务处为学校财务管理、会计核算及监督的行政管理部门。任期内,财务处设有综合管理、出纳、会计、基建财务4个办公室,校园"一卡通"中心挂靠财务处。任期末,财务处共有在职人员××人,离退休人员××人。

　　2010至2013年期间,财务处办公经费预算执行情况较好,但专项经费预算执行率较低。

二、审计评价

　　××同志任职期间,部门事业发展平稳,涉及部门职能的重大经济事项按照国家和学校有关政策执行,职能履行情况较好,部门内部以处务会议形式进行"三重一大"事项的讨论及决策工作,内部重大经济事项基本通过集体讨论,有一定的制度建设基础,但内部管理、学校预算管理、会计核算、财务监督等工作仍须加强。

　　本次审计中未收到有关××同志个人违反廉洁从政、从业规定的举报、信访材料;根据财务处提供的资料,审计未发现××同志存在违反廉洁从政、从业规定的情况。

三、审计发现的主要问题和责任认定

　　1.制度建设不健全,部分职能履行方面的校级制度和部门内部管理制度缺失。

　　2.内部管理中部分重大支出未见决策记录,合同管理、资产管理等工作存在不足。

　　3.学校预算管理工作尚存在不足,预算调整时间较晚,预算下达及执行率较低,个别预算未按照批复途径下达。

　　4.会计核算工作存在不足,部分核算方式不规范。

　　5.财务监督不到位,未能及时发现并纠正部分违规违纪行为。

　　6.收费管理不严谨,部分收费项目未报上级主管部门备案,部分收费行为未集中在财务部门,票据管理存在不足。

　　7.国有资产管理存在薄弱环节,对外投资记录不实,固定资产财务账与实物账存在较大差异,未能及时回收下属单位人员经费。

对上述问题,根据《××大学领导干部经济责任审计规定》,××同志应对第1项制度建设方面和第2项重大支出方面的问题承担主管责任,对其他问题承担领导责任。

四、审计意见和建议

1. **进一步加强制度建设**。推动学校预决算管理制度的颁布实施;制定学校收费、票据管理制度;制定部门内部有关财务、资产管理等方面的制度。

2. **进一步加强内部管理**。严格执行部门"三重一大"决策制度,提高本部门预算编制的合理性,加快专项经费预算执行进度,加强固定资产管理,保证资产信息真实完整。

3. **进一步加强学校预算管理工作**。尽早启动学校年度预算编制工作,加强预算申报的审核工作,加强对预算执行的控制与督促,严格按照学校批复的预算安排下达预算。

4. **进一步强化会计核算基础**。正确核算各类收支,保证会计信息正确,对有关科目应明细核算,及时清理各类往来款项,提高对往来款项核销工作的严谨性,清理学校各类借出款,加强校内经费划转业务的审核。

5. **进一步加强财务监管工作**。提高财务审核能力,严格审核原始票据,加强各类收入管理,加强对各类支出的审核,继续加强对大额支付的内部控制管理。

6. **进一步加强学校收费和票据管理工作**。完善收费项目校内审批工作,对各类收费应有校内审批或备案程序,并予以公示,所有行政事业性收费必须集中在财务部门统一收取,服务性收费如需相关职能部门或院系收取,须对其加以监督和约束,规范票据开具工作,完善票据台账信息。

7. **进一步加强国有资产管理工作**。梳理对外投资情况,准确记录对外投资金额,加强固定资产财务账与实物账核对工作,积极督促下属企业或单位归还学校人员经费。

审 计 处

2014 年×月×日

【选例2】《关于科研处原处长××同志的任期经济责任审计报告》

一、选例评析

(一)选例介绍

××大学科研管理处(下称科研处)是学校科技管理的职能部门,负责全校科技工作综合管理与协调,为科研人员提供管理支持与服务,为学校制定科技政策提供决策依据。下设 6 个办公室和 3 个中心,分别承担学校纵向和横向项目申报与管理,组织校地合作、校企合作等各项政产学研合作,各类科研基地建设与管理,学校科技成果与知识产权管理等。与其他职能部门相比,科研处机构、人员和经费相对较多,科技管理和服务涉及面较广,拥有科研项目立项审批等职权,管理风险点较多。

(二)审计成效

该项目审计涉及金额××××万元。审计中发现问题 15 个,分别为制度建设方面的问题 2 个,"三重一大"决策与执行方面的问题 1 个,财务收支方面的问题 2 个,科研项目管理方面的问题 4 个,国有资产管理方面的问题 3 个,合同管理方面的问题 1 个,其他问题 2 个,共涉及损失浪费金额××万元,不符合规定或程序金额××万元。

审计处出具经济责任审计报告 1 份,经济责任审计结果报告 1 份,共提出审计建议 15 条。

针对审计发现的问题和建议,科研处采取了相关措施进行整改。

该项目在部门内部管理和职能履行方面均发挥了积极的推动作用。

1. 促进科研处完善部门管理制度,加强内部管理。项目整改阶段,科研处根据审计发现的问题,制定和修订了《科研处"三重一大"制度》《科研处固定资产管理办法》等多项制度,促进科研处完善部门内部管理制度,为科研处进一步规范有序运行提供了制度保证。

2. 促进科研处进一步明确部门职责,切实履行科研管理职能。针对审计发现的部门履职方面的问题,科研处一方面采取措施落实责任,保证已有制度的贯彻执行,另一方面制定或修订《××大学科研机构办法》等校级制度,切实履行科研管理职责,确保学校科研事业健康发展。

(三) 选例亮点

1. 紧扣经济责任审计内涵,关注权力运行情况。本节简述中提到,经济责任审计的内涵之一是对领导干部权力运行的监督与约束,本项目最大的特点是围绕科研处职能履行情况,重点关注部门以及被审计领导干部是否存在滥用职权的情况,加强对权力运行的监督,以切实体现经济责任审计的内涵。

在此审计思维的引导下,审计人员发现,科研处超越授权使用学校合同章,将专门用于签订学校科研合同的合同章用于本部门采购合同;科研处利用职权,将其承办的部分学校与地方政府、学校与企业合作项目,以学校横向科研项目名义进行管理,并归于部门名下,提取酬金,用于本部门奖金发放。

2. 即知即改,有效推动审计整改。审计期间,审计人员发现科研处违规使用外单位车辆。在审计指出该问题之后,科研处召开处长办公会议专题学习研究相关规定,充分领会有关精神,在会后主动退回借用车辆,对于该问题做到即知即改。

该项目的成效和亮点,为学校机关部处审计实施起到了示范性效应。

二、选例文书

关于科研处原处长××同志的任期经济责任审计报告

校领导：

受党委组织部委托，根据《××大学领导干部经济责任审计规定》，2016年12月至2017年2月，审计处对科研处原处长××同志实施了任期经济责任审计。

本次审计的时间范围为2012年7月至2016年6月（以下简称当期），审计重点内容为：事业发展情况；遵守法律法规，贯彻执行国家和学校有关政策决策情况；制定和执行重大经济决策情况；内部控制情况；预算执行及财务收支情况；资产安全完整情况以及××同志个人廉洁从业情况。

审计期间，根据科研处提供的资料，我们采取抽样审计的方式，对当期相关业务实施了资料检查、查账勘验、实地调查等审计程序，并对其中的重要事项作了必要的延伸和追溯。科研处及××同志对所提供资料的真实性、完整性作出书面承诺。本次审计得到科研处的积极配合。现将审计情况报告如下。

一、基本情况

××同志于2012年7月起任科研处处长，任职期间全面主持科研处工作，并分管行政工作。

（一）部门基本情况

科研处是学校科技管理的职能部门，负责全校科技工作综合管理与协调，为科研人员提供管理支持与服务，为学校制定科技政策提供决策依据。科研处下设××、××、××、××、××和综合管理办公室6个办公室和××、××和××3个中心。期末共有在职人员××人。

（二）当期财务收支情况

1. 资金来源

当期，科研处收入共计××××万元，其中，"985"等专项经费拨款共××××万元，占比 30.23％；专利基金×××万元，占比 16.75％；校拨行政办公等经费×××万元，占比 12.38％；科研事业服务收入×××万元，占比 4.82％；其他收入××万元，占比 0.41％。明细来源如下表所示：（略）

2. 资金使用

当期，科研处合计支出××××万元，其中，"985"科技成果奖×××万元，占比 38.55％；差旅费支出×××万元，占比 8.54％；专利费支出×××万元，占比 24.46％；专家劳务费×××万元，占比 2.25％等。具体资金使用明细如下表所示：（略）

3. 资金结余

2012 年 7 月 1 日，科研处资金结余×××万元；2016 年 6 月 30 日，各类经费的历年滚存结余××××万元，其中，科技服务类项目经费×××万元，"985"专项经费×××万元，专利基金、科技论坛、重大科技项目组织实施等专项经费×××万元，酬金类经费××万元，代管经费×××万元。

4. 预算执行情况

本次对 2013 至 2015 年 3 个完整会计年度预算情况进行审计。其间，科研处存在部分经费预算执行率较低，且各年波动较大的情况，如行政办公经费 2014 年的预算执行率为 91.54％，2013 年度和 2015 年度的预算执行率均低于 60％，具体情况如下表所示：（略）

二、审计评价

××同志任职期间，积极落实学校科研发展规划和任务，科研工作稳步推进，学校科研事业发展情况良好。重视和完善学校科研管理制度，但部门内部管理工作仍须加强。具体评价如下：

（一）事业发展状况良好

任期内，学校科技工作取得新的发展。当期，全校到款科技经费为
××亿元，其中，纵向经费××亿元，横向经费××亿元。新增科研项
目××××项，其中，纵向项目××××项，横向项目××××项。任
期内，学校共牵头获得"973"计划和重大科学研究计划××项，课题
××项，以项目负责人牵头承担"863"高新技术项目×项，在国家科技
重大专项实施计划中，牵头承担课题××项。新增省部各类平台基地
××个。

针对学校健全高层次科技人才引进和培养体系的需要，科技处牵头
做好科技创新人才的选拔和培养计划，2012至2016年，××人获国家自
然科学基金委杰出青年科学基金，××人获优秀青年科学基金，获得国
家自然科学基金委优秀创新群体×个；教育部创新团队×个，滚动资助
×个；××人入选市优秀学术带头人；××人入选市科委人才计划等。

在任职期间，学校以第一完成单位获得国家科学技术奖××项，省
部级科学技术一等奖××项。通过出台《科技成果转化管理办法》等制
度，积极创新成果转化模式，并取得明显成效，因成果转化方面改革成
效显著，2016年，××同志被中国技术市场协会授予"××奖"。

（二）学校科研管理制度趋于完善，但内部管理制度尚不健全

任期内，科研处制定或修订《科研经费管理办法》《实验室服务项目
管理办法》《与企业共建联合实验室（研究中心）管理办法》等6项科研
管理制度，为学校科研事业健康有序发展提供了制度保障。

但部门内部管理制度尚不健全，未建立财务管理和资产管理等制
度，"三重一大"议事决策制度不完善。

**（三）重要事项基本通过集体讨论并决策，但存在个别事项未经集
体决策的情况**

科研处处长会议是主要议事决策机构，会议纪要显示，议事决策内
容包括重要工作布置、人事聘用晋升、绩效考核、部门年度预算、大额资
金使用等重要事项。审计抽查范围内，科研处大额资金使用基本按照

预算支出范围或通过科研处处长会议讨论决策执行,但也存在个别大额支出未经决策程序的情况。

(四)科研管理职能履行较好,但在横向科研、无形资产管理等方面仍存在部分不足

任期内,科研处认真履行学校科研项目管理职能,在全校科技工作综合管理与协调方面采取多种有效措施,为科研人员提供管理支持与服务。但是,在横向科研项目管理、无形资产管理方面仍存在不足。

(五)预算执行率须进一步提高,财务收支管理须进一步加强

科研处经费来源主要为学校拨款和科研项目收入。当期,总体预算执行率较好,但存在部分经费预算执行率较低,且各年波动较大的情况。

科研处经费使用采用处长"一支笔"审批制度。在抽查范围内,经费支出基本符合学校财务管理规定,但也存在项目经费未专款专用的问题。

(六)实物资产管理存在薄弱环节

科研处基本能按照学校相关资产管理制度规定管理处内资产,但存在未定期盘点固定资产等情况。

(七)落实廉政建设责任制和遵守有关廉政规定情况

任期内,××同志认真落实学校关于党风廉政建设的要求,带领处领导班子成员签订了廉政承诺书,并定期召开部门廉政建设工作会议,对党风廉政建设工作任务进行责任分解,明确领导班子、关键岗位人员职责和任务分工,并推动落实。

本次审计中未收到有关××同志个人违反廉洁从政、从业规定的举报、信访等材料;本次审计范围内根据科研处提供的资料,未发现××同志个人有违反廉洁从业规定的情况。

三、审计发现的主要问题和责任认定

(一)议事决策制度不完善,内部管理制度尚不健全

1."三重一大"制度尚不完善,缺乏可操作性

科研处于2013年6月制定《科研处"三重一大"制度》,该制度虽规

定"三重一大"事项必须经集体讨论作出决定,但未明确界定"三重一大"的具体事项或范围、大额资金的具体金额,也未明确"三重一大"事项的决策机构和议事决策规则等,现有制度缺乏可操作性。

因科研处未界定大额资金的具体金额,本次审计对 1 万元以上支出进行了抽查。抽查范围内,大额支出基本通过集体决策,但也存在个别大额支出未经决策的情况,例如:(略)

2. 固定资产管理制度缺失

科研处未制定固定资产管理制度,未明确固定资产申请、采购、验收、保管的工作程序,也未定期对固定资产进行盘点。本次审计抽盘发现,部分固定资产未贴固定资产标签,部分固定资产实际存放地点与资产管理系统记录的地点不符,部分资产保管人已调离或退休。

该情况不符合《××大学财务管理条例》第四十五条"学校及各单位应制定各类固定资产管理办法,明确有关的采购、验收、保管的工作程序;健全固定资产明细记录体系,定期或不定期组织清查盘点,确保账、卡、物相符"。

(二)财务管理不规范,部分支出不合规

1. 个别项目经费未专款专用

审计抽查发现,科研处"科研发展基金"中列支非本项目开支范围的聘用人员工资、年终奖、通信费等,其间共支出××万元。

上述情况不符合《××大学财务管理条例》第××条"学校及各单位使用各类经费时必须严格遵守专款专用的原则"。

2. 部分人员酬金发放依据不足

审计发现,2012 年 12 月,×委拨入科技扶持资金××万元,科研处将该经费并入"科研处专利奖励费"核算,用于发放本处人员奖励酬金。2012 年 7 月至 2013 年 3 月期间,共发放人员酬金 7 笔,合计金额××万元。审计认为,该笔经费名义为"科技扶持资金",且因科研处未能提供该经费用途的相关文件资料,审计无法确定其收支的合规性。

（三）部分科研项目立项及经费使用管理不规范

审计期间，科研处作为项目承担单位承接了多项科研项目，审计抽查了部分项目，发现存在以下问题：

1. 部分学校层面合作事项以横向科研项目立项管理

任期内，科研处牵头以学校名义与 F 市人民政府、J 市科学技术局和 H 集团股份有限公司（以下简称 H 集团）3 家地方政府机构和企业签订了有关合作协议，协议中分别约定了有关合作框架和前期事宜。如与 H 集团约定"设立预研基金"，"每年三十万元"；与 F 市人民政府约定由 F 市人民政府给××大学"30 万元开办经费"用于 F 工作站建设等，具体如下表所示：（略）

审计认为，上述部分合作事项协议内容未针对具体科研事项，也未按照学校横向科研项目管理的要求签订"四技"服务合同，拨款事由为"预研基金"与"开办经费"等，审计对于此类项目是否应属于科研项目存在疑义。

同时，上述项目的经费来源均为财政性资金，即便作为科研经费管理，亦应按照《教育部关于进一步加强高校科研项目管理的意见》（教技〔2012〕14 号）第 4 条规定"经费来源性质属于中央或地方财政资金，属于纵向资金"的要求，作为纵向科研项目立项管理。

综上，审计认为科研处将上述项目作为横向科研经费立项管理不规范。

2. 部分合作事项经费提取酬金缺乏依据

科研处将与 H 集团等 3 个产学研合作项目按照学校横向科研项目的管理模式，按项目经费的××％提取酬金，提取的金额分别为××万元、××万元和×万元。

审计在上文中已对该类事项作为横向科研项目管理提出疑义，且上述事项协议的条款中无确定的科研项目名称和标的内容，未约定提取酬金，明确经费用途为"开办经费"或"预研基金"等，审计认为上述项目作为横向科研项目提取酬金缺乏依据。

（四）横向科研项目管理存在薄弱环节

审计期间,学校共签订横向科研项目××××项,合同金额××亿元,实际到账金额×亿元。存在的主要问题如下:

1. 未及时检查科研项目合同履行情况,督促项目经费及时足额到账

根据科研处提供的资料,截至 2016 年 12 月 31 日,按合同约定到期项目有××××项,应到账金额××亿元,实际到账金额×亿元,未按合同约定拨付的项目经费达×亿元。

科研处未对合同履行情况进行检查,未及时督促相关单位和个人履行合同约定,不符合《××大学技术合同管理办法》第×条"科学技术处和技术项目参加人所在单位应当检查合同履行情况"的规定。

2. 未按规定办理横向科研项目结题

审计了解到,学校横向科研项目到期后,项目委托单位未出具技术合同履行情况证明,因此,合同双方履约情况不明,学校存在履约风险,不符合《××大学技术合同管理办法》第××条"技术合同义务按照约定履行后,合同相对方应当在六个月内出具技术合同履行情况证明,由科学技术处备案"的规定。

（五）无形资产日常管理工作不到位

科研处下设成果与知识产权办公室,负责学校专利权、著作权等的申请及维护工作,审计发现存在以下问题:

1. 专利代理服务机构的选择未经必要程序

学校专利权申请和维护工作由科研处委托××专利代理有限公司等社会中介机构办理,学校支付相关代理费用。经统计,任期内共支付专利代理服务费×××万元。但在专利代理公司的选择上,科研处一直延用以前年度的代理公司,未通过集体决策和服务采购程序确定代理公司。审计认为,该事项涉及金额较大,应通过一定的集体决策和采购程序确定代理服务供应商。

2. 专利年费缴纳不及时,产生滞纳金等额外开支

根据科研处提供的资料,审计期间,科研处支付专利申请费、实审费、年费、滞纳金和恢复费等专利相关费用共计×××万元,其中,因未按时缴纳专利年费而支付的滞纳金共××××笔,金额××万元;恢复费×××笔,金额××万元。

同时,审计注意到,学校失效专利较多。根据科研处提供的资料,仅2016年度学校失效专利共计×××个,其中,发明专利×××项、使用新型专利××个、外观设计专利×个。在失效专利中,专利授权5年内的有×××个,占比为81%。上述失效专利均在专利保护期内。

学校专利管理办法规定,自被授予专利权第四年起,年费由发明人或者设计人自课题项目经费中承担,经了解,专利失效的主要原因为发明人未按规定缴纳年费,导致专利失效。

3. 无形资产入账不及时

科研处提供的资料显示,2016年度,学校获得专利授权共计×××个,其中,发明专利×××项,实用新型专利××个,外观设计专利×个。

截至审计检查日,2016年度的专利权均未按规定入账,不符合《教育部直属高等学校国有资产管理暂行办法》第二十条"高校应当加强对本单位专利权、商标权、著作权、土地使用权、非专利技术、校名校誉、商誉等无形资产的管理,依法保护,合理利用,并按照国家有关规定及时办理入账手续,加强管理"。

(六)未按授权范围使用学校印章

作为学校职能管理部门,科研处获得学校授权保管并使用"××大学合同专用章",该枚印章主要用于学校承接科研项目使用。但审计发现,科研处部分处内非科研项目类的业务事项合同使用了该印章,具体如下表所示:(略)

上述6份协议事项均为科研处对外采购服务,非学校承接科研项目,科研处应履行校内审批手续通过其他授权部门加盖学校印章,而非使用专用于科研项目签订的"××大学合同专用章"。

该情况不符合《学校授权科研处使用学校公章和校长签名章的材

料清单》所列范围,也不符合《科研处日常工作管理条例》第×条用印管理"××大学与其他单位签订的任何协议、合同('863'、'973'、科技支撑、省部级等项目合同除外)须科研处处长签字并报分管校长签署意见后送校长办公室加盖××大学公章和(或)校长签名章"的规定。

(七)自主批建的虚体科研机构管理薄弱

在学校自主批建科研机构的管理上,科研处侧重在设立审批环节,对机构的日常运行缺乏有效管理,存在未对机构运行状况进行考核和评估,不能动态掌握机构数量和运行状况;未建立科研机构管理台账,相关资料未能系统建档保存;已撤销或已到期机构仍在年鉴中列示;机构依托单位与实际不一致等问题。

(八)个别合同签订主体不规范

审计发现,科研处于2013年9月与J市签订《××大学J技术转移中心》协议书,约定有关合作事项,合同金额为××万元,甲方盖章处为"××大学科研管理处"。

该情况不符合××大学《关于加强合同订立与支付管理的通知》中的第4条"订立书面合同只能加盖学校印章或合同专用章。未经学校授权,各单位各类印章均不能用于订立合同,也不能以本单位名义与合同相对方订立合同"的规定。

(九)责任认定

对上述问题,根据《××大学领导干部经济责任审计规定》,××同志应对第(一)、(二)、(三)项的问题承担主管责任,对其他问题承担领导责任。

四、其他说明事项

审计发现,任期内,S电子集团股份有限公司无偿提供给科研处别克商务车一辆,用于学校重要科技活动、接待和应急任务。该车驾驶员为租赁制人员,其工资在科研处"科研发展基金"专项经费中列支;车辆使用中产生的汽油费等相关费用在科研处"办公经费"中列支。

该情况不符合《关于印发〈××大学关于贯彻落实《党政机关厉行

节约反对浪费条例》的实施意见〉的通知》(×委〔2014〕2号)第十二条"严格执行党政机关公务用车配备标准,严禁违规配车、超编超标配车和公车私用等行为。严禁以任何方式向其他单位调换、借用车辆或转嫁费用"的规定。

审计期间,关于"无偿使用其他单位车辆的问题",科研处已主动将车辆退回S电子集团股份有限公司,并办理驾驶员的解聘手续,该问题已整改。

五、审计建议

(一)进一步完善内部管理制度

1. 根据学校有关规定,并结合部门实际情况,进一步完善领导班子的议事决策制度,明确重大事项的具体内容、范围和议事决策规则,为科学、民主决策提供制度保障。

在制定"三重一大"制度的基础上,进一步严格履行重大事项的集体决策程序。

2. 根据本部门情况制定固定资产管理办法,明确采购、验收、保管的岗位分工和工作程序,明确管理和保管责任,定期组织清查盘点,确保账、卡、物相符。

(二)加强财务管理,规范经费使用

1. 对于指定用途的项目经费,应严格遵守专款专用的原则,按规定用途使用经费,严禁擅自改变资金用途,将专项经费挪作他用。

2. 查清科技扶持资金的用途,并严格按规定使用。

(三)科研项目应严格按规定程序立项和管理

1. 科研处作为学校的科研管理职能部门,应严格履行部门职责,对于本部门承担的科研项目,更应严格按规定程序立项。应明确界定科研项目类型,并严格落实审核责任。横向科研项目订立的技术合同,应使用规定的标准格式合同文本。

2. 应按照预算批复或合同(任务书)的支出范围和标准使用经费。梳理以科研处为承担单位立项的科研项目,对于不属于科研项目的,应

根据经费用途,及时按规定进行账务处理;对于不应计提的酬金,应当予以退回并按规定进行账务处理。

（四）进一步加强横向科研项目管理

1. 严格履行管理职责,督促相关单位及时履行协议,确保科研经费收入及时到账。

2. 认真做好横向科研项目的结题工作,在项目到期后,督促负责人及时办理结题结项手续。

（五）进一步加强知识产权管理工作,落实无形资产管理责任

1. 按照《政府采购法》规定的采购程序和方式,确定专利代理服务机构。

2. 通过信息化等手段,及时掌握专利年费支付时点,并及时支付。

3. 应及时将学校获得授权的专利和失效专利报财务处入账。

4. 定期对专利等无形资产的先进性进行评估,杜绝非正常损失隐患。对于大量在保护期内失效的专利,应分析原因,采取措施,并办理必要的审批手续,确保学校资产安全完整。

（六）规范行政职能,严格按规定使用授权印章

认真履行行政权力,严格按照学校授权范围使用合同专用章。

（七）加强对虚体科研机构的管理

加强对虚体科研机构的管理,建立健全管理制度。建立科研机构考核评估制度;准确掌握科研机构相关信息,建立科研机构管理台账;对外发布的信息应当一致。

（八）进一步规范合同管理

提高合同管理意识,规范合同签订流程,严禁使用部门印章对外签订合同。

审　计　处

2017 年×月×日

第二节 院系领导干部经济责任审计

【简述】

与职能部处所承担的高校某一领域归口管理职责不同,二级学院承担某一学科的教学、科研等单位的管理职责,而且根据学科特点,承担为校内外提供"四技"或实验室服务、为行业和社会进行继续教育培训工作等。从内部控制角度而言,职能部处所承担的职责是学校层级的内部控制,二级院系所承担的职责则是学校这个组织中第二层级的单位控制,须履行预算管理、资产管理、收支管理、合同管理、工程管理、采购管理等多项业务条线中的部分职能。随着近年来各高等学校推进二级管理,学院的办学自主性逐步加强,学校将人、财、物等资源的配置权大量下放,学院所承担的责任亦随之同步增加。因此,二级学院的领导干部所承担的经济责任更趋全面性、复杂性。

从审计人员角度而言,学院的审计工作相对综合立体,在对审计重点的把握、审计报告的撰写方面,均要求审计人员有敏锐的职业判断能力和较强的文字撰写能力。

按照现在综合性大学的现状,大部分学校文、理、工、医等学科基本配备齐全,每个学科因其学科特点而在业务上、管理上的侧重点不同。多数文科院系将非学历教育业务(也就是俗称的"办班创收")作为学院重点经济工作,多数工科、理科、医科院系则将对外提供"四技"服务或实验室服务作为经济运行重点等。

本节分别展示对理科、文科两个学院行政负责人实施审计后的经济责任审计报告。

【选例3】《关于理学院院长××同志的任中经济责任审计报告》

一、选例评析

(一) 选例介绍

××大学理学院为学校下属二级学院,主要职能是在理学方面为国家培养多层次专业人才,在相关领域承担一定科研项目,促进学科建设与发展。理学院业务范围较广,除正常的教学、科研之外,学院还对外提供实验动物代养服务、大型仪器设备共享服务、举办行业继续教育等,在财务收支方面,学院的大型仪器设备采购业务频繁。从管理角度而言,学院风险领域较多,审计内容相对丰富,是极具代表性的审计项目。

被审计领导干部自 2005 年 9 月起被任命为理学院院长,第二任期自 2010 年 9 月起,本项目审计时间范围为 2010 年 1 月至 2013 年 12月,属于任中审计。

(二) 审计成效

该项目审计涉及金额 1.1 亿元。审计中发现问题 15 个,分别为制度建设方面的问题 1 个,内部控制方面的问题 3 个,"三重一大"决策与执行方面的问题 2 个,财务收支方面的问题 6 个,合同管理方面的问题2 个,国有资产管理方面的问题 1 个,共涉及损失浪费金额××万元,不符合规定或程序金额××万元,违规违纪金额××万元。

审计处出具经济责任审计报告 1 份,经济责任审计结果报告 1 份,共提出审计建议 10 条,同时还出具学院预算管理审计报告 1 份,针对重大事项另行出具专项审计报告 1 份。

除上述审计结果之外,还有下述三项成效:

1. 帮助学院提高内控意识,完善内部管理。2014 年,《行政事业单位内部控制规范（试行）》开始实施,学校各层级内控理念模糊,对内部控制建设和实施缺少系统性了解。该项目的实施,帮助学院提高了内控意识,在审计整改过程中,学院在制度建设、岗位设置、职责划分上均进行了相应梳理,制定或修订各类规章制度或实施办法共 15 项,内部控制得到进一步规范。

2. 增强学院预算管理意识,推动校院两级预算管理。2014 年正值学校推行校院两级管理,该项目在预算管理、财务收支方面发现的问题和建议给学院提供了实用性参考。审计整改之后,学院已实现全口径预算,将各类校拨经费、办班收入、实验室对外服务收入等均纳入预算管理范围,促进了学院落实当家理财、加快发展的责任。

3. 查实重大违纪现象,协助纪检部门作出处理。该项目查实被审计领导干部存在重大违纪行为,并将相关线索移交纪检部门,所出具的专项审计报告作为学校进行相应处理的重要依据,审计过后,违规行为得到及时纠正,该名干部已受到学校相应处分。

(三) 选例亮点

该学院理科特色明显,重要经济业务有实验室服务、继续教育培训、设备采购等,审计人员对这几方面内容进行了重点审计,在审计报告中,也对在这几方面发现的主要问题进行了重点披露。

1. 结合内控规范,重点关注内控建设与执行情况。审计组结合各类业务的检查,对学院的内部控制建设和执行情况进行了深入了解。以内控规范为指引,梳理风险隐患,并在审计报告中将内控情况及发现的问题进行单独披露并提出相应建议。

2. 配合纪检提示,出具重大事项专项审计报告。在此项目立项之时,审计部门按惯例征询纪检部门意见,纪检部门根据该名领导干部任期内的信访案件、群众反映等,提示可能存在违纪风险,但并未提供切实证据。审计组就相关线索对涉及被审计领导干部相关的科研项目、房屋使用、关联企业信息等进行了翔实调查,查实确实存在违规违纪情况,并将相关情况移交纪检部门,以专项审计报告的形式向学校报告,为学校后续处理该事项提供了准确可靠的依据。

3. 创新审计方式,同步出具预算管理审计报告。审计部门抓住经济责任审计全面性的特点,在对经济责任审计六大方面内容进行全面审计的基础上,对学院预算管理情况进行更深入的调查,在出具经济责任审计报告的同时,同步出具了学院的预算管理审计报告。以该项目为起点,学校经过几年实践操作验证了这种审计实施方式,为高校在审计任务日益繁重、审计资源日益紧张的情况下,有效实现审计全覆盖提供了切实可行的思路与措施。

二、选例文书

关于理学院院长××同志的任中经济责任审计报告

校领导:

受党委组织部委托,根据《××大学领导干部经济责任审计规定》,2014 年 5 至 7 月,审计处对理学院院长××同志实施了任中经济责任审计。

本次审计的时间范围为 2010 年 1 月至 2013 年 12 月(以下简称当期),审计重点内容为:事业发展情况;遵守法律法规,贯彻执行国家和学校有关政策决策情况;制定和执行重大经济决策情况;内部控制情况;预算执行及财务收支情况;资产安全完整情况以及××同志个人廉洁从业情况。

审计期间,根据理学院提供的资料,我们采取抽样审计的方式,对当期相关业务实施了资料检查、查账勘验、实地调查等审计程序,并对其中的重要事项作了必要的延伸和追溯。理学院对所提供资料的真实性、完整性作出书面承诺。本次审计得到理学院的积极配合。

现将审计情况报告如下。

一、基本情况

××同志于 2005 年 9 月起被任命为理学院院长,本次任期自 2010 年 9 月至今,任期内负责学院全面工作,分管学科建设、人才队伍与对外合作交流。

(一)学院基本情况

理学院的主要职能是在理学方面为国家培养多层次专业人才,在相关学科领域承担一定的科研项目,促进学科建设与发展,下设××学科、××学科、××学科和××学科四大学科群,拥有 1 个本科实验教学中心、4 个技术支撑平台、1 个培训中心、1 个教育部重点实验室。设有一级学科博士点 1 个、专业学位硕士点 1 个,二级学科博士点 7 个、硕士点 7 个,博士后科研流动站 1 个,本科××学专业 1 个。2013 年年底,共有在校普通本科生×××人,硕士研究生×××人,博士研究生×××人,外国留学生×人。

理学院设立党委办、院长办、本科教学办、科研办、研究生办、学生工作办 6 个管理办公室,2013 年年底共有在职员工×××人(教学科研人员×××人,行政管理人员××人,业务辅助人员×人),离退休人员×××人,外籍专家×人,长期聘用人员×人。

(二)当期财务收支情况

1. 资金来源

当期,理学院收入共计×××万元,其中,"985""211"等专项经费拨款共×××万元,占比 45.86%;校拨教学教辅后勤行政等经费×××万元,占比 20.20%;实验室对外服务收入×××万元,占比 11.24%;各类办班结算收入×××万元,占比 14.65%;捐赠收入、代管款项等其他收入×××万元,占比 8.05%。明细来源如下表所示:(略)

2. 资金使用

当期,学院共支出资金××××万元,其中,人员酬金福利等(不含学校直接发放工资岗贴等)支出×××万元,占比 14.14%;商品和服务等消耗性支出×××万元,占比 32.85%;购置设备等资本性支出×××万元,占比49.18%;代管及专用基金等其他支出×××万元,占比 3.83%。具体资金使用明细用途如下表所示:(略)

上述支出中,"985"专项经费支出×××万元,主要为设备购置支出×××万元,商品和服务等消耗支出×××万元;"211"专项经费支出×××万元,主要为设备购置支出×××万元,商品和服务等消耗性支出×××万元。

当期,理学院收入与支出增长较快,尤其在 2011 年得到"985 三期"专项资金支持后,学院整体可支配财力大幅上升。收支趋势示意图如下:

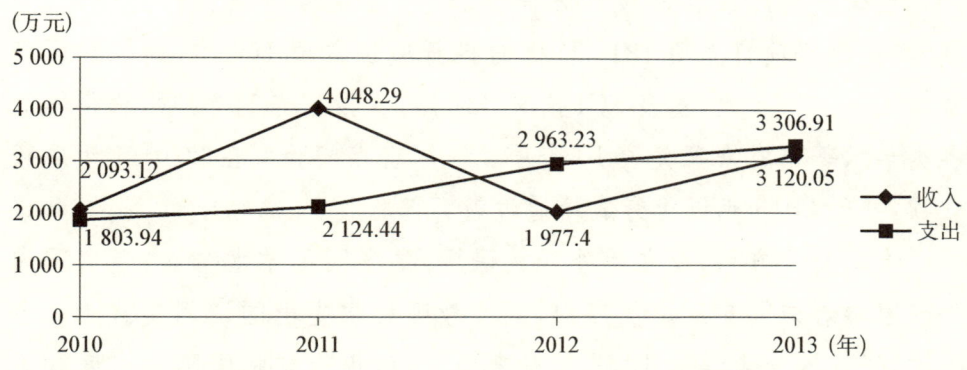

3. 资金结余

2010 年年初,理学院资金结余×××万元。截至 2013 年年底,理学院各类经费的历年滚存结余×××万元。

二、××同志履行经济责任的主要情况

××同志任职期间,学院以党政联席会议、学术委员会、党委会等形式进行"三重一大"事项的咨询讨论及决策工作,重大经济事项基本通过集体讨论,事业发展良好,有一定的制度建设基础,预算管理意识较强,执行率较好,但财务收支尚欠严谨,政府采购及资产管理工作须加强。

具体评价如下:

（一）事业发展良好

任期中，学院以大理学为教育理念，强化本科学生能力和综合素质的训练培养，提升学生研究兴趣，拓展学生创新思维，逐步扩大应用型专业学位研究生的规模，2011 年成功申报工程博士（××领域）专业学位，开展研究生实践基地建设，实行校企联合，优势互补，培养高素质学生。

学科建设方面，学院与其他学院联合建设的××××学科进入 ESI 前 0.5% 排名，学院在 2013 年 QS 排名（××学专业）中进入前 100 名，在中国各大高校××学专业中排名第一。××学科被遴选为国家重点学科，××学科为 H 市重点学科。

科学研究以重点领域和方向为推手，注重科研项目产出效能，当期，纵向科研项目立项 181 项，横向科研项目立项 149 项，到位科研经费共××××万元，发表 SCI 论文 321 篇，获授权专利 65 项，获得各级各类学术著作成果等奖项 10 余项。××重点实验室在 2010 年年底获立项，并于 2013 年以优秀成绩通过教育部验收。

学术交流方面，设立对外开放课题，举办国际学术会议，吸引国内外专家学者访问交流。任期内，派遣教师和学生出国访问交流 120 余人次，资助国外大学的 13 名教授来校交流，提升学院国际知名度和学生培养的国际化程度，促进科研理念的更新。

任期内，理学院加大领军人才和杰出人才的引进力度，成功引进 30 名人才。目前，理学院有国家"千人计划"3 名，"××千人计划"2 名，国家重大科学研究计划（"973"计划）项目首席科学家 3 名，双聘院士 2 名，教育部长江学者特聘教授 1 名，国家杰出青年基金获得者 2 名，各学科人才队伍日益壮大。

（二）制度建设有待完善，内部控制存在一定风险

任期内，理学院在有关会议制度、议事规则、财务管理、人员考核、科研管理、院行政公章使用等方面制定了十余项制度，其下属××实验中心、××测试中心也在业务范围内制定了管理制度、操作规程约 30

余项,具备一定的制度基础。但学院缺少专门的资产管理、设备采购、收费管理、合同管理等制度,抽查所见部分业务实际操作与现行制度不符,部分业务未归口管理,程序执行不到位,内部控制较弱。

(三)重大经济事项基本通过集体讨论并决策,但仍须加强"三重一大"决策程序执行力度

党政联席会议为学院主要决策机构,学院各重大事项均须经党政联席会议讨论决定。经查阅,议事内容包括年度学院财务预决算、人员考核、绩效分配、人才引进、重大专项建设、学科评估、科研管理、平台建设、招生部署、人事聘任等各方面的重大议题,但仍然存在重大经济事项未经党政联席会议决策的情况。

(四)预算管理意识较强,执行率较好,但财务收支管理须进一步加强

学院预算管理意识较强,自 2011 年实行学院预算编制机制,统筹学院经费来源,按照预算方向使用经费,当期总体预算执行率达到 90.69%。

学院财务收支纳入学校财务处统一核算,任期前期,财务管理较松散,各种经费分散在各教研室和办公室使用,未有效整合资源统筹使用。任期后期,逐渐形成统一管理,多数经费由院办统筹使用。但院办所统筹管理经费不包括下属中心的经费。在编报学院年度预算时,××实验中心和××测试中心的收入均未纳入学院收入预算范围。

学院内部建立了分级授权审批制度。经对各类收入及大额支出进行抽查验证,除在后文第三部分中所列出的审计发现的主要问题外,基本符合财经法规的规定。

(五)实物资产管理存在薄弱环节

理学院基本能按照学校资产管理制度管理院属资产,对办公用品等低值易耗品建立了日常领用登记制度,但存在大量仪器设备盘亏的现象。

（六）落实廉政建设责任制和遵守有关廉政规定情况

任期内，××同志落实学校关于党风廉政建设要求，带领班子成员签订了廉政承诺书，并定期召开学院廉政建设工作会议，对党风廉政建设工作任务进行责任分解，明确领导班子、关键岗位人员职责和任务分工，并推动落实。

本次审计中，审计组未收到反映××同志个人问题来信来访。但审计范围内，发现××同志存在未经集体决策程序将学院公用房提供给其关联公司使用事项，学校有关部门已在处理中。

三、审计发现的主要问题和责任认定

（一）制度建设不健全，部分制度缺失，部分制度执行不到位

任期内，学院未制定专门的资产管理、设备采购、收费管理、合同管理等方面的制度。未明确规范采购计划与制定、请购与审批、执行与验收保管等环节，尤其是对于采购单价在 20 万元以下由院系自行采购的设备，学院无相关规定。

学院对经费支出虽有分级授权审批等流程设计，但对各类经费的使用范围，尤其是对分配至教师名下的教学经费的使用方向、用途、审批程序等未加以规范，支出存在真实性、相关性风险。

同时，发现部分业务操作与制度不符，如《××实验中心对外技术服务管理细则》及相关流程图中规定外单位须填写"对外技术服务申请表"并到理学院科研科签字盖章并备案。据验证，实际执行过程中，中心并无"对外技术服务申请表"，与外单位签订的是"××学校理学院××实验中心使用协议"，主要由中心管理员签字，并未至科研科签字盖章及备案。

（二）重大经济事项未按规定履行决策程序，有关经济行为违反学校规定

2012 年 10 月 31 日，理学院与 D 生物技术有限公司（简称 D 公司）签订技术服务合同，合同金额 80 万元。该项目经学校科技处立项为横向课题经费，以××同志为课题负责人归于其名下。审计发现以下问题：

1. D公司合作项目使用学院公共资源未经"三重一大"决策程序

该项目合作合同条款中含有"乙方(即××学校)提供必要的实验场所和设施,供甲乙双方开展本合作项目"的约定,明显已涉及学校和学院的公共资源使用,项目执行中,D公司也实际使用了理学院××中心五楼,但该事项未经学院党政联席会议讨论,未经领导班子集体决策。

该情况不符合理学院2008年6月11日制定的《理学院党政领导班子落实"三重一大"制度》的规定。即党政联席会议应"审定学院对外合作、向社会融资等重大项目计划"(第一条第11项);应讨论决定"国内外合资、合作的重大项目(含合作办学)"(第三条第3项)。

2. D公司项目合作事项实为变相出租学校公用房

至审计实施日,D公司共计支付经费80万元进入该横向课题经费。但公司在付款时,其银行回单摘要均为"实验房租赁费",与其合同约定中甲方"以技术服务费的方式支付给乙方"的内容不符,且学校财务处开具给D公司的发票内容也均为"实验房租金"。从目前所取得的资料显示,与D公司合作事项的实质为变相出租学校公用房。

该情况不符合《××大学公用房管理条例》第××条规定"为保证学校工作的正常进行,使用人对学校供其使用的公用房,只许自行使用,不准擅自转让、转租他人或变相供他人使用"。

(三)内部控制不规范,存在多处风险隐患

1. 大型仪器设备采购及共享服务业务未实行归口管理,学院层面控制松散

学院当期大型仪器设备采购量较大,但未实行统一管理,分散在各教研室自行采购。学院对采购流程中的计划与制定、专家论证、请购与审批、询价、供应商选择、合同洽谈、设备验收、保管、文件资料保存等关键控制点未明文约束。审计抽见存在设备采购流程中的时间节点不合逻辑的现象。

学院大型仪器设备共享服务分散在××测试中心、××重点实验室以及其他教研室,各部门分别制定收费标准分别收费,业务分散,收支多头。抽查发现××重点实验室仪器共享收费方式不符合学校财务规定。

上述做法不符合内部控制对于有关经济活动进行归口管理的原则,存在控制风险。

2. 多个业务流程中的不相容职责未适当分离

××中心对外服务业务中,承接业务、与委托方签订协议、代购动物、动物销售单价确定、费用优惠及汇总结算、填写付款通知单、收入情况记录等,均由管理员一人承担;××中心门卡管理业务中,门禁卡领用、退还和押金收取、保管、退还等事项均由同一人经办并记录。

重点实验室仪器共享服务工作中的业务承接、分配充值电卡、使用费确定、现金收取、业务记录等职责均由同一人承担。

部分设备采购业务中,询价、供应商选择、合同洽谈、设备验收、保管等职责未适当分离。

上述做法违反内部控制制衡性基本原则,相应财务收支的真实合法性难以保证,不符合《行政事业单位内部控制规范》第十二条中"不相容岗位相互分离。合理设置内部控制关键岗位,明确划分职责权限,实施相应的分离措施,形成相互制约、相互监督的工作机制"的规定。

3. 部分业务原始记录不规范,单据控制不严谨

××中心代购动物未实行出入库登记制度,所购动物到货、领出或转代养数据均无记录;抽见部分代购动物业务未填制应填的"实验动物请购单";抽见部分动物采购记录与进入动物房代养记录不能匹配;各原始记录之间缺少相互核对环节,以此为依据统计结算的××中心收入的完整性和真实性无法确认。

抽见设备采购业务中,教研室未能妥善保管采购询价函、供应商应标函、合同、验收文件等相关资料,业务痕迹管理不到位。

(四)收费管理不规范,存在收费标准未报备、收费标准未严格执行等情况

1. 培训收费及其他对外服务收费标准未报学校相关部门审定

自1995年起,理学院每年举办×××培训班,根据开设课程制定

收费标准;学院××中心自 2010 年始对外提供实验动物饲养等服务,同年制定收费标准;分析测试中心与××重点实验室均对外提供大型仪器设备共享服务,分别于 2009 年、2013 年 3 月制定收费标准并向外公布。

据了解,上述收费标准已向学院院办报备,但未报学校财务处进行审定,不符合《××大学财务管理条例》第××条规定的"各类行政事业性收费项目及标准必须经过××市物价局与教委的审批或备案。非行政事业性收费项目,由财务处负责审定"。

2. 部分收费标准未严格执行,费用优惠缺少依据及审批程序

审计发现,学院××中心收费标准执行不严格,存在未按收费标准收费的情况。同时,审计抽查××中心 2012 年协议时发现,部分协议费用享受优惠。其中,与 H 医院签订的两份协议,原协议价分别为 1.06 万元和 3.25 万元,实际结算价分别为 0.95 万元和 3 万元。中心并无实验费用优惠的相关具体规定,缺少优惠依据和相关审批程序。

上述情况不符合《××大学财务管理条例》第××条规定的"各单位只能根据学校对外公示的收费项目、范围与标准进行收费"。

(五)部分财务收入不符合规定,部分支出存在风险

1. 重点实验室仪器共享的校内校外收入收取方式不合规

2013 年 6 月起,学院重点实验室将××台仪器设备向校内外提供共享服务,但其校内外收入均未正确归集到实验室部门公共经费。实验室采取在校内实验人项目经费中直接报销仪器设备耗材维护等费用的方式"收取"校内收入;校外收入则进入学院某教师个人名下的横向对外服务经费,再由该经费负责人将结转收入以授权经办人的方式授权给实验室管理人员,实验室管理人员用其开支实验室日常开销,此做法混淆了部门公共收入与教师个人名下的横向经费。上述校内收入涉及金额××万元,校外收入涉及金额××万元。

上述做法不符合《××大学财务管理条例》第××条规定的"学校

及各单位的各项收入必须及时、全额上缴学校财务部门,并根据'收支两条线'原则,纳入学校或院(系)预算进行分配与管理。各单位不得私自截留收入"。

2. 培训费收入上缴不及时,存在公款私存的现象

审计抽查 2012 年××培训班学费时发现,理学院在 7 月初集中开班并收取培训费,但其收入上缴财务处时间为 2012 年 9 月和 10 月,之间相隔 2～3 月,收入上缴不及时,金额共计××万元,其间学费收入由经办人书面说明存放于家中。审计实施过程中,还发现该工作人员将收取的 2014 年培训班学费收入××万元于 7 月 6 日存于其个人银行卡内,经审计人员明确告知该行为不符合财经法规之后,方于 7 月 11 日自卡内取出上交给学校财务处。

上述做法不符合《××大学财务管理条例》第××条规定的"学校及各单位的各项收入必须及时、全额上缴学校财务部门,并根据'收支两条线'原则,纳入学校或院(系)预算进行分配与管理",也违反了中国人民银行《现金管理暂行条例实施细则》第十二条"不准将单位收入的现金以个人名义存入储蓄"的规定,属公款私存。

3. 部分学费收入、对外服务收入不完整

审计发现,理学院××培训班学费收据由学院工作人员自财务处领用并开具,学院给学员开具的相关收据均未填写交缴人姓名,收费标准、项目名称栏仅填写"学费"和总金额,无具体课程和收费标准,从中无法具体显示每位学员的交费信息。由此,审计对学员的交费情况无法核对。依据理学院提供的"2012××培训班登记表"显示的学员姓名及相关选课信息进行统计,2012 年培训费收入应为××万元,实际入账为××万元,相差×万元。

审计还发现,××中心以设备使用书面记录作为主要计费依据,但实际运行中,设备使用书面记录基本由外来实验人员自行记录,中心设备管理人员未进行核对,其作为计费依据的可靠性不足。另外,审计抽查测算了部分设备的校外服务收费情况,发现根据机器使用时间所测

算出的应收费用与实收费用不符,例如:(略)

根据上述情况,审计认为学院培训班收入和分析测试中心的测试费收入不完整。该情况不符合《××大学财务管理条例》第二十条规定的"学校及各单位的各项收入必须及时、全额上缴学校财务部门,并根据'收支两条线'原则,纳入学校或院(系)预算进行分配与管理"。

4. 部分经费使用分配方式及支出的真实性、合规性存在一定风险

据了解,学院将校拨的本科生教学经费、研究生教学经费分配到各个教师名下由其自行使用,经费分配额度按照教师授课学分计算。同时,学院在基本科研业务费、教学经费中也设置一些开放课题的配套经费,由教师申请并分配额度至教师名下使用。学院将经费额度分配至教师名下后,对其使用内容、原始票据等不再审核管理,学院也无相应措施规范教师使用经费行为,对经费的使用方向、内容以及相关的审批程序等未进行明确,缺少支出的过程性管理规定,存在风险点。审计抽查发现存在支出相关性不足的情况。

审计认为,学院可采取一定的方式分配使用资金,促进资金使用效益,提高教师教学和科研的积极性,但须结合相关规定,明确有关程序,采取相应措施来保证经费支出的真实性、相关性与合法性。

(六)合同管理不规范

1. 部分对外服务未签订协议

审计抽查××中心对外服务情况时,发现有 6 家校外付款单位未与中心签订相关服务协议,涉及金额××万元。

该情况不符合《××大学理学院××中心操作规定》第六条"中心向院外其他单位提供服务时,双方须签订《××大学理学院××中心使用协议》"的规定。

2. 部分合同签订主体资格不符合规定

审计抽见学院部分设备采购、修缮合同以学院名义签订,仅盖理学院公章,未加盖学校合同专用章,共计 7 份,合同金额共×××万元。

上述做法存在合同风险,不符合《××大学合同管理办法》相关规定的"订立书面合同只能加盖学校印章或合同专用章。未经学校授权，各单位各类印章均不能用于订立合同，也不能以本单位名义与合同相对方订立合同"。

（七）实物资产存在大量盘亏

2013年，学院组织全院人员对设备进行了一次清查盘点，此次清查，各教研室各部门共计上报学院盘亏设备×××件，账面价值×××万元，盘亏家具共××件，账面价值××万元。至审计截止日，学院尚未对盘亏物品进行核查，对盘亏原因尚未追查，但已会同学校管理部门拟进行后续工作。

该情况不符合《×××大学国有资产管理办法》第××条"使用单位应保证资产的安全与完整，如发生损失，应及时查明原因，追究相关人员责任，报学校处理"的规定。

（八）责任认定

上述问题中，××同志对第（一）项问题应当承担主管责任，对第（二）项问题承担直接责任，对其他问题承担领导责任。

四、审计意见和建议

（一）完善制度建设

结合学校推进校院两级管理的要求，制定资产管理、设备采购、收费管理、合同管理等方面的各项制度，并对现有的预算管理、财务管理等各方面的制度进行梳理修订，保证制度条款切实可行，以制度规范学院管理，提升学院管理水平与效能。

（二）严格执行"三重一大"决策制度

重大经济事项的确定须严格遵守学校相关政策，必须经过集体讨论方能决策。对于违反学校规定的经济行为应及时纠正，并追究有关人员责任。

（三）加强内部控制

对设备采购、仪器设备共享服务等有关经济活动实行归口管理，梳理各业务流程，合理设置内部控制关键岗位，明确划分职责权限，实施相应分离措施,形成相互制约、相互监督的工作机制。在内部管理制度中明确界定各项经济活动所涉及的表单和票据,并按照规定填制、审核、归档、保管。

(四)强化预算管理

实行全口径预算,将学院各类校拨经费、办班收入、实验室对外服务收入等均纳入统筹分配范围,所有支出纳入预算管理,合理运用各种资源。

(五)加强收费管理

有关收费标准必须按要求向物价部门或学校财务管理部门报告审定并公示。各类收费必须按照公示的收费标准收费,防止随意收费,如遇收费优惠,必须制定相应的优惠政策并履行审批手续。

(六)加强收入管理

严格遵循学校财务规定,纠正不符合规定的收入收取方式,积极与相关部门协商,正确归集部门公共收入,防止部门收入与个人控制经费混淆。采取有效措施规范各类收入上缴的及时性与完整性,对于公款私存等违规现象应严令禁止。

(七)规范经费使用

结合校院两级财务管理的要求,落实学院当家理财加快发展的责任目标,规范各类经费的使用范围,细化责任,对于下拨给教学团队或教师个人自主使用的相关经费,须明文规定使用方向、内容,明确审批程序及权限,确保支出的真实合规。

(八)规范合同管理

严格遵守学校合同管理相关规定,合同主体须符合要求,要素填列齐全,所有合同须经学校审核程序并加盖学校印章或合同专用章,如因特殊业务需要,可向学校申请授权,在授权范围内签订合同。同时,应建立合同管理台账,对各类协议分别编号并妥善保管。

(九)加强实物资产的日常管理

根据国家及学校有关规定,建立资产报废与损失核销管理办法,明确各级责任。对于此次全院清查中发现的盘亏物品,及时核查清点,对于因正常使用而报废,或因不可抗力而造成的损失,应按规定的程序和审批权限办理核销手续。对由于主观或人为原因造成损失的,要查明原因,分清责任,方可办理核销。

审　计　处

2014 年×月×日

【选例 4】《关于文学院院长××同志的任期经济责任审计报告》

一、选例评析

(一)选例介绍

××大学文学院为学校下属二级学院,主要职能是在文学方面为国家培养多层次的专业人才,在相关领域承担一定的科研项目,促进学科建设与发展。除常规教学科研任务之外,学院近年来面向社会举办各类培训班,除校拨经费之外,办班收入是其主要收入来源。因此,本项目以学院办班业务的合规合法性作为审计的重点内容。

被审计领导干部自 2012 年 9 月起被任命为文学院院长,本项目审计时间范围为 2013 年 1 月至 2016 年 12 月。

(二)审计成效

该项目审计涉及金额 1.1 亿元。审计中发现问题 13 个,分别为制度建设方面的问题 2 个,"三重一大"决策与执行方面的问题 2 个,办班过程管理方面的问题 5 个,财务收支方面的问题 2 个,资产管理方面的问题 2 个,共涉及损失浪费金额××万元,不符合规定或程序金额××万元,违规违纪金额××万元。

审计处出具经济责任审计报告 1 份,经济责任审计结果报告 1 份,共提出审计建议 9 条。发现的问题主要集中在办班管理方面,包括办班制度不完善、办班决策不合规等方面。

在该项目实施过程中以及后续的审计整改阶段,文学院针对审计发现的问题,结合审计提出的建议进行了逐一整改。更令人欣慰的是,学校以该项目为契机,以点带面地促进了非学历教育管理工作的进一步规范。

审计报告呈报之后,引起学校领导对非学历教育管理的高度重视,责成学校非学历教育管理办公室对照整改,进一步加强管理。在此背景下,非学历教育管理办公室组织了对全校短期培训班开办情况的检查,主要针对办班制度建设、合作单位选择程序、合作单位资质审核、干部培训项目有无外包等事项进行了重点检查,对发现的问题进行专题汇报与整改,并借机修订、新制定了 5 项校级制度,进一步规范学校非学历教育工作。

(三) 选例亮点

1. 审计重点明确,切入点精准。该项目紧紧抓住了文科院系的特点,以其主要经济业务——培训办班作为审计切入点,一方面,关注全流程管理,从其办班制度建设、办班决策程序、办班过程管理等方面,发现文学院在制度、决策和执行方面的重大问题;另一方面,抓住主要矛盾也即高风险点进行重点突破,如对合作单位的选择程序、合作单位的资质情况等进行详查,发现了比较突出的问题。审计重点的准确把握也促成了较高的审计效率。

2. 整改措施到位,即知即改。在本次审计中,学院对发现的部分问题进行了即时纠正,如对发现的"将干部培训项目外包"的问题,学院在审计实施期间当即进行了改正,停止了该外包事项,对于报告中披露的其他问题,在整改阶段也进行了一一整改,审计整改的完成率较高。

二、选例文书

关于文学院院长××同志的任期经济责任审计报告

校领导：

受党委组织部委托，根据《××大学领导干部经济责任审计规定》，2017年4至6月，审计处对文学院院长××同志实施了任期经济责任审计。

本次审计的时间范围为2013年1月至2016年12月（以下简称当期），审计重点内容为：事业发展情况；遵守法律法规、贯彻执行国家和学校有关政策决策情况；制定和执行重大经济决策情况；内部控制情况；预算执行及财务收支情况；资产安全完整情况以及××同志个人廉洁从业情况。

审计期间，根据文学院提供的书面资料，我们采取抽样审计的方式，对当期相关业务实施了资料检查、查账勘验、实地调查等审计程序，并对其中的重要事项作了必要的延伸和追溯。文学院及××同志对所提供资料的真实性、完整性作出了书面承诺。本次审计得到文学院的积极配合。

现将审计情况报告如下。

一、基本情况

××同志自2012年9月起任文学院院长，当期全面负责学院各项工作。

（一）文学院基本情况

文学院的主要职能是在×××学方面为国家培养多层次的专业人才，在相关领域开展科学研究，促进学科建设与发展。文学院有国家重点学科3个，国家哲学社会科学创新基地1个，博士后流动站2个，二级学科博士点7个，硕士点8个，专业学位硕士点1个，本科专业4个。

目前,文学院已建立以八大行政服务中心为主体的行政服务体系,包括行政办公室、教学服务中心、科研服务中心、学生工作中心、国际办公室、图书资料中心、培训部、后勤保障中心等。截至审计日,文学院共有在职人员××人(其中,科研人员××人,行政管理人员××人),租赁制人员××人,退休返聘人员××人,离退休人员××人。高等教育学生人数共计××人,其中,博士生××人,硕士生××人,本科生××人,外国留学生××人。

(二)当期财务收支情况

1. 资金来源

2013 至 2016 年,文学院收入来源共计××××万元,主要为办班收入××××万元,占比 70.88％。学校拨款××××万元,占比 11.68％。××市高峰学科建设经费××万元,占比 8.67％。收入来源具体情况如下表所示:(略)

2. 资金使用

2013 至 2016 年,文学院经费使用共计××××万元,主要为绩效工资支出××××万元,占比 36.23％;劳务费支出××××万元,占比 15.28％;学生集体活动费支出××万元,占比 8.62％。具体经济用途如下表所示:(略)

3. 资金结余

2013 年年初,文学院资金结余××万元,截至 2016 年年底,文学院各类经费历年滚存结余××万元。

二、审计评价

××同志任职期间,学院主要以党政联席会议(即院务会议)的形式进行"三重一大"事项的讨论及决策工作,重大经济事项基本通过集体讨论,事业发展良好,有一定的制度建设基础,预算管理意识较强,执行率较好,但部分财务收支尚欠严谨,培训办班管理、资产管理等工作有待加强。

具体评价如下:

（一）事业发展良好

任职期间，文学院加强学科建设，提升科研水平，重视教学和人才培养，注重人才引进和队伍建设，并通过召开国际学术研讨会等加强国际交流，总体建设稳步推进。

学科建设方面，××学科是国内唯一连续 4 年在世界大学分专业排名中进入前 50 位的学科，××学一级学科名列全国第一，被列入××市高校一流学科 A 类建设名单，并于 2015 年入选××高峰高原计划 I 类高峰学科建设名单。××学科入选××市高校一流学科 B 类建设名单。另外，学科集刊出版稳步推进，本学科所属 5 本集刊当期连续入选 CSSCI 来源集刊目录。

科学研究方面，2013 至 2016 年，文学院申请科研项目、获奖数量稳中有升。4 年间申请各类科研项目分别为 15 项、36 项、24 项、42 项，其中，国家社科重大项目 3 项，项目经费合计分别为××万元、××万元、××万元、××万元。学院在 2014、2016 年××市哲学社会科学评奖中分别获奖 15 项和 17 项，2015 年获第七届高等学校科学研究优秀成果奖 6 项。

教学和人才培养方面，当期，文学院获得××市教学成果奖二等奖 1 项，国家级精品资源共享课程 1 门，××市重点课程、精品课程、留学生英语授课示范性课程各 2 门，"十二五"国家级规划教材及××市优秀教材各 1 本。注重拔尖人才培养，设立"××"全员导师计划，"××计划"学生科研工作、本科生论文大赛等，学生多人多次获××市社会科学优秀成果奖及全国优秀论文等。

人才引进和队伍建设方面，通过自身学科队伍建设及优秀学科带头人和青年优秀人才的引进，文学院已形成年龄结构较完善的学科人才架构。当期，引进多名教授、副教授及讲师，特聘 3 位外籍专家作为讲座教授，××学科连续 3 年均有教授入选"长江学者"特聘教授。

学生工作方面，2013 年设立"××创新设计大赛"并连续举办 4 届，创建"××治理创新设计大赛",学生作品获第十届"挑战杯全国大学生学术科技作品竞赛"全国二等奖,连续 4 年获××市优秀集体标兵等荣誉。

（二）制度建设情况较好,内部控制基本有效

截至 2016 年年底,文学院制定了议事决策、党政管理、科研管理、业务管理、绩效分配等方面制度共计 36 项,其中,2013 至 2016 年制定或修订了《文学院党政领导班子落实"三重一大"制度的规定(试行)》《文学院工作条例》《文学院教学科研岗位人员招聘办法》等重要的内部管理制度。审计结果表明,文学院制度建设较完备,但非学历短期培训业务管理等方面的制度有待进一步建立健全。

文学院业务流程、岗位设置等内部控制基本有效,但也存在内部审核不到位的问题。

（三）重大经济事项基本通过集体讨论决策,但存在个别决策有误的情况

文学院设有党政联席会议(即院务会议)作为主要决策机构,另外,设有教授会议、学术委员会、教学指导委员会、学位评定委员会、岗位聘任小组等,分别负责相关领域的工作。

根据文学院提供的资料,2013 至 2016 年,文学院共召开院务会议××次,决策重大事项×××项,主要涉及人事招聘、专项资金管理、设备购置、绩效分配、房屋装修等事项。审计结果表明,文学院重大经济事项基本通过集体讨论决策,但存在部分重要经济事项未经集体决策、个别事项决策有误的情况。

（四）预算管理比较到位,预算执行情况较好,部分财务收支管理有待加强

文学院日常预算执行管理比较到位,编制财务支出月度、半年度、年度报告,定期跟踪各预算经费的执行率。审计抽查部分项目的预算执行情况表明,文学院 2013 至 2016 年预算执行情况较好,少数经费预算执行率一般。

审计抽查了学院部分财务收支情况,结果表明,学院办班收入等基本完整到位,但存在部分财务支出不规范的情况。

(五)实物资产管理存在薄弱环节,应进一步加强日常管理

文学院基本能按照学校相关资产管理制度规定管理学院资产,但也存在固定资产账实不符、部分设备盘亏等情况,资产日常管理有待进一步加强。

(六)落实廉政建设责任制和遵守有关廉政规定情况

任期内,××同志认真落实学校关于党风廉政建设要求,带领班子成员签订了廉政承诺书,并定期召开学院廉政建设工作会议,对党风廉政建设工作任务进行责任分解,明确领导班子、关键岗位人员的职责和任务分工,并推动落实。

本次审计过程中,审计组未收到反映有关××同志个人问题的来信来访,根据文学院提供的资料,审计未发现其存在违反廉洁从政规定的情况。

三、审计发现的主要问题和责任认定

(一)制度尚有缺失,个别制度未及时修订

1. 未建立非学历培训业务管理制度

文学院未建立非学历培训业务相关管理制度,未对短期培训业务的承接与洽谈、收费确定原则、培训办班管理、合作单位的选择与管理、相关大额支出的审批程序等重要环节进行规定。

审计注意到,文学院院务会议曾于2015年9月讨论,须总结学院非学历培训现有流程及规则,制定《文学院非学位培训业务管理办法》,但截至审计实施日,文学院尚未建立相关管理制度,非学历培训业务管理制度有待建立健全。

2. 个别酬金发放制度未及时修订

2013至2016年,文学院制定了《文学院绩效津贴实施试行办法》《文学院行政管理人员科研奖励办法》等收入分配制度,并每年制定绩效分配方案。

审计抽查发现,个别酬金发放执行已与早期制定的有关酬金制度规定不符,但文学院未及时修订相关酬金制度。

(二)部分重大项目安排未经集体决策,个别重大决策有误

1. 短期培训班项目申请未经集体决策

经统计,2013 至 2016 年,文学院共计举办短期培训班项目 128 个,涉及金额×××万元,但审计均未见办班项目申请事宜的院务会议集体决策记录。

上述做法不符合《××大学关于加强非学历教育管理的规定》(校通字〔20××〕×号)"四、审批……2. 院系非学历教育项目申请应经党政班子讨论决定和院长签字"的规定。

2. 确定短期培训班合作单位的决策错误

2014 年 4 月,文学院召开院务会议讨论短期培训班合作单位事项,会议决定继续与 B 广告公司进行合作,由其提供部分短训班的教学场所、日常教学事务管理等服务。经了解,该公司在××同志任期前即与文学院建立了合作关系,本次会议讨论时以合作期间表现良好、信誉较高为由,与会者一致同意决定继续合作关系。

审计发现,B 广告公司并无教育培训及管理的相关经营资质,文学院多年来为支付其班级管理服务费,与对方签订了虚假广告协议,以广告费名义支付办班管理服务费,本次会议也提及"不改变原来的转款方式(仍按照广告费打给 B 公司)"。任期内,文学院分别于 2014 年 6 月、2015 年 1 月向该公司支付广告费××万元和××万元。

审计认为,文学院在明知 B 公司经营资质有缺陷的情况下仍与其进行合作,且签订虚假协议进行款项支付,决策存在严重错误。

上述情况不符合《××大学关于执行"三重一大"决策制度的规定》第六条"各学院集体决策"三重一大"事项前,应进行充分调查研究,确保动议合理、讨论充分、决策正确"的规定;不符合《中华人民共和国会计法》第九条"各单位必须根据实际发生的经济业务事项进行会计核算。……任何单位不得以虚假的经济业务事项或者资料进行会计核算"的规定。

（三）中外合作办学项目批准书已过有效期

任期内，学院与美国××大学合作举办硕士学位教育项目。该项目自200×年经教育部和国务院学位办批准后正式启动，每年招收一个班级，学员学成后授予美国××大学学位和××大学学习证书。

但审计发现，该项目批准书载明有效期至2012年12月31日，即至审计实施日，该项目已过有效期4年多。其间，学院该项目继续举办，也按规定向教育部提交《中外合作办学机构/项目年度报告》，最近一次向教育部提供年度报告的时间为2016年8月。审计认为，该项目早期办学虽经批准，但其批准证书已过有效期，存在办学合规性风险。

上述情况不符合《中华人民共和国中外合作办学条例实施办法》第三十六条规定："申请举办实施本科以上高等学历教育的中外合作办学项目，由拟举办项目所在地的省、自治区、直辖市人民政府教育行政部门提出意见后，报国务院教育行政部门批准。"

（四）短期培训班办班管理不规范

1. 长期合作单位的选择缺乏必要程序

审计发现，文学院委托外部企业安排短训班学员食宿、交通、现场教学活动组织等服务，4年间短训班服务合作单位涉及9家，基本形成长期固定的合作关系。其中，累计支付B公司合作服务费××万元，支付C公司××万元，支付D公司××万元等。

对于上述短训班合作单位的选择与确定，除上文第（二）部分中提及的与B公司合作事项外，审计未见其他院务会议讨论决策记录，亦未见相关确定程序。

审计认为，学院与上述合作单位经济往来金额较大，且合作期限较长，应通过一定的采购程序或决策程序确定合作单位。

2. N市教学点实际合作单位与学校签署合作协议单位不一致

文学院自2008年起在N市设立短训班教学点，并于2008年5月由××大学研究生院与某省某研究院（甲方）签订合作协议书约定合作方式及相关事宜,并注明有关"学习费用、培养费用分担和分成方式由甲方与××大学文学院另行协商,作为本协议附件"。但审计发现,该协议的附件为文学院与 N 市 E 公司签订,而非协议中所指的甲方"某省某研究院"。协议签订事项发生于××同志任期前,但在任期内协议仍有效,该合作事项一直存续,文学院均将合作服务费支付给 N 市 E 公司。经了解,某省某研究院与 N 市 E 公司均为同一出资人设立,但因受审计手段限制,审计人员无法得知该两公司之间的经济往来与其他关联关系。

审计认为,在该事项中文学院未能及时纠正不正确的合作协议签订方式和合作方式,合同执行不正常,存在较大经济风险。

3. 部分办班合同签订金额与审批金额不一致

审计发现,部分短训班培训合同约定的收费金额与学校的批复收费金额不一致,例如,某市质量技术监督局领导干部培训班合同金额为 15.75 万元,批复金额为 16.25 万元;某市高层次管理人员培训班合同金额为 13.35 万元,批复金额为 12.50 万元。

上述情况不符合《××大学非学历教育办班管理办法》中第×条"各单位办班,必须按规定事先履行申报审批手续,并按照批复内容办理后续合同签订、开课、结业等事项"的规定。

4. 以会务服务形式将部分干部培训项目外包

审计发现,文学院所举办的短期培训班中,大部分为干部培训项目。在举办干部培训班时,文学院与部分会务公司进行合作,由会务公司承担大量的办班工作,如课程设计、教师聘请、交通、食宿、接送、项目考察、专家论坛等服务,经抽查,有 31 个干部培训项目合作服务费支出比例在该项目总收入的 65% 以上。审计认为,文学院与会务公司虽签订了会务服务协议,但实质上已将办班主要工作转由会务公司承担,且分成比例较高,实质为将干部培训项目外包。

该情况不符合《教育部关于严禁举办领导干部参加的高收费培训项目的通知》"三、规范干部教育培训项目管理……受委托的干部培训项目,一律不得委托给社会培训机构,或与社会培训机构联合举办"的规定。

审计人员指出该问题后,文学院在审计实施期间已停止在干部培训项目方面的会务合作事项。

(五)部分财务支出管理不规范,支出控制存在缺陷

1. 个别报销业务与实际支付内容不符

审计发现,2013 年 7 月 9 日,文学院在捐赠经费中现金报销 2 笔打印费,金额总计×万元。相关凭证未附打印业务明细。据了解,上述费用实为学院以发票报销形式支付给某研究中心租赁人员的加班费,报销业务与实际支付内容不相符。

上述情况不符合《高等学校财务制度》第二十九条"高等学校应当加强支出管理,不得虚列虚报"的规定。

2. 部分财务支出原始凭证不规范

审计人员抽查当期财务支出时,查见不规范发票××张,共计金额××万元,发票不规范形式主要表现为发票抬头为"个人""单位""空白"。审计抽查还发现,当期,文学院报销食品、礼品时,其中的×××万元发票仅注明食品、礼品,无商家开具的物资清单,且该部分支出未见学院内部发放领用记录。

上述做法不符合《中华人民共和国发票管理办法》第二十一条"不符合规定的发票,不得作为财务报销凭证,任何单位和个人有权拒收"以及《××大学物资采购管理规定》第×条"用户自购材料报销时须提供正规销售发票,发票上必须由商家具体写明购买物资的品名、数量、单价和金额"的规定。

(六)实物资产日常管理不到位

1. 固定资产存在盘亏情况

在 2016 年全校固定资产清查中,文学院清查报告中说明因办公室调整或装修、保管人管理不善等原因,造成××件家具和××件设备盘亏,金额分别为×万元和××万元。本次审计抽盘又发现一台服务器盘亏,金额×万元。

2. 部分设备存放地点与资产账面信息不一致

审计抽见××台设备存放地点与资产账面显示的安置地点不一致,金额共计××万元。

上述情况不符合《××大学国有资产管理暂行办法》第×条"学校各资产归口管理部门和各使用单位定期对实物资产进行盘点,完善管理资产的相关资料,做到账账、账卡、账实相符;对盘点中发现的问题,查明原因并在资产统计信息报告中反映"。

（七）责任认定

根据《××大学领导干部经济责任审计规定》,××同志对第(一)项制度建设及第(二)项重大决策方面的问题应当承担主管责任,对其他问题承担领导责任。

四、以往年度审计整改情况

审计处曾于2013年1月对前任院长进行过经济责任审计,本次审计对以前年度审计发现问题的整改情况进行了检查,检查结果表明,文学院重视审计结果,在制度建设、办班管理、合同管理等方面进行了有效整改,但也存在部分事项未完全整改到位的情况,主要有以下三个方面:

1. 关于财务管理方面存在财务报销凭据与业务不符的情况,本次审计仍发现类似问题。

2. 关于研究生课程进修班和短期培训班业务方面合作办班未经集体决策的问题,文学院未整改到位,研究生课程进修班已停办,但短期培训班合作单位的选择仍未经集体决策。

3. 关于固定资产管理存在账面安置地点与实际不一致的情况,本次审计发现文学院未完全整改到位,抽查发现仍有14台设备存放地点和资产账面安置地点不一致。

五、审计建议

（一）进一步完善内部管理制度

文学院应加强内部制度建设,建立健全非学历培训方面的管理制度,以制度规范管理,提高学院管理水平与效能。及时根据情况变化修订酬金分配等制度,保证制度的适用性和可操作性。

(二)严格执行"三重一大"决策制度

严格执行学校有关"三重一大"决策制度,确保"三重一大"事项均经过集体决策,作出重大决策应严谨、慎重,保证决策的科学性、合理性。

(三)规范中外合作办学及非学历短期培训班管理

1. 及时办理中外合作办学项目审批手续,规避办学风险。

2. 梳理与外部公司的合作关系,长期合作单位的选择应经过必要程序和集体讨论研究确定。

3. 应加强与 N 市教学点服务单位的合作管理,确保签署合同单位与实际合作单位保持一致,并严格按照学校合同管理的有关要求签订合作协议,对于合同重要条款发生变更的,及时签订合同予以更改,保证合同签订的规范性、及时性。

4. 严格按照学校批复内容举办短期培训班,如遇课程、人数等调整,应及时向学校非学历教育管理部门重新报批。

5. 规范干部培训项目管理,严格按照国家规定,不得将干部培训项目外包或与社会机构联合举办,规避办学风险。

(四)进一步加强财务收支管理

应加强内部财务支出管理,不得虚列虚报,确保支出内容的真实性、合规性。规范经费报销审批手续,严格按照学校财务规定,以真实合法票据作为报销依据。

(五)加强实物资产日常管理

进一步清查学院固定资产情况,确保账实相符。对清查中发现的盘亏物品,须及时查明原因,分清责任;对固定资产盘亏过多的问题,须分析原因,杜绝类似问题的发生。

审 计 处

2017 年×月×日

第三节　校办企业领导人员经济责任审计

【简述】

校办企业是由学校举办的,主要以传承传播文化、推动高校科技成果转化为目的或代学校履行部分管理职能而成立的企业。根据 2005年《教育部关于积极发展、规范管理高校科技产业的指导意见》和 2006年《教育部关于高校产业规范化建设中组建高校资产经营有限公司的若干意见》,高校科技产业的发展要坚持"积极发展、规范管理、改革创新"的指导方针,重点推进高校产业规范化建设。各高校要依据《公司法》等法律法规组建高校资产经营公司,由其代表学校持有对企业投资所形成的股权。高校资产经营公司必须在资产、管理等方面与学校划分清楚,真正起到设立"防火墙"的作用。

在这样的背景下,校办企业主要分为两类,一是作为学校管理部门的延伸,代表学校对国有资产、资源等进行规范管理,或作为服务提供方,为学校正常运转提供必要的服务性支撑。从本质上讲,它们是为学校总体目标服务的企业,学校资产经营公司、后勤服务发展公司等均属此列。二是充分利用高校的学术、科技和人才等资源优势而成立的企业。这类企业直接面向市场,在传承历史文化和传播先进文化、提高国家高新技术产业水平、促进社会创新发展等方面发挥着重要作用,如出版社、高科技公司等。

在高校的实际运行中,上述由学校全资或控股的校办企业,通常会由学校组织部门派出干部担任企业主要负责人。因此,按照干部管理权限,该类人员自然属于经济责任审计的对象范围。

近年来,国家陆续出台了一系列有关加强高校所属企业国有资产管理的政策,《教育部关于进一步规范和加强直属高等学校所属企业国有资产管理的若干意见》(教财〔2015〕6 号)等文件要求,高校要建立以管资本为主的企业国有资产监管体制机制，同时，要全面清理规范所办企业，按照产学研用结合平台、高新技术成果转移转化基地和科技型企业孵化器的定位进行清理规范，建立退出机制，规范企业改制行为。在本书的编辑过程中，高校所属企业改制工作正在快速推进中。

因此，本节仅重点撷取资产经营公司、后勤服务发展公司的两个选例，展示对校办企业领导人员经济责任审计实施后的结果性文书。随着高校所属企业改制工作的推进，选例中的部分内容可能与未来不相适应，但高校所属企业的运营管理因时代背景与学校个体差异，有其特殊性和复杂性，读者在参阅选例时，应结合国家对校办企业改革的最新政策作进一步思考。

【选例5】《关于××大学资产经营有限公司原总经理××同志的任期经济责任审计报告》

一、选例评析

（一）选例介绍

本项目是对××大学资产经营公司总经理任期经济责任审计项目。根据教育部的有关要求，学校于200×年8月××日投资成立××大学资产经营公司，代表学校持有学校对企业投资所形成的股权，管理学校所投资企业的股权和经营性资产，推进学校科技产业化工作。另外，资产经营公司还承担着对学校所投资企业相关人员、部分房产的管理等工作。被审计领导干部自201×年×月至201×年×月任资产经营公司总经理。

本项目为审计处自主实施的审计项目，审计组成员2人，审计时间范围为2012年1月至2014年12月，属于离任审计。

（二）审计成效

该项目审计涉及金额××××万元。审计中发现问题 14 个，分别为制度建设方面的问题 1 个，"三重一大"决策与执行方面的问题 3 个，财务收支方面的问题 1 个，国有资产管理方面的问题 9 个，共涉及账务处理不当金额×××万元，不符合规定或程序金额××万元。审计处出具成果性文书 3 份，包括审计报告 1 份，审计结果报告 1 份，审计要情 1 份，共提出审计建议 12 条。

因该项目所发现和揭示的问题比较深刻，促使被审计单位及学校层面均正面直视了学校长期以来在企业资产管理方面存在的弊端和痼疾，是典型的由人及事的审计案例，为后续学校推动相关工作提供了良好的参考。

1. 促进资产经营公司健全管理制度。项目结束后，资产经营公司起草制定了《××大学资产经营有限公司董事会议事规则》《××大学资产经营有限公司经理办公会议议事规则》，进一步规范和完善制度体系；起草了《关于××大学资产经营有限公司建设发展的建议报告》，提请学校讨论决策，理顺相关体制机制。审计后，资产经营公司成立了新一届董事会及监事会，公司治理架构渐趋正常。

2. 推动公司积极维护出资人权益。针对审计提出的问题，资产经营公司分批对全资控股企业实行全面预决算管理、内部审计、统一财务信息管理平台等手段，全面加强财务监管。并在保留一定制度弹性的基础上，要求全资控股企业每年按不低于净利润的 35% 上缴红利，以切实维护出资人权益。

3. 帮助学校解决"政企不分"的现象。就审计中发现的一些政企不分现象，引起学校重视，财务处已回收公司应归还的人员经费；学校资产处与公司之间亦就房屋使用、下属企业房屋租赁等事项进行了沟通，明确各自职责界限，改变人财物不分的情况。

4. 促动学校解决历史痼疾。因企业资产管理中的多数问题由来已久,无相关部门牵头推动解决。此次审计后,学校领导高度重视,作出专门批示,并组织召开专题工作研讨会,下决心花大力气解决历史痼疾。审计后,资产经营公司将"国有资产产权登记证"办理到位,解决了成立十余年无"出生证"的尴尬局面。在"出生证"解决之后,后续对下属企业的股权划转、产权变动登记等问题亦迎刃而解。公司成立专门工作小组,对于长期亏损、经营不善、扭亏无望的下属企业和其他非正常经营企业,采用专人负责、专人联络的方式,具体问题具体分析,分批进行清理。

(三)选例亮点

1. 紧密结合国资监管形势,择机确立审计方式。2015 年,正值教育部对部属高校开展有史以来第一次全面的国有资产管理专项检查工作。制定审计计划时,学校紧密结合教育部对国有资产管理的要求,确立该项目为重点审计项目,旨在全面深入地发现问题,揭示问题,谋求解决学校企业资产管理难题的思路。

2. 找准被审计单位职能定位,合理确定审计重点。高校资产经营公司不同于学校其他校办企业,除保证公司自身合法合规运转之外,作为学校对外投资的"防火墙",更重要的是应切实履行好"管理学校所投资企业的股权和经营性资产,确保国有资产保值增值"等主要任务。审计组从公司定位出发,围绕被审计领导干部职责履行情况,重点关注公司是否建立现代企业制度,是否与学校之间仍存在"一套人马、两块牌子"等人财物不分的情况,是否切实履行了对下属企业的股权动态管理、日常经营监管,是否建立了目标责任与绩效考核制度,是否及时收缴国有资本收益等。通过合理确定审计重点,审计人员有效地实现了审计目标。审计报告得到学校主要领导的高度重视,作出要求整改的批示。

3. 深入分析问题产生的根源,分类揭示相关事项。对于审计中发现的问题,审计人员没有单纯地停留在问题表面,而是多方取证,深入分析，查找问题产生的根源。在报告阶段，审计人员将问题区分为两类，一类是因为被审计领导干部责任履行不到位而导致的，该部分问题在审计报告中如实披露，另一类是因为学校企业资产管理体制机制不顺等导致的问题，特别是长期以来形成的历史遗留问题，审计处另行撰写审计要情，向学校领导专题汇报。在该份要情中，审计处揭示了学校因长期以来对资产经营公司定位不明确、目标不清晰、制度不完善、机制不顺畅、管理不到位而衍生的重要问题，得到学校领导高度重视并作出专项批示。

这种区分问题性质、分类揭示的做法不仅客观公正地界定了被审计领导干部的责任，而且又向学校提示了企业资产管理工作中存在的重大风险，真正发挥了内部审计作为学校领导的参谋，有效推动学校治理体系健康有序运转的作用。

4. 落实审计整改规定，有效推动审计成果利用。 该项目结束之时，正值《××大学审计整改工作规定（试行）》发布实行。审计处按照规定，对被审计单位正式下发"审计整改意见书"，并以此为起点，跟踪检查审计整改情况，凸显审计整改工作的必要性，强调其重要性和严肃性。被审计单位在较短的时间内即制定了整改方案，部分可以立即整改的问题已及时整改，在同期审计项目中属于整改工作落实较快的项目。

二、选例文书

关于××大学资产经营有限公司原总经理××同志的任期经济责任审计报告

校领导：

受党委组织部委托，根据《××大学领导干部经济责任审计规定》，2015年3至5月，审计处对学校资产经营有限公司原总经理××同志实施了任期经济责任审计。

本次审计的时间范围为2012年1月至2014年12月,审计重点内容为:事业发展情况;遵守法律法规,贯彻执行国家和学校有关政策决策情况;制定和执行重大经济决策情况;内部管理情况;预算执行及财务收支情况;资产安全完整情况;对下属企业履行国有资产出资人管理和监督职责情况以及××同志个人廉洁自律情况。

审计期间,根据××大学资产经营有限公司(以下简称资产经营公司)提供的书面资料,我们采取抽样审计的方式,对当期相关业务实施了资料检查、查账勘验、实地调查等审计程序,并对其中的重要事项作了必要的延伸和追溯。资产经营公司及××同志对所提供资料的真实性、完整性作出了书面承诺。本次审计得到了资产经营公司的积极配合。现将审计情况报告如下。

一、基本情况

××同志201×年×月至201×年×月担任资产经营公司总经理。根据《××大学资产经营有限公司章程》的规定,××同志任职期间,全面负责资产经营公司的经营管理事务。

(一)公司基本情况

资产经营公司成立于200×年×月17日,营业期限50年,是由学校出资成立的一人有限责任公司,注册资本为人民币2 000万元。注册地址为××市××区××路××号×室,实际办公地址为××市××区×路×号×楼。资产经营公司经营范围为"资产管理,投资管理,实业投资;计算机系统服务;应用软件服务领域内的技术开发、技术咨询、技术服务、技术转让、技术培训、技术中介、技术入股"。

根据《教育部关于积极发展、规范管理高校科技产业的指导意见》等有关文件的规定,资产经营公司代表××大学持有学校对企业投资所形成的股权,主要任务是管理学校所投资企业的股权和经营性资产,确保国有资产保值增值;促进高新技术成果转化,孵化科技企业,创办具有文化教育特色和智力资源优势的企业;统筹管理、整合资源,推进学校科技产业化工作。另外,资产经营公司还承担着对学校所投资企业相关人员、部分房产的管理等工作。

公司下设企业管理部、创业孵化部、投资管理部、发展规划部、综合办公室、财务管理部、党总支办公室7个部门。截至2014年12月末，公司在职人员××人，均为学校事业编制人员。

（二）当期财务情况

任期内，资产经营公司实际的财务收支包括两部分，一是事业财务收支，即来自学校的预算拨款，该部分经费在学校财务处统一核算；二是企业财务收支，即公司自身经营性收支，由公司按照《企业会计制度》独立核算，每年的年度财务报表均经过社会中介机构审计。审计对上述两部分收支情况分别进行了检查，具体情况如下：

1. 事业财务收支及结余情况

（1）预算执行情况。

资产经营公司3年的日常办公经费下拨每年为××万元，合计收入××万元；3年的实际支出分别为××万元、××万元、××万元，合计支出××元；预算执行率分别为67.48%、69.24%、99.40%，3年的平均预算执行率为78.71%，最后一年的预算执行率良好。

专项经费主要内容有财政退税、校产保障金、加工中心材料费、无形资产收益分配奖励、企业关停并转费用等。3年专项经费预算下拨分别为××××万元、××××万元、××万元，实际支出分别为×××万元、×××万元、×××万元。2014年专项经费预算下拨明显减少，主要是由于校产保障金专项及无形资产收益分配奖励专项结余较大，且财务处年末未回收，因而2014年未下拨相应预算，实际支出使用结余资金安排。详见下表：（略）

（2）结余情况。

2012年年初，资产经营公司校拨经费结余9.46万元，为开办费专项结余。截至2014年年底，校拨经费中专项经费历年滚存结余共计1110.5万元，其中，开办费6.50万元，校产保障金专项结余710万元，无形资产收益分配奖励专项结余132万元。

2. 企业财务收支及财务状况

企业财务情况仅包括资产经营公司本级企业财务,未延伸至报表合并范围企业及其他下属企业。

(1)财务收支情况。

资产经营公司无对外经营业务,收入来源主要为投资收益,支出主要是发生管理费用。2012至2014年,资产经营公司财务收支情况具体如下表所示:(略)

(2)财务状况。

资产经营公司2012至2014年财务状况良好,流动资金充足,负债较低,具体情况如下表所示:(略)

二、审计评价

××同志任职期间,资产经营公司事业发展平稳,内部管理基本有序,并有一定的制度建设基础。公司的运行主要以经理办公会形式进行"三重一大"事项的咨询讨论及决策工作,重大经济事项基本通过集体讨论。但是,公司的投资管理、预算管理及资产管理等工作尚待进一步加强。具体评价如下:

(一)事业发展平稳有序

任期内,资产经营公司在管理学校所投资企业股权和经营性资产、加强产业规范化建设、促进高新技术成果转化、孵化科技企业等方面均做了一定工作。一是逐步加强内部建设,提升管理水平。二是关注所属企业状况,逐步推进企业规范化建设。任期内,完成了2家企业的关闭、部分企业校名冠名变更及部分企业股权转让等工作。三是完善支撑体系,推动科技成果产业化及学校产业与地方的深入合作。资产经营公司定期举办"××大学科技成果产业化论坛",并不断完善"××大学科技成果产业化信息平台",推介科技产业化项目及成果,得到多方关注。2014年,在校内牵头完成"A创业走廊"规划,积极扶持青年创新创业。2013年,资产经营公司荣获中国××科技基金会等颁发的全国青年创业教育先进集体称号,××同志获得全国青年创业教育先进个人称号等奖励。四是履行国有企业义务,及时上缴国有资本收益。资产经营公司按照教育部和学校要求,自 2012 开始向财政部上缴 2010 年及以后年度的国有资本收益,2012 年至 2014 年共计上缴×××万元。

(二)遵守法律法规,能较好地贯彻执行国家和学校有关政策

未发现任期内公司有违反法律法规的情况。经抽查,公司在日常运作及有关重大事项处理方面,能较好地贯彻执行国家和学校有关政策,但在"三重一大"制度执行和投资管理等方面也存在个别未严格按照相关规定执行的情况。

(三)重要经济事项的决策制定和执行较好

根据资产经营公司提供的资料,资产经营公司由经理办公会决定日常经营事项,经理办公会由总经理、总支书记、副总经理和财务总监等组成。2012 年 1 月至 2014 年 12 月,资产经营公司共召开经理办公会议 16 次,涉及"三重一大"决策事项 41 项(其中,重大决策事项 34 项),主要为讨论决策下属单位增资、法人变更、清算注销、年终奖金方案等事项,大额资金使用事项 1 项,为决策支付资产经营公司会计报表审计费用,重要人事事项 6 项,主要为向下属企业委派董事、监事的变更等。

审计结果表明,资产经营公司重要决策事项基本能通过会议集体讨论决定,但审计也发现部分重大事项未经会议讨论及决策的情况。

(四)内部管理基本有序

任期内,资产经营公司逐步加强制度建设,修订公司章程,规范业务流程,提升自身管理水平,内部运转有序。2014 年年底,资产经营公司建立了有关议事决策、财务管理、资产管理、人事管理、企业运作管理等方面的规章制度共 21 项,其中的 10 项为征求意见稿,尚未正式发布,存在部分制度不健全的问题。

(五)努力履行国有资产出资人责任,但对下属企业管理尚须加强

截至 2014 年年底,资产经营公司管理企业共××家,其中,全资企业××家,控股企业××家,参股企业××家。企业注册资本共计××

亿元,净资产共计××亿元。上述××家企业中,××家企业的投资人为资产经营公司,在公司账面反映;××家企业的投资人为××大学,未在公司账面反映。

任期内,资产经营公司推行日常联系人制度,与所属企业加强信息沟通;向所属企业派出董事及监事,参与下属企业的经营管理;形成按时报送年报、季报的机制,对下属企业财务状况进行详细分析,掌握企业经营状况。但须进一步理顺投资管理关系,充分运用财务分析结果,进行更主动有效的投资管理。

(六)财务收支情况较好,预算管理意识有待提高

资产经营公司的财务收支状况良好,经统计分析,2012 至 2014 年,公司总资产增长率分别为 15.57%、13.35%、5.79%,资本保值增值率分别为 115.44%、113.41%、105.78%,负债很低,基本为应付学校的人员经费,企业整体发展能力较好,国有资产保值增值能力较强。

在事业财务收支方面,资产经营公司部分专项经费执行不到位,预算管理意识尚待加强。例如,在校产保障金专项中预留了用于应对突发状况的相关费用,导致该专项经费预算执行率较低,2012、2013 年该专项经费的执行率分别为 29.83%、60.68%。又如,财政退税专项执行效率低,2013 年安排的财政退税××万元,至 2015 年 1 月才执行到位。

(七)固定资产管理存在薄弱环节

截至 2014 年年底,资产经营公司占用的固定资产共计 55.36 万元,其中,学校属性账面固定资产××万元,资产经营公司属性固定资产×万元。资产经营公司 2011 年制定了《资产经营公司固定资产管理办法(征求意见稿)》,但一直未正式发布并执行,且存在固定资产信息错误、未及时报废等情况。

(八)落实廉政建设责任制和遵守有关廉政规定情况

任期内,××同志认真落实学校关于党风廉政建设要求,带领班子成员签订了廉政承诺书,并定期召开廉政建设工作会议,对党风廉政建设工作任务进行责任分解,明确领导班子、关键岗位人员职责和任务分

工,并推动落实。

本次审计中未收到有关××同志个人违反廉洁从政、从业规定的举报、信访等材料。根据公司提供的资料,以及审计重点关注的公务出国及在下属企业兼职的事项,审计未发现××同志存在违反廉洁从政、从业规定的情况。

三、审计发现的主要问题和责任认定

(一)制度体系不健全,部分制度未及时发布执行

资产经营公司 2011 年×月制定了《资产经营公司会计制度》《资产经营公司预算管理条例》《资产经营公司固定资产管理办法》,2014 年×月制定了《资产经营公司财务管理制度》,2014 年××月制定了《资产经营公司议事决策制度》《资产经营公司全资控股企业负责人考核办法》等 6 项内部管理制度,截至审计日,上述文件仍均为征求意见稿,未及时发布并执行。

(二)部分重大事项未经集体决策,"三重一大"决策制度执行不到位

1. 任期内部分下属企业增资事项未经决策程序

审计发现,资产经营公司下属××生物医药股份有限公司于 2012 年 6 月×日召开股东会议,审议及批准公司 H 股增发议案,增发工作在 2014 年完成。公司注册资本由××××万元增至××××万元,资产经营公司持股比例由 4.31%降至 3.32%。资产经营公司派出代表参加股东会,股东会决议由董事签名形成效力,资产经营公司在××生物医药的派出董事未签署意见,但因资产经营公司持股比例小,未影响股东会决议效力。

资产经营公司下属××科技园股份有限公司于 2014 年 5 月×日通过股东会决议,以 2013 年度未分配利润向全体股东每 10 股送 5 股的方式增加注册资本,注册资本由××××万元增至××××万元,各股东所持股份比例不变。资产经营公司原出资额××××万元,现出资额应为××××万元,持股比例 20%不变。资产经营公司派出代表

参加股东会,并在股东会决议上用印同意该事项。

上述两个事项中,虽查见××生物医药股东会回执和××科技园股东会决议的用印单中均有资产经营公司送印人及总经理审批签字,但未见资产经营公司经理办公会议和董事会会议讨论决策上述事项的会议纪要。

2. 部分重要人事任免未经董事会决策

任期内,资产经营公司总经理及副总经理出任部分下属企业董事,经过了经理办公会议决策但未经资产经营公司董事会决议。具体如下:

序号	时间	人事任免事项
1	2013 年×月	委派总经理担任××科技园股份有限公司董事
2	2013 年×月	委派副总经理担任××规划建筑设计院董事
3	2013 年×月	委派总经理担任××科技控股公司董事
4	2013 年×月	委派总经理担任××药业公司董事
5	2014 年×月	委派副总经理担任××生物科技公司董事

上述事项不符合《××大学资产经营有限公司章程》第十六条规定"未经董事会同意,公司总经理和副总经理不得兼任公司出资企业以及公司所出资企业以外的其他企业和经营机构的高级管理职务"。

3. 未按公司规定定期召开经理办公会,履行企业决策职能

资产经营公司 2014 年 2 月制定并执行了《××大学资产经营有限公司议事规则》。制度规定,公司定期召开经理办公会,其中,"定期"是指每星期。审计发现,制度执行后,2014 年 2 月至 2014 年 5 月,资产经营公司只召开 1 次经理办公会,未按制度规定执行。

(三)投资管理工作尚存在不足之处

1. 部分企业尚未办理股权划转手续

截至 2014 年年底,资产经营公司管理的企业共计××家,其中,××

家已从学校无偿划转至资产经营公司,并在公司账面反映,尚有××家未划转,其中,××科技股份有限公司和××网络股份有限公司已获得教育部批复划转的文件。由于资产经营公司国有资产产权登记证一直未办理完成,且××网络股份有限公司股份托管手续未办理,所以,上述 2 家企业一直未能完成划转。

上述情况不符合《教育部关于做好 2009 年度直属高校产业工作的意见》(教技发〔2009〕1 号)中第 4 条规定"各校要按照我部工作要求,……将学校所投资企业股权相对应的净资产划转至高校资产公司"。

2. 个别企业持股比例发生变动后未按规定办理国有产权变更登记

2014 年 5 月,资产经营公司下属××科技园股份有限公司注册资本由××××万元增至××××万元,资产经营公司持股比例 20% 不变;2014 年 5 月,××建设工程有限公司引进其他投资者,注册资本自××万元增至×××万元,资产经营公司持股比例由 45.67% 降为14.39%。上述事项均未办理国有资产产权变更登记。

上述事项不符合《事业单位及事业单位所办企业国有资产产权登记管理办法》(财教〔2012〕242 号)第三章第三十七条"变动产权登记适用于企业发生企业名称、企业级次、企业组织改变,企业分立、合并或者经营形式改变,企业国有资本额、比例增减变动以及企业国有资本出资人变动的行为事项。发生上述变动事项的企业,应当于审批机关核准变动登记后,或自企业股东大会、董事会作出决定之日起 30 日内,经事业单位及主管部门审核同意后,由主管部门向同级财政部门申请办理变动产权登记"的规定。

3. 对下属企业缺乏目标责任制及绩效考核管理,个别下属企业未及时上缴红利

资产经营公司自 2010 年开始根据国有资本收益要求收取下属企业红利,但未对下属企业制定经营目标、绩效考核等办法,未形成下属企业定期上缴红利的机制。

资产经营公司 2012 至 2014 年共计收取红利×××万元,3 年收取金额分别为×××万元、××××万元、××××万元。但审计发现，存在个别企业未按时上缴红利的情况。例如，资产经营公司于2013年要求学校××公司按照每年净利润的5%上缴2010至2012年利润共计510.11万元，但××公司仅上缴300万元，截至2014年年底，尚欠缴利润210.11万元。至2015年9月×日，××公司才缴清历年应缴未缴红利。

4. 未及时对经营不善的下属企业进行清理

（1）部分企业经营不善，持续亏损，未及时进行清理。

根据资产经营公司提供的下属企业相关数据，审计整理发现10家下属企业经营不善，资产经营公司对长期亏损、扭亏无望企业未及时清理，实施关、停、并、转等程序。具体如下表所示：（略）

（2）部分企业已被吊销工商执照，尚未及时注销。

审计抽查发现部分企业已被吊销工商营业执照，但未及时注销，具体如下表所示：（略）

上述事项不符合《教育部关于积极发展、规范管理高校科技产业的指导意见》（教技发〔2005〕2号）第15条"对长期亏损、投资无回报的企业坚决予以撤并或退出"的规定。

任期内，资产经营公司对上述企业已有初步清理关闭设想，但未细化具体实施方案。

5. 个别企业在公司账面反映的投资额与公司应享有权益份额不符

2014年年底，资产经营公司账面反映的××家下属企业中，××家以权益法核算，×家以成本法核算。经核对，其中，××建设工程有限公司（以下简称××建设公司）在资产经营公司账面反映的投资额为×××万元，而资产经营公司应享有份额为×××万元，两者差额为181.61万元。据了解，因××建设公司增资重组，资产经营公司持股比例减少，长期投资核算方法由权益法变更为成本法，但尚未进行账务调整。

上述情况不符合《企业会计制度》第二十二条规定"企业因减少投资等原因对被投资单位不再具有控制、共同控制或重大影响时,应当中止采用权益法核算,改按成本法核算,并按投资的账面价值作为新的投资成本"。

6. 资产经营公司与A企业发展有限公司存在职能重合、权责不清的现象

A企业发展有限公司(以下简称A公司)注册资本500万元,成立于1996年11月,最初由××大学出资。2014年年底,公司下属共有××家参股企业,长期投资账面余额为××××万元。公司本身并无实际经营业务,主要承担对下属企业的投资管理工作。

2009年,A公司被划转给资产经营公司,成为资产经营公司下属企业(实质为全资公司)。此后,公司管理人员与资产经营公司基本为一套班子。任期内,A公司本身未召开经理办公会议和董事会,由资产经营公司经理办公会议、董事会行使其职能。例如,2012年×月×日,资产经营公司董事会审议××临床病理诊断中心增资议案,该中心为A公司下属参股企业××医疗产业投资有限公司(以下简称××医疗)的全资子公司,已是资产经营公司的第三级企业,从公司规范运作的角度,该事项应先取得中心本身董事会、股东会决议后,依次通过××医疗、A公司等公司的决策程序,但A公司的决策程序缺失,由资产经营公司董事会履行了A公司董事会的职责。

在日常事务管理中,A公司与资产公司基本上重合交叉运作,如行政事务、出纳、档案管理等。

审计认为,资产经营公司与A公司职能、人员重合,存在"两块牌子,一套班子"的现象,公司运作交叉,实际工作中已造成权责不清、公司运作不规范的情况。

(四)房产出租管理不规范,存在合同签订不及时等情况

资产经营公司作为学校房产的二级管理机构,主要负责对校产相关房产进行管理,包括负责与各相关承租单位进行沟通洽谈、对租赁合同进行预审并送交学校资产管理处签署正式房屋租赁合同等。资产经营公司提供的房屋租赁情况表显示,资产经营公司管理的学校房产共计 10 处,其中,8 处为学校直接出租,2 处为学校委托下属企业管理相关房产。审计发现:

1. 未及时签订房屋租赁合同并收取租金

审计发现,资产经营公司管理的部分出租房产,其租赁合同在审计期间已到期须续签,其中,××印刷有限公司合同到期日为 2013 年×月×日,××科技有限公司、××科教仪器有限公司、××医药科技公司合同到期日为 2013 年××月×日。截至审计日,上述 4 家单位的房屋租赁合同仍未签署完成,进而也影响了学校房租的收取。

2. 房产出租管理台账信息不完整

2012 至 2014 年,资产经营公司设立了房产出租台账,记录房产出租的管理情况,包括承租单位、承租地点、合同期限、租金金额及上缴情况等信息。审计发现,台账记录信息不完整。例如,2012 年实际签订房产租赁合同 10 份,但台账只记录了当年新签订的合同 6 份;2014 年台账未反映租金收缴情况等。

(五)未及时归还学校人员经费

任期内,资产经营公司在岗的学校事业编制人员由学校统一发放工资津贴。审计了解到,历年来学校只要求归还其中 2 位员工的岗位津贴,其余事业编制人员经费并未要求归还。

根据学校人事处及财务处提供的资料,截至 2014 年年底,资产经营公司应归还学校人员费用共计××万元。资产经营公司已计提部分费用挂账其他应付款,尚未归还。

(六)固定资产管理不规范

审计抽见 6 台设备存放地点与资产账面显示的安置地点不一致,金额共计××万元。另有部分已到使用年限且不能使用的设备未及时办理报废手续,堆放在资产经营公司档案室已达 2 年,涉及学校属性固定资产××万元,公司属性固定资产×万元。

上述情况不符合《××大学国有资产管理暂行办法》第二十一条"学校各资产归口管理部门和各使用单位定期对实物资产进行盘点,完善管理资产的相关资料,做到账账、账卡、账实相符"以及第二十四条"须报废的设备应及时办理报废手续,并及时将设备实物交还资产处处理"。

按照《××大学领导干部经济责任审计规定》,××同志应对上述问题承担领导责任。

四、有关情况说明

审计关注到,2015 年,资产经营公司已采取多种方式加强内部建设和投资管理,例如,按时召开经理办公会议,对讨论决策事项进行详细记载;积极发函催促下属企业缴纳拖欠学校费用;主动走访下属企业,了解企业现状及发展前景,要求企业做好财务分析、经营预算编制工作;改进国有资本收益上缴工作;督促企业在人员及机构方面加强规范管理;结合企业经营状况,逐步细化企业分类管理措施等,同时,资产经营公司国有产权登记证及下属企业产权登记证的办理资料已经学校资产管理处递交教育部,正在积极办理中。

五、审计建议

(一)完善内部控制制度,并保证制度的严格执行

资产经营公司应尽快建立健全预算管理、固定资产管理及议事决策管理方面的内部控制制度,对内部管理的各重点控制环节进行规范,并做到严格执行。

(二)进一步完善并严格执行"三重一大"决策制度

进一步完善并严格执行公司"三重一大"决策程序及《公司法》规定,对重大事项、重要人事任免等事项均履行决策程序并出具有效决议文件。

(三)进一步加强投资管理

一是尽快办理下属企业股权划转手续,尤其是已得到教育部批复的 2 家企业的股权划转手续。二是尽快办理并督促下属企业办理国有资产产权登记证,并在企业发生重大事项时按规定及时办理国有资产产权登记变更手续。三是对下属企业设定经营目标,建立绩效考核制度,形成切实可行的股权回报机制,保证及时足额收取下属企业红利。四是及时梳理企业经营状况,对经营情况不佳的企业和被吊销执照的下属企业及时进行关、停、并、转等程序。对于已注销企业,应及时完善手续,按程序核销账面对外投资。五是及时跟踪股权变动情况,并及时调整,做到账实相符。六是规范各级公司运作,避免与 A 公司权责不清。资产经营公司应充分体现公司法人治理的独立地位,划清各级公司权责边界,保证公司运营的独立性。

(四)理清房产出租管理关系,加强校产相关房产的管理

资产经营公司应与学校沟通明确在房产出租管理方面的职责权限,形成租金价格确定机制,合理确定租金价格,及时签订租金合同并收取租金,做好完整的房产出租台账记录。

(五)及时归还学校人员经费

对于学校垫付的资产经营公司人员经费,应及时归还。

(六)加强固定资产管理

完善固定资产管理制度,并在固定资产采购、报废、变更等环节加强管理,使固定资产管理更加规范。

审　计　处
2015 年×月×日

【选例 6】《关于××大学后勤服务发展有限公司总经理××同志的任期经济责任审计报告》

一、选例评析

(一)选例介绍

本项目是对××大学后勤服务发展有限公司(以下简称后勤公司)

总经理进行的任期经济责任审计。

目前,各高校后勤管理模式不尽相同。有些学校组建后勤集团,并仍然作为学校的职能部门履行后勤服务职责;有些高校则成立后勤服务公司,将部分服务功能划入公司,进行企业化运作,完成学校下达的经营目标和任务等。

该校的后勤管理模式属于上述后者,后勤公司成立于 2000 年 1 月,营业期限 20 年。主要为学校提供餐饮、交通、物业管理、会务和零星修缮等服务,并受学校委托管理部分房产租赁工作。2008 年,学校将其持有的后勤公司股权无偿划入学校资产经营公司。

后勤公司成立十几年以来,未接受过学校的内部审计。近年来,学校后勤管理中的矛盾逐渐突出,引起校领导的关注和重视,急需了解后勤公司的管理现状和发展趋势,为学校进一步明确后勤公司的定位,决策后勤公司的发展方向提供参考依据。在这样的背景下,学校审计处开展了对后勤公司总经理的任期经济责任审计工作。

被审计人自 2009 年 6 月起担任后勤公司总经理,任期内全面负责公司工作。本次审计属于任中审计,审计的时间范围为 2013 年 1 月至 2016 年 12 月。

(二) 审计成效

该项目审计涉及金额×××× 万元。审计中发现问题 34 个,分别为制度建设方面的问题 3 个,“三重一大”决策与执行方面的问题 2 个,财务管理方面的问题 12 个,投资管理方面的问题 3 个,国有资产管理方面的问题 10 个,采购管理方面的问题 2 个,合同管理方面的问题 2 个,共涉及不符合规定或程序金额×× 万元。审计处出具结果性文书 3 份,包括审计报告 1 份,审计结果报告 1 份,审计要情 1 份,共提出审计建议 8 条。

从学校层面来说,该项目摸清了后勤公司的家底,了解到后勤公司各业务板块的经营内容和盈利状况,初步梳理出后勤公司与学校间的经济往来情况,有利于学校掌握后勤公司的真实经营情况。从后勤公司的层面来说,审计指出公司内部控制与管理的薄弱环节,有利于公司建章立制,进一步规范管理,提高服务水平和效率。

1. 摸清了后勤公司的资金家底和经营状况,为学校决策提供参考依据。学校对后勤公司的管理采取多头管理模式。在业务方面,由学校后勤管理部门与后勤公司进行对接管理;在国有资产管理方面,由学校资产经营公司对其进行股权管理。由于学校无相关职能部门对口后勤公司的经营及财务管理,长期以来,学校对后勤公司的实际经营及盈利状况并不掌握。

本次审计摸清了后勤公司的资金家底和经营状况,了解到后勤公司存在利用其他账套、往来款项长期挂账等形式进行利润调节的情况,反映出后勤公司几年来的真实经营状况及资金积累情况,为学校了解客观情况、确定后勤公司下一步职能定位提供了有力的支撑数据和参考依据。

2. 客观地反映了公司管理的薄弱环节,为强化公司治理提供思路和建议。审计按后勤公司各业务板块,厘清关键管理环节,从后勤公司的自主经营方面和受托对学校有关资源的管理方面,进行了全面、客观的检查和评价。

审计揭示出后勤公司长久以来存在的事业账套和企业账套并行的财务管理模式,推动了上述长期不合理的财务管理模式的纠错工作。同时,增强了后勤公司建章立制、规范各项管理的意识,部分国有资产管理、房产出租管理等方面的问题在审计期间得到了即知即改,有力推动了公司治理的规范化、科学化。

(三) 选例亮点

1. 紧密围绕领导的关注点,摸清情况,建言献策。××大学后勤公司已成立十几年,经历了不同的发展阶段,从最初的以资源养人,到现在的求突破谋发展,其经营目标已经发生了根本性的变化。一方面,后勤公司承担着为学校提供后勤服务的使命,在餐饮服务、班车服务等方面为学校正常运转提供有力支持,是学校职能部门的延伸,在学校发展中扮演着重要的角色;另一方面,后勤公司是面向校外市场、自负盈亏的企业,其性质决定了它与学校之间的相对独立性。因而,后勤公司的自主经营情况究竟如何,后勤公司对学校的依赖程度如何,后勤公司的市场竞争能力如何等问题,是校领导关心的重点。

审计处在开展后勤公司总经理任期经济责任审计时,紧扣领导关心的问题,排摸后勤公司的经营状况、与学校间的经济往来情况等,摸清了公司家底,梳理了公司本级财务数据。但由于后勤公司部分业务以成立子公司的形式开展,审计并未对后勤公司下属子公司进行延伸审计,审计反映的经营状况仅限后勤公司本级层面,为学校领导了解掌握后勤公司的总体经营情况并进行相应决策提供了参考性意见。

2. 以审计发现问题为抓手,分不同层次深入分析原因,全面反映情况。同资产经营公司的审计项目一样,对于后勤公司审计中发现的问题,审计人员在查清问题事实的基础上,分不同层次深入分析了问题产生的原因。对于因后勤公司总经理履职不到位而产生的问题,直接在经济责任审计报告中进行反映,并出具"审计整改通知书",要求被审计人和被审计单位限期进行整改,规范管理。对于因学校体制机制不完善或不规范产生的问题,审计认为,其问题根源并非单纯的被审计领导干部的责任,反映在其经济责任审计报告中并不合适,因而审计处另行以审计要情,向校领导专题汇报。

这种按学校和后勤公司不同层级进行问题揭示的做法,有利于学校区分不同责任主体,分析和解决问题,从根源上杜绝了相互推诿的整改风险,充分发挥了内部审计的建设性作用。

二、选例文书

关于××大学后勤服务发展有限公司总经理
××同志的任期经济责任审计报告

校领导：

　　受党委组织部委托，根据《××大学领导干部经济责任审计规定》，2017年5月至2017年7月，审计处对学校后勤服务发展有限公司总经理××同志实施了任期经济责任审计。

　　本次审计的时间范围为2013年1月至2016年12月（以下简称当期），审计重点内容为：企业经营发展情况；遵守法律法规，贯彻执行国家和学校有关政策决策情况；制定和执行重大经济决策情况；内部控制情况；财务收支真实完整性情况；对下属单位有关经济活动的管理和监督情况；资产安全完整情况以及××同志个人廉洁从业情况。

　　审计期间，根据××大学后勤服务发展有限公司提供的书面资料，采取抽样审计的方式，对当期相关业务实施了资料检查、查账勘验、实地调查等审计程序，并对其中的重要事项作了必要的延伸和追溯。××大学后勤服务发展有限公司及××同志对所提供资料的真实性、完整性作出了书面承诺。本次审计得到了××大学后勤服务发展有限公司的积极配合。

　　现将审计情况报告如下。

一、基本情况

　　××同志2009年6月至今任××大学后勤服务发展有限公司（以下简称后勤公司）总经理，任期内全面负责后勤公司工作，分管财务、餐饮工作。

（一）后勤公司基本情况

　　后勤公司是由学校、A公司共同出资组建的有限责任公司，于

2000年1月×日成立。2008年,学校将其持有的后勤公司股权无偿划入××大学资产经营有限公司(以下简称资产公司)。截至2016年12月31日,后勤公司注册资本1 500万元,其中,资产公司出资1 400万元,占注册资本的93.33%;A公司出资100万元,占注册资本的6.67%。

后勤公司设有2个分支机构:A后勤服务发展有限公司某宾馆和A后勤服务发展有限公司分公司。后勤公司主要经营范围为:××大学内的各类后勤服务(不含须凭许可证经营的范围)、餐饮企业管理(不含食品生产经营)、建筑设备安装、绿化养护、绿化工程、物业管理、后勤设施的租赁、汽车租赁、会务服务等。

后勤公司内设6个职能部门:行政办公室、财务部、人力资源部、市场开拓部、安全与资产部以及工青妇组织(工会、青年团员、退管会、妇联组织);设有6个业务部门:饮食服务中心、维修工程中心、校名纪念品中心、宾馆管理中心、车辆服务中心与综合服务中心。

截至2016年12月31日,后勤公司共有对外投资企业8家,其中,控股公司5家。

2016年年底,企业共有在职职工×××人,其中,学校事业编制人员×××人,公司编制人员×××人,劳务人员××人。

(二)当期财务经营情况

后勤公司除公司银行账户外,还使用××大学总务处早期开立的银行账户(以下简称Z账户)进行资金管理,分别设立公司账套和总务处Z账套(以下简称Z账套)进行会计核算。下列财务数据均为合并公司账套与Z账套数据并抵销两账套之间的往来后得出。

1. 财务状况

2016年年底,后勤公司资产总额××××万元,其中,流动资产××××万元,非流动资产××××万元;负债合计××××万元,均为流动负债;净资产××××万元,其中,实收资本××××万元,盈余公积×××万元,未分配利润×××万元。具体如下表:(略)

2. 经营状况

当期,后勤公司营业收入共计×亿×××××万元,营业成本共计×亿×××万元,税金及附加共计×××万元,管理费用共计××××万元,财务费用共计×××万元,投资收益共计××万元,营业利润共计×××万元,利润总额共计××万元,净利润共计××万元。各年经营状况如下表所示:(略)

二、审计评价

××同志任职期间,企业经营发展情况良好,国有资产得到了保值增值,公司人员结构进一步优化,有一定的制度建设基础,对下属单位有关经济活动进行了较有效的管理和监督,以公司办公会议形式进行"三重一大"事项的讨论及决策工作,重大经济事项部分通过集体讨论,但财务管理模式有待完善,房产资源管理和实物管理须进一步加强,具体评价如下:

(一)企业经营发展情况良好

后勤公司较好地完成了原设定的"以资源养人"的目标,当期,事业编制人员从345人下降到188人;员工人员结构得到了优化,大专以上(含大专)学历人员占比从××%上升到××%。

当期,国有资产得到了保值增值,国有资产保值增值率为100.90%,释放以多列负债形式隐藏的××××万元利润后,国有资产保值增值率达到266.65%。

当期,公司共上缴利润××万元(其中,上缴学校××万元,分配资产公司利润××万元,分配A公司利润×万元)。

(二)基本遵守法律法规,贯彻执行国家和学校相关政策

当期,后勤公司基本遵守法律法规,除对外投资、财务管理的相关政策未能全面贯彻执行外,在业务管理方面的学校相关政策基本得到贯彻落实,推动了后勤公司职能范围内各项工作的有序进行。

(三)重大经济事项部分通过集体讨论并决策

近几年,由于人事变动,后勤公司尚未成立新一届的董事会,公司

办公会议为公司主要决策机构,公司各重大事项均须经公司办公会议讨论决定。审计查阅了相关会议记录,议事内容包括对外投资、人员考核、职位晋升、重大采购、重要业务开展等各方面重大议题,除下述"三(三)"所述事项外,抽查部分支出基本符合决策程序的规定。

(四)财务管理模式不合理,资产质量有所下降

后勤公司同时使用公司账套和 Z 账套,并利用 Z 账套进行企业利润调节,造成财务管理模式不合理。审计结果表明,当期,后勤公司的会计核算未能完全遵守企业会计制度的规定,由于虚记投资成本、将企业利润通过应付款项长期挂账等原因,其会计报表未能真实反映 2016 年年底的财务状况以及 2013 至 2016 年的经营成果。除下述"三(六)和三(十)"以及利用往来款项调节利润所述事项外,后勤公司的财务收支基本符合财经法规的规定。

截至 2017 年年底,企业尚存在不良资产共计×××万元(未计提资产减值准备),均为当期新增不良资产,主要由李某车祸事故的代垫款形成。

(五)制度建设有待完善,内部控制存在一定风险

任期内,后勤公司在制度建设方面取得了较大进步,有关议事或决策规则、财务管理、资产管理、职工薪酬、安全管理等方面制度得到了完善,但仍然存在投资管理、采购管理、合同管理等方面的制度缺失。

后勤公司的制度基本得到有效执行,但由于采购方面制度的不完善,造成企业各个业务板块均存在采购管理不到位且无集体决策的情况,公司内部控制存在一定风险。

(六)对下属单位有关经济活动进行了较有效的监管

后勤公司对下属控股公司××餐饮管理有限公司、××建筑装饰工程有限公司、××汽车租赁有限公司等的业务进行直接管理,控股公司的法定代表人一般由后勤公司相应职能部门的负责人担任,控股公司的重大决策一般由后勤公司办公会议讨论决策;对其他下属单位采用委派董事的方式参与下属单位的经营管理和监督。

（七）房产资源管理权责不清，缺乏监督机制

后勤公司现有资源均为学校委托管理，公司对资源管理过程中的定位认识不足，由此造成宿舍租住资格审批流程不规范、出租点出租价格定价机制不明确等问题，业务管理过程中缺少业务台账等必要的管理，使得资源利用环节存在潜在风险，在资源管理过程中公司层面缺乏必要的监督机制。

（八）实物资产管理不规范

后勤公司固定资产管理不规范，由于部分固定资产信息登记或变更事项在资产管理系统或财务系统中未处理或处理不及时等原因，造成财务账与实物账长期存在差异，且未按制度规定对固定资产定期进行盘点。2016 年 7 月，虽根据学校要求对固定资产进行了资产清查，但仍未对财务账与实物账之间的差异、车辆权属不一致、盘亏车辆等情况核查原因并进行处理。

（九）落实廉政建设责任制和遵守廉政规定情况

任期内，××同志认真落实学校关于党风廉政建设要求，带领班子成员签订了廉政承诺书，并定期召开廉政建设工作会议，对党风廉政建设工作任务进行责任分解，明确领导班子、关键岗位人员职责和任务分工，并推动落实。

本次审计过程中未收到有关××同志个人违反廉洁从政、从业规定的举报、信访等材料，审计范围内根据后勤公司提供的资料，也未发现××同志个人有违反廉洁从政、从业规定的情况。

三、审计发现的主要问题和责任认定

（一）制度建设不完善

1. 未建立投资管理方面的制度

审计发现，后勤公司未建立投资管理制度，投资管理决策权限不明，未对投资进行可行性分析，未对下属单位的管理及投资回报等方面进行制度规定。

2. 未建立合同管理方面的制度

后勤公司未建立合同管理制度,未对包括合同拟定、审核、签订、履行、登记、归档等流程进行规范性规定,造成公司存在合同审核审批环节不完善、合同档案管理不到位等情况。

3. 采购制度不完善

公司层面未对采购管理建立相应制度,如未制定相关的物资、服务、工程采购制度,未对重大物资采购、工程采购的金额进行界定并制定相应的采购办法,使得重大的物资、服务、工程采购的执行流程缺乏依据,采购管理制度不完善。

(二)财务管理模式不合理,存在重大经济风险

1. 企业账务管理模式不合理

长期以来,后勤公司同时使用公司账套与 Z 账套核算,每年年底,后勤公司向学校总务处报送 Z 账套的财务报表,学校总务处将 Z 账套报表数简单汇总后形成学校总务处报表向校财务处报送,并由财务处并入学校事业报表。学校总务处与财务处对 Z 账户的日常运行以及 Z 账套的日常核算均无监管,其管理使用均由后勤公司负责,上述财务管理模式不合理。

2. 企业利用 Z 账套、往来款项长期挂账等形式进行利润调节

审计发现,Z 账套除 2013、2014 年上交学校××万元结余外,2015、2016 年均无结余,收入与成本持平,且 Z 账套中的收入与成本不配比,部分支出长期挂应付款项,未实际支付,无明确支付对象,截至 2017 年 12 月 31 日,Z 账套账面有长期挂账的应付款项××××万元。

审计发现,后勤公司账面亦存在大额、长期挂账且无明确支付对象的应付款项,涉及金额××××万元。

另外,审计关注到,后勤公司于 2017 年将总务处 Z 账套中的其他应付款×××万元通过银行转账至公司账户,但后勤公司收到该部分款项后,仍然是作为其他应付款挂账。据解释,账面长期挂账的应付款项是公司历年的利润,挂账目的是用以调节每年公司财务报表利润

及所得税。

审计认为,公司将本应计入后勤公司的收入和支出在Z账套核算,并利用公司账和Z账套多列应付款项并长期挂账的形式隐藏利润,从而对企业利润进行人为调节。

3. 利用Z账套协助部分校内单位规避学校财务监管

经审计,后勤公司利用Z账套协助部分校内单位采取打包支付会议费的方式,规避学校财务监管。审计抽查了接待中心会务部承接的部分学院的会议支出,发现个别违规情况,例如,接待中心会务部在201×年×月承办Y学院举办××会议,在相关的会议支出中发现向××风景区××酒店有限公司购买会务服务××万元,其中包括上述风景区旅游费用×万元。

后勤公司上述做法存在协助部分校内单位规避《××大学关于贯彻落实〈党政机关厉行节约反对浪费条例〉的实施意见》第×条"严禁无明确公务目的的差旅活动,严禁以公务出差为名变相旅游,严禁无实质内容的校际学习交流和考察调研"以及第×条"严格限制会议规模和开支,从严控制参与范围、参加人数、活动期限、接待标准。不得以任何方式向其他单位摊派、转嫁费用。会议经费使用应公开透明、节俭高效"的规定的情况。

(三)决策程序不到位,部分重要事项未经决策

1. 部分采购事项未经决策

公司的采购以各个业务职能部门为主,公司层面缺少制度约束、审批权限方面缺乏控制,部分重要事项未见集体决策记录。例如,材料采购供应商选取未见决策程序且无考核淘汰机制;礼品部新增供应商的选择未见集体决策程序,且与部分供应商合作单位未签订合同;部分餐饮合作单位选择、大额合作成本支付无集体决策程序;承租车辆采购及大额成本支付未见集体决策。

2. 部分宿舍收费标准未经集体决策

后勤公司部分宿舍收费标准未见集体讨论决策记录,如2015年招

待所关闭后转作员工宿舍的 1 号楼收费标准。同时，审计还发现，后勤公司非当期制定的宿舍收费标准也未见集体决策记录情况，如×宿舍收费标准等。

以上重要经济事项未经集体决策的做法不符合《××大学后勤公司"三重一大"管理制度》中"大额度资金使用"和重大事项需要内部讨论决策的规定。

（四）对外投资存在超章程约定且未获股东同意等情况

1. 对外投资金额超章程规定限额但未获股东同意

截至 2016 年 12 月 31 日，后勤公司共对外投资 8 家公司，8 家企业后勤公司共须认缴出资额××××万元，已实缴资本×××万元，认缴出资额占后勤公司期末净资产的 90%，超过公司净资产的 50%，超额投资未经公司股东（资产公司及 A 公司）同意，且该事项不符合后勤公司章程第六条"公司向其他有限责任公司投资的，其累计投资额不得超过本公司净资产的 50%"的规定。

2. 注销受托管理单位的剩余财产未上缴学校

××大学招待所是由学校举办的全民所有制分支机构，委托后勤公司管理，于 2016 年 4 月 13 日办理工商注销，后勤公司收到学校招待所注销时的剩余资金××万元（其中，Z 账户××万元，公司账×万元），但未将招待所注销后的剩余资金上缴学校。

3. 个别长期股权投资未在账面反映且无投资相关书面材料

审计发现，后勤公司除账面记载的长期股权投资外，还持有××企业管理有限公司 10% 的股权，但未在账面反映。据后勤公司人员口头解释，由于××企业管理有限公司启动工商注销程序时有股东不同意致使公司未能注销，但后勤公司对该公司投资的 10 万元已经收回，故账面无对该企业的长期股权投资。

（五）房产资源管理不规范，缺少有效监管措施

1. 宿舍租住资格审批流程不规范，部分租赁资格无审批

审计发现，后勤公司关于宿舍租住资格以及租住资格审批权限规

定不明,部分申请人是校外人员且未经学校主管部门批准和推荐直接由后勤公司物业中心分管宿舍副主任审批后获得租住资格,部分租户未经分管宿舍副主任审批而获得租住资格。另外,抽查发现××文化有限公司、××教科有限公司等租户未见入住资格审批资料。

以上情况与《××大学后勤服务发展有限公司员工集体宿舍管理规定》"原则上安排后勤公司聘用的单身及需要集体住宿的聘用制职工,有空余床位时,可根据学校主管部门资格认定,接受其他单位员工的住宿申请"的规定不符。

2. 部分宿舍被擅自改变用途进行出租

审计发现,后勤公司管理的部分宿舍存在擅自改变用途的情况,将校舍改建为办公或经营用房用于出租。

3. 宿舍出租业务管理不到位,存在台账登记不健全、租金收入完整性无法确认的情况

审计过程中,后勤公司仅提供 2016 年部分宿舍租赁收入统计情况,未对宿舍出租业务进行台账登记。审计认为,由于宿舍人员流动性较大,综合服务中心不进行台账登记,公司层面在宿舍出租业务管理过程中未采取有效监督措施,不能及时完整地掌握宿舍资源利用情况,出租收入完整性无法确认,如×校区宿舍原车队宿舍×室改建后出租未见租赁收入入账。

4. 学校托管出租点管理不规范,部分出租房产无法正常收取租金,出租点收费标准制定依据欠妥

审计发现,学校托管的出租点共有 52 处,其中,管理办公用房 1 处,共建校园快递服务平台用房 2 处,未正常管理 5 处,用于出租 44 处。后勤公司提供的租赁合同显示,最近一份合同有效时间截至 2015 年 12 月 31 日,2016 年原租赁关系仍然存续,但合同双方未签订租赁合同。同时,学校托管的出租点中有 5 处未能正常收取租金,除已拆除的 2 处(未办理减少手续)外,其余 3 处出租点因未及时续约而被对方拒付租金,根据原租赁单价估测,应收取未收取的租金约为×××万元。

审计关注到,后勤公司现用于正常出租的 44 处学校委托管理出租点的收费标准一直采用资产处签订的上一次合同(大多数合同结束日期为 2015 年 12 月 31 日)的出租价格,未制定收费标准机制并获资产处同意,收费标准制定依据欠妥。

(六) 部分财务收支不规范

1. 大额垫支款项存在坏账风险

后勤公司在员工 L(在编人员)车祸事故中共垫付医药费×××万元,且垫付的医药费未要求 L 家属履行借款手续。后勤公司已于 2015 年启动司法程序,截至现场审计日,后勤公司尚未收到代垫的医药费×××万元,因该笔应收款项产生时间较长,收回存在重大不确定性,资金存在坏账风险。2016 年年底,后勤公司将 L 医药费代垫款及案件保全费从后勤公司账的其他应收款转至总务处 Z 账套的其他应收款核算。

审计认为,后勤公司垫付大额费用且未能及时收回,导致大额应收款项长期挂账,公司资金存在一定风险,影响公司的资产质量。

2. 无实质业务支付咨询费

审计发现,2014 年 1 月和 12 月后勤公司共计向股东方 A 公司支付咨询费××万元,该项支出并无实质业务,该公司解释该款项实际为向股东上缴的利润。

上述情况不符合《会计法》第九条"各单位必须根据实际发生的经济业务事项进行会计核算,填制会计凭证,登记会计账簿,编制财务会计报告"的规定。

3. 个别业务支付对象与合同签订对象不符

2014 年×月×日至 2016 年×月×日,××宾馆将厨房的运作及日常管理承包给××餐饮管理有限公司,承包费为每月××万元。审计发现,后勤公司将该项承包费支付给××人力资源服务有限公司,该项业务的合同流、业务流、发票流、资金流未能做到"四流"统一。

上述情况不符合《会计法》第十四条"会计机构、会计人员必须按照国家统一的会计制度的规定对原始凭证进行审核,对不真实、不合法的原始凭证有权不予接受;对记载不准确、不完整的原始凭证予以退回"的规定。

4. 未确认应付学校的租赁费

根据学校与后勤公司签订的房屋租赁协议,学校应向后勤公司收取 2014 年度××宾馆租赁费×××万元,截至现场审计日,后勤公司尚未支付 2014 年度××宾馆租赁费,且账面亦未计提 2014 年租赁费用,该事项造成后勤公司少计成本×××万元。2015 年起,后勤公司继续经营××宾馆,但未与学校签订租赁协议。

(七)采购管理不到位

1. 学生食堂业务中的自行采购行为未见书面审批资料

饮食中心、××学生食堂均存在食材自行采购行为,当期自行采购材料成本××××万元,占材料总成本的 12%。在检查食材自行采购行为审批时,饮食中心未提供有关食材自行采购行为主管部门的书面审批意见。

该事项不符合××大学与后勤公司签订的《××大学学生食堂餐饮服务协议书》第×条第×点"校内食堂原则上实行集体统一采供,特殊品种可以提出申请获得同意后方可自行采购"的规定。

2. 部分工程项目未经必要的采购程序

审计发现,后勤公司的部分工程项目的采购未见集体决策,也未经相关的招投标、比价程序,如×包房装修工程×××万元、教授就餐区改造工程××万元、学校本部食堂一楼装修工程×××万元等。

(八)实物资产存在账账不符、信息管理不及时等情况

1. 固定资产存在账账不符的情况

经审计,后勤公司固定资产财务账与实物资产账长期以来存在差异,截至 2016 年 12 月 31 日,财务账固定资产原值×××万元,资产账固定资产原值×××万元,两者差异为××万元,后勤公司未提供差异产生的原因。

2. 部分车辆权属不一致，个别车辆无实物

后勤公司财务账面共有 16 辆车（金额共计×××万元），审计发现其中有 1 辆别克车（××万元）既无车辆注册登记证，也未见实物。据后勤公司解释，该车已经报废，但未提供相应的报废资料；其余 15 辆车注册登记证中有 5 辆车的权利所有人不是后勤公司（车辆原值××万元）（其中，××大学 3 辆，A 建筑施工有限公司 1 辆，××大学招待所 1 辆）。

3. 部分固定资产未及时办理信息登记或变更手续

审计发现，后勤公司虽于 2016 年 7 月对固定资产进行了清查、报废处理，但仍然存在部分固定资产信息登记或变更在资产管理系统或财务系统中不处理或处理不及时的情况。

（九）合同审核审批环节不完整，档案管理不到位

1. 合同审核审批环节不完整

后勤公司财务管理制度中仅对采购报销金额的审批权限作出了的规定，其他各项制度中均未对合同审批进行规定。实际执行过程中，用印部门以合同有无业务职能部门负责人签字作为合同用印的依据，缺少实质意义上的合同审核审批环节，审计过程中，未见合同审批流程相关表单。

2. 合同档案管理不到位

合同流通至用印环节，后勤公司尚未对合同进行编号，用印后也不进行合同登记，用印后的合同由合同签订部门自行保管，公司层面未要求合同定期归档，造成合同管理过程较为混乱。

以上事项不符合《企业内部控制应用指引第 16 号——合同管理》第九条"企业应当建立合同专用章保管制度。合同编号、审批及企业法定代表人或由其授权的代理人签署后，方可加盖合同专用章"以及第十五条"合同管理部门应当加强合同登记管理，充分利用信息化手段，定期对合同进行统计、分类和归档，详细登记合同的订立、履行和变更等情况，实行合同的全过程封闭管理"的有关合同管理内部控制方面的

要求。

（十）责任认定

对审计中发现的问题，根据《××大学领导干部经济责任审计规定》，××同志对上述制度建设、重大决策、餐饮管理、财务管理方面的问题应承担主管责任，对其他方面的问题应承担领导责任。

四、审计建议

（一）进一步完善制度建设

建议后勤公司在现有制度的基础上，结合自身业务流以及新业务的特点，梳理公司制度，使梳理后的制度更能满足公司发展的需要，合理设置内部控制关键岗位，明确划分岗位职责权限，实施决策、执行、监督权限相分离措施，形成职能部门内部相互制约、公司层面监督的组织架构。

（二）规范财务管理模式

结合新的发展需要，根据现代企业规范管理的要求，建立适合自身的财务管理模式，取消企业账套和Z账套同时使用的做法，仅保留公司本身账套，使得财务报表能够真实地反映企业的财务状况和经营成果，减少财务管理过程中的税收风险和违规风险。

（三）进一步严格执行"三重一大"决策制度并形成记录

严格遵守公司的重大经济事项必须经过集体讨论方能决策的规定。对于形成集体决策的事项要及时做好备查记录，保证重大事项有决策、重大决策有记录、责任划分有界限。

（四）进一步加强投资管理

建议结合学校、资产公司等股东方的要求，按规定权限履行资产对外投资的审批手续，避免超公司办公会议决策权限进行决策的情况。

（五）完善资源管理机制，加强资源管理

建议完善资源管理机制，明确现有资源管理过程中的产权、审批权和管理权的区别，明确后勤公司在资源管理中的职责定位，做好学校委托资源管理人的角色。建立资源管理过程中的信息化系统，以系统来

优化管理,减少管理过程中对收入完整性等的人为调节因素,加强出租业务管理的规范化。

(六)加强财务收支与核算管理

建立出租等业务台账,清晰界定公司的各项收入,杜绝收入混淆的现象,确保各类收入的真实性与完整性,为收入的及时收取起到积极作用。建议加强财务会计人员对新的企业会计知识和财税政策的学习,提高会计人员的业务知识水平,避免会计信息失真。

(七)加强实物资产管理

建议加强资产日常管理,形成定期清查机制,并对清查结果分析差异后进行处理,确保资产账与财务账相符、资产账与实物相符。

(八)完善合同管理

建立合同的分级授权管理制度,加强合同审核,完善合同管理过程中的审批环节,实行统一归口管理,明确各个业务职能部门的职责分工和权限,健全合同管理考核与责任追究制度;加强合同登记管理,建立合同文本的统一分类和连续编号制度,完善后期的合同档案保管。

审 计 处

2017 年×月×日

第四节　附属医院领导干部经济责任审计

【简述】

经过 2000 年前后国内高校的合并高潮,部分原属卫生部门管理的医学院连同其附属医院一并归入综合性大学,附属医院也因此成为高校既独立又关联紧密的组成部分。

附属医院作为独立法人单位,其具备教学、科研、社会医疗服务等多项职能。因其职能多样化,也形成了其教学和科研工作归教育部门管理、医疗服务归卫生部门管理的独特管理现状。在人员管理方面，部分高校的附属医院依其行政级别设置，负责人由高校组织部门管理，其任免由高校负责，因此，综合性大学附属医院负责人的经济责任审计也成为高校内部审计非常重要的一项任务。

与机关部处、二级院系相比，附属医院经济责任审计有三大特点：

一是审计内容的完整性。项目所涉及的财务收支、业务流程、机构管理均是一个完整的体系。

二是审计事项的复杂性。医院经济活动频繁，收支规模较大，在药品、医疗器械采购，基建工程管理等领域风险点多，控制难度高。

三是政策法规的多样性。医院本身执行医院会计制度，下属企业执行企业会计制度，而且在教学、科研和医疗方面分别遵守教育和卫生行政管理部门制定的各项规章制度，要求审计人员具备较全面、系统的法规知识。

从上述特点而言，要做好医院领导干部的审计项目且写好审计报告绝非易事。在审计实施方面，高校内审机构为弥补内审人员专业知识架构的不足，通常以聘请社会审计作为审计助手的方式来实施审计。该方式虽较好地利用了社会审计资源，但也因社会审计的局限性，存在发现的财务数据问题较多而揭示管理问题较少、将医院经济责任审计报告写成财务收支审计报告的现象。这就需要内审部门采取强有力的措施，来加强对实施过程的管理，加强对审计文书的审核。

本节选取了××大学附属某医院的审计报告进行展示。

该项目组织方式是以学校审计处人员任组长，由社会审计人员任主审，审计组长全程跟进项目。在准备阶段，组长参与审前资料阅读、审核批复审计实施方案；在实施阶段，组长参与审计访谈、定期例会，审核工作底稿等；在报告阶段，要求社会审计独立出具审计报告，组长在此基础上另行撰写审计报告征求意见稿，并完成之后的所有程序。这种紧密型的审计合作与跟踪管理的方式，确保了审计实施的质量，既让社会审计有效承担了其应承担的责任，又使内部审计能够充分利用社会审计的资源和审计结果,撰写出符合高校管理需求的审计报告。

【选例7】《关于××大学附属某医院院长××同志的任期经济责任审计报告》

一、选例评析

(一)选例介绍

××大学附属某医院(下称医院)是独立法人单位,是国家卫生健康委员会预算管理单位、三级甲等医院,主要职能是开展某专科领域的医疗、教学、科研和预防工作。医院下设行政、临床、医技科室数十个,职工超千人,年收支规模超10亿元,除医疗、教学、科研等业务之外,还涉及对外合作医疗、基建工程、捐赠和下设公司管理等多方面业务,且药品、医用耗材等采购支出金额大,政策性强,因此,风险领域较多。可以说医院院长所承担的经济责任更全面和复杂,不亚于高校校级层面。

被审计领导干部任职期间较长,自2007年×月任院长至今已达10年。本次审计的时间范围为2013年1月至2016年12月。

(二)审计成效

该项目审计涉及金额××亿元。审计中发现问题32个,分别为内部控制方面的问题4个,"三重一大"决策与执行方面的问题3个,财务收支方面的问题3个,国有资产管理方面的问题8个,其他方面的问题14个,共涉及不符合规定或程序金额××××万元,账务处理不当金额×××万元。除上述审计成果之外,还有下述两项成效:

1. 推动审计整改工作,发挥审计价值。随着审计整改工作的深入推进,学校从制度层面明确了各部门责任和整改流程。审计整改形成了专人负责、多部门联动的工作机制,并采取"问题清单式、整改销号制"等多种举措,确保被审计单位整改落实到位。本项目发现的部分问题,在审计期间能即知即改,因被审计单位不可控原因导致不能在规定期限内整改的,由医院说明原因和关键工作节点,并根据节点上报整改进度。审计人员对整改情况进行记录,整改一项,销号一项,使审计整改工作落到实处,真正实现审计价值。

2. 推动设立独立审计机构,发挥内部审计作用。在该项目实施之前,医院并未设立独立审计机构,审计与纪检合署办公,且配置的唯一一名审计人员的主要工作是复核会计凭证,与内审定位差之千里。通过本次审计,医院领导认识到内部审计在组织治理、风险管理和内部控制中的重要作用,在项目实施过程中,即成立审计科,配齐审计人员,并赋予其审计职能。此外,为尽快提供医院审计人员业务水平,院领导要求全体审计人员定期到学校审计处接受业务培训。

(三) 选例亮点

1. 关注信息系统建设情况。医院信息化建设程度代表着医院现代化管理水平的高低和服务能力的强弱,新医改也将医疗卫生信息化建设确定为医疗卫生改革的重要支柱之一。本案例中的医院已基本实现信息化管理,因此,除常规审计内容外,结合医院药品、材料和专用设备管理情况审计,审计组检查测试了医院运营管理系统中相关模块的实际操作流程和生成数据,从而发现医院信息化系统存在内控缺陷等设计不足问题。

2. 对医院全资子公司进行延伸审计。医院下设公司的经营通常与医院医疗业务密切相关,而医疗卫生业务政策性又非常强,因此,医院与所属公司之间开展的业务是否合规合法,也是审计须关注的内容之一。本次审计通过对医院 2 家子公司的延伸审计,发现医院与公司经济往来存在问题,公司经营亦有重大风险隐患。其中,一家公司的设立未经上级主管部门审批,且主营业务不规范;另一家公司列支医院人员费用且金额较大,存在涉税风险。

二、选例文书

关于××大学附属某医院院长
××同志的任期经济责任审计报告

校领导：

受党委组织部委托，根据《××大学领导干部经济责任审计规定》，2017年4至6月，我们对××大学附属某医院（下称医院）院长××同志进行了任期经济责任审计。

本次审计的时间范围为2013年1月至2016年12月（以下简称当期），审计重点内容为：事业发展情况；遵守法律法规，贯彻执行国家、学校有关经济政策和决策部署情况；制定和执行重大经济决策情况；建立与实施对经济活动风险防范的内部控制情况；预算执行及财务收支情况；资产安全完整情况以及××同志个人廉洁从业情况。

审计期间，根据医院提供的书面资料，采取抽样审计的方式，对当期相关业务实施了资料检查、查账勘验、实地调查等审计程序，并对其中的重要事项作了必要的延伸和追溯。医院及××本人对所提供资料的真实性、完整性作出了书面承诺。本次审计得到了医院的积极配合。现将审计情况报告如下。

一、基本情况

××同志于2007年×月任医院院长，全面负责医院的行政管理和业务工作，具体分管院长办公室、财务部、事业拓展部。

（一）医院基本情况

医院是一所集医疗、教学、科研、预防为一体的三级甲等综合性专科医院，法定代表人：××；经费来源：财政补助收入、事业收入。下设行政管理机构有院长办公室、人力资源部、财务科、信息中心、医务部、护理部、科研部、物流中心等20个部门。

医院核定人员编制数为×××人,截至 2016 年 12 月在职职工数×××人,其中,医师×××人(含规培医生×××人),护理×××人,医技×××人,其他技术人员××人,行政人员××人,工勤人员××人;派遣工人××人。

医院下属有 2 家全资子公司,分别为 A 公司和 Z 公司,注册资本分别为××万元和××万元。

(二)当期财务收支情况

2013 至 2016 年,医院总收入(含财政基本补助收入)分别为×××万元、×××万元、×××万元、×××万元。其中,医疗收入分别为××万元、×××万元、×××万元、××××万元,年均增幅 12.37%。

当期总支出(业务支出)分别为×××万元、×××万元、×××万元、×××万元。其中,医疗成本分别为××万元、×××万元、×××万元、×××万元,年均增幅为 13.27%。

4 年结余分别为×××万元、××××万元、—×××万元,以及××××万元。其中,医疗结余分别为—×××万元、—×××万元、—×××万元、—××××万元。具体如下表所示:(略)

1. **收入情况**

2016 年较 2013 年,医院医疗收入增加×亿××××万元,增长 41.90%,药品收入增加×亿××××万元,增长 35.63%,低于医疗收入增长。4 年药占比分别为 41.25%、40.82%、41.15%、39.43%,药占比略有下降。其他收入增加×××万元,主要是 20××年市财政拨款××工程项目××××万元,剔除此因素,其他收入增加×××万元,增幅为 57.34%。

2. **支出情况**

2016 年较 2013 年,医院医疗成本增加×亿×××万元,增长 45.33%,高于医疗收入的增长。主要是医院的工资福利支出增加×亿×××万元,增幅为 47.88%,大于其医疗成本增幅 43.19%,亦大于其医疗收入增幅 41.90%。

3. 结余情况

2016 年医疗结余－××××万元,大幅下降。其原因主要是 2015 年 12 月以来,地方卫生行政部门以"破除以药养医机制,理顺医疗服务价格"作为公立医院改革的突破口,分两轮降低药品加成率,三甲医院的药品加成率由 15％降至 5％,药品加成收入下滑;另外,出台可单独收费医疗器械加成率不得超过 10％,且加成额不得高于 200 元的规定,因此降低了医院卫生材料的加成收入,导致医疗结余下降。

(三)当期预算执行情况

2013 至 2016 年,除项目支出外,医院预算执行情况较好。具体数据如下表所示:(略)

二、审计评价

(一)事业发展良好

1. 医疗业务稳步发展,医疗质量安全服务持续改进

当期,医院医疗业务量逐年上升,2016 年门急诊×××万人次,较 2013 年×××万人次增长 1.87％。医院积极推行医联体分级诊疗,普通病人得到有效分流,疑难杂症、专科病人逐年增长,病人结构不断趋于合理,普通内科病人比例从 2014 年的 36％降至 2016 年的 30％(2016 年普通病人减少 10.2 万人次),专科病人比例从 2014 年的 41％上升至 2016 年的 55％。2016 年出院×万人次,较 2013 年×万人次增长 19.63％;病人平均住院天数从 7.7 天下降至 6.8 天;住院手术××××人次,较 2013 年××××××人次增长 73.21％。

2. 积极推进医疗联合体,大幅提升基层服务能级

××大学 A 医疗联合体于 2013 年正式成立,A 医疗联合体将优质资源辐射并下沉到基层医疗机构,实现让老百姓"就近就医、有序转诊"的目标。A 医疗联合体模式得到各级政府和社会各界的密切关注和充分肯定。

3. 加强学科平台建设,科研成果取得新突破

医院以现有的 2 个重点实验室为基础,集中优质科研团队,围绕重大慢性病和危急重症、传染病领域进行探索,开创了独特的基础研究和临床研究交叉融合的体制机制。

当期,医院获得"973"课题、国家重大研发计划项目2项(首席单位),国家重点研发计划课题3项;每年SCI论文均突破100篇,IF≥5的论文达到42篇,IF≥10的论文达到18篇。××教授课题组的研究成果发表于国际顶尖杂志 *The Lancet*,是该杂志自创刊以来首次刊登我国A学科界的研究论文。

4. 积极引进高端人才,人才队伍结构不断完善

医院开展人才计划(腾飞工程),积极引进高端人才,引进国家千人1人,青年千人2人,聘请××位海内外著名专家作为医院双聘PI。组建×个交叉创新团队,选拔××名中青年骨干进入学科带头人培育项目,在项目建设期内,这些后备人员均取得了长足进步。

截至2016年年底,医院拥有博士生导师××名,硕士生导师××名,正高××名,副高×××名。××余名专家入选担任中华A学会副主任委员、全国各个专业学组组长、副组长等重要学术职务;多人入选人才计划,包括国家优秀青年计划×人,教育部优秀青年人才×人,市领军人才计划×人,医学领军人才×人,市优秀学科带头人×人,市卫计委新百人计划×人。

5. 改善患者就医体验,改善医患关系

医院学习先进国家经验,结合中国国情、社情、民情和医院实际情况,在全国率先成立"患者体验部",首创"倾听窗口",通过"倾听窗口""A微平台"等一系列措施的提出和推进,聆听就医感受,促进相互沟通,改善医患关系和患者就医体验。

(二)内部管理制度较健全,执行基本有效

当期,医院制定了《合同管理制度》《××大学附属××医院因公经费管理办法》《植入性耗材管理制度》等5项制度,修订了《"三重一大"管理制度》《薪酬制度》《××大学附属××医院出国(境)管理规定》等10项制度。

审计对医院的财务管理制度、药品和材料管理、设备管理等相关制度设计和执行有效性进行了符合性测试。审计结果表明,医院内部管理制度较健全,执行基本有效。但医院《财务管理制度》中的《会计机构内部牵制制度》《会计机构内部稽核制度》对库存物资的稽核未作具体、翔实的描述,属于设计缺陷。医院也未按照行政事业单位内部控制规范的要求,梳理并完善适合医院管控要求的内部控制制度。

(三)"三重一大"事项基本符合决策程序

医院修订《"三重一大"管理制度》,明确了"三重一大"事项的定义和标准、决策程序和办法、监督检查和违反"三重一大"制度的责任追究。审计查看了医院当期的院务会会议记录,共记录××××项"三重一大"事项。其中,决策重要事项×××项,涉及科研楼建设、分院托管事项等;重大项目×××项,涉及对外合作、药房托管项目等;重要干部任免和重要人事安排××项,涉及中层干部任命和考核、优秀学科带头人任命等;大额度资金使用××项,医院××万元以上资金支出均经院务会审议;制定及修订制度××项,涉及医院采购、财务报销、科研管理等行政及医务管理。

审计结果表明,医院基本能执行"三重一大"的相关制度和议事规则。但是,也存在决策过程记录不完整、缺少决策前的论证调查、先签合同再上会的流程倒置等问题。

(四)预算管理较好,财务收支基本符合相关规定

根据医院发展规划、年度重点和中心任务,医院的年度预算编制和调整经预算管理委员会和院务会决策,但尚存在财政项目预算未细化、执行率偏离较大的不足。

审计结果表明,医院会计核算基本遵守了相关会计制度的规定,会计报表基本真实地反映了2013至2016年财务状况和财务收支情况。

(五)实物资产管理总体较好

医院实物资产主要由设备管理中心和物流中心负责采购和管理,各临床及医技部门根据医疗、教学、科研的需要提出申购医疗设备,经医疗设备管理委员会讨论,院务会批准后,列入采购预算计划。

医院每年对设备实施盘点,经抽查,资产管理有序,接受捐赠的设备均已入账,资产处置审批程序执行有效。账实基本相符,设备完好。医院实物资产管理情况总体较好。

(六)落实廉政建设责任制和遵守廉政规定情况

任期内,××同志认真落实上级主管部门党风廉政建设要求,带领班子成员签订了廉政承诺书,并定期召开廉政建设工作会议,对党风廉政建设工作任务进行责任分解,明确领导班子、关键岗位人员职责和任务分工,并推动落实。

本次审计中未收到有关××同志个人违反廉洁从政、从业规定的举报、信访等材料;本次审计范围内根据医院提供的资料,未发现××同志个人有违反廉洁从业规定的情况。

三、审计发现的主要问题和责任认定

(一)个别重大经济事项未经决策程序

1. 医院药品、耗材、试剂配送服务外包采购合同签订前未经集体决策

医院2013年×月×日与G公司签订《G供应链管理服务外包协议》,协议约定医院药品、耗材、试剂的配送服务统一由G公司承接。

审计发现,该事项经2013年×月×日院务会决策通过,但晚于合同签订日期。

2. 医院××扩建工程项目补充协议签订前未经集体决策

2013年6月,医院××扩建工程项目以×亿元的低价由××集团中标总包。2016年1月×日,医院与总包单位签订补充协议,增加合同金额×亿元。该补充协议由筹建办主任(医院副院长)审批,但是医院院务会于2016年2月×日才讨论总包补充协议签订事宜,即该重大经济事项实施前并未经集体决策,决策流程倒置。同时,审计未见院务会议讨论此事项时有关增加预算的内容明细,决策依据不足。

上述情况不符合《××医院"三重一大"事项决策实施办法》的相关规定。

（二）停车场委托管理事项不规范

1. 停车场车位设备及停车管理系统设备未计入医院固定资产

医院将停车场委托 J 公司管理，根据 200×年签订的协议约定，车位设备及停车管理系统设备由该公司投资，2013 年×月××日前，停车场收益归 J 公司所有，到期后设备归医院所有。截至审计外勤结束，相关设备（账面原值 400 万元）仍未计入医院固定资产账。

上述事项不符合《中央级事业单位国有资产使用管理暂行办法》（财教〔2009〕192 号）第十二条"中央级事业单位国有资产管理部门对单位购置、接受捐赠、无偿划拨等方式获得的资产应及时办理验收入库手续"的规定。

2. 续签协议方案未经论证，收益分配方式不利于医院

2014 年，医院与 J 公司续签停车区管理协议，协议约定停车日常管理和会计核算由公司负责，每年双方按净利润进行分成，其中，医院得 80%，公司得 20%。医院账面显示，2013 至 2016 年，医院共收到停车收益×××万元，分别为 2013 年××万元、2014 年××万元、2015 年××万元、2016 年××万元。审计发现，在医院就医人数逐年增长的情况下，停车收益却以每年约 10%的比例逐年下滑。

审计发现，医院在续签协议前，未对托管方案进行论证，未对停车收入和支出进行评估。在实际运行中，医院虽要求公司每月递交停车场财务报表，但是因缺乏有效监管，其收支的合理性、真实性存疑。如审计抽查 201×年 12 月财务报表发现，停车场管理人员工资××万元（含年终奖）。审计认为，医院在未对停车收入和运行成本进行有效控制的情况下，采用按净利润分配的方式不仅不利于维护医院权益，还存在管理风险。

（三）对外投资未进行可行性论证，未报上级主管部门批准

2014 年，医院投资设立全资子公司 Z 公司，公司经营范围为医学科技领域内的技术开发、技术咨询、技术服务、技术转让、会务服务。审计发现，设立该公司经院务会讨论通过，但未报上级主管部门、财政部门批准。

上述事项不符合《中央级事业单位国有资产使用管理暂行办法》第十九条"中央级事业单位应在科学论证、公开决策的基础上提出对外投资申请,附相关材料,报主管部门审核或者审批"的规定。

(四)一号楼改建项目不规范

1. 改建工程未按规定办理报建手续

医院在 2014 年进行一号楼改建。该楼原为 2 层楼建筑,改建后加层至 4 层,外立面和窗户均重新改造,但医院未按规定办理建设工程规划许可证,也未办理报建手续,无施工许可证。

上述事项不符合《××市建筑工程报建管理办法》第三条"本市行政区域内投资额 100 万元及以上的下列建设工程纳入报建范围:(一)新建、扩建、改建工程……"的规定。

2. 评标委员会人数未达到规定人数

医院采取公开招标形式选择一号楼改建工程项目施工承包方。审计发现,评标文件显示,评标委员会由 3 位专家组成,未达到规定人数,不符合《评标委员会和评标方法暂行规定》第九条"评标委员会由招标人或其委托的招标代理机构熟悉相关业务的代表,以及有关技术、经济等方面的专家组成,成员人数为五人以上单数,其中,技术、经济等方面的专家不得少于成员总数的三分之二"的规定。

(五)部分采购事项不规范

1. 设备采购程序不规范

(1)专家论证意见日期与中标通知书日期存在倒置。

审计抽查大型仪器设备磁共振成像系统的招投标资料发现,外部专家论证意见日期为 2014 年 5 月×日,中标通知书日期为 2014 年 3 月×日。设备外部专家论证意见日期晚于中标通知书日期,两者存在倒置情况。

(2)未按规定及时签订合同。

审计抽查设备血管成像仪项目的招投标资料发现,中标通知书日期为 2015 年 9 月×日,合同签订日期为 2015 年 11 月××日。医院未

按规定在通知书发出之日起 30 日内与采购人签订书面合同，

上述事项不符合《中华人民共和国招标投标法》第四十六条"招标人和中标人应当自中标通知书发出之日起三十日内，按照招标文件和中标人的投标文件订立书面合同"的规定。

2. 被服洗涤租赁服务采购程序不规范

（1）被服洗涤未公开招投标。

医院被服洗涤采用内部邀请招标。经统计，2014 至 2016 年被服洗涤租赁费用分别为×××万元、×××万元、×××万元，按规定应公开招投标。

上述事项不符合《中华人民共和国招标投标法实施条例》第八条"国有资金占控股或者主导地位的依法必须进行招标的项目，应当公开招标"的规定。

（2）被服洗涤开标评标不规范。

医院 2013 年 6 月以内部邀请招标的形式，选择医用被服洗涤租赁服务单位，但医院提供的招投标资料缺少招标文件。6 月 7 日，共有 3 家公司递交投标文件。6 月 17 日，医院组织被服洗涤遴选会议，分管院长、职能科室等参与评标，经评选确定××公司为中标单位。评标资料显示，在评分表 8 项打分项中有 2 项（即企业环保资质、质量管理体系认证证书）的分值 20 分，除中标公司得分外，其他 2 家投标单位因不具备条件无得分。审计认为，因 2 家投标单位未响应招标文件，实际有效投标单位不足 3 家，故此次招投标理应作废标处理，应当重新招标。

上述事项不符合《中华人民共和国招标投标法》第三十四条"开标应当在招标文件确定的提交投标文件截止时间的同一时间公开进行"以及《评标委员会和评标方法暂行规定》（七部委第 12 号令）第十七条"招标文件中规定的评标标准和评标方法应当合理，不得含有倾向或者排斥潜在投标人的内容，不得妨碍或者限制投标人之间的竞争"的规定。

（六）对外合作项目管理不到位

1. 未及时催收合作单位管理费

医院 2013 至 2016 年 4 年间共签订对外合作协议××份,其中,××份协议约定收取合作管理费,但是只收到××家单位的管理费,还有 19 家管理费未收取。其中,与××医院的合作费 150 万元无催收记录,与××医院的合作 2014 年到期后,未收到 3 年的合作费 30 万元,但 2016 年仍与其签订合作协议。

2. 部分合作事项未签订协议

审计期间,医院收取 13 家单位合作费,未签订合作协议,合计金额×××万元。

上述事项不符合医院《合同管理制度》总则"凡以医院名义对外发生的经济活动、合作项目等,均应签订合同或协议"的规定。

（七）资产管理存在不规范的情况

1. 无形资产账账不符

2016 年 12 月 31 日,医院财务账面反映无形资产原值××××万元,信息科管理台账反映无形资产原值××××万元,差异 306.32 万元。差异原因为迁建工程系统软件未登记入财务账。

2. 固定资产管理存在未按件入账、会计核算不正确情况

（1）个别固定资产未按件入账。

本次审计抽盘了检验科、转化中心等 7 个科室的固定资产。抽盘发现,个别固定资产按批入账未按件入账,账实不能一一对应,存在管控风险。

（2）财政资金购入固定资产未计入待冲基金。

2015 年 7 月,医院购买移动式数字摄影×系统×××万元,是市财政拨入专项采购资金,医院计入自筹资金采购的固定资产,未计待冲基金,折旧多计医疗成本。

3. 药品盘盈未及时入账

审计抽盘住院药房药品发现,部分药品期初数为负数,经询问为上

期盘盈药品,医院未及时入账。

上述事项不符合《医院会计制度》"库存物资——药品"核算规定,财务核算也未做到按"西药""中成药""中草药"进行明细核算。

审计期间,医院已制定了《结余药品制度》,将结余药品纳入医院统一管理,结余药品按月统计并作盘盈账务处理。信息科已配合临床药学部建立结余药品库,临床药学部已及时加强合并用药和各部门盈余药品的管理。

4. 个别接受捐赠资助与采购耗材挂钩

审计抽查发现医院接受的个别捐赠资助,与医院临床消耗材料的采购挂钩。例如,2014 年××公司赠送医院免疫分析仪一台,价值 100 万元,同时为设备配套使用的人类免疫缺陷病毒抗原及抗体联合测定试剂盒等试剂供货。而 2015 年×月第××号凭证显示支付化验材料款××万元,后附发票明细为该设备使用的试剂。

上述事项不符合《××市医疗卫生机构接受社会捐赠资助管理暂行办法》第三条"不得接受附有影响公平竞争条件的捐赠资助,不得将接受捐赠资助与采购商品(服务)挂钩"的规定。审计期间,医院已停止使用该设备。

(八) 内部控制设计及执行存在缺陷

1. 库存物资内部控制不健全,资产安全存在隐患

审计抽查发现,在物流中心的月库存物资收发存汇总表中,暂估入库数出现多笔负数,××中心药房、住院药房期初、期末库存也存在类似情况,财务也未按照物流中心提供的汇总表编制会计凭证。医院实物资产的账账、账表、账实不符,资产管理及信息系统应用管理存在较大问题,且长期以来未被发现。药房、物流中心和财务的业务监督、会计监督缺失,医院资产安全存在较大风险。

2. 内控信息化技术保障不到位

(1) 材料管理信息系统存在缺陷。

审计发现,系统生成的库存物资汇总表部分数据与实际不符。医院使用的××材料管理系统暂估入库核算模块输出的暂估入库信息仅能反映当月发生的暂估入库和补票冲回的暂估入库数,无法真实反映月末时间点的暂估入库数,导致物流中心库存物资每月入库发生数账实不符。医院财务根据物流中心月末报表库存物资的结存数倒轧每月暂估入账数,与物流中心账账不符。

同时,修改系统材料控制原价无审批控制。在材料发票单价与材料控制原价不一致的情况下,物流中心财务人员根据发票单价修改材料管理信息系统相应材料的控制原价,无材料控制原价修改审核控制。

(2)专用设备管理信息系统存在设计缺陷。

专用设备管理信息系统无法编制固定资产编码,设备管理中心采用××软件编制打印专用设备卡片,专用设备账卡无唯一关键信息对应,不利于资产核对管理。

3. 内部控制制度设计框架体系不清晰

审计发现,医院未设立各类费用支付、报销审批的明细权限表。未按照行政事业单位内控基本规范要求,梳理并完善符合医院管控要求的内部控制制度,并确立院一级的制度以及科室部门一级的制度,整个框架体系不清晰。

(九)对下属企业监管不到位,在企业列支医院费用

1. Z公司将合作项目转包无资质的第三方公司

Z公司共有4位员工,均为医院工作人员兼职,公司自2015年开始正常运营。2016年,公司主营业务收入大幅增长,增长原因为公司与F公司合作开展的临床实验项目及与L公司合作开展的实验项目收入364.1万元,占公司主营业务收入的80.18%。Z公司将上述合作项目委托M公司开展,未经招投标,共应支付M公司259.73万元,占公司主营业务成本的92.81%。

经查,M公司2014年4月18日成立,经营范围为设计、制作、代理、发布各类广告等。其经营范围仅会务服务与Z公司委托事项相关,但不具备临床试验资质。

2. 医院在下属企业列支人员成本等费用

2013 至 2016 年，医院在其全资子公司 A 公司共列支医院费用××××万元，其中，人员费××××万元，车辆费××万元，差旅费××万元，水电费×××万元，存在合规和税务等风险。

（十）责任认定

根据《××大学领导干部经济责任审计规定》，××同志应对其主管范围内的第（一）（三）（六）（八）（九）中的问题负主管责任，对第（二）（四）（五）（七）（十）中的问题负领导责任。

四、以往审计中发现问题的整改情况

学校审计处曾于 2011 年对前任院长进行过经济责任审计，此次审计对上次审计中发现问题的整改情况亦进行了检查，发现部分问题已得到整改，但仍有部分问题未整改。具体如下。

（一）财务收支方面存在的问题

1. 医院存在以支抵收的情况

已整改。审计抽查未发现当期医院学习班办班收入直接抵扣办班支出，学习班办班收支已按《医院会计制度》的规定计入其他收入、其他支出。

2. 存在收入挂往来的情况

审计期间已整改。当期，医院收到的住院医师外省市委托培训费××万元、GCP 项目经费××万元、医联体协作××万元仍挂账其他应付款。审计期间，医院已根据审计意见，上述挂账费用已确认为其他收入。

（二）资产管理方面存在的问题

1. 个人借款长期挂账未及时清理

已整改。截至 2016 年 12 月 31 日，尚存在 3 年以上个人借款长期挂账其他应收款 1.5 万元。审计期间已归还。

2. 固定资产存在账实差异

部分整改。本次审计仍存在上述"三、（七）2."的问题。

3. 应予以资本化的建设项目利息支出在日常公用经费中列支,使固定资产少计

已整改。当期建设项目无贷款。

（三）内控管理方面存在的问题

1. 医疗合作项目管理尚待加强,存在协作费收入未及时收取的情况

未整改。本次审计抽查的医疗合作项目仍存在收入未及时收取的情况。

2. 对停车场的合同履行情况缺乏必要的监管

未整改。当期医院仍存在停车场委托管理合同监管缺失的问题。

五、审计建议

（一）进一步规范重大经济事项决策程序

规范集体决策流程的执行,"三重一大"事项应严格执行医院的相关规定。

（二）进一步规范医院停车场委托管理事项

进一步规范停车场委托管理事项,立体停车库设备应及时入医院固定资产账。合理评估停车收入,科学制定管理费收取方案,确保国有资产的使用绩效。

（三）进一步规范对外投资项目的管理

进一步规范对外投资项目的管理,对外投资项目应严格履行审批程序,并做好可行性论证和投资风险评估。

（四）进一步规范医院改扩建项目的管理

进一步规范医院改扩建项目的立项管理,按照国家相关规定办理立项和报建手续;加强对工程项目招投标工作和合同订立的监督,确保招投标工作严格遵守国家的相关法规。

（五）进一步规范采购事项的管理

进一步加强设备采购管理,规范采购合同的订立;规范服务类项目的招投标,加强审核招标文件的项目需求,确保招投标工作的公开、公正、公平。

（六）进一步规范对外合作项目的管理

进一步规范对外合作项目的管理，加强对外合作项目的合同管理，及时催收合作费用。

（七）进一步规范资产管理

进一步加强资产管理，资产管理部门的实物台账应明细至每台设备，确保账实相符；进一步规范盘盈药品的内控管理，各药房月末应根据实际盘存数及时入库，确保药品明细账与实物一致。

（八）进一步加强内部控制建设

进一步加强内部控制建设，合理设计内部控制体系，明确各部门的职责权限，形成相互制约和相互监督的工作机制。推动信息化建设，提高资产信息的准确性。

（九）进一步加强对下属全资子公司的管理

进一步加强对下属单位的管理，监管下属单位的重大经营事项。

审　计　处

2017 年×月×日

第五节　年度综合报告

【简述】

经济责任审计年度综合报告是一个综合性的审计结果呈现文本，是对年度经济责任审计计划执行情况的总结。在目前高校的内部管理体制下，它的送呈对象分别为经济责任审计联席会议和学校党委常委会。即：当向经济责任审计联席会议报告时，报告人为审计处；当向党委常委会汇报时，报告人应为经济责任审计联席会议，落款可为经济责任审计联席会议办公室。

作为党管干部的重要手段，经济责任审计工作的运行体制是：学校党委统一领导、经济责任审计联席会议协调组织、组织部门委托、审计处具体实施。通常，学校的经济责任审计工作以年度审计计划的形式进行部署。尽管在单个审计项目结束时，审计处会将报告呈送学校主要领导和经济责任审计联席会议成员单位传阅，但是从计划管理、宏观管理的角度，对计划年度内的经济责任审计项目执行情况进行回顾，有着以下积极的意义：

首先是总结。对前一年度计划工作的执行情况进行总结，了解工作进展，对下一年度审计计划安排具有参考作用。

其次是归纳。对单个审计项目中的共性与典型性问题进行提炼归纳，反映干部履职过程中普遍存在的问题，为组织部门进行干部任职教育时提供案例帮助。

最后是引起思考。帮助学校领导以及有关部门跳出单个部门的视角，站在学校宏观治理的层面进行思考，思考是否因体制、机制的原因导致共性问题的存在，思考如何从根源上采取措施找到解决问题的办法。

基于上述意义，在撰写年度综合报告时，通常将综合报告分为四个板块：

1. 计划执行情况。可用列表或文字方式列示或报告计划项目进度，包括已完成、实施中、报告阶段、待启动等状态。

2. 审计中发现的主要问题。这部分为重点内容，需要以简练的文字将已完成项目中发现的问题进行归纳总结，可以根据问题的分布情况，从制度建设、"三重一大"决策制定和执行、内部控制、财务管理、国有资产管理、合同管理等重要方面进行分类阐述，并以附表的形式分析问题分布和出现频次。

3. 审计整改情况。发现问题是基础，解决问题才是根本，审计整改是校领导非常重视的工作，所以，在综合报告中需要将审计整改情况也进行简要汇报。

4. 工作措施。审计部门为提高工作质量而采取的一些创新工作措施。

在报告结尾,也可以就当前工作中遇到的难点和焦点问题进行分析并提出建议。

当然,也可不拘泥于上述架构,只须将上述内容体现即可。但无论如何,审计人员在撰写年度综合报告时,必须站在宏观的视角,用简练的文字进行提炼式陈述,切忌长篇大论、不知所云,部分必需的但较烦琐的内容,可以附表的形式表达。

本节选例以××大学某年度综合报告为基础进行编辑,读者在阅读本节内容时,可结合本章前四节内容中的审计报告选例,思考单个审计项目报告和综合报告的区别所在。

【选例8】《关于201×年度经济责任审计项目的综合报告》

关于201×年度经济责任审计项目的综合报告

(抬头):

201×年度,在学校党委的统一领导下,学校经济责任审计联席会议精心部署,各成员部门协作共力,审计处统筹安排资源,积极组织实施学校中层领导干部经济责任审计工作。现按照审计计划年度,将当年度经济责任审计项目的实施与完成情况汇报如下。

一、年度经济责任审计计划执行情况

本年度,学校共计实施经济责任审计项目21项,其中:进点审计11项,送达审计10项。各项目基本按计划逐项推进,全部项目预计在计划年度内执行完毕。

(一)重点审计项目

以进点方式实施的重点项目共11项,已完成6项,处于报告阶段3项,实施阶段2项。具体如下表:

序号	被审计对象	所在单位	职务	执行情况
1	×××	××处	处　长	已完成
2	×　×	××医院	院　长	已完成
3	×××	××学院	院　长	已完成
4	×　×	××学院	原院长	已完成
5	×　×	××学院	院　长	已完成
6	×××	××学院	院　长	已完成
7	×××	××学院	主　任	报告阶段
8	×　×	××学院	院　长	报告阶段
9	×××	××公司	总经理	报告阶段
10	×××	××学院	院　长	实施阶段
11	×　×	××学院	院　长	实施阶段

(二)常规审计项目

以送达审计方式实施的常规项目共10项,已完成5项,4项处于报告阶段,1项处于实施阶段。具体如下表:

序号	被审计对象	所在单位	职务	执行情况
1	×××	××学院	院　长	已完成
2	×　×	××研究所	所　长	已完成
3	×××	××科学系	主　任	已完成
4	×××	××系	主　任	已完成
5	×　×	××学系	主　任	已完成
6	×××	××学院	院　长	报告阶段
7	×××	××学院	院　长	报告阶段
8	×××	××学院	原院长	报告阶段
9	×××	××管委会	主　任	报告阶段
10	×　×	××工作部	部　长	实施阶段

上述所完成的 11 个项目,审计涉及金额 57.81 亿元,出具审计报告 11 份。审计中,共发现问题 171 个,涉及问题资金(不符合规定或程序、账务处理不当、损失浪费等)×××万元,提出相应审计建议 116 条。详见附表一。

二、审计中发现的主要问题

据统计分析,审计发现的问题主要集中在以下八方面。

(一)制度建设仍不健全

各被审计单位在"三重一大"决策、财务管理、资产管理、合同管理等方面存在制度缺失、条款不清或规定不明的情况。(25 个问题,占比 14.62%)

(二)"三重一大"决策制度执行不到位

部分单位的决策记录不完整或不规范,部分大额支出未经决策,部分办班事项未经集体决策,在审计中亦发现个别部门重大决策有误的情况。(15 个问题,占比 8.77%)

(三)内部管理不规范,内部控制仍较薄弱

非学历办班管理方面的问题比较突出,例如,个别院系未按照学校相关办班管理规定将办班事宜进行报备,对于长期合作单位缺乏必要的遴选程序,收费标准的确定缺乏必要的测算依据;个别学院联合办班的必要性和可行性论证不足,学费减免管理不规范,有关培训业务中的不相容岗位未分离;个别院系会务服务合作相对方主体资格不符合要求;个别会务服务单位与学院间的关联关系无法界定;个别学院以会务服务形式将干部培训项目进行外包等。

科研项目管理方面,存在将学校层面合作事项以横向科研项目立项管理,对横向科研项目结题管理不到位,对虚体科研机构管理薄弱,科研信息管理系统存在错误等情况。

支出管理方面,部分单位的支出审批手续不全,对授权分配使用经费未进行后续监管;实验室服务管理方面,个别学院业务流程中的不相容岗位未分离,未建立收入完整性的复核机制等。(46 个问题,占比 26.90%)

（四）国有资产管理仍较薄弱

各单位对实物资产的日常管理未做到定期或不定期盘点，资产信息变更未及时调整，存在实物盘亏现象；部分院系大型仪器设备使用效率较低，未按规定登记使用记录；个别单位对外投资事项未向上级报备；个别单位固定资产、无形资产入账不及时；个别单位对下属企业管理不严，在下属企业列支相关费用等。（31个问题，占比18.13%）

（五）采购与招投标工作存在不足

存在超过规定限额的采购事项未经公开招投标程序，个别采购事项开标评标不规范，个别采购事项超招标范围签订合同，评标专家组成不符合规定，招标后未及时签订合同以及采购资料不完整等现象。（8个问题，占比4.68%）

（六）预算及财务收支管理不强

部分单位预算编制依据不充分，科学性和合理性不足，部分单位存在入账原始凭证不合规、经费列支途径不合理、挤占项目经费等问题，个别单位现金管理不规范等。（20个问题，占比11.7%）

（七）合同管理不规范

部分单位未经学校授权，使用本单位印章对外签订合同，合同签订主体不规范；个别合同事项实际执行单位与合同签订单位不一致，个别合同要素不全，信息与投标文件不一致；部分单位未妥善保管合同及有关业务资料，合同台账登记信息不完整或错漏等。（21个问题，占比12.28%）

（八）其他方面的问题

个别单位尚存在改建工程未办理报建手续，对外合作事项管理中未及时催收合作管理费，且部分合作事项未及时签订协议；个别单位无偿使用其他单位车辆等。（5个问题，占比2.92%）

上述问题在各审计项目中均有所体现，经济体量大、业务复杂的单位问题发生较多，具体问题描述及分布情况可见附表二和附表三。

三、审计整改情况

针对上述已完成的 11 个审计项目,审计处均下发"整改通知书",要求各单位在规定时间内提交"审计整改工作方案"和"审计整改结果报告"。

目前,科技处、附属××医院、××事务学院、××学院和××科学系已完成自行整改工作,提交了"审计整改结果报告",在前期整改方案的基础上报告了整改措施落实情况。××学院、××学院和××系提交了"审计整改工作方案",对审计发现问题制定了整改措施和方案。其余单位因完成时间较短或假期原因尚未提交。

总体而言,各单位均切实担负起了审计整改工作的主体责任,认真对待,积极整改,针对所提出的问题采取了立即纠正、规范程序、加强教育、建章立制等多项措施。具体情况可见附表四。

四、推动经济责任审计工作向纵深发展的主要工作措施

(一)着力提升审计质量

本年度,审计处通过邀请招标方式选聘 4 家社会中介机构为我校经济责任审计等财务类审计助手单位,协助完成审计任务,缓解人力资源紧张的局面。并强化项目管理,以任务下达谈话、实施方案批复、进度情况汇报、定期现场督促、审计文本复核等方式把控关键环节;梳理工作流程与权限,明确各级主体在经济责任审计工作中的岗位职责、决策权限,固化实际操作方式,规范内部操作程序,防范审计风险,加强质量控制。

(二)积极推进审计整改

深入推进审计整改跟踪检查,本年度,对经济责任审计项目共计下发审计整改通知书 11 份,并按照时间节点要求督促被审计单位落实整改,提交整改工作方案和整改结果报告。同时,全面梳理、分类归纳教育部 2017 年度下发的《经济责任审计情况通报》中的问题,由学校办公室、审计处联合发文,要求相关部门对照自查自纠,借他山之石,推动有关部门正确履职,自觉纠正、防范或有风险。

（三）适时推动审计结果公开

依据《××大学审计结果公开办法（试行）》的规定，结合学校领导干部经济责任审计联席会议及校领导关于加强审计结果运用的要求，审计处对 2016 年度经济责任审计的结果进行了梳理与汇总，撰写《2016 年度经济责任审计结果公告》，整理《2016 年度经济责任审计项目发现主要问题情况一览表》，经学校常委会审议后，以电子文件、纸质材料形式，分别向学校领导班子、职能部处、二级院系、所属企业、附属医院等负责人进行分类公开。

（四）进一步完善审计制度建设

2017 年度拟订了《××大学经济责任审计结果运用办法（试行）》（新制定）和《××大学审计整改报告和跟踪检查实施办法》（新制定），进一步完善经济责任审计工作制度体系，以制度保证审计结果得到切实运用。

（五）继续加强宣传与培训

本年度，面向新任处级领导干部以案例宣讲的形式举办经济责任审计知识培训 1 场，编写案例读本，面向全校中层以上领导干部发放 300 余本。

（六）进一步加强审计信息化建设

为提高审计效率，加强项目质量控制，本年度继续开发××大学内部审计系统，增加经济责任审计模块，已进行了初步试运行，待调试优化后正式上线使用。

五、工作中的困难与建议

综上所述，201×年度的经济责任审计工作总体在有计划有步骤地进行中，但尚存在部分不足与困难，建议学校进行讨论研究，并从以下三方面着手。

（一）分类管理，缓解审计资源矛盾

本年度，审计任务日益繁重与人力资源有限之间的矛盾依旧存在，审计处人员长期不足，虽已选聘助手单位，但仍不能有效地解决该矛

盾。建议学校继续贯彻项目分类管理思想，以重点审计项目关注学校重要风险领域，以常规审计项目实现审计覆盖要求。

（二）加强队伍建设，提升审计专业化水平

随着国家监管形势加强，学校事业快速发展，审计质量要求逐渐加强，审计信息化技术应用快速推广，审计方法的变革势在必行，而审计人员能力提升尚不足。建议学校进一步加强审计队伍专业化建设。从学校层面给予审计队伍建设更多支持，顺应新时代审计干部的素质要求，加强审计人员职业化培训，提升审计能力。

（三）重视事前控制，落实审计结果运用

审计中发现同类共性问题在学校内长期存在，审计结果的警示性、示范性整改作用尚在发展中，审计结果运用与审计结果公开的力度尚须加强。继201×年度审计结果公开事项之后，应及时把握结果公开的效应，重视对领导干部任期中的宣传培训，进一步推进审计整改工作的落实，并在干部管理、人事考核等方面进一步加强结果运用，将审计成效落到实处。

附表：（均略）

一、201×年度经济责任审计已完成项目基本情况一览表

二、201×年度经济责任审计项目发现主要问题一览表

三、201×年度经济责任审计项目发现问题分布表

四、201×年度经济责任审计已完成项目整改跟踪情况表

审　计　处

2017 年×月×日

第二章

建设工程管理审计

【概述】

《审计署关于内部审计工作的规定》第三章第十二条明确要求,内部审计部门"应当按照国家有关规定和本单位的要求",履行"对本单位及所属单位固定资产投资项目进行审计"的职责。这里的固定资产投资项目审计,即是本章所阐述的建设工程管理审计,以下简称为"工程审计"。

工程审计在我国有着悠久的历史。唐代法典《唐六典》卷六记载,当时的审计机构比部对"营造佣市……勾覆之",即官府营建工程、制造器物及其所雇佣的劳力和购买的物资,都要接受比部的审计监督。国内高校的工程审计始于 20 世纪 90 年代,但当时的审计工作重心集中体现为对建设工程造价的审核,也就是我们现在称为"审价"的单一业态;自 2005 年始,有少数高校将建设工程审计的视野由关注工程造价的同时向工程管理延伸,但是这个阶段的总体业态仍显现为以关注工程造价为主;2010 年以后,更多的高校体悟到工程审计的本质,开始关注工程造价背后的工程管理行为,其时则已显现为以审价为重心和审价与审计并重的两种业态。

2016 年 12 月,《教育部关于加强直属高校建设工程管理审计的意见》明确提出"建设工程管理审计"的概念,指明了高校工程审计的发展方向以及组织实施的工作重点,明确要求"更加注重绩效,突出审计重点,抓住关键环节,创新审计机制,实现促进完善内部控制、促进落实管理责任、促进提高资源绩效的目的"。就此,工程审计的正确理念得以确立,审计定位和审计职能得以回归。目前,各高校内部审计部门均已将工程审计的工作重心,由单纯关注工程造价转为工程造价和工程管理并重。

2017年4月,教育部修订印发的《教育部直属高校基本建设管理办法》(教发〔2017〕7号),其中的第五十三条明确:"直属高校应当根据相关规定加强对建设项目的内部审计工作,建立健全建设项目内部审计制度,规范内部审计工作程序,项目未经审计不得结算。"

随着审计政策法规的明确和审计理念、定位、职能的明朗,工程审计的实施要求和实施范畴也变得清晰起来。从实施要求来看,上级强调实行"审计全覆盖";就实施范畴而言,上级要求"对建设工程业务活动及其内部控制的适当性、有效性进行确认和评价活动",以发挥审计"合理控制建设投资、完善建设工程管理、促进廉政建设"的重要作用。因此,审计全覆盖既是指从横向切面上的不同资金来源和不同类别的新建、改扩建及修缮等各类项目,也是指单个建设项目纵向环节的从投资立项至竣工财务决算的全部过程。同时,全覆盖也应当按照教育部"结合实际情况,充分考虑审计资源状况,科学规划,统筹安排"的要求,予以"有重点、有步骤、有深度、有成效"地推进。

在实际运行中,工程审计的覆盖面和关注点并非是一成不变的。首先,它应当遵循适用性原则,根据有关规定和各高校的实际情况进行合理设定;其次,它也应当随着外部管理要求的变化,根据学校内部控制水平的改善与优化,及时作出科学调整。更为重要的是,应当高度重现审计结果的运用。即当内审部门出具审计结果性文书后,工程管理部门在对被审计项目进行整改的同时,更应当举一反三地全面排查其他项目中的同类问题,纠正自身的内部控制缺陷,以防范工程建设风险,提高整体的工程管理能力。

当下,工程审计普遍运用的两种业务模式,是全过程跟踪审计和竣工结算审计;其审计方法的运用为三种,即事前审计、事中审计和事后审计。

全过程跟踪审计一般运用于大型建设项目,以监督与服务并举的系列措施,灵活交替地运用事前、事中和事后审计三种方法付诸实施;竣工结算审计则是选择一个固定阶段,对建设项目所开展的一种全面的监督与服务活动,被审计对象是未被列为全过程跟踪审计的建设项目,通常采用事中审计或事后审计方法付诸实施。

无论采用何种审计业务模式,内部审计作用于工程管理的监督与服务始终相辅相成、相伴而行。其监督与服务体现在完成规范的审计实施程序后,审计部门所出具的书面意见,即工程审计的结果性文书。

撰写工程审计结果性文书,除了应把握总论中的基本要求外,还应当结合不同业务模式和审计方法的内涵与特征,既不扰乱工程管理部门按内在规律实施建设工程管理,也始终契合内部审计"确认与咨询"职能的相应属性,真正实现"促进完善内部控制、促进落实管理责任、促进提高资源绩效"的内部审计工作目标。

本章对应上述两种业务模式,结合对工程审计未来发展方向的思考,以××大学审计实践为基础素材,有针对性地选编了17个选例,通过"全过程跟踪审计文书""竣工结算审计文书""竣工财务决算审计报告"和"年度综合审计报告"四个节次,力求作系统、完整的阐述。鉴于全过程跟踪审计业务的多样性和丰富性,第一节全过程跟踪审计为本章的重点,我们将着重阐述与展示选例。

第一节　全过程跟踪审计

【简述】

高校的建设项目全过程跟踪审计,是指内审部门组建跟踪审计项目组(下称审计组,含社会中介机构人员),运用审计方法和专业技术,依据国家的法律法规、行业规范和学校规章制度,对建设项目各主要业务阶段管理的真实、合法及效益等情况,独立进行的持续监督、适时评价和及时反馈的活动。通俗地说,这是一种实时、动态地跟随建设资金和其他资源的流向,对工程管理行为实施监督的审计模式。

实施全过程跟踪审计,旨在以确认和咨询同步、监督与服务并行的诸项措施,及时预防、揭示和抵御建设过程中可能产生的重要缺陷和风险隐患,解决事后审计查出问题却已既成事实的难题,实现审计与整改同步的内部审计工作目标。就本质而言,建设工程项目的全过程跟踪审计是财务收支审计、经济责任审计、效益审计的综合运用,因此,它的实施也应当同时具备这三类审计业务的思路和特征。

全过程跟踪审计中的"全过程",是针对工程建设过程而言的,大致可划分为开工前期、施工过程和竣工后期三个阶段;所谓的"跟踪审计",则是指贯穿始终的持续性和覆盖首尾的全面性。就理论上而言,当然是审计介入时间越早越佳,关注内容越多越好。但在实际操作过程中,若欲对所有的建设项目或对建设项目的所有阶段都实施高成本的跟踪审计,既不切实际,也无法实现。

目前,各高校在实际运行中,综合工程项目特征、学校财力和审计资源等情况,均已形成了适合于自身的全过程跟踪审计操作运行规范。编者认为,根据教育部"结合实际情况,充分考虑审计资源状况,科学规划,统筹安排,有重点、有步骤、有深度、有成效"的要求,只要是在建设工程进行中持续监督或多次介入,并在建设工程结束时对已经发生并记录的主要经济活动内容实施完整覆盖审计,就可称之为"全过程跟踪审计"。但是,有关全过程跟踪审计项目的纳入界线及操作规范,应当以学校制度的形式予以明确;有关项目立项和介入时点,应当结合实际需要由学校年度审计计划予以确认;有关重点内容和关注事项,应当由内审部门组织制定的"审计工作方案"和"审计实施方案"确定。

全过程跟踪审计对内部审计本身提出了更高的要求,除了要求审计人员具有精湛的专业技术和较宽泛的管理知识外,还应当能够掌握且熟练运用政策法规、掌握最新的方法技术和具备良好的协调与沟通能力，以有助于及时发现问题、纠正风险隐患，提出有价值的意见与建议。同时，鉴于跟踪审计的时间长、环节多、审计关系多维，如何避免审计定位偏离，如何防范审计风险，也成为全过程跟踪审计管理中首当其冲的课题。

编者认为，审计部门遵循内部审计"不缺位、不越位、不错位"的工作原则，按照学校制度、年度审计计划和审计工作方案、审计实施方案，兼顾针对性、时效性和可操作性等工作原则，在工程项目的不同阶段或关键环节，以不同形式的审计结果性文书，记录与反映审计实施结果，既是全过程跟踪审计中一项重要工作任务，更是有效防范审计风险和避免定位偏离的具体措施。

根据全过程跟踪审计的实施内涵，结合建设工程本身的运行规律，××高校审计结果性文书的表现形式，既有单项业务审计意见书，也有单项阶段性审计报告，最后则是单项综合审计报告。它们被适时地运用于整个跟踪审计过程，其间关系如下图所示：

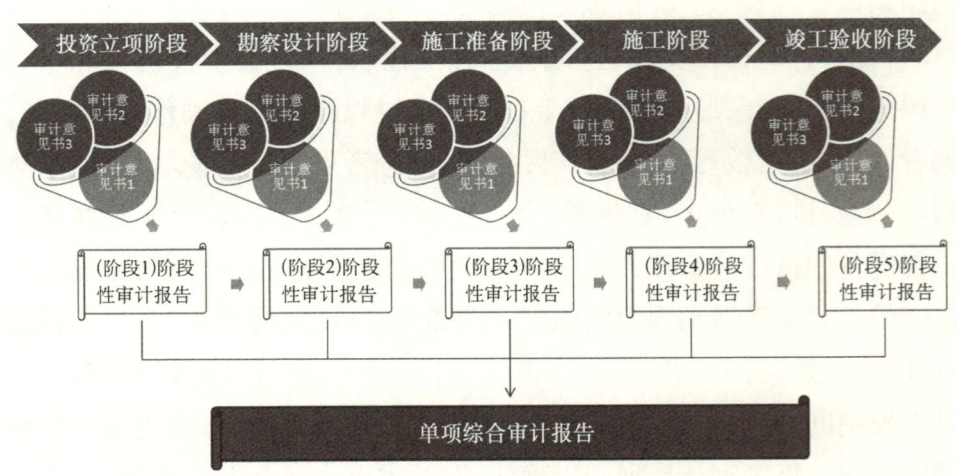

本节共展示选例 11 个。其中，单项业务审计意见书 7 份，单项阶段性审计报告 2 份，单项综合审计报告 2 份。

一、单项业务审计意见书

在全过程跟踪审计过程中,针对工程管理部门按要求送审的各类具体业务事项以及现场持续监督中的审计发现,审计部门所出具的审计意见和建议,统一归类为"单项业务审计意见书"。

这种在跟踪审计过程中对具体业务事项实施的审计,归属为事前审计或事中审计的范畴,其意义在于为此项业务事项的最终决策,提供内部审计独立客观站位的咨询意见。因此,单项业务审计意见书的出具时点,一般是在工程管理部门已完成对某一具体业务事项的初步决策程序,但该决策尚未执行或尚未上报学校审议之际。也就是说,内部审计部门以出具审计意见书的形式,去积极履行监督与服务的职能,更好地发挥出预防、揭示、抵御的作用。这属于典型的事中审计。

单项业务审计意见书的出具大致基于两类情况:一是对工程管理部门根据审计部门事先明确要求应送审业务事项所出具的审计意见;二是审计组结合相关项目管理资料、参加工程例会见闻以及现场踏勘等发现,根据专业判断所主动出具的审计意见。

鉴于单项业务的发生频繁性、专业技术性特别是时效性要求,通常情况下,审计部门可授权审计组,在经过规定的内部审批程序后,以审计组的名义出具单项业务审计意见书,其文书编号应归随相应的审计项目。

单项业务审计意见书的内容相对单一却也应独立成篇,它是打造整根跟踪审计链条的一个个零部件,是检查后续环节审计整改情况的依据,也是"单项阶段性审计报告""单项综合审计报告"的基础素材。因此,其重要性不言而喻。

鉴于单项业务审计意见书归属为审计结果性文书的一种,其撰写要义和要求应当围绕送审的单项业务事项,着力于从专业技术层面上发表针对性强的"发现、揭示和建议",同时秉承"把工程审计做成真正的审计"的思路,既直奔主题、言简意赅,又不失审计文书的基本内容要素。以下展示的 7 个选例,涉及施工招标文件、施工招标工程量清单及最高投标限价、施工总承包合同、标后施工图预算、材料设备报价审批、增加设计费和暂估项目采购等不同业务类别事项。

【选例 9】《关于××工程项目木门窗修缮工程施工招标文件的审计意见书》

(一) 选例评析

1. 选例介绍

本选例来源于某高校 2014 年启动的一个全过程跟踪审计项目。该建设项目总投资约 6 100 万元,其中,建安工程费约 5 211 万元,工程其他建设费约 589 万元,预备费约 300 万元;总建筑面积约 5 000 m²。该建设项目的重要特征之一,是要求保持原建筑风貌,进行修旧如旧的重塑修缮。结合该建设项目的特点,审计部门在审计进点会上送达的审计工作要求中,明确将招标文件列入跟踪审计的重点内容,即在招标文件发布前应当及时送审。该项业务为工程管理部门就施工总承包范围内外立面木门整修和外立面木窗替换的工作内容,在发布招标公告前,按审计工作要求送审的业务。

2. 审计成效与选例亮点

审计人员发现了招标文书存在的一系列规范性问题,主要集中在三个方面:

(1) 属于施工总承包分部分项范围内的工作内容再次进行分包招标。

(2) 分包最高投标限价超过总承包投标报价中的相关分部分项工程量清单报价。

(3) 招标文件存在缺陷。

由于上述问题的形成具有一定的复杂性和特殊性,在审计过程中,审计组并不是简单地提问题、提要求，而是根据项目具体情况通盘考虑项目全局，既指出了招标程序存在的合法性、规范性问题，又通过对招标文件中存在的具体问题予以仔细剖析，提示风险并提出相关建议。

工程管理单位接受了审计建议，积极采取了措施——对招标程序加以完善，对最高投标限价、招标文件等进行了合理的调整，使得招标工作得以顺利地实施，保证了后续工程项目的顺利完成。

（二）选例文书

关于××工程项目木门窗修缮工程施工招标文件的审计意见书

工程管理部门并转项目组：

2016 年×月×日至×月×日，我组依据国家、行业、××市有关法律、法规和学校有关要求与规定，对你部门送审的××改扩建项目木门窗修缮工程施工招标文件进行了检查。

根据提交的送审资料，你部门拟委托招标代理单位对本项目施工总承包范围内工程量清单中的外立面木门整修（仿古洋松木门）、外立面木窗替换（仿古洋松木窗）两项子目进行校内公开招标。最高投标限价设置为 70.35 万元。

现提出审计意见与建议如下。

一、招标决策过程不符合学校制度规定

本项招标是将总承包范围内的施工内容另行发包，而在送审资料中，未见对这两项子目另行分包必要性的说明，也未见经集体决策的记录。根据规定，此事项当属部门"三重一大"的范畴。

审计建议：建设过程中的重要事项决策与执行，应当遵守正在推进的内部控制建设要求，确保决策过程的合规并留痕。

二、招标行为涉嫌"违法分包"

根据《住房城乡建设部关于印发〈建筑工程施工转包违法分包等违

法行为认定查处管理办法（试行）〉的通知》（建市〔2014〕118 号）第五条，以下行为属于建筑工程施工转包违法分包等违法行为："……（六）建设单位将施工合同范围内的单位工程或分部分项工程又另行发包的；（七）建设单位违反施工合同约定，通过各种形式要求承包单位选择其指定分包单位的。"审计认为，此招标文件涉及的施工内容，属于施工总承包分部分项范围内的工作内容，似不应再进行分包招标。

审计建议：若确实存在总承包方提出无能力履行该木门窗修缮工程或我方认为总承包方无法胜任该木门窗修缮工程的情况，请在与总承包方达成一致意见后，履行必要的决策程序。

三、最高投标限价已超总承包投标价

审计发现，总承包投标的该两项子目分部分项工程量清单报价为51.19 万元，而送审资料显示的分项工程最高投标限价为 70.35 万元，超过前者 19.16 万元，且未见 70.35 万元最高投标限价的明细组成。

审计建议：若此项招标必须进行，你部门应完成必要的决策程序，提供最高投标限价和招标需求的明细组成，便于科学判断最高投标限价的合理性。同时，超过概算如确不可避免，则应当在动态的建设项目投资分析基础上，合理调整投资分配，消化该部分超支，避免导致建设项目整体超概。

四、有关具体条款的问题

（一）"第一章　招标公告"相关内容有误或须补充

1. "招标公告中本标段最高投标限价：70.35 万元人民币"，与"招标控制价文件"的 76.06 万元金额不一致。

审计建议：请核实情况后进行调整。

2. 文件对资质要求的描述为"建筑装饰装修专业资质二级及以上"。

审计建议：若木门窗整修或更换亦须"做旧如旧"，宜补充增加文物保护施工资质要求。

（二）"第三章　总则"中招标服务费计取似有重复

文件中对招标服务费的说明是："按《招标代理服务收费管理暂行

办法〔2005〕056 号》……"此处的招标服务费与总承包的招标服务费有否重复？或者应由总承包单位承担？

审计建议：进行核实并按规定处理。

（三）"第十章　施工合同"条款存在诸多缺陷

1. 招标文件中提供的拟签订的合同条款，未采用标准的施工合同示范文本，且诸多问题未予以明确约定。

审计建议：按标准施工合同示范文本完善。

2. 组成合同的文件及解释排序不合理。审计发现，文件中对组成合同的文件及解释顺序为："1. 木门窗修缮分包工程合同；2. 招标文件；3. 乙方投标文件；4. 工程施工总承包合同补充协议；5. 工程施工总承包合同；6. 国家及××市有关政策和法规……"

审计建议：按标准施工示范文本结合项目情况完善组成合同的文件，并对解释顺序进行合理的排序。

3. 预付款支付比例与总承包的不一致。文件中对工程进度款根据进度支付的约定是："备料款：合同总价的 20%……"

审计建议：应与总承包预付款的比例保持一致。

4. 未对其新增单价的组价原则进行明确约定。第十章施工合同第一部分合同协议书第七条第 3）款 D 中对"合同中没有适用或类似于变更项目的单价"，约定为按双方协商解决。

审计建议：补充以上内容，予以明确约定。

（四）关于总分包工作界面划分不明确

文件中对总分包界面划分不明确，审计未见总分包之间管理、协调、配合等要求。

审计建议：在招标文件中明示施工条件、总包单位配合的内容、总包单位的管理要求、总分包之间的工作界面、投标人应承担的费用等，避免因合同争议对建设项目产生负面影响。

五、其他问题

招标文件中存在部分未填写的日期，建议按照招标计划补充完整；

已填写的日期请复核,确保符合现行相关规定并能满足实际需求。

对于本次招标文件的审计意见及建议,是审计组立足项目管理之外独立的客观评价,供你部门结合项目实际情况参考(不限于上述)。

请在收到审计意见书后的 10 个工作日内,将回复意见送达审计处,谢谢配合。

××跟踪审计项目组

2016 年×月×日

【选例 10】《关于××工程项目施工招标工程量清单及最高投标限价文件的审计意见书》

(一)选例评析

1. 选例介绍

本选例与选例 9 为同一全过程跟踪审计项目。根据学校制度的要求,招标文件毋庸置疑地被列为实施跟踪审计的重点业务事项,作为招标文件的重要(必要)组成部分,施工招标工程量清单和最高投标限价也在重点关注之列。在本选例的跟踪审计实施中,审计组结合本建设项目的特点,将施工招标工程量清单、最高投标限价(招标控制价)文件,作为单独事项进行检查与评价。对于该事项,审计组着重关注以下几方面事项:招标工程量清单是否符合国家标准,是否执行建设地的有关规定,工作内容和特征描述能否满足报价需求,工作量是否基本准确;最高投标限价是否合规,编制是否与投标报价要求一致;工程量清单与最高投标限价是否经过必要的审核复核程序等。

2. 审计成效和选例亮点

本选例是跟踪审计高效用、高效率的体现。首先,审计人员为更精准地作出审计评价,主动将招标文件的重点内容以分项的形式进行审计,分别发表了审计意见。其次,审计人员使用计量、计价、文本检查三线并进的方法,同时比对招标文件所附的拟定合同条款,结合自身经验,对有关施工招标工程量清单、最高投标限价方面的高频问题进行了着力筛查,在发现、揭示问题的同时提出了相应的审计建议。其中,发现最高投标限价超概、子目计价存在误差、工程量清单编制有误和送审资料不合规等各类问题 13 个,提出审计建议 6 条。

工程管理部门根据审计意见和建议,对工程量清单、投标最高限价以及相关合同条款进行了仔细核对和修改完善,确保了项目各相关文件的一致性和招标文件的完整、准确,最大限度地避免项目实施或结算过程中,因工程量清单项目特征描述不清晰、不完整而可能引发的争议,从而促进建设目标的顺利实现。

(二) 选例文书

关于××工程项目施工招标工程量清单及
最高投标限价文件的审计意见书

工程管理部门并转项目组:

2016 年×月×日至×月×日,我组依据国家、行业、××市有关法律、法规和学校有关要求与规定,对你部门送审的本项目施工招标工程量清单及最高投标限价文件进行了检查。

所提交的送审资料显示,招标工程量清单和最高投标限价文件由你部门委托××造价咨询有限公司编制。最高投标限价为人民币 5 410.01 万元,其中,暂定专业工程、暂定价材料设备累计 1 660.00 万元。

现提出审计意见与建议如下。

一、最高投标限价超过概算

审计发现,市建交委批复的设计概算中的建筑安装工程费 5 232.62 万元,但送审资料中显示的建安工程最高投标限价为 5 410.01 万元,超过设计概算 177.39 万元,超概率 3.39%。

审计建议:调低或审慎考量最高投标限价。若经评估确须超过,且项目投资预计超过批复概算 10% 以上,应报原批复单位同意调整概算后方可实施。

二、最高投标限价文件中部分子目计价存在误差

(一)部分子目消耗量有误

例如,屋面彩钢压型板、双头搅拌桩、……(略)

(二)部分要素价格向上偏离市场价格

例如,轻集料混凝土、用于外立面的装饰石材、……(略)

(三)其他

例如,单价措施项目清单与计价表中垂直运输无综合单价;A 堂与 B 堂的单价措施项目清单与计价表中外脚手(12 m 以内)项目特征与工作内容相同,但综合单价不同;……(略)

审计建议:在检查上述问题的基础上,进一步查找缺陷,全面复核最高投标限价文件。

三、招标工程量清单编制有误

(一)部分子目的项目特征和工作内容描述存在缺陷

1. 部分子目项目特征和工作内容描述有误

例如,土建工程中,双头搅拌桩的直径图纸为 700,清单项目特征中为 850,两者不一致;安装工程中,材料及工程设备暂估价表中潜水泵 Q=40 m/h,H=15 m,N=4 kW,根据图纸应为成品污水提升器。

2. 部分子目项目特征和工作内容描述缺失

例如,土建工程中,根据施工工艺,所有搅拌桩施工完成后会产生浮浆土,清单在搅拌桩的项目特征及工程内容中缺少对浮浆土处理的描述;安装工程中,给排水管道特征描述缺少"套管形式、材质、规格"等内容,工作内容中缺少"套管(包括防水套管制作、安装)"等内容。

3. 部分子目项目特征和工作内容描述有误或不完整

例如,土建工程中,型材屋面项目特征为彩钢压型屋面,与图纸压型钢板不符,且描述过于简单,未按图纸内容完整地进行描述;对格构立柱的描述为 460×460,但图纸中的 10-003 围护平面图中为 460,与图纸 10-005 中内插 470×470 格构柱矛盾;安装工程中,灯具安装项目特征描述不完整,无安装方式的相关内容;等等。

审计建议:根据项目实际情况予以补充或调整。

(二)工程量清单存在漏项现象

1. 土建工程中,送审工程量清单中缺少"南堂外立面白铁雨水管"的子目。

2. 安装工程中,送审工程量清单中缺少电力电缆的子目(WDZAN-YJY-4×150+PE70)。

审计建议:对以上内容予以补充完善。

(三)部分子目在竣工图纸中未见或描述不清,拆除项目特征缺少对保护性措施的描述

1. 部分子目在提交的竣工图中找不到,如防火门、碳纤维加固裂缝、止水钢板等。

2. 保护性拆除或修旧如旧的部位在竣工图中描述不甚清楚。

审计建议:确认图纸描述不清或缺失项目的列项和特征描述。

四、送审资料不合规

(一)文件要素缺失

例如,工程量清单及最高投标限价文件缺少编制单位及执业人员盖章、签字,不符合工程量清单计价规范的要求。

(二)最高投标限价文件不完整

缺少分部分项综合单价分析表、工料机表等明细内容。

(三)设计文件版本不一致,且合同约定的设计单位未盖出图章

根据本项目工程量清单总说明 2.1 条第(6)款约定,报价依据包括"建设工程设计文件(××建筑设计研究院出具的工程施工图)及有关资料"。审计发现,编制最高投标限价的依据为初步设计图纸,与拟用于招标的施工图版本不一致,且招标施工图未见合同约定的设计单位盖出图章。

审计建议：加强对相关服务单位的监管，对相关文件进行复核，确保各文件完整且均经有效签字或盖章生效，并确保相关各方使用版本一致的设计文件。

本审计意见书是审计组立足建设项目管理之外的独立、客观评价，供你部门结合实际情况参考使用（不限于上述）。

请在收到审计意见书后的 10 个工作日内，将回复意见送达审计处，谢谢配合。

××跟踪审计项目组

2016 年×月×日

【选例 11】《关于××工程项目施工总承包合同的审计意见书》

（一）选例评析

1. 选例介绍

为保持连贯性，仍选择上述全过程跟踪审计项目，展示跟踪审计对施工总承包合同的审计结果。审计组在审计施工总承包招标文件时，已对所附的拟签订合同条款发表过相关意见。

在该建设项目实施招标程序，且施工总承包中标公示完成后，工程管理部门在正式签订施工总承包合同前，根据审计工作要求，将已拟就并通过初步决策程序的施工合同送审。

2. 审计成效与选例亮点

审计组着重关注合同内容与招标文件内容是否有实质性的改变，检查了合同中的工期、质量、安全、造价、付款、质保、奖罚等主要条款是否存在产生争议的因素，从而引发潜在的索赔等问题，共指出涉及合规性、合理性、有效性等多个方面的诸多问题，并提出 9 条建议。同时，审计组也揭示了工程管理部门对施工合同重要性认识不足、合同签署的管理流程存在缺陷等问题,敦促工程管理部门进一步加强合同事项管理。

审计意见得到工程管理部门的高度重视。根据审计提出的意见和建议,工程管理部门及时对待拟定合同进行了修改和完善,补充了合同双方对风险承担的范围,并在合同文本中落实投标承诺,避免了原文本存在的合规性风险和结算风险。

(二) 选例文书

关于××工程项目施工总承包合同的审计意见书

工程管理部门并转项目组:

2016年×月×日至×月×日,我组依据国家、行业、××市有关法律、法规和学校有关要求与规定,对你部门送审的××扩建项目(下称本项目)施工总承包合同文件进行了检查。

所提交的送审资料显示,学校委托××招标代理单位通过公开招标选择施工总承包单位。现中标公示已结束,根据中标通知书,拟与中标人××建设公司订立施工总承包合同,合同金额××××万元。

现提出审计意见如下。

一、合同文本多处错漏,内部控制显现失效

审计发现,送审合同多处错漏,重要条款缺失或约定不明,且存在一系列合规性问题(具体见下文)。同时,未见送审施工合同文本在部门内部流转审核的记录,也未见施工监理、投资监理、项目管理单位对该合同文本提出修改意见,内部控制显现失效。

审计建议:对照现行制度规定和内部控制要求,梳理本建设项目管理流程,并对管理团队进行责任追究。同时,筛查过去已订立的合同是否存在重大缺陷,有针对性地制定或存风险的解决预案并立即执行。

二、合同中的多处约定与招投标文件存在重大差异

与招标文件有实质性背离的重大差异,主要体现在工期、预付款、综合单价调整等几个方面,例如:

1. 招标文件中要求响应的工期为 265 天;拟定合同约定的工期为 280 天。

2. 招标文件中明确的预付款金额为合同金额的 15%;拟定合同约定的预付款金额为合同金额的 20%。

3. 招标文件中载明采用固定单价合同,招标工作量的变化不影响投标报价;拟定合同中约定,招标工程量清单中工程量变动超过 10% 需要重新协商该项工作的综合单价。

审计建议: 在修正上述合同约定的同时,进行全面筛查,进一步加强内部监管措施。

三、合同文件未体现投标承诺

审计注意到,中标人在其投标文件中曾明确承诺确保获得"市级文明工地""优质结构"。但此合同文本中,关于文明施工和工程质量的相关条款中约定仅为"符合文明施工要求""一次性验收合格",投标承诺未在合同中全面体现。

审计建议: 按投标承诺修改相应约定,并补充完善违约责任。

四、对确认存在问题的重要条款未作完善或修改

在对招标文件业务事项实施审计时,审计组曾对本建设项目的招标文件中拟定合同的部分条款提出 28 条意见和建议,据你部门的反馈,完全接受并同意修改的 22 条。但审计发现,有关总包管理责任、中间进度考核、工程变更流程、进度款的 7 条审计意见,在此送审合同文本仍未见修正与完善。

审计建议: 结合招标文件的审计意见书进行纠正。

五、合同文件条款存在诸多错误

(一)工程质量的约定在合同协议书与合同专用条款中表述不一致

《协议书》中"三、质量标准"条款为"一次性验收合格";《合同专用

条款》"15. 工程质量"中的表述为"结构验收达到优良等级"。这两种表述的质量等级和范围均有不同,根据合同文件的解释顺序,本工程的质量标准是"一次性验收合格"。

审计建议:根据招标要求和投标承诺修改相关内容。

(二)重要信息空白或不完整

1.《协议书》中"二、合同工期"条款"计划开工日期"和"计划竣工日期"均为空白。

2.《协议书》中"五、项目经理"条款"承包人项目经理"空白。

3. ……(略)

审计建议:完整表述相关信息,不得留白。

(三)合同条款的表述存在错误

1.《合同专用条款》"23. 合同价款及调整"中"23.3.3(6)"中"5)土建工程(含园林建筑工程、装饰工程)技工取混凝土工值"的描述有误。"混凝土工值"应为"混凝土工中位值"。

2.《合同专用条款》5.3　工程监理单位委派的工程师"姓名:程永昌,职务:总监理工程师【注册号】"。与该项目施工监理合同约定的总监理工程师不一致。

3. ……(略)

审计建议:全面检查合同文本,避免错漏。

六、合同价款调整的风险承担范围约定不明确

1.《专用条款》第23条"合同价款与调整"第23.2.1款:"本合同价款中的分部分项工程量清单数量暂定、单价闭口包干(本合同专用条款23.4.5除外)。"

审计建议:增加"无论工程量变化幅度多大,单价均不作调整"的相关约定。

2.《专用条款》第23.3.3款中"人工(施工措施费的人工除外)变动幅度超过±3%(不含±3%)部分"。

审计建议:改为"整体措施费的人工除外"。

对于本次合同文件的审计意见,是审计组立足项目管理之外独立的客观评价,供你部门结合项目实际情况参考(不限于上述)。

请在收到审计意见书后的 10 个工作日内,将回复意见送达审计处,谢谢配合。

××跟踪审计项目组

2016 年×月×日

【选例 12】《关于××工程项目标后施工图预算的审计意见书》

(一)选例评析

1. 选例介绍

本选例的跟踪审计对象为 2014 年获国家发改委批复、2015 年 12 月初开工的××建设项目。项目总建筑面积约 1.4 万 m²,概算总投资 9 014 万元,其中,建安工程费 7 800 万元,工程建设其他费用 714 万元,基本预备费 500 万元。由于部分建设资金来源于国家发改委的专项资金,故须严格控制投资,确保不超过批复的概算。因此,结合本建设项目情况,跟踪审计实施方案中确定除对施工图设计优化工作作重点关注外,也将标后施工图预算纳入重点检查的范围。审计进点会上对此作了特别强调,并在下发的审计工作要求中,明确了标后施工图预算送审的流程、时间节点。

2. 审计成效与选例亮点

标后施工图预算是根据施工图和中标承包商的商务报价编制的造价文件,对业已确定建安投资控制目标,判断超过批复概算中建安投资的风险具有重要价值。审计组从落实项目概算目标的维度,对项目建安投资进行了全面的检查,从工程量的准确性、施工内容与概算的符合性、预算文件的完整性入手,并恰当关注投资分配的合理性以及市场价格波动的影响程度,提出了有价值的意见和建议。

经与工程管理部门及相关单位充分交流,达成诸多共识,促进了项目总投资的动态调整控制,也为后续的变更管理、功能需求取舍的决策等提供了造价数据基础。同时,对于审计所揭示的未决策或未意识到的对投资控制有重大影响的相关事项,引起了工程管理部门的高度重视,促使他们对承包商、投资监理单位、项目管理单位加强了监管,为概算的严格执行奠定了坚实的基础。

(二) 选例文书

关于××工程项目标后施工图预算的审计意见书

工程管理部门并转项目组:

2016 年×月×日至×月×日,我组依据国家、行业和××市有关法律、法规以及学校的有关要求与规定,对你部门送审的标后施工图预算进行了检查。

提交的送审资料显示,标后施工图预算为 7 028.30 万元,但未按我处"跟踪审计工作要求"及时送审(要求是开工后 2 个月内),且投资监理单位与承包商尚未达成一致。

现提出审计意见与建议如下。

一、预算文件与施工图纸不一致

1. 部分预算内容在已送达的施工图纸中未体现

例如,电气部分中的双电源电力配电箱(APT-WL);暖通部分中的消声风机箱;专家楼电气部分中的水泵房配电柜(APT-SHB)、吸顶灯(22W);水泵房电气部分中的电力电缆 WDZAN - YJY - 4×35＋E16⋯⋯(略)。

2. 部分预算内容工程量与施工图纸有差异

例如,成型钢筋;双头灯、防水卷材⋯⋯(略)

审计建议: 全面比对预算文件所依据的施工图纸,再作复核后调整

（即不仅限于上述提及的内容），其中，应当重点关注电力电缆 WDZA-YJY-10KV-3×70（一般属于供电部门施工范围），请核实与供电部门的施工界面，避免不应当发生的支出。

二、预算中未妥善考虑暂定价及暂估金额的价格调整

标后施工图预算中，未对招投标时暂列的材料与设备暂定单价及专业工程暂估金额进行相应的价格调整，此类费用仍以招投标时的暂列金额列入。

审计建议：充分考虑预算文件未包含设计变更、签证、材料暂定价及暂估（指定）金额调整可能增加的费用和部分漏项内容，如电梯、空调机组设备及安装（含冷媒）、弱电（不含配管、含室外总体）、消防报警（不含配管、含漏电火灾自动报警）、外立面石材幕墙和门窗等专业工程，加强材料与设备、专业分包工程的定价计划性与执行力，为科学、动态地确定投资控制目标提供依据。

三、送审资料不完整

因送审资料不完整并存在较大缺陷，致使发表审计意见的依据不足：

1. 根据审计人员列席工程例会所掌握的情况，本项目存在图纸升版、设计变更等情况，但送审资料并未显现。送审文件"编制依据""4. 本项目施工图纸、图纸会审"中未明确预算文件编制所依据的施工图纸的具体版本，也未见图纸会审文件。

2. 预算文件不完整，缺少暂列金额、专业工程暂估价、总承包服务费的组成明细。

审计建议：

1. 核实标后施工图预算所依据的图纸版本，如编制预算时已有设计变更，应及时调整预算；送审时未纳入预算的设计变更应按审计工作要求及时送审或向审计组备案。

2. 根据图纸更新情况，累计对建安投资的影响，调整投资控制目标。

3. 送审事项所附的图纸等资料应及时更新，确保送审资料的完整性和准确性，以便审计组发表客观、合理的审计意见。

4. 确保预算文件的完整性以及汇总表中相关内容有对应的明细数据。

四、其他相关提示

1. 标后预算与施工合同金额(约 7 600 万元)相比,少了近 600 万元,约占 7.89%,若剔除暂列金额和暂定专业工程后,其占比达到 20%以上。审计注意到,施工合同中约定,工程竣工验收后付款至合同金额的 80%,故务请高度关注,避免发生超付,确保学校建设资金的安全。

2. 本项目批复概算总投资为 9 014.00 万元,其中,建安工程费 7 827.31 万元,工程建设其他费 757.88 万元,预备费 428.81 万元;预算文件中的建安工程费则显现为 7 028.30 万元,与概算的 7,827.31 万元相比,差额约 799.00 万元。建议对工程建设其他费和预备费等其他费用进行梳理,确保项目总投资控制在批复概算范围内。

3. 由于本项目室内装饰工程可能发生重大变更,应根据项目实际关注本项目超概的风险隐患。高度重视本项目的投资控制,根据批复的设计概算,尽早明确装饰及设备材料的档次标准等,合理优化设计。

本审计意见书是审计组立足建设项目管理之外的独立、客观评价,供你部门结合实际情况参考使用(不限于上述)。

请在收到审计意见书后的 10 个工作日内,将回复意见送达审计处,谢谢配合。

××跟踪审计项目组

2016 年×月×日

【选例 13】《关于××工程项目材料/设备报价审批单的审计意见书》

(一)选例评析

1. 选例介绍

本选例源于某高校的全过程跟踪审计项目,被审计事项为新建×

×科研楼项目施工招标中的列入暂定价的部分材料与设备报价审批（即"批价"）。审计组在进点会下发的跟踪审计工作要求中，事前已明确暂定价的材料、设备等批价，除通过公开招标确定供应商的采购事项外的相关业务，其他业务也需要在价格最终确定前送审。工程管理部门在接到承包商依照施工合同的约定、分批报送批价申请后，将其批价意见连同相关资料一并送审。

2. 审计成效和审计亮点

审计组结合列席工程例会所掌握的情况，对送审范围批价行为的合规性、恰当性和批价结果的合理性进行了认真审核，并延伸检查了从提出申请到初步决策流程的相关资料，明确指出了存在的主要问题。例如，部分材料理应通过公开招标进行定价，故使用批价确定的方式不合规；部分招标限额以下的暂定材料、设备的定价发生明显错误以及存在批复依据不充分等缺陷或漏洞。

跟踪审计通过揭示合规性风险，杜绝了承包商欲以批价调高其投标报价的可能，推进了该建设项目后续的批价业务趋向合理、合规，并促进了工程管理部门加强对同类业务的管理，对批价这一高频业务事项起到较好的示范效应。

（二）选例文书

关于××工程项目材料/设备报价审批单的审计意见书

工程管理部门并转项目组：

自 2016 年×月×日至×月×日，我组依据国家、行业、××市有关法律、法规和学校有关要求与规定，对你部门送审的工程材料/设备报价审批单进行了检查。

送审资料显示，此批次报审的工程材料、设备包括石材、人防用阀门、塑料门、开关、插座、自洁消毒器、灯具、灯光片，均有 3 家供货单位报价,并在此基础上作了初步核价。

现提出审计意见与建议如下。

一、部分达到招标限额的材料使用批价确定的方式不合规

本项目是总投资超过 3 000 万元的国有资金项目,且石材工程暂定价格合计超过 100 万元,根据目前实行的《工程建设项目招标范围和规模标准规定》,理应通过公开招标进行定价,故通过批价方式确定相关价格不合规。

审计建议:按照招投标相关法规和规定,合同估算价达到招标限额的应通过公开招标确定供应商和采购价格。

二、部分材料单价未执行投标价

手动密闭阀、手自动密闭阀、插板阀及风量测压装置等人防设备不属于暂估价,施工总承包招标时已由中标单位自行报价,且当前的审批价格高于原投标价格。例如,手动密闭阀 DN800 投标主材价为 288 元/套,审批价格为 3,305 元/套;测压装置投标主材价为 105 元/台,审批价格为 605 元/台。

审计建议:根据合同约定执行投标价,未经有效工程变更程序应不予批价。

三、个别变更后材料的审批价格高于投标价

原设计采用普通装饰木门,暂估综合单价为 634.60 元/m²,现设计变更为塑料门,审批综合单价为 832 元/m²,较暂估价增加 197.40 元/m²,增加比例为 31%。按招标工程量 527.41 m² 计,合计增加约 10.41 万元。

审计建议:复核该项设计变更的必要性。如必须变更,应确认能否选择更经济的材料,或者通过其他合理调整,以消化该项变更对项目投资的负面影响。

四、批价依据不充分

1. **缺少对批价结果的支撑性资料**

须批价的材料、设备中,承包商提供了 3 家不同供应商的报价,但送审资料中未见按施工合同要求应提供的原始报价单,也未见你部门委托的投资监理对上述批价的询价记录等批价依据。

2. 部分成套材料、设备的报价未见综合单价的组价明细和项目具体特征描述

例如，塑料门，备注中描述为"含五金门锁等全套综合单价"；无门扇、门框具体工艺描述以及五金种类数量等，且无综合单价的组价明细，无法判断门扇、门框等的材料和制作安装费用以及所包含五金的种类、数量，无法对综合单价的合理性发表审计评价。

审计建议：工程材料/设备报价审批单送审时应提交完整的送审资料，对价格有重要影响的规格、型号、参数等主要信息务必详细，后附相关材料设备的技术资料、图片或产品样本、询价资料、价格组成等必要材料，并作为工程验收及造价结算的重要依据。

五、其他相关提示

装饰木门改塑料门这一工程变更，根据本项目的审计工作要求属于应送审事项，应于初步决策后及时送交审计组。

本审计意见书是审计组立足建设项目管理之外的独立、客观评价，供你部门结合实际情况参考使用（不限于上述）。

请在收到审计意见书后的 10 个工作日内，将回复意见送达审计处。

××跟踪审计项目组

2016 年×月×日

【选例 14】《关于××工程项目增加设计费事项的审计意见书》

（一）选例评析

1. 选例介绍

本选例源于对某高校新建××教学大楼工程的全过程跟踪审计项

目。该工程批复的总建筑面积××万 m²，总投资××亿元，通过公开招标，以 EPC 合同（设计、施工、采购一体化）模式发包，××建设集团有限公司和 B 设计院有限公司组成的联合体中标，合同金额××亿元，于 201×年 4 月破土动工。

审计组在列席项目的工程例会过程中了解到，联合体之一的设计单位以境外方案设计服务商退出为由，提交了附加设计费的报价，提出增加设计费的要求。为此，审计组在对风险进行评估的基础上，主动出具了审计意见书。

2. 审计成效与选例亮点

审计人员紧扣 EPC 承包模式的特点，在充分理解消化合同约定、合同义务和职责范围等的基础上，主动识别风险，有理有节地指出存在的问题，并就或将发生的方案设计服务合同解除须支付相应款项的事项，提供了帮助工程管理团队妥善处理的审计建议，努力做到监督与服务相伴而行。

经过反复沟通，工程管理团队接受了审计意见，经与承包方友好协商取得了良好效果，避免了不必要的投资支出，制止了不应承担的费用索赔，有效地维护了学校的利益。

（二）选例文书

关于××工程项目增加设计费事项的审计意见书

工程管理部门并转项目组：

2016 年×月×日，在列席××工程项目（下称本项目）工程例会的过程中，看到了《关于××大学××教学大楼工程项目计划外增加设计费的情况说明》和《××大学××教学大楼工程项目附加设计费报价》（合称"两份文件"）的拟定稿，核心内容为要求业主增加设计费 230 万元。

依据有关法律法规和合同约定，现提出审计意见如下。

一、审计发现的问题

（一）增加设计费的理由不够充分

本项目以 EPC 方式，即"设计—施工—采购"一体化方式发包。若要增加设计费，根据合同约定，无外乎两种情况：一是业主行为失当，导致承包人损失；二是项目发生重大变更，致使承包人工作量增加。因此，两份文件值得斟酌：

1. 从形式上看，A 设计公司是 EPC 总承包方聘请的方案设计提供商，该项工作本属 EPC 合同承包范围内，一般而言，其退出并不构成增加设计费的理由。

2. 从履约责任上看，非业主责任的情况下，无理由承担额外费用。若 A 设计公司的退出是应业主要求，则须对其履约情况作出全面评估，本项目的设计顾问单位应当给出合理的结论。

3. EPC 总承包联合体设计承包方 B 设计院，对其附加设计费报价的描述是："在 A 设计公司概念方案的基础上开展了立面幕墙深化设计""配合代建方优化与调整技术图纸"。但承包合同中，未见约定在设计责任以外的上述内容，故此定位存在重大偏差，增加设计费不尽合理。

（二）业主不宜对设计费用发表意见

根据 EPC 合同和联合体协议，B 设计院本应担纲本项目的设计责任，如需外部单位介入，亦应由其承担相应的管理或协调责任。故业主不宜对幕墙、装饰等的设计费用发表意见。

（三）设计费索赔的依据不完整

承包人提出的该项索赔，缺乏相应的合同约定以及索赔金额的计算依据。

二、审计建议

1. 发承包双方应当对以上所述达成共识，以利于高效合作，减少争议。

2. 如因各种原因导致承包人损失或发生额外成本，应要求承包人明确索赔的合同依据以及索赔金额的计算依据。

3. 应当界定拟支付 A 设计公司 200 万元中属于履约报酬、违约赔偿或者解约补偿的金额后办理合同终止手续。如明确属于业主过错，则应承担相应的违约赔偿或解约补偿金额。

4. 在 A 设计公司已经提供的设计成果被使用的情况下，其他单位承接其未完工作的设计费，原则上不宜超过原合同价格标准；如确须增加，应当由联合体承包方自行消化。

5. 将 A 设计公司的合同未履约部分转让给 B 设计院，似为合理的操作路径。

本审计意见书是审计组立足建设项目管理之外的独立、客观评价，供你部门结合实际情况参考使用（不限于上述）。

请在收到审计意见书的 10 个工作日内，将回复意见送达审计处。

××跟踪审计项目组

2016 年×月×日

【选例 15】《关于××工程项目暂估项目的采购活动应进一步加强监管的审计意见书》

（一）选例评析

1. 选例介绍

本选例的基础项目是某高校的新建××科研楼工程项目。该工程项目总建筑面积 2.3 万 m^2，经国家批复的概算投资为 1.40 亿元。2015 年×月通过公开招标，确定××建筑集团有限公司为施工总承包，招标中包括暂定价材料设备、暂定专业工程在内的暂定内容合计 3 300 余万元，占中标价 1.16 亿元的 28.45%。因此，审计实施方案中，此项内容被列为审计重点跟踪事项。在跟踪审计过程中，审计组始终密切关注施工总承包单位在实施相关内容时的采购方式,及时发表审计意见。

2. 审计成效和选例亮点

认真履行跟踪审计职责,当审计组发现施工总承包组织的暂定内容之一铝合金门窗的招标中存在不合规的行为时,精准揭示问题,及时出具针对性极强的审计意见 1 份,提出审计建议 3 条,提醒工程管理部门应当代表建设单位积极履行监管责任,并排查同类合规性问题及完善、细化相关制度。

工程管理部门根据审计意见,及时调整了暂估价内容价格的确定形式,完善了有关暂估价的审批程序和制度,并对其他同期项目进行了认真排查和有效整改。此选例充分体现了全过程跟踪审计的良好效果。

(二) 选例文书

关于××工程项目暂估项目的采购活动
应进一步加强监管的审计意见书

工程管理部门并转项目组:

在对××大学新建××科研楼项目(以下简称本项目)实施全过程跟踪审计中,我们发现施工总承包范围内部分暂定项目采购方式不符合有关规定。鉴于你部门对新建项目总承包单位组织实施暂定项目采购的合法(规)性负有监管责任,现提出以下审计意见。

一、审计发现的问题

在建设项目实施中,鉴于涉及资金量多、规模大,为了防止建设单位利用总承包暂定价的方式规避招标,《招标投标法实施条例》第二十九条专门规定:"招标人可以依法对工程以及与工程建设有关的货物、服务全部或者部分实行总承包招标。以暂估价形式包括在总承包范围内的工程、货物、服务属于依法必须进行招标的项目范围且达到国家规定规模标准的,应当依法进行招标。"

《工程建设项目招标范围和规模标准规定》第七条明确:"本规定第二条至第六条规定范围内的各类工程建设项目,包括项目的勘察、设计、施工、监理以及与工程建设有关的重要设备、材料等的采购,达到下列标准之一的,必须进行招标:(一)施工单项合同估算价在200万元人民币以上的;……(四)单项合同估算价低于第(一)、(二)、(三)项规定的标准,但项目总投资额在3 000万元人民币以上的。"

《××大学基本建设和修缮工程招标管理办法》第十二条规定:"(一)各类基建修缮项目的工程发包,以及相关材料、设备、服务采购,达到下列标准之一的,应当采用××市招标:1.施工总承包单项合同预算价在200万元人民币以上的;……4.单项合同估算价低于第1.2.3.项规定的标准,但项目总投资额在3 000万元人民币以上的。"

但审计发现,本项目总承包范围内的铝合金门窗暂估价约74万元的采购,却未以××市建筑交易市场公开招标的方式进行,而是采用邀请招标的方式。鉴于本项目总投资额1.4亿元,故此行为违反了《工程建设项目招标范围和规模标准规定》和《××大学基本建设和修缮工程招标管理办法》的"项目总投资额在3 000万元人民币以上"的规定。

二、审计建议

1. 为落实监管责任,立即责成施工总承包提交未按上述规定方式招标情况的书面说明,进行规范教育并以备后查。

2. 排查其他正在进行中的新建项目中是否存在类似问题,并敦促施工总承包对其组织实施的暂估项目采购,必须按规定方式组织实施,确保采购标的确定方式的合法合规,也确保新建项目通过充分的市场竞争,确定合适的供应商和合约价格。

3. 根据我校新建项目运行的实际,进一步细化《××大学基本建设和修缮工程招标管理办法》中"特殊情况"的内容界定和审批流程,明确规定列入"重要设备、材料"的目录或清单,以切实指导和规范实际工作。

本审计意见书是审计组立足建设项目管理之外的独立、客观评价,供你部门结合实际情况参考使用(不限于上述)。

请在收到审计意见书的 10 个工作日内,将回复意见送达审计处。

××跟踪审计项目组

2016 年×月×日

二、单项阶段性审计报告

任一大型建设项目,按照工程的运行规律,均可划分为投资立项、勘察设计、施工准备、施工和竣工验收等五个主要建设阶段。在上述各主要阶段中,又可划分为若干个具体阶段和节点,例如,投资立项阶段的"项目建议书""可行性研究"等,勘察设计阶段的"初步设计""施工图设计"等,施工准备阶段的"工程发承包""取得施工许可"等,施工阶段的"±0.00 以下结构完工""主体结构封顶"等,竣工验收阶段的"工程验收""资产交付"等。

在全过程跟踪审计的实施中,实行阶段性审计报告工作机制,即是以事后审计的方式,进一步发挥内部审计"确认与咨询"的双重作用。同时,这也是落实教育部"审计全覆盖"工作要求和"有重点、有步骤、有深度、有成效"工作原则的保障措施之一。

单项阶段性审计报告,是指审计部门根据建设项目的进展,结合该项目的情况,按照审计实施方案确定的标志性建设阶段或关键节点,对这个阶段(节点)之前或对两个阶段(节点)之间的工程管理情况,进行归总后所出具的特定阶段审计报告。阶段审计报告的作用是,对前一阶段审计发现的问题进行汇总,对相应的整改情况进行检查,将阶段性情况向学校有关领导报告,为加强后续阶段的工程管理提供警示或借鉴意见。根据不同工程阶段的特征,阶段性审计报告的侧重内容也应当有所不同。

以下 2 个选例,即为审计部门分别在建设项目的施工准备阶段结束和主体结构封顶阶段完成后所出具的阶段性审计报告。

【选例 16】《关于××工程项目前期的阶段性审计报告》

(一) 选例评析

1. 选例介绍

根据上级管理部门对项目初步设计概算的批复,该建设项目总投资约 6 100 万元,其中,建安工程费约 5 211 万元,工程其他建设费约 589 万元,预备费 291 万元;总建筑面积约 5 000 m²。

该项目被学校列为全过程跟踪审计的实施对象。根据审计实施方案,对于项目前期、结构封顶和竣工结算等工程阶段,审计部门将及时出具阶段性审计报告。此选例即为跟踪审计所出具的首份阶段性审计报告。

2. 审计成效

审计组根据工程管理部门提交的送审资料,综合前期阶段列席专题会议、现场踏勘、面对面沟通交流等相关情况,围绕本阶段与项目投资控制相关的业务事项,出具了阶段性审计报告。该报告指出了涉及项目建设进度、施工合同管理和投资控制等六方面的问题或隐患,及时提示工程管理部门对参与建设的机构、人员的胜任能力和履约风险作出明确判断,并提出了四方面的审计建议。

工程管理部门高度重视这份审计报告,积极采取了相应的整改措施,并在后续阶段进一步强化了上述几个方面的监管工作。

3. 选例亮点

本选例是根据项目本身的建设特点,在审计实施方案中事先计划出具前期阶段的审计报告,力求将跟踪审计"及时介入"和"事前控制"的效用充分发挥。阶段报告紧扣工程项目前期阶段的特点,主要反映了跟踪审计发现的前期阶段的突出问题和风险,例如,前期准备工作不充分、施工合同管理不到位、投资控制管理存在缺陷等,预测这些问题和风险对后续工程建设的影响,并结合项目自身情况有针对性地提出相关建议,从而凸现了审计与整改同步、监督与服务并行的全过程跟踪审计效能。

(二)选例文书

关于××工程项目前期的阶段性审计报告

校领导:

2016年×月以来,我处依据"××工程项目"(下称本项目)全过程跟踪审计实施方案,围绕与项目投资控制相关的业务事项,根据工程管理部门提供的送审资料,对本项目实施全过程跟踪审计。审计组通过独立踏勘现场、列席工程前期准备专题会议、审核送审业务事项等多种方式,开展了跟踪审计工作,对工程管理部门送审的招标文件、合同文件等进行即时检查,出具相应审计意见书×份,提出审计意见××条。

现将截至报告当期的有关审计情况报告如下。

一、本阶段审计实施情况

(一)时间范围

本次审计的时间范围为2016年×月至2017年×月(下称当期)。

(二)审计内容

根据本项目的审计实施方案,当期的主要审计内容如下:

1. 勘察招标;

2. 施工监理招标；

3. 施工总承包招标；

4. 施工招标工程量清单及最高投标限价；

5. 施工监理合同；

6. 施工总承包合同；

7. 基坑信息化监测招标；

8. 消防、弱电、通风空调、木门窗修缮工程四项专业分包工程招标；

9. 本阶段投资完成情况。

二、建设项目当期概况

(一)投资计划及批复

根据《××市城乡建设和交通委员会关于××扩建项目初步设计的批复》，本项目总投资 6 100.83 万元，其中，建安工程费 5 221.40 万元，工程建设其他费 588.91 万元，预备费 290.52 万元；总建筑面积 5 047 m^2，其中，修缮建筑面积 1 777 m^2，新建部分地上建筑面积 2 070 m^2，地下建筑面积 1 200 m^2。

(二)主要参建单位

1. 设计单位：××建筑设计研究院(集团)有限公司。

2. 施工总承包单位：××集团有限公司。

3. 施工监理单位：××建设咨询有限公司。

4. 勘察单位：××勘察院有限公司。

5. 招标代理单位：××投资监理有限公司。

6. 项目管理单位：××建设咨询监理有限公司。

7. 投资控制单位：××工程咨询有限公司。

(三)项目建设进度

根据施工总承包投标文件，本项目应于 201×年×月×日开工，201×年×月×日竣工，工期×天。

但根据 201×年×月×日的《学校建设简报》，本项目未如期开工。

（四）项目支出情况（不包含功能化实现项目）

本项目概算批复金额 6 100.83 万元。截至 201×年×月，累计已支付款项 1 223.01 万元，其中，建筑安装投资累计支出 764.98 万元、待摊投资累计支出 458.03 万元，占概算总投资的比例为 20.05％，年度预算执行率 23.27％。详见下表：

名称	年份	2014 年	2015 年	2016 年	2017 年 1—11 月	累计
实际支出	建安投资支出（万元）	0.00	0.00	0.00	764.98	764.98
	设备投资支出（万元）	0.00	0.00	0.00	0.00	0.00
	待摊投资支出（万元）	34.582	118.97	51.20	253.28	458.03
	小计（万元）	34.582	118.97	51.20	1 018.26	1 223.01
年初学校年度预算金额（万元）		36.00	100.00	420.00	4 700.00	5 256.00
年度预算执行率（％）		96.06％	118.97％	12.19％	21.67％	23.27％

三、审计发现的主要问题

（一）前期准备工作进度缓慢，存在无法实现项目工期目标的可能

1. 根据项目进度计划，本项目应于 2016 年×月×日开工，至 2018 年×月×日竣工。由于实际管理工作不到位，前期准备工作进度缓慢，经××市重大办召开两次协调会议后，本项目竣工时间有所调整。但根据目前情况，实际建设进度仍滞后，未符合协调会要求。

2. 根据项目进度计划，截至目前，本项目大部分专业分包（如施工图深化、确定专项施工方案等）应已完成，其中，机电类分包工程应已进场施工。但审计发现，需要通过招标确定分包施工单位的 5 项专业工程中，消防喷淋工程等 3 项专业工程已完成招标，合同等相关资料未送达我组；景观绿化工程和外立面装饰工程 2 项尚未完成招标，对工程施工进度产生负面影响。详见下表：

序号	项目名称	招标暂估价（万元）	中标价（万元）	招标情况	合同签订情况
1	消防喷淋工程	80	未见	已完成	未送审
2	空调通风工程	400	未见	已完成	未送审
3	弱电工程	90	未见	已完成	未送审
4	景观绿化工程	110	未见	未招标	未送审
5	外立面装饰工程	190	未见	未招标	未送审

3. 审计在现场巡查时发现，施工现场的管理和施工人员不足，如2017年×月×日下午，仅有3人在施工现场。

（二）施工合同的履约管理不到位

1. 施工总承包合同专用条款第10条约定"合同签订后7天内，……提供施工总进度计划一式四份"，第25.1条约定"承包人应在设计交底后2个月内完成工程量清单总价的调整，并由发包人审核"。但截至当期末，审计均未见上述文件。

2. 施工总承包实际到位的管理、技术人员与投标文件不符。

3. 承包商更换了项目经理，但未见施工合同约定的相关变更审批手续，也未见工程管理部门按合同约定进行处罚。

（三）投资控制的管理有缺陷，实现投资目标存在较大不确定性

1. 本项目施工总承包招标时的最高投标限价为4 701.24万元，中标价为3 676.57万元。如扣除不参与竞争的暂估价870.00万元，则中标价仅为最高投标限价的73.25%，考虑到该项目的特点和施工周期的市场情况，该中标价可能存在履约风险。审计未见工程管理部门对该差异进行比较分析的文件，也未见对该中标价履约风险的判断。

2. 截至报告日，景观绿化工程和外立面装饰工程的分包价格未确定，也未见该项招标的最高限价，故能否在原暂定的限额内完成施工任务存在不确定性。

3. 截至报告日，尚未见已中标的商务报价和以最新版施工图为依据编制的标后预算,亦未确定相对准确的建安投资控制目标,无从预计未来可能的建安工程结算价格。

(四)未见变更招标代理单位的决策资料

审计发现,工程管理部门提供的电子版合同台账中有 2 家招标代理单位。2015 年×月×日,学校与其中的××建设管理咨询有限公司签订招标代理合同,服务范围包括设计招标、勘察招标、监理招标、施工招标及编制工程量清单,合同价为 77.32 万元,而后又与该公司签订补充协议,将施工招标(27.48 万元)及编制工程量清单(27.73 万元)的服务内容剥离,合同价相应调整为 22.11 万元。

2015 年×月×日,学校与××建设管理咨询有限公司签订招标代理合同,合同价为 77.32 万元,服务范围包括设计招标、勘察招标、监理招标、施工招标及编制工程量清单,而后又与该公司签订补充协议,将施工招标及编制工程量清单共计 55.21 万元的服务内容剥离。此后学校又与另一××项目管理咨询有限公司签订上述施工招标及编制工程量清单的招标代理合同,合同价却为 59.29 万元,较原合同的 55.21 万元服务费用增加了 4.08 万元。

审计发现,将施工总承包招标代理工作内容从原合同中剥离出来另与新单位签订新合同,此属过程管理中决策的变更行为,但审计组未见项目组申报、工程管理部门批准等内部控制流程。

(五)项目管理服务合同存在瑕疵

1. 项目管理服务合同支付条款与招标文件内容约定不符

××校区的项目管理单位通过公开招标确定,招标文件中明确"项目管理服务费报价以费率及总价的形式自行投标竞价。合同价最终以批复概算中的建安费为计算依据,费率固定不作调整"。招标时、本工程暂按建安费××××万元为取费基数进行竞价,中标单位投标报价 56.91 万元,计取费率 1.09%。

合同中未明确服务费按批复概算的建安费进行调整,签约服务费比中标价多计×万元,合同约定与招标文件约定不符。

2. 项目管理委托服务合同预留金额比率偏低

根据财政部《关于切实加强政府投资项目代建制财政财务管理有关问题》的指导意见（财建〔2004〕300号），"……代建管理费的拨付要与工程进度、建设质量等结合起来，原则上可预留20％的代建管理费，待项目竣工一年后再支付"。项目管理委托服务合同仅预留了合同价5％的尾款，待"2年保修期满后7天内"支付。审计组在对该合同拟定稿出具的单项审计意见书中曾建议，将考核费用留至合同服务内容全部完成，并进行全面考核后再支付。但合同正式文本仍保持原送审稿的约定，合同预留金额比例较财政部相关原则性规定偏低，导致合同条款对履约方的约束不足。

（六）相关重要事项的资料，未按规定完整、及时地送审

根据进点会下发的跟踪审计工作要求，本项目的跟踪审计是以设计概算阶段为切入点，故概算阶段前已完成的招标、合同等事项的相关资料，应在审计进点后补充报送；同时，跟踪审计工作要求明确被列入跟踪审计的业务事项应及时送审。

但审计发现，截至当期末，本项目应事中送审事项14项中，已送审12项，标后调整预算等2项未送审；应事后送审事项55项中，已送审26项，施工总承包合同、施工组织设计、开工报告、总进度计划表等29项未送审（详见附表）。

四、审计建议

基于当前的实际情况，工程管理部门应组织力量，对承包商和其他参与建设的机构、人员的胜任能力和履约风险作出明确判断，并做好取证工作，以维护学校利益。尤为重要的是以下四个方面：

（一）根据目前的施工状态，确定合理的总工期目标和节点目标，据此调整施工计划，制定有效的管理措施，从组织安排、劳动力投入、施工方案优化等多方面入手，切实改善施工进展缓慢的现状。同时，应查明工期延误的原因，追究责任人，属承包商违约的，应完善保留反索赔的依据，妥善维护学校的合同利益。

（二）应敦促相关各方严格履行合同义务，协同项目管理、施工监理，加强施工现场管理，并建议：

1. 严格执行经批准的施工方案，细化节点施工方案，加强施工质量、安全、进度的督查力度。

2. 约谈承包人公司层面的管理人员，要求公司强化项目管理。

3. 梳理该项目的建设管理条线，界定各岗位的管理边界和管理责任。

（三）尽快完成投资控制的具体工作，以确保在批准概算范围内全面完成建设任务，并重点关注：

1. 对承包商履行合同商务条款的各种可能作出明确判断，并制定针对性预案。

2. 尽快完成外立面工程的分包工作，整体预判 5 项专业分包可能的结算价格，以及对完成投资目标的影响。

3. 分解、细化投资控制目标，合理确定各子目标的投资上限，同时加强动态管控，务必在实现投资目标前提下进行具体事项的投资决策。

（四）加强项目资料管理，落实审计要求和审计意见，对于"全过程跟踪审计的工作要求"规定的业务事项，予以及时送审或备案，更好发挥跟踪审计事前、事中监督和协助防控风险的功能。

审 计 处
2017 年×月×日

【选例 17】《关于××工程项目主体结构封顶的阶段性审计报告》

（一）选例评析

1. 选例介绍

本选例是根据审计实施方案，对某一建设项目施工过程的一次阶段性总结。即抓住主体结构封顶这个关键节点，对工程开工至该节点完成之前，工程管理部门的业务开展和综合管理情况进行归纳总结后，所出具的首份阶段性审计报告。

选例所涉的工程项目总投资 35 412.00 万元，其中，建安工程费 30 909.00 万元，工程建设其他费 2 472.00 万元，预备费 1 669.00 万元，前期费用 362.00 万元；总建筑面积 55 423 m^2，其中，地上建筑面积 44 523 m^2，地下建筑面积 10 900 m^2。

2. 审计成效

通过审计，及时指出了该工程项目投资动态管理、合同管理等六方面的 10 个问题，并有针对性地提出了四方面的 8 项审计建议。

审计人员在后续的跟踪审计中，发现报告中的所述问题均得到不同程度的纠正与改善。阶段性审计报告的工作机制，确实对促进工程管理部门完善内部控制、落实管理责任、提高资源绩效，发挥出其独特的作用。

3. 选例亮点

把握原则，方案先行，找准节点，准时切入。审计部门根据本工程项目体量大、工期紧的特征，在制定审计实施方案时，就将目光聚焦于结构封顶这一关键节点。在实施过程中，既不越位，不在施工过程中频繁介入以至于影响项目工期；也不缺位，在结构封顶的关键节点，从投资动态管理这一要点入手，及时提示与投资控制密切相关的质量、进度、安全、合同管理等方面可能存在的风险，并进行层层剖析，提出对应的审计意见和建议。

（二）选例文书

关于××工程项目主体结构封顶的阶段性审计报告

校领导：

被列为全过程跟踪审计的"××工程项目"（下称本项目）于 201×年×月×日已完成主体结构封顶验收。自 201×年×月以来，我组依据本项目全过程跟踪审计工作要求,围绕与项目投资控制相关的业务事项,根据工程管理部门提供的送审资料,通过资料检查、踏勘现场、列席工程例会和与投资相关的专题会议等方式,对本项目实施全过程跟踪审计。

现将有关审计情况报告如下。

一、本阶段审计实施情况

(一)时间范围

本次审计的时间范围为2016年×月至2017年×月(下称"当期")。

(二)审计内容

根据本项目的审计实施方案,当期的主要审计内容如下:

1. 设计概算;

2. 施工监理招标;

3. 施工总承包招标;

4. 施工监理合同;

5. 施工总承包合同;

6. 幕墙工程等专业分包工程招标;

7. 工程款支付;

8. 签证变更;

9. 材料/设备核价;

10. 本阶段投资完成情况。

(三)审计实施

当期,审计组通过独立踏勘现场、列席工程例会、审核送审业务事项及备案资料等多种方式实施了跟踪审计,对工程管理部门送审的招标文件、合同文件等进行即时检查,出具相应的审计意见书×份,提出审计意见×条。

在本项目主体结构封顶后,审计组通过资料核对、实地勘验、财务数据验证等必要程序,对本阶段的相关业务活动及其管理行为实施了审计。

二、建设项目当期概况

(一)投资计划及批复

根据《××市城乡建设和交通委员会关于××学科楼项目初步设计的批复》,本项目总投资 35 412.00 万元,其中,建安工程费 30 909.00 万元,工程建设其他费 2 472.00 万元,预备费 1 669.00 万元,前期费用 362.00 万元;总建筑面积 55 423 m²,其中,地上建筑面积 44 523 m²,地下建筑面积 10 900 m²。

(二)主要参建单位

1. 设计单位:××建筑设计研究院(集团)有限公司。

2. 施工总承包单位:××集团有限公司。

3. 施工监理单位:××工程项目管理有限公司。

4. 勘察单位:××勘察设计有限公司。

5. 招标代理单位:××建设咨询有限公司。

6. 项目管理单位:××工程建设发展有限公司。

7. 投资控制单位:××工程咨询有限公司。

(三)项目建设进度

本项目监理签署的开工令为 2014 年×月×日,2017 年×月×日完成主体结构封顶验收。

本项目工期目标详见下表:

书面依据	开工日期	竣工日期	工期
投标文件	201×年 12 月 1 日	201×年 12 月 12 日	743 天
施工总承包合同	201×年 12 月 1 日	201×年 12 月 12 日	743 天
施工组织设计文件	201×年 12 月 1 日	201×年 1 月 29 日	791 天
实际开竣工日期	201×年 4 月 1 日	尚未竣工	/

(四)项目支出情况

本项目概算批复金额 35 412.00 万元。截至 2017 年×月,累计已支付款项 11 221.95 万元,其中,建筑安装投资累计支出 9 781.68 万元、待摊投资累计支出 1 440.27 万元,占概算总投资的比例为 31.69%。详见下表:

名称 \ 日期	2014 年	2015 年	2016 年	2017 年 1—8 月	累计
实际支出 建安投资支出(万元)	0.00	0	8 225.12	1 566.56	9 781.68
实际支出 设备投资支出(万元)	0.00	0.00	0.00	0.00	0.00
实际支出 待摊投资支出(万元)	240.42	650.17	334.61	215.07	1 440.27
实际支出 小计(万元)	240.42	650.17	8 559.73	1 781.63	11 221.95
年初学校年度预算金额(万元)	3 500	3 600	5 765	4 080	16 945
年度预算执行率(%)	6.87%	18.06%	179.64%	43.67%	66.23%

三、审计发现的主要问题

(一)投资动态管理存在缺陷

1. 未见"标后调整预算"审核资料

根据项目管理委托服务合同中"项目管理单位必须在各项目开工前 15 天内自行报出该项目的投资控制目标,该投资控制目标最高不得超过投资概算……"的条款,且根据施工总承包合同专用条款第 25.1 条的约定,"承包人应在设计交底后 2 个月内完成工程量清单总价的调整……"。项目已于 8 月 22 日结构封顶验收,但截至当期末,我组未见"标后调整预算"及其相应的审核资料。

2. 部分子项造价已超概

根据本项目的《付款表》(截至 2017 年×月),个别概算子项已经超概,例如:

"建设单位管理费"概算批复金额为 310.79 万元,实际合同价为 330.56 万元,超出批复概算 19.77 万元,超概 6.36%。

"环境影响报告编制费"概算批复金额为 4.78 万元,实际合同价为

4.91万元,超出批复概算0.13万元,超概3%。

3. 投控月报质量存在缺陷

（1）投资控制月报数据与财务数据不符。

本项目批复概算35 411.70万元,累计签订合同价28 034.43万元,累计完成投资10 392.24万元,但2017年×月份投资控制月报中动态投资额为10 345.15万元,与实际完成投资额不一致。

（2）投资控制月报内数据存在偏差。

审计发现,2017年×月份投资控制月报反映当月审核工作量为2 064.09万元,而工程费用付款审核表上当月审核工作量为2 026.27万元,数据不一致。

4. 招标暂估专业工程和材料、设备的品牌、规格、型号的确定工作开展滞后

本项目专业工程暂估价和材料暂估价项目较多,金额较大,暂估价占总造价的比例达23.60%。但审计发现,从现场跟踪和送审情况观察,暂估专业工程和材料、设备的品牌、规格、型号确定工作尚未全面有序开展。审计认为,该项工作的开展滞后,不利于项目建设进度的控制,也增大了工程投资不确定性的风险,或会成为影响项目投资控制的不利因素。

（二）建设进度偏离建设计划

审计发现,本项目监理签署的开工报告日期为2017年×月1日,比合同计划的开工日期2017年×月1日晚4个月。

施工总承包合同明确本项目合同工期为743天,而施工总承包单位施工组织上报的进度计划中的总工期为791天,较合同工期增加48天。

另外,根据送审的2017年施工总进度计划,本项目计划于2017年×月×日完成平顶吊顶施工。由此可见,本项目竣工日期将在此之后,即实际工期预计将超过以上合同工期,且其间又将跨越2018年春节,存在进一步延期的风险。

截至当期末,审计组未见工程管理部门对延期开工原因的书面说明,也未见至项目完工竣工验收阶段的整体施工计划,不利于对项目施工进度的控制和管理。

(三)专业工程招标进度滞后

截至当期末,专业工程招标已完成电梯集中采购与安装等6项专业工程招标工作,其中,电梯、幕墙、消防3项分包合同已经签署,但未送审。除二次装修工程已纳入总包范围不再招标外,尚有绿化景观等5项专业工程招标工作未开展。详见下表:

序号	项目名称	招标暂估价(万元)	招标情况	合同签订情况
1	外墙幕墙及铝合金门窗工程	3 875.37	已完成	已签
2	空调设备工程	1 595.00	已完成	未签
3	电梯工程	162.80	已完成	已签
4	弱电工程	802.87	已完成	未签
5	变配电工程	647.40	已完成	未签
6	消防工程(气体灭火系统)	68.34	已完成	已签
7	二次装修工程	700.00	总包实施不再招标	不另签
8	绿化景观工程	75.79	未开始	未签
9	室外总体工程	539.68	未开始	未签
10	室外场地电缆管敷设(2路10kV电缆)	98.27	未开始	未签
11	标识系统(含导向指示牌)	15.00	未开始	未签
	合计	8 580.52		

鉴于本项目已经主体结构封顶,但尚有多项专业工程的招投标及合同签约未开展,专业分包工作未落实,工程投资依然不确定,不利于项目的投资控制。

（四）招投标管理存在缺陷

审计发现,电梯采购的投标价(116.20 万元)与中标价(113.40 万元)不一致,且未见相关说明。

（五）工程进度款支付未按施工总承包合同约定执行

根据施工总承包合同约定,工程进度款的支付按每月质量评价总分比例支付,但审计组未发现有该审批程序履行的留痕材料,也从未收到工程管理部门提交的相关评分表。

（六）资料送审不规范

1. 送审不及时

截至 2017 年×月×日,本项目尚有四大类共计 48 项业务基础资料(招标文件、合同等),以及建设计划、变配电招投标文件、部分签证以及专业分包合同等 9 项业务资料未事后补充送审;施工总承包补充合同、标后调整预算、部分签证单和部分专业分包合同等 6 项业务事项未事中及时送审。

2. 资料不完整

部分送审业务相关资料不完整。例如,初步设计批复事后送审时缺少设计概算评审报告,致使审计组无法了解批复概算中各单项内容的批复金额,从而对概算的执行情况无法评价。

四、审计建议

（一）加强投资控制管理措施

1. 按合同约定及时完成"标后调整预算"的编制和审核,进一步细化落实本项目投资控制目标。

2. 对已发生的单项超概事项,制定相应的解决方案,同时完善超概算事项的决策及审批流程,以避免单项超概引发整体超概或减项情况的发生。

3. 加强对投资控制单位的工作时效的考核和工作结果的审核。

（二）细化项目进度管理

1. 查明本项目延误开工的原因,并保留索赔记录。

2. 对已发生的延误,要求承包商通过优化施工方案、加强施工管理、合理增加劳动力投入来调整施工进度,并同步调整影响项目整体施工进度计划的有关因素,确保项目如期完成。

（三）加强招投标管理

1. 根据确认的调整施工进度计划,尽快落实后续专业分包的招投标和签约工作。

2. 加强对招投标工作的过程管理,确保招投标行为合规合法。

（四）响应跟踪审计工作要求及时送审

为确保跟踪审计发挥事中与事后监督的风险防控功能,应送审的业务事项须及时送审或备案,在后续建设中应充分参考审计意见。

附:《××工程项目全过程跟踪审计项目资料送审情况一览表（截至 201× 年 8 月）》（略）

审　计　处

2017 年 × 月 × 日

三、单项综合审计报告

在完成审计实施方案所规定的全部工作内容后,审计部门对某一建设项目开展事后审计后所出具的审计结果性文书,即为单项综合审计报告。报告的名称应直接以建设项目为前缀,显示为"××建设项目全过程跟踪审计综合报告"。

顾名思义,这是综合反映被审计建设项目整体管理情况的审计文书,除了应当对上述主要建设阶段的业务活动及其内部控制的适当性、有效性进行确认和评价外,还应当包括对投资预算与执行、竣工财务决算等事项进行检查和评价。也即不仅要汇集已出具单项业务审计意见和阶段性审计报告中的内容,更要以拓展的思路和全局的站位,关注该建设项目已经完成的所有事项,对审计发现的问题进行深入剖析,从根源性、共通性、关联性等视角提出改进建议,从而对学校同期或后续其他建设项目的管理起到警示、参考的示范作用。显而易见,这是一种事后审计的形态。

现阶段,已有部分高校在全过程跟踪审计中,探索与实践单项综合审计报告或类同于单项综合审计报告的做法,但真正能够做到上述所言确实不易。但编者认为,这是"将工程审计做成真正的审计"的一个重要形式,更是一种必然趋势与发展方向。

这里以两个不同时期的选例(2010 年和 2016 年)来展现单项综合报告的形成、发展和重要作用。第一例所反映的情况因高校财务管理与工程管理的大环境改善或已不复存在,依旧选定的理由只在于体现工作思路。虽然 2 例文书与上述"根源性、共通性、关联性"的要求仍有差距,但字里行间应已见内部审计全局视角与努力拓展的印痕,也是一定程度对上述理论的诠释与践行。

【选例 18】《关于××改建工程项目的全过程跟踪审计报告》

(一) 选例评析

1. 选例介绍

本选例的基础项目是某高校较为早期的一个全过程跟踪审计项目,被审计对象是 2008 年开工的××实验室排风系统优化改造项目。当年,学校尚未开展大型基建项目的实施,故学校规定对 200 万元以上的修缮项目实行跟踪审计。

该修缮项目资金预算 210.00 万元,合同暂定金额为 238.00 万元;工程范围为对教学楼、实验楼、科研楼 3 个实验楼实施变风量排风系统安装前已存在的风机与风管设计缺陷进行优化改造。审计组对该工程项目的审计实施分为两个阶段,2008 年×月至 2010 年×月为第一阶段,主要对工程造价和工程实施情况进行跟踪检查;2010 年×月至×月为第二阶段,对该项目的整体情况开展综合审计。本全过程跟踪审计报告即为第二阶段的审计结果性文书。

2. 审计成效

审计报告从六个主要方面揭示了共 12 个问题，分别为招标管理问题 1 个，造价控制问题 3 个，建设资金管理问题 2 个，合同管理问题 1 个，项目管理问题 1 个，预算管理问题 4 个，并有针对性地提出了 12 条建议。

审计报告除了关注工程管理、工程造价控制等方面存在的缺陷和不足之外，还关注了学校层面在建设项目预算管理、部门职责分工等方面存在的弊端与漏洞。由于其时学校的整体管理尚显薄弱，内部控制意识不足，这些问题并未立即获得相关职能部门有效整改，但在一定程度上形成了制约，并引起学校领导的关注与重视，从而引发一场关于界定职能部门与审计部门职责的大讨论。对于审计部门内部来讲，更为重要的是厘清了全过程跟踪审计履职中应保持的定位和适合的方法，在随后到来的学校新校区大规模建设过程中，能够始终把握方向，恰当介入，从容应对。

3. 选例亮点

（1）突破常规做法进行有益探索，取得了根本性的拓展。在竣工结算审计结束之后，对被审计工程项目尝试全面审计的方法，以求解剖一只麻雀而观其五脏。

（2）从"根源性、共通性、关联性"的视角，对审计中发现的问题进行关联，深挖管理弊端，并通过提出既宏观又细致的组合性审计建议，着力推动学校各项基本建设管理制度的建设和工程管理的完善。

（二）选例文书

关于××改建工程项目的全过程跟踪审计报告

校领导：

2008 年 9 月至 2010 年 7 月期间，我处对××实验室排风系统优化改造项目实施了全面审计。

本次审计分为两个阶段：第一阶段（2008 年 9 月至 2010 年 3 月），

对工程造价和工程实施情况进行跟踪审计;第二阶段(2010 年 4 月至 7 月),对工程管理以及预算管理情况进行了综合审计。

审计期间,我处聘请××造价咨询公司(下称 A 公司),同时配备我处审计人员组成审计组,对该工程项目实施了资料检查、核对勘验、实地调查、取证采样等必要的审计程序,并对其中的有关问题作了延伸审计。被审计单位对所提供资料的真实性、完整性作出了书面承诺。

A 公司于 2010 年 5 月出具了《工程造价审核报告》《××实验室排风优化改造项目审计建议书》,我处于 2010 年×月出具了《××大学××实验室排风优化改造项目审计报告》。现将有关审计情况报告如下。

一、工程项目基本情况

工程名称:××大学××实验室排风系统优化改造工程。

工程地点:××校区。

施工总承包单位:××公司(下称承包方)。

发包方:××大学。

工程管理部门:××校区建设办公室(下称建设办)、××学院(以下两单位统称被审计单位)。

投资监理单位:××造价咨询有限公司(下称投资监理)。

经费预算:210.00 万元。

施工合同所约定的主要内容及重要条款:

1. 合同签订日期:2008 年×月。

2. 合同暂定金额:238.00 万元(合同约定"最终造价以审计价为准")。

3. 工程范围:教学楼、实验楼、科研楼 3 个实验楼在实施变风量排风系统安装前存在的风机与风管设计缺陷导致的整改过程范围。

4. 计价方式及结算原则:采用××市 2000 安装工程预算定额,人工单价 70 元/工日,综合费率 45%,主材单价须经投资监理及甲方确认,辅材和机械采用信息价,工程量按实计算。

二、《工程造价审核报告》的编制依据

《工程造价审核报告》由 A 公司负责编制，依据如下：

1. 建设工程领域的有关法律法规、上级有关法规及学校相关制度文件。

2. 全国统一安装工程预算定额××市单位估价汇总表。

3. 被审计单位 2008 年 9 月 20 日提交的初始送审资料，包括合同、承包方的结算书及相关计价依据、投资监理的初步审价报告等。

4. 被审计单位 2010 年 5 月 12 日提交的补充资料（发包方和承包方 2010 年 2 月 28 日签订的补充协议，投资监理 2010 年 5 月 3 日补办的工程签证单）。

三、本项目工程造价审核结果和核减额（率）分析

1. 造价审核结果

承包方结算书送审金额 398.60 万元。

投资监理审核认定金额 346.03 万元。

审计认定的金额 342.57 万元。

2. 核减额（率）分析

本项目核减总金额 56.03 万元，总核减率为 14.06％。其中，投资监理审价核减金额 52.58 万元，审计核减金额 3.45 万元。

四、审计发现的主要问题

（一）工程未按规定进行公开招投标，也未按规定办理续标手续

本项目合同金额 238.00 万元，列属国家和学校规定的公开招投标范围，但本改造工程未进行公开招投标。

审计发现，2008 年 12 月底，××学院在递交建设办及主管校领导的《关于对××大学××校区二期通风系统进行改造的报告》中，提出了不再进行招投标的申请（"考虑到对现有通风系统中的风机和风管进行改造必须与变风量控制系统的安装能够很好地衔接上才能真正达到符合安全规范的排风效果，我们认为由××材料公司直接负责风机与风管的改造工程较妥"）。同年，建设办的批复意见是："××学院Ⅱ期

工程的排风系统确须改造。经初步测算,大约需 300.00 万元左右的改造费用(包括新增的有机合成教学实验室新增变风量控制系统)。财务处已预拨××学院 250.00 万元。改造所需费用建议在××集团承诺给××学院 600.00 万元运转费中扣除。"2009 年 1 月 15 日,主管校领导批示为:"同意建设办意见。"

审计认为,建设办的批复意见仅对改造的必要性和经费情况表明了态度,对××学院提出续用××材料公司的申请并未作出明确答复;而校领导的批示也仅限于"××办意见"。故此,本项目事实上并未获得学校层级对不实施招标的批准。

本项目最终由××材料公司实施改造。

因被审计单位无法向审计提供本项目按规定到政府有关部门办理续标备案的相关文本资料,故审计认定本项目既未按规定进行公开招投标,也未按规定到政府有关部门办理续标备案的手续。

(二) 项目施工现场管理薄弱且有失规范,造价控制不力,实际工程造价大幅超出合同暂定价

本项目合同金额 238.00 万元,经投资监理确认的工程造价为 346.03 万余元,最终竣工结算审计确认的工程实际造价金额 342.58 万元。竣工结算审计确认的工程项目造价超出合同金额 104.58 万元,是合同金额的 143.9%。

审计发现,经投资监理确认的工程造价 346.03 万元中有近 40% 的费用,共计 136.20 万元,存在着计价依据严重不足的现象。具体如下:

1. 涉及造价金额 20.00 万元以上的主要材料,未在施工期间进行批价。涉及造价金额 22.27 万元的主要材料未在施工期间及时进行批价,在审计出具初步审核意见后的 2010 年 1 月 14 日,方才予以补批价。

2. 涉及造价金额近 100.00 万元的合同依据不充分、签证内容不明确,在竣工结算审计的后阶段,方以签订补充协议的方式予以确认。2010 年 1 月 18 日,审计针对投资监理出具的"造价审核报告书",明确提出两点审计意见：(1)涉及造价 50.00 万元的风量控制系统计价合同依据不充分；(2)涉及造价 49.96 万元的重大拆除、修复签证内容不明确。被审计单位于 2010 年 2 月 28 日以签订补充协议的方式予以确认。

3. 涉及造价金额 10.00 万元以上的竣工图未标明计价事项，在××造价咨询中心审计报告征求意见稿下达后，再行补办工程签证单。除上述 1、2 事项之外，审计以竣工图纸和相关送审资料为依据，对造价进行了重新核定，明确认定在投资监理已核定的金额基础上，应再核减13.90 万元。在造价审核报告征求意见稿下达后，投资监理以竣工图无标注但现场存在为理由，在 4 月 28 日提出增补签证单 10.48 万元；××学院在 2010 年 5 月 3 日再行补签了相关工程签证单。

上述事后补批价、补协议、补签证的做法，明显不符合建设工程管理的规程，反映出本工程项目施工现场管理有失规范。

(三)投资监理合同的执行与施工合同的主要条款内容相悖

送审资料表明，××大学与承包方 2008 年 2 月 4 日签订的施工合同明确："最终造价以审计价为准。"

2008 年 3 月 29 日，建设办与投资监理签订的《建设工程造价咨询服务合同》中又约定，投资监理除"施工阶段投资控制"之外，还含有"编制工程造价审核"的任务。因此，投资监理在完成施工阶段的投资控制和造价审核任务后，与建设办、××学院以及承包方共同盖章认定，出具了具有法律效力的《审价报告》。同时，按其认定但未经审计的工程造价金额，向承包方结清了应在审计认定后支付的相关费用。

审计认为，上述在未经审计的情况下出具具有法律效力的《造价审核报告书》的行为，造成了由投资监理替代监督部门实施审计的客观事实，既有悖于上述与承包方签订的主合同的条款内容，也致使审计无法履行学校赋予的把关职责。

为防止发生可预见的法律纠纷，审计对投资监理《审价报告》中已认定且计入、但计价依据明显不足的内容，不得不承认被审计单位与其他关联方通过事后补批价、补协议或补签证等方式所形成的批价结论，学校利益在无形中遭受了损失。

（四）存在建设资金重复投入的现象

1. 因设计缺陷，导致新建资金浪费

××校区原有通风系统由园区出资新建并已通过竣工验收。在××学院通过招标购买排风柜变风量控制系统后，中标单位对原通风系统进行检测，认为"原有通风系统的风量、风压等参数远低于实际需求"。××学院请示建设办及校领导后，本改造项目予以立项实施。审计认为，这是因新建项目时论证不充分、设计不科学，造成了事实上的资金浪费。

2. 改造施工期间建设经费重复支出

根据××学院对审计处出具的审计报告征求意见稿的回复说明，本修缮项目的实施，实际分别由风机更换和风管改造两次施工完成。但是从被审计单位提供的现场签证看，审计发现，先后两次的施工改造均存在同部位（如风管）拆除作业重复发生的现象，也就是说，改造经费有重复计价的情况。

（五）工程管理存在职责分工和权限等缺位、错位现象

2007年12月本项目启动时，按照学校当时的管理体制，工程管理部门应确认为建设办。2008年1月15日，本项目是通过建设办上报主管校领导批准后立项。但同年2月4日，学校与承包方订立的施工合同的委托代理人和经办人，却显现为××学院的负责人和经办人员，而非建设办的相关人员。

审计同时注意到，2008年5月25日，学校在《关于撤销××建设办公室、××校区建设办公室建制批复》中明确"全校基建管理工作统一由基建处承担"。但审计并未发现本项目此后被纳入基建处统一管理范畴的迹象，建设办也未提供关于与基建处协调的相关记录资料。整个施工管理过程及进入至竣工结算审计阶段，始终是由××学院行使现场签证或补充协议的签字权利。

因此，本工程项目的管理，存在混淆校内部门、单位职责分工和管理权限的现象，即由于工程管理部门的缺位，将原为使用单位的××学院被推至工程管理的位置，故而××学院在不知情的情况下，错位地行使了本该由建设办行使的工程管理职责。

（六）预算执行严重失控，学校的建设资金预算管理模式有失严谨

1. 各环节预算控制意识薄弱，经费超支严重

2009年，××学院与建设办将本改造项目作为"××改建"项目中的一个子项目向学校申请预算。根据财务处提供的资料，本项目预算申请数为210.00万元，学校的预算批复数亦为210.00万元。

但审计发现，项目实施之初的施工合同金额（238.00万元）和投资监理合同金额（4.00万元）两项合计达242.00万元，已超出批复数210.00万元；本项目的最后支出总数等于或大于348.05万元（目前已可确认的发生支出数包括：已审定工程造价342.57万元，项目监理费用4.00万元，项目竣工结算审计费用1.48万元），超支幅度高达65.7%。

审计认为，从合同签订到过程控制，再到竣工结算，学校相关职能部门对各环节均未有效地履行预算控制职责，从而导致了本项目实际预算执行严重失控的局面。

2. 预算失控的背后，反映出学校预算申报、预算编制与核定、预算下达及会计核算等各环节的管理失当，学校原预算管理系统存在重大风险

（1）项目预算申报主体及预算下达对象的确定，不符合项目性质及经费来源。

有关资料显示，建设办和××学院均认为本项目经费"在××集团承诺给××学院的600万元运转费中扣除"。经核查，××集团确实在2008年与学校签订了合作办学协议书，向学校提供共计600万元的运行经费，且该运行经费于2008年、2009年先后到位。

按照"收支两条线"的财务管理原则，财务处将上述600万元列为学校收入"其他经费拨款——地方政府拨入"，本项目也被列入学校

2009 年度修缮项目预算表。因此,本项目应隶属于校级财力的修缮项目支出范畴,其预算申报、预算下达和使用控制的对象,当时理应归属负有工程管理职能的修缮办。但审计发现,本项目预算经费的最终立项和经费下达的责任对象,却被财务处定为××学院。经费管理的责任对象的错误确认,为问题(五)中指出的"存在职责分工和管理权限的缺位、错位等现象"造成了客观条件。

(2)学校预算编制与核定缺乏严肃性,制约机制缺失。

2009 年,××学院在以"××改建"名义申请 695.80 万元专项经费时,明确列示了 11 项有关修缮项目或设备添置项目。其中,××改造和污水处理池改建 350.00 万元;××楼南楼通风系统改造 210.00 万元;××房高压灭菌锅 33.00 万元;××楼特种实验室改建 20.00 万元;废液排放、毒品柜、植物暖房建设 20.00 万元;室外水泵的安装改建 15.00 万元;×隔断 10.00 万元等(本项目即为其中的××楼南楼通风系统改造 210.00 万元)。

学校最终采用打包方式核定预算安排数为 650.00 万元,但财务处无法提供预算核定时的书面核减依据,也无法说明究竟是采用按比例"砍一刀"的方法,还是对申请项目进行遴选后核减的方法。

审计认为,该预算核减无充分依据,且以打包方式下达预算,不利于各子项目具体操作,为日后的核算不当、预算超支埋下了隐患。

(3)本项目的经费立项管理不合规范。

学校批准上述 650.00 万元预算安排后,财务处并未按××学院明示的有关项目作明细的会计核算立项管理,而是将预算经费统一打包,下达至"××房改造"的会计核算项目。

根据财务处的账目反映,截至 2010 年×月×日,"××学院××房改造"项目实际支出数 278.30 万元,暂付款 38.40 万元,结余 333.30 万元。但由于会计核算项目的支出包含以上 650.00 万元中的诸多项目,审计无法统计隐匿其间的本项目支出数,故也无法对本项目预算执行的完整情况进行检查和评价。

由于上述立项管理不合规范,工程项目超支变得非常隐性,从而令本项目预算执行失控成为一种必然。

五、审计建议

(一)加强校级建设工程管理规章制度的建设

建设工程管理工作的重中之重是规章制度的建设,只有规章制度先行,管理行为才能有规可依、有章可循。而规章制度的合规性和可操作性,取决于是否符合上位法的规定和能否结合本校的工作实际。因此,应当高度重视建设工程管理工作,尽快建立起我校建设工程管理的制度体系。

(二)规范学校建设工程领域的招投标管理工作

《中华人民共和国招标投标法》《中华人民共和国政府采购法》《××大学基建处项目建设工程招投标实施细则(试行)》等规章制度已分别明确规定了建设工程招投标的限额标准与方式,学校各部门应严格遵守相关规定,不可随意改变工程发包的工作模式,防范工作失职或贪腐舞弊等现象的发生。

(三)建设工程管理部门应当切实履行部门职责,加强对工程造价的管理和监督工作

1. 明晰部门职责,明确相关部门在建设工程管理中的定位及权限

原国家计委印发的《关于控制建设工程造价的若干规定》指出:"建设单位(工程总承包单位)应对建设全过程造价控制负责。"并规定工程造价管理力量薄弱的建设单位,应委托或聘请有关咨询单位或有资质的专业人员,协助做好工程造价控制管理工作。据此,学校工程管理部门对工程造价控制具有不可推卸的责任,应当承担起所负职责,制定恰当的管理措施,确保学校建设资金得到合理控制、正确使用。

2. 严谨立项,科学设计,合理编制工程概预算

建设项目立项要经过充分论证,使用单位应全方位考虑自身需求,与设计部门多沟通,力求做到设计科学、实用,避免遗漏,尽量减少在实施过程中因设计缺陷而造成变更,避免二次施工导致的资金浪费;概预

算编制人员应深入调查研究,综合考虑市场波动等各类因素,合理编制预算,防止清单编制出现漏项、缺项,减小工程造价大幅超支的可能性;财务处应当妥善安排建设资金,合理编制项目预算,发挥工程预算在整个工程施工过程中的指导性作用。

3. 规范施工现场管理,加强对工程实施阶段的造价动态控制

采取有效工作措施,确保工程项目按既定的规划、设计进行建设,实现全方位、全过程的造价控制。建设项目管理部门应当督促监理加强对合同内容、施工过程、预算等方面的控制,按合同约定操作,按图施工,防止费用超支。

(1) 尽量减少设计变更。严禁通过设计变更扩大建设规模、提高设计标准、增加建设内容。对确须变更的项目,应在进行充分的技术经济论证、确认变更的可行性和必要性并办妥审批手续后,规范操作。

(2) 严格现场签证管理。按规定必须在施工阶段、施工现场完成的批价、签证等事宜,应及时按程序办理,不得发生事后补批价、补签证、补合同等现象,真实、客观、完整地描述签证事项,妥善保存原始资料备查。

(四) 明确和理顺工程管理、内部审计等不同角色在工程项目运行中的职责定位及工作关系

任何一个工程建设运行中,质量、造价、工期三大控制目标毋庸置疑是工程管理部门的职责。对于一定规模以上的工程项目,可通过聘请施工监理来实现这三大任务,也可按照国家规定及××市行业惯例聘请投资监理。为帮助管理部门加大投资控制的力度,建议投资监理在工程前期即介入,负责编制或审核投资估算、设计概算、施工图预算,协助业主进行工程项目的设计、招投标阶段的投资控制工作。在施工阶段和验收阶段,则应与施工监理共同实施造价控制,其中,施工监理主要负责明确工程范围和工程数量;投资监理主要根据合同条款在审核工程量清单单价和其他应计费用方面把关。本项目中修缮办所聘请的投资监理,代表业主方的工程管理部门,对工程造价进行现场批价和审核。

建设工程审计由业主的内部审计机构或聘请有资质的社会中介机构独立完成。关于工程项目的审计定位,教育部 2007 年在《教育部关于加强和规范建设工程项目全过程审计的意见》中明确:"应以促进控制工程造价和规范工程管理为重点,将技术经济审查、审计控制和审计评价相结合,将事前审计、事中审计和事后审计相结合。"

两者职责界限明显,相互不可替代。在签订各项合同及实际工作时,各部门不可混淆各自职责。本项目中,因投资监理服务合同条款约定与施工合同相悖,导致投资监理事实上代行了审计的职责,使审计方无法充分履行自身职责,造成了出现问题后学校落入被动的局面。

(五)加快学校预算体制改革,促进学校预算工作、财务核算工作科学规范化管理

本项目所反映出来的预算管理问题,从侧面佐证了学校预算管理体制改革的重要性。建议加快改革步伐,尽快完善学校预决算管理体系。同时,在学校新的预算管理体制实行之初,仍须注意改进某些管理薄弱点。

1. 明确预算申报主体

按照归口管理原则,基建、修缮等项目应统一由有关工程管理部门作为申报主体,使用单位不应成为建设预算经费的独立申报单位。

2. 预算核定和预算下达精细化

预算核定数应以分项目形式精细下达。如同上文所述的打包下达,难以辨析某一分项的预算执行情况。若某一分项实际并未实施,则极可能出现已实施项目挤占了未实施项目预算但却无法察觉,从而导致预算失控,致使某一分项或无法实施,或重复申报。

3. 会计核算明细化

在预算精细化的基础上,会计核算应实行明细化管理,对各项目进行明细分项核算,充分履行会计核算部门的财务监督与预算控制职责。

4. 各部门均须加强预算控制意识

使用单位、工程管理部门、财务核算部门等不能在预算下达后掉以轻心,在工程施工、付款各环节仍须把好控制关,及时跟进,一旦发现有超预算的迹象,应即时反馈,寻找原因,落实相关的预算控制责任。

5. 引进监督约束机制

发挥学校监督部门在预算控制方面的作用,各方形成合力,合理使用国家建设资金。

审 计 处

2010 年×月×日

【选例 19】《关于××工程项目的全过程跟踪审计综合报告》

(一) 选例评析

1. 选例介绍

本选例的基础项目,为 2014 年开工的××大学××学院教学科研楼项目实施的全过程跟踪审计项目。该项目可行性研究报告于 2013 年×月获教育部批准,项目总投资 22 974.00 万元。审计组 2014 年×月起对该项目实施全过程跟踪审计,并在 2016 年×月完成竣工结算审计工作后,根据《××大学建设工程全过程跟踪审计实施办法》的规定,出具了全过程跟踪审计综合报告。

2. 审计成效

审计报告从六个主要方面揭示了共 15 个问题,分别为招标管理问题 2 个,合同管理问题 4 个,进度管理问题 1 个,施工管理问题 3 个,竣工结算审核管理问题 4 个,资料归集整理问题 1 个,并有针对性地提出了 13 条建议。

审计报告全面关注了工程管理和工程造价控制等方面存在的缺陷和不足,引发了工程管理部门和分管校领导的高度重视。该报告中指出的一些共性问题,在学校"十三五"期间的大规模建设过程中得到了有效解决,充分发挥了内部审计工作对学校发展的保障和促进作用。

3. 选例亮点

(1) 着眼全局视野,全面开展审计。本报告是审计部门首次对基本建设项目出具的单项综合审计报告,检查更为广泛,评价更成体系。

(2) 深入剖析各条线管理,组合提出系统建议。本报告针对工程管理各条线普遍容易出现的各类问题进行深入分析,并结合学校实情和项目特点,建设性地提出相关系统建议。

(二) 选例文书

关于××工程项目的全过程跟踪审计综合报告

校领导:

××学院教学科研楼项目(下称本项目)已完成竣工结算审计工作。现根据《××大学建设工程全过程跟踪审计实施办法》的要求,对本项目的全过程跟踪审计工作综合汇报如下。

一、项目基本情况

(一) 立项情况

2013 年×月,本项目获教育部教发函〔2014〕××号文批准项目建议书。

2013 年×月,本项目获教育部教发函〔2014〕××号文批准项目可行性研究报告,批准项目总投资 22 974.00 万元,资金来源为"通过申请国家拨款、捐赠和自行筹措解决"。

(二) 参建单位

本项目由基建处直接负责项目管理,××设计研究院工程有限公司负责设计,××集团股份有限公司负责施工总承包,××建设咨询监理有限公司进行施工监理,××建设咨询有限公司进行投资监理。

(三)建设周期

本项目于 2014 年×月开工,2016 年×月竣工。2016 年×月通过了××区安全质量监督站的验收备案。

二、全过程跟踪审计实施情况

根据《××大学建设项目全过程跟踪审计管理办法》,2014 年×月,我处开始对本项目实施全过程跟踪审计,对幕墙工程施工招标文件等送审业务事项出具审计意见书×份,发表审计意见×条。

2016 年×月至×月,以基建处送审的竣工结算相关资料为基础,依据适用期内的工程计价规范、取费标准,以及工程建设相关法律法规的规定,参照国家审计准则实施竣工结算审计。本项目建安工程送审造价 25 383.03 万元,基建处审核造价 20 807.39 万元,审计处审定造价 20 319.09 万元,审减金额 488.30 万元,审减率 2.35%。

三、审计评价

审计认为,基建处在本项目的建设中基本遵守国家法律法规,立项、招投标、承发包管理、签证变更、验收及结算等基本建设程序手续齐全,基本实现了建设目标。

但审计发现,本项目在招标管理、合约管理、进度管理、施工管理、竣工结算审核管理、资料归集整理等方面还存在不足。

四、审计发现的主要问题

(一)招标管理不规范

1. 精装修专业分包工程实际合同签订金额与中标金额不一致

精装修专业分包工程的中标通知书金额为 360.39 万元,而施工合同价为 320.00 万元,两者不一致,不符合《中华人民共和国招标投标法实施条例》中"合同的标的、价款、质量、履行期限等主要条款应当与招标文件和中标人的投标文件的内容一致。招标人和中标人不得再行订立背离合同实质性内容的其他协议"的规定。

2. 专业分包工程中暂定材料的招标主体不当

施工总承包合同中约定,幕墙专业分包工程所需全部材料(包含外墙石材)均由承包人负责采购和保管。但在项目实施中,基建处又组织了外墙石材的招标,该招标行为与施工总承包合同约定不一致,且未见相关情况说明。

(二)合同管理不规范

1. 专业分包工程合同约定不明确

(1)工作内容不明确。如精装修专业分包工程的合同约定总价包干,但设计深化、施工的范围和界面等内容在合同中未能准确描述。

(2)变更价款调整方法不明确。如桩基专业分包工程的合同采用单价包干合同,但合同中缺失变更价款调整方法的相应条款。

(3)暂定金额调整不明确。如幕墙专业分包工程在进行了暂定单价材料招标后,通过签订补充协议对合同包干总价进行了调整。但调整部分的石材的采购暂定金额与采购供应价格细目表的汇总金额不符,且未提供金额调整的说明。

(4)暂定价材料的结算原则与施工合同有矛盾。如幕墙专业分包合同条款约定"对招标图纸所包含的工程内容(扣除暂定、指定项目和暂定、指定材料)实行总价包干",即石材工程量由承包人自行设计深化后计量,为包干工程量,结算时仅须调整计算暂定材料的差价。但在实际结算中,基建处出具了"暂定单价材料(石材)的调整须按实际施工量结算"的意见,故石材数量按实调整后造成本项目成本增加约 398.87 万元。暂定价材料的结算方式与合同约定不一致。

3. 部分文件的签章未按合同约定执行

施工总承包合同中约定"乙方发文应有标准固定格式、规范的文件编号,同时应有乙方代表的签字和乙方单位公章"。但部分送审资料为下属劳务分包单位签署,未按合同约定由施工总承包单位签署。

4. 未见合同内的质量安全工期等考核结果

施工总承包合同中对质量、安全、工期等方面均有考核办法,但在竣工资料中未见相关考核资料。

(三)实际施工工期远超计划工期

本项目合同计划工期为 2014 年×月×日至 2015 年×月×日,但实际开竣工日期为 2014 年×月×日至 2016 年×月×日,较合同工期延误 15 个月。

(四)施工管理不规范

1. 工程变更内容较多,金额占比较高

本项目土建施工部分送审金额约 6 652.24 万元,其中,因部分结构改动、两结构位置调整、洞口移位、部分功能区域建筑做法调整(粗装修改为精装修)等原因导致的工程变更金额约为 1 011.96 万元,占土建施工部分金额的 15.21%,工程变更金额占比相当大。

2. 工程签证内容较多,金额占比较高

本项目签证内容结算金额约 250.83 万元。其中,幕墙专业分包工程在已通过了专家评审及审图公司审核的情况下,基建处以"为进一步加强安全性"的理由,要求增加加固钢构件、不锈钢挂件等部件,增加成本约 96.53 万元。由此而涉及施工机械多次进退场、施工脚手架二次搭拆、拆除等工作内容增加,导致成本增加约 35.93 万元。

3. 疑似存在合同范围内部分工程甩项情况

本项目的商务标其他项目清单第 1.6 项"绿化、总体及其他"暂估金额 100.00 万元,技术标进度计划第 84—87 项显示,室外市政、绿化、道路、标牌等的计划工期为 2015 年×月×日至 2016 年×月×日。由此可见,总承包建设范围内应包括室外总体工程,但送审的竣工结算中未见此部分相关内容。

2016 年单独送审的"××地块室外总体工程"竣工结算审计项目,审定金额为 497.58 万元,其建设内容和施工范围主要为××科研楼的外墙、道路、绿化以及地下管线等工程内容,施工时间为 2015 年×月×

日至 2016 年×月×日。该项目与本项目的建设范围重合,疑是本项目的甩项内容。

（五）竣工结算审核管理不规范

1. 竣工图与实际施工情况不符

送审的竣工图纸与实际施工情况有较大差异,特别是电气工程的电气配管、电力电缆,消防工程的电力配管、钢管,外总体电气的电气配管、电缆等许多工作内容未能在竣工图纸上真实体现。

2. 部分工程计量、计价误差较大

送审的竣工结算审核报告中,部分项目的工程量计量、综合单价计价有误差,例如:

（1）一区天棚抹灰工程,送审工程量为 7 342.42 m²,审定工程量为 2 561.44 m²,审减金额 4.93 万元。

（2）截桩送审综合单价为 276.62 元/根,审定综合单价为 118.93 元/根,审减金额 19.14 万元。

3. 未按合同约定计取税率

主体结构的签证部分税率按 3.48% 计取,未按施工合同约定的 3.41% 计取。

4. 暂定价材料调整未按合同约定组价,多计管理费利润

部分合同范围内的"暂定单价""指定单价"主材或设备单价,在工程量清单内直接计入调整后的单价,审计认为应按合同约定"结算时只调整确认的材料、设备价格与综合单价报价中对应的材料、设备的差价部分和税金,原综合单价仍执行投标价不予调整",此项审减约 7.15 万元。

（六）资料归集整理不完整

本项目送审资料不完整,缺失资料包括施工总承包工程和桩基、精装修、幕墙等专业分包工程的招标图纸、招标文件、招标答疑和补充文件、最高投标限价文件及评标流程文件,施工总承包和桩基专业工程分包的商务标软件计价版工程量清单等。

五、审计建议

（一）加强招标管理

1. 按照相关要求加强对合同的审核，避免合同主要条款与招投标文件内容不一致。

2. 对二次招标事项开展充分论证，并在招标文件和合同条款中完善结算相关条款。

（二）加强合同管理

1. 加强对暂估价专业分包合同的审核，确保合同约定符合现行规定。

2. 加强合同文本的审核，对工作内容、施工界面、合同变更、价款结算及调整方式等作明确约定，避免表述不准确、前后矛盾、遗漏重要条款等情况影响工程结算。

3. 加强履约管理，对合同执行过程中发生超出管理权限、审批权限以及未明确的重要事项等，应及时采取纠偏措施。

4. 加强对合同目标的考核管理。

（三）加强进度管理

加强对施工进度的有效管理，确保实际进度符合进度计划，并在施工过程中落实各方责任，采取各项有效措施切实推进项目的进程。

（四）加强投资管理

1. 加强招标前的设计管理，设计深度应满足招标要求，并加强施工过程中的变更管理，减少因工程变更造成的建设成本增加。

2. 加强对施工方案的论证与管理，严格管控签证审批程序。

3. 确保建设范围的工作内容完整实施。

（五）加强竣工结算审核管理

1. 加强竣工结算资料的审核，确保符合竣工结算资料归档要求，并与实际施工情况相符。

2. 加强对投控单位的管理，督促其按合同及有关规定进行竣工结算审核，减少审核误差率。

（六）按跟踪审计工作要求，及时、完整地报送送审资料

根据项目审计工作的要求，及时、完整地送达各项事项相关资料，以保证建设项目的顺利完成。

审　计　处

2016 年×月×日

第二节　竣工结算审计

【简述】

高校的建设项目竣工结算审计，是指审计部门组织审计人员和专业人员，对建设项目的工程结算情况及相应的工程管理行为，所独立进行的检查和评价活动。众所周知，这也是内部审计最早触及的建设工程领域，随着审计的深度和广度不断变化，现已固化为一种常见的审计模式。

实施竣工结算审计，首先应当对工程结算的准确性、工程结算行为的合规性进行重点检查，以对工程结算行为形成制约，并发现工程结算的误差；同时，关注这些误差与工程管理行为之间的联系，揭示导致误差发生的机制、体系、制度等方面的管理缺陷，从而实现内部审计有效促进控制工程造价、规范工程管理和提高资金资源绩效的工作目标。

经过长期探索与反复实践，特别是在《教育部关于加强直属高校建设工程管理审计的意见》明确了"学校可根据实际情况确定和调整各阶段送审起点金额，对送审起点金额以下的项目可进行抽审"要求之后，大部分高校均已根据重要性和成本效益原则，对建设项目竣工结算审计业务设置了相应的送审金额起点，实行按此金额起点开展的即时普审或事后抽审的工作机制。截至《读本》付梓之时，编者了解到，中央所属高校中除个别学校尚未设置上述资金起点外，共有 31 所高校已明确规定了具体金额,其中,全过程跟踪审计的资金起点一般在200万元到3 000万元之间;竣工结算审计的资金起点一般在3万元到50万元之间。

所谓的即时普审,是指对一定金额之上的建设项目,实行在工程竣工验收后、工程款项支付前的实时检查,就审计方法而言,属于事中审计;所谓的事后抽审,是指对一定金额之下的建设项目,实行在工程合同实施完毕且工程款项已完成支付后的抽样检查,其审计方法可归为事后审计。这个工作机制务实且有效,既达到了教育部"审计全覆盖"的目标,也符合教育部"突出审计重点"的要求。

采用在工程款项结算前后的不同审计方法开展审计,仍然是内部审计通过"确认与咨询"去落实"监督与服务"的一种切实体现。其中,上述即时普审的方法为事中审计,是一种以咨询服务为支点的监督;事后抽审的方法则为事后审计,是一种以确认服务为支点的监督。

应当引起高度重视的是,2017年2月22日,《全国人大常委会法工委对地方性法规中以审计结果作为政府投资建设项目竣工结算依据有关规定的研究意见》(法工委函〔2017〕2号)指出,"审计法第二十二条规定,'审计机关对政府投资和以政府投资为主的建设项目的预算执行情况和决算,进行审计监督'。为执行审计法的规定,地方性法规对保障审计监督作出具体规定,是必要的",但"审计法的规定不宜直接引申为应当以审计结果作为被审计单位与施工单位进行结算的依据"。2017年6月5日,全国人民代表大会常务委员会法制工作委员会出具给中国建筑协会《关于对地方性法规中以审计结果作为政府投资建设项目竣工结算依据有关规定提出的审查建议的复函》(法工备函〔2017〕22号)明确指出:"地方性法规中直接以审计结果作为竣工结算依据和应当在招标文件中载明或者在合同中约定以审计结果作为竣工结算依据的规定,限制了民事权利,超越了地方立法权限,应当予以纠正。"依此推理,高校的工程审计制度也不应当出现以审计结果作为竣工结算依据的规定条款。

就内部审计的职业内涵而言,无论对什么业务实施审计,采用何种方式实施审计,都无法改变内部审计"确认与咨询"的职能,也无法改变审计结论仅为学校决策时的参考用途。但在实际操作中,相当部分的高校实行的是以工程造价审计结果作为建设项目竣工结算依据的做法,这应当认定为学校决策与授权下的一种工作机制,即与审计内涵无涉,隶属于行政命令。因此,编者认为,如确须实行以审计结果为竣工结算依据的工作机制,高校必须在法律的框架内,辅之以相应的系列措施,其中包括通过招标文件载明或在合同中进行约定、明确审计部门和相关职能部门的职权界限以及相应的操作规范等,以妥善处理学校与施工承包方两个法人之间的关系,避免产生法律纠纷和诉讼风险。

鉴于上述的综合论述,无论是采用事中审计还是事后抽审方法所实施的竣工结算审计,其结果性文书均应为"一事两文书",即由两种文书形式组成:一是针对工程造价发表意见的审计文书;二是针对工程管理行为发表意见的审计文书,即审计报告。前者是在组织专业人员或工程咨询公司出具的竣工结算审价报告基础上形成的,作为内部审计对工程造价结算金额发表咨询或确认意见的主要依据,时效性较强;后者是站在独立、客观的角度,围绕该建设项目的工程造价和工程管理两个方面的情况,分别揭示问题和提出建议。

总之,竣工结算审计的任务,应当是在全面检查工程造价真实性、准确性和效益性的同时,获取单项工程造价的完整信息;并在发现工程造价问题的基础上,剖析导致问题发生的不恰当管理行为,提出促进工程管理进行整改的意见和建议。

这两种竣工结算审计工作机制下所产生的结果性文书表现形式虽有所不同,但它们所关注的审计重点内容是相同的,在披露问题、提出建议和发挥监督作用方面也是相同的。简而言之,它们的审计目标始终是一致的。下面对在两种不同机制下所形成的审计结果性文书分别进行阐述。

一、竣工结算事中审计

一般情况下，采用事中审计开展竣工结算审计的对象有两类，一类是已实施全过程跟踪审计的大型建设工程项目；另一类是虽未列为全过程跟踪审计但投入建设资金相对较高的建设工程项目。这两类建设工程项目是某高校的审计制度明确规定为重点监督的审计对象，因此，在学校年度审计计划中，自然被列入重点审计项目的范畴。

如上所述，竣工结算审计的结果性文书均应当由两种文书形式组成。在竣工结算事中审计实施完成后，这两份文书则可体现为"单项工程造价审计意见书"和"单项竣工结算审计报告"。下面以某高校同一个建设工程管理审计项目的审计结果，来直观地展示审计实施后所形成的两则选例文书。

【选例 20】《关于××工程项目的竣工结算工程造价审计意见书》

（一）选例评析

1. 选例介绍

本选例的基础项目是某高校学生宿舍改造工程竣工结算项目。该改造工程通过公开招标发包，施工合同为有总价上限的固定单价合同（386 万元）。在工程竣工验收后，对于承包商编制的工程竣工结算书，工程管理部门委托其聘请的投资监理进行了审核，且与承包商就拟确认结算金额初步达成了一致意见。

根据学校"对一定金额以上的建设项目须经过审计后方可结算"的相关制度规定，工程管理部门将拟确认的工程竣工结算资料（含原始工程结算资料、投资监理审核意见等书面资料）一并送审。审计部门与其聘请的社会中介机构联合组成审计组，按照规定的审计程序，及时实施了事中审计。

2. 审计成效和亮点

审计组在全面检查工程结算流程、复核工程计量计价、对照施工合同约定确认结算程序合规性,并与工程管理部门、投资监理以及施工方进行沟通、洽商并获得共识后,明确提出了审计认定的工程结算金额,出具了内含两则竣工结算造价审计结果通知书的工程造价审计意见书1份,用于工程结算款项的及时支付。

由于该高校明文规定,对一定金额以上的建设项目实行以审计结果作为工程项目的竣工结算依据。本次审计的实施结果,是在投资监理确认的结算金额基础上再核减了5.98万元。因此,审计部门为学校直接节省了建设资金,体现出显性的经济效益。

(二) 选例文书

关于××工程项目的竣工结算工程造价审计意见书

在××工程项目竣工结算审计过程中,我处组织了××造价咨询公司对工程管理部门提交的竣工结算资料开展了审计,现已完成对工程造价的审计事项。根据已经建设单位、施工单位和社会中介机构三方签章认可的"××工程项目的竣工结算审价报告"(见附件),现确认本项目的工程造价审计结果如下:

项目名称:××工程。

项目编号:××。

施工单位:××工程有限公司。

报送结算总价:3 919 762.00元。

核减:59 762.00元;核增:0.00元。

审定结算总价:3 860 000.00元,核减率1.52%。

(施工单位送审总价:4 059 518.00元,总核减率4.91%。)

请相关部门根据以下通知书,及时办理相关建设资金结算手续。

××工程项目竣工结算造价审计结果通知书(一)

工程管理部门：

请按上述审定的工程结算总价 3 860 000.00 元,扣除已支付工程项目预付款、进度款和有关法定费用后,向施工单位支付(或索回)差额工程款。同时,应列入我校建设工程项目成本的审计费用(核增和核减5％以内)16 089.00 元,请开具相应结算凭证交财务处支付。

若有异议,请速与我处联系。

××工程项目竣工结算造价审计结果通知书(二)

财务处：

应列入我校建设成本的审计费 16 089.00 元(见正式发票和相应的结算凭证),同时请在工程管理部门申请支付的工程余款中扣除按规定应由施工单位承担的审计费(核增和核减超过5％的部分)0.00 元(见发票复印件),合计审计费用 16 089.00 元。

若有问题,请速与我处联系。

附件：××工程项目的竣工结算审价报告(略)

审　计　处

2017 年×月×日

注：本意见书一式三份,工程管理部门、财务处、审计处各一份。

【选例 21】《关于××工程项目的竣工结算审计报告》

（一）选例评析

1. 选例介绍

（同上例）

2. 审计成效

在完成了学校制度规定的审计程序后,审计部门综合被审计建设工程项目工程造价和工程管理的情况,出具了竣工结算审计报告,呈报学校有关领导。审计报告指出了发现的涉及工程造价的 5 类问题,同时追溯结算偏离实际和出现误差的原因,揭示了涉及工程管理的 5 类管理缺陷,并提出了 6 条审计建议。

本次审计的实施,在促进控制工程造价、提高学校建设资金使用效益的基础上,进一步推动了工程管理的优化和规范,体现出隐性的管理效益。

3. 选例亮点

审计组通过以工程结算形成的全过程为主线实施审计,延伸检查工程发承包招标、施工合同签署、施工过程管理等关键环节,筛查主要风险,发现并指出工程项目的管理缺陷和问题。审计部门在促进提高学校工程管理水平的同时,实现了对具体工程项目的"审计全覆盖"。

本选例生动地诠释了内部审计部门在建设工程管理审计中,应当如何"将工程审计做成审计"以及如何真正地履职尽责。

（二）选例文书

关于××工程项目的竣工结算审计报告

校领导:

自 2017 年×月×日至×月×日,我处依据国家、行业、××市有关法律、法规和学校有关要求与规定,对"××工程项目"(下称本项目)实施了竣工结算审计。根据学校的制度,本项目送审金额已达到学校规定的金额起点,故采用事中审计方式进行。

现将有关审计情况报告如下。

一、项目概况

本项目于2017年×月×日开工至2017年×月×日竣工,工期60天。

本项目学校批复预算450.00万元,施工合同金额386.00万元,施工单位提交竣工结算金额405.95万元。工程管理部门审核后核减13.97万元,送审的拟定结算金额391.98万元。

二、审计结果

经审计,本项目审定工程结算为386.00万元,审减额5.98万元,审减率1.52%。审减率在学校制度允许误差范围内。

三、审计发现的主要问题

(一)拟定的工程结算有误

1. 部分工程量计算有误

根据承包商绘制、施工监理和工程管理部门确认的竣工图计量,工程量清单子目电缆桥架(300×150)工程量应为49 m,与拟结算的工程量96 m存在明显差异,应予审减。

2. 部分子目缺少计价依据

审计组现场踏勘时未见竣工图上绘制的隔音屏,经施工单位确认该项未施工,故应审减拟定结算中相关费用1.5万元;现场发现的隔音罩,经查阅原始施工图、工程变更,均未见施工依据,相关费用0.96万元不应结算,应予审减。

3. 个别内容重复结算

现场签证结算中有雨棚修复材料及安装费用一项拟结算0.79万元,但按投标报价结算的空气热泵热水系统安装部分15.6万元中,根据投标报价已包含了"原有热水系统拆除、雨棚修复费用",上述费用明显重复,应予审减。

4. 部分工料机的计价不符合合同约定

根据施工合同约定,新增工料机的价格应按发包人批准的价格结算。签证 1 拟定结算中油漆工、木工分别按 157 元/工日、175.5 元/工日计价,与批价 155 元/工日明显不符;新增吊扇、干发器等未见批价结果,其中,拟定结算中舒乐吊扇(型号 FD2 - 120)以 286 元/台计价,与审计询价的 186 元/台有较大差异,应予审减。

5. 未执行合同约定

根据合同文件,施工单位的投标价格是工程结算的上限,但拟定结算未执行上述约定,应予纠正。本项目拟定结算审减上述内容后为 388.43 万元,高于投标价 386 万元,应按 386 万元结算。

(二)工程管理操作不规范

1. 招标行为欠规范

根据中华人民共和国住房和城乡建设部令第 16 号《建筑工程施工发包与承包计价管理办法》第六条"国有资金投资的建筑工程招标的,应当设有最高投标限价"。而本项目招标时未设置最高投标限价。

2. 施工合同中部分重要条款缺失或约定不明

(1)《建设工程工程量清单计价规范》GB50500 - 2013【3.4.1】款强制性条文有"建设工程发承包,必须在招标文件、合同中明确计价中的风险内容及其范围,不得采用无限风险、所有风险或类似语句规定计价中的风险内容及其范围"的规定,而本项目施工合同未就相关风险的承担范围进行约定。

(2)工程管理部门明知本项目在工程发包时施工图尚须深化,工程发生变更应属大概率事件,但在合同中未就因变更产生新增施工内容的计价进行约定,事实上已造成工程结算时无法充分维护学校利益。

3. 工程经济技术文件的审批手续不合规,资料审核及管理存在缺陷

(1)未按工程管理部门《工程变更管理制度》进行变更管理。例如,发现按实际使用需求所需设备的数量与投标时施工图不一致时,未

按制度规定变更流程操作,也未见相关审批程序。

(2) 竣工图纸与实际施工内容不一致,如前文述及的隔音屏、隔音罩。

(3) 相关文件反映的同一事项内容不一致,如:开工时间不一致。工程竣工验收报告"工程概况"中的开工日期为 2017 年×月 1 日,与监理记录的实际开工日期 2017 年×月 5 日不一致。

4. 未按合同约定支付工程款

根据合同约定,审计前工程款应付至合同额的 80%,金额为 308.80 万元,实际已支付至合同额的 95%,比按合同约定多付了 57.90 万元。

5. 送审资料存在缺陷

(1) 审计承诺书中施工单位负责人签字为"吴××",未按规定由其法定代表人"陈××"签字。

(2) 送审资料未一次性完整提交。采暖部分的设备移交单、投标时的"土建修缮费用明细"和"工程材料、设备价格核价单"在送审时均未提供,在审计过程中补充提交。

(3) 送审资料中未见隐蔽工程影像资料。

四、审计建议

1. 加强工程结算管理,督促内部相关人员和外聘社会中介机构积极履职,重点关注本项目暴露的结算问题,切实提高施工合同的执行、竣工资料的复核以及现场踏勘。

2. 加强对工程招投标的管理,严格按照国家相关规定,做好招标文件的编制、审核工作,并确保行为合规。

3. 提高施工合同文本的质量,落实合同流转中的复核职责;建议组织人员,参照施工合同示范文本,结合实际情况,编制适用不同工程的各类施工合同模版,以避免相关人员专业能力不足导致的合同风险。

4. 落实工程管理具体工作,细化授权、分工、承办、复核等具体职责,以加强合同履约管理、工程技术文件管理、竣工资料管理。

5. 严格控制工程款的支付,应按照学校相关规定签订施工合同,留足工程尾款和质保金,并在支付工程款时严格按照施工合同的约定执行。

6. 按《建设项目竣工结算审计送审资料基本要求和交接规则》的要求一次性完整地提交竣工结算审计送审资料。

审　计　处

2017 年×月×日

二、竣工结算事后审计

凡是未列入全过程跟踪审计或事中审计范畴,也即合同金额或结算金额低于学校规定的资金起点以下的小型建设项目,均为审计部门实施事后竣工结算审计的对象,它们也形成了学校年度审计计划中的常规工程审计项目群。

针对事后审计"合同金额相对较小、工作内容较为简单、已完成竣工结算"的项目特征,审计部门可采取"两步走"的工作措施:第一步是对每一个被抽取的建设项目,在完成必要的审计实施程序后,出具评价工程造价和工程管理两部分内容的单项"竣工结算审计意见书";第二步则是在此基础上,汇总出具包含对所有项目管理情况的"年度汇总审计报告"。对于第一步,可类同于跟踪审计的单项业务,审计部门可授权给审计组长,以审计组的名义出具"竣工结算审计意见书";第二步所产生的事后审计年度汇总报告,则应当由审计部门出具,并向校领导正式呈报。

下面展示针对单个事后项目出具的《关于××工程项目的竣工结算审计意见书》和在此基础上汇总出具的《2017 年竣工结算审计事后审计汇总报告》选例两则。

【选例22】《关于××工程项目的竣工结算审计意见书》

（一）选例评析

1. 选例介绍

某高校对起点金额以下的小型零星改造工程项目,实施竣工结算的事后审计。即纳入事后审计范畴的建设项目,由工程管理部门委托的造价咨询单位,对施工单位提交的工程结算书进行审核、出具审价报告并完成工程款项结算的实际支付。学校制度明确规定,审计部门应当在次年度按一定比例抽取样本,对上述已完成结算款项支付的建设项目,实施竣工结算审计。同时,在对单个项目提出审计意见和建议的基础上,向学校领导提交事后审计的年度综合报告。本项目即是某高校 2016 年实施的样本之一。

2. 审计成效

审计部门在实施了规范的审计程序之后(基于社会中介机构的造价咨询报告和审计工作底稿),出具了针对工程造价和工程管理综合情况的《××工程项目竣工结算造价审计意见书》。该单项意见书一方面对工程结算金额的准确性进行了确认,以已既成事实的竣工结算结果为线索,检查与评价工程管理行为是否恰当,揭示所存在的具体缺陷;另一方面,单项意见书既为下一步整体揭示工程结算中发生的常见错漏和评价小型工程项目管理现状积累了客观数据,也为"建设工程管理审计项目年度综合报告"的撰写打下了基础(该报告文书见本章第四节)。

从后续年度竣工结算审计的整体结果看,上述同类问题逐年递减,这从一个侧面体现了该工作机制和学校加大审计整改力度的成效。

3. 选例亮点

本选例在两个方面值得总结与借鉴:其一,通过抽样的方法解决有限的审计资源与"审计全覆盖"要求的固有矛盾,即以样本描述总体,为整体评价奠定客观的数据基础;其二,通过剖析样本存在的问题,提请工程管理部门关注是否具有普遍性，以示范性审计的理念，提高审计效用，提升审计绩效。

（二）选例文书

关于××工程项目的竣工结算审计意见书

工程管理部门：

自 2017 年×月×日至 2017 年×月×日，我处依据国家、行业、××市有关法律、法规和学校有关要求与规定，对你部门送审的"××工程"（下称本项目）竣工结算实施了事后审计。

现就有关工程管理情况，提出审计意见与建议如下。

一、项目概况

本项目施工合同金额 388 400.00 元，施工单位××建设有限公司提交竣工结算金额 428 200.00 元，你部门委托投资控制单位××工程咨询有限公司核定后实际结算金额 425 130.00 元，核减金额 3 070.00元，核减率为 0.72％。

该项目于 2017 年×月×日开工至 2017 年×月×日竣工，工期40 天。

二、工程造价审计结果

在建设项目竣工结算审计过程中，我处组织××公司进行的建设项目竣工结算造价审计工作已经完成。根据其提交的"××工程造价审计审减金额分析表"（见附件），我组审计后本项目应结算金额为409 284.00 元，较你部门的送审金额 425 130.00 元，审计共核减15 846.00 元，造价审核误差率高达 3.73％，超出允许误差率 24％，较施工单位报送的结算金额 428 200.00 元，共核减 18 916.00 元，总核减率 4.42％。

三、审计发现的主要问题

（一）工程造价审核职责履行严重不力

审计结果显示,造价审核误差已突破学校制度允许误差率 3％的红线。同时,相对于总核减金额 18 916.00 元(总核减率 4.42％),你部门的核减金额仅为 3 070 元,核减率仅为 0.72％。也就是说,审计的核减金额 15 846.00 元和核减率 3.73％,是你部门的 5 倍以上,造价审核职责履行严重不力。

造价审核错误体现在以下四个主要方面:

1. 工程量计算有差错,部分工程量计量依据不准确,此项涉及审减费用约为 12 191.00 元。例如,砼压顶,你部门审核为 35.41 m^3,审计根据竣工图计算确定为 9.06 m^3,审减 26.35 m^3。

2. 人工、材料等同一要素价格计价不一致,此项涉及审减费用约为 187 元。例如,钢筋 $\phi6$ mm,你部门审核单价不统一(2.57 元/kg 及 2.85 元/kg),审计统一按市场价格 2.57 元/kg 计入。

3. 综合单价的计价选择错误的消耗量定额,此项涉及审减费用约为 3 412.00 元。例如,旗杆基础,你部门按照混凝土基础计取,审计按照竣工图中的砖砌基础套取相应定额。

4. 水电费重复结算。该工程施工用水用电并未装表计量,施工的水电费用均由学校支付,故应扣除结算中包含的相关费用。

（二）工程管理职责履行不力

1. 经济技术文件签署不规范

(1)工程签证单签署不规范,施工监理、你部门仅在签证单中签字盖章,并未对签证内容发表意见。

(2)工程竣工验收单签署不完整,参建各方仅你部门签字盖章,施工单位、施工监理的项目负责人均未签字。

2. 项目资料不完整

项目资料不齐全,如缺少施工监理合同、审计承诺书(建设单位)、竣工报告等资料。

3. 现场管理不规范

（1）施工合同签署时间为 2017 年×月 24 日，但工程竣工验收单上的开工日期为 2017 年×月 10 日，形式上看起来存在先开工后签署合同的违反建设程序情况。

（2）本项目实际工期为 48 天，超出合同工期 8 天，未见相关责任的认定，在结算时也未作处理。

四、审计建议

（一）加强对施工单位结算报告的审核，严格根据招投标文件、施工合同约定的计量计价依据以及结算方式认真计算、仔细复核。检查该造价咨询单位出具的其他项目的审价报告，判断本项目中出现的问题是否为偶发，以评价其执业质量，并根据评价情况采取恰当的措施。

（二）签署各项技术、经济文件(如竣工图纸、签证单、竣工报告)时应按相关规章制度规范操作，同时，应对签署的内容发表明确的意见。

（三）加强工程档案和送审资料的管理。工程档案应规范、完整并及时归档备案；在项目竣工结算送审时，应按照学校的相关管理制度和管理要求，一次性提交完整的送审资料。

（四）加强工程的履约管理。避免违规行为的出现，对工期延误及时做好相应的记录与责任界定。

上述审计意见与建议，是我处立足建设项目管理之外的独立、客观评价，供你部门结合实际情况参考使用(不限于上述)。

请在收到审计意见书后的 10 个工作日内，将回复意见送达审计处，谢谢配合。

附件：××工程造价审计审减金额分析表(略)

审计处审计×组

2017 年×月×日

【选例23】《关于2017年竣工结算的事后审计报告(汇总)》

(一)选例评析

1. 选例介绍

本选例的基础项目,为2017年度对80个竣工结算事后审计项目审计实施结果的汇总报告。2017年度,我处在对80个竣工结算事后审计项目出具单项审计意见书80份的基础上,通过系统梳理、分析工程造价和工程管理情况,形成了当年度汇总的事后审计报告。

2. 审计成效

汇总的审计报告中,指出了审计所发现、涉及八个方面的23类问题,并提出了两大类共10条审计建议,要求工程管理部门从源头上查找审计发现问题的原因,重视制度规则缺失、实施失范或执行不到位的现状。

汇总审计报告引起了分管校领导的高度重视,敦促工程管理部门逐一落实审计报告提出的问题和建议,在重视大型建设工程项目管理行为的同时,也不忽略对小型建设工程项目的管理行为。

3. 选例亮点

(1)总揽全局,归整分析年度事后审计项目。对2017年建设工程竣工结算事后审计项目按审计实施情况、审计评价、审计发现的主要问题和审计意见四大类扩展开来,进行汇总分析,其中包括总结审计重点关注内容,统计平均核减率、平均审核误差率,辅以报表形式体现审计评价,进行年度对比,对审计发现的主要问题逐个分类提出,且以典型的项目素材予以说明。

(2)归类分析,提出综合建议。通过工程造价控制方面、工程管理方面等不同层面,结合审计重点及审计发现问题,提出综合审计建议。

（二）选例文书

关于 2017 年竣工结算的事后审计报告（汇总）

校领导：

根据《××大学建设工程管理审计规定》和《××大学建设工程竣工结算审计实施办法》等相关规定，2017 年×月至×月，我们对 2016 年度已完成结算款项支付的 50 万元以下建设工程项目中的 80 个样本实施了审计，出具单项审计意见书 80 份。在此基础上，我处对以上项目的工程造价和工程管理情况进行了整理、汇总、分析。现将相关情况报告如下。

一、实施概况

（一）审计方式和审计重点

本次审计属于事后审计。由审计处和社会中介机构组成审计组，通过对送审资料进行审核、分析、核对，并辅以沟通会谈等必要程序，对被审计项目工程造价、工程管理等情况进行检查和评价。

本次审计的重点为工程造价控制的准确性、工程管理的规范性和责任落实等。

（二）审计项目范围

2016 年度工程管理部门送达的已完成工程款支付的 50 万元以下建设工程竣工结算项目共计 286 个。我们综合考虑施工校区、管理部门、投控单位、施工单位等有关因素，采取分层抽样方法，抽取其中的 80 个项目进行审计，抽样比例约为 28%。其中，20 万元—50 万元以下竣工结算项目的抽查比例为 100%；10 万元—20 万元的抽查比例为 40%；5 万元—10 万元的抽查比例为 15%；5 万元以下的抽查比例为 10%。

（三）审计实施程序

1. 审计准备（2017 年×月×日至×月×日）

审计组收集、整理 2016 年度工程管理部门送达的已完成工程款支付的 50 万元以下建设工程竣工结算项目,拟定审计实施方案,确定抽样项目,送达审计通知书,要求工程管理部门于×月×日前按送审要求完整送审相关项目资料。

2. **审计实施**(2017 年×月×日至×月×日)

审计组于 2017 年×月×日前完成 80 个样本项目的单项审计意见书,经过必要的检查、分析、统计、汇总等工作,于×月×日出具事后审计报告初稿。

3. **审计报告**(2017 年×月×日至×月×日)

经过审计处三级审核程序,出具综合报告最终稿。

（四）工程管理部门造价审核平均核减率 7.10%

被抽审的 80 个建设工程项目的合同金额总计 1 682.57 万元,施工单位提请结算的工程造价总额 1 777.09 万元,工程管理部门核定并支付的工程造价总额 1 650.83 万元,合计核减 126.26 万元,平均核减率 7.10%。

（五）审计所确认的工程管理部门造价平均审核误差率 4.79%

经审计,80 个建设项目中除 2 项因故无法对工程造价进行审计外,确认 78 个项目的工程造价总额 1 553.50 万元,与工程管理部门相应审核确认工程造价总额 1 631.70 万元[①]相比,应审减金额 78.20 万元,平均审减误差率为 4.79%。其中,无审核误差率为 1 项,占比 1.28%;误差率在 5% 以内的 64 项,占比 82.05%;误差率在 5% 以上的 13 项,占比 16.67%。

各项目造价审定情况,可详见附表 1。

二、审计评价

2016 年度,工程管理部门按照有关政策法规和学校现行规定,基本履行了包括工程结算审核在内的工程管理职责。对照上年的审计结果,在工程项目预算管理、质保金管理、工程款项结算前审计备案以及

---

① 1 项未提交材料,1 项因提交的竣工图为简单平面示意图,无任何工作内容及相应的数据描述,故无法开展审计。

送审手续完备等方面均有所进步,但在建设项目合同管理、经济技术文件管理、资料保管和工程结算审核管理等方面,依旧存在不同程度的管理缺失和漏洞。其中,工程结算审核误差率指标明显退步,"工程造价审核平均误差率"指标由2015年度的2.69%上升至本年度的4.79%;"误差率5%以上项目占比"指标由2015年度的5.45%上升至本年度的16.67%(如下表所示)。

审计年份	项目数(个)	审计后确认的工程造价审核平均误差率(%)	造价审核误差率项目分布情况分析		
			无误差项目占比(%)	误差率5%以下(含)项目占比(%)	误差率5%以上项目占比(%)
2015	55	2.69	23.64	70.91	5.45
2016	78	4.79	1.28	82.05	16.67

本次审计中仍有13个建设工程造价审核误差率超学校制度规定允许的5%红线,造价控制有待加强。在对建设项目立项、预算、招标、合同、技术经济文件、资料等管理行为的检查中,审计发现仍存在不同程度的管理缺失和漏洞,有待进一步提高与改善。

三、审计发现的主要问题

(一)工程造价缺乏有效控制

78个项目中有13个项目(均为基建处项目)的造价误差率超过5%以上,超出了学校制度允许的误差率范围,占审计项目的16.67%,误差率最高的项目为"××校区××工程"项目,达43.85%(详见附表1)。

整体来看,审计确认审减78.2万元误差的主要原因为以下五个方面:

1. 工程量计算不准确

工程量计算有差错,部分工程量计量依据不准确,审减金额共计为25.98万元,占审减总额的33.23%。如"××校区××修缮工程"项目,墙面平顶抹灰面乳胶漆原粉起底一底二度,核定工程量为1 723.22 m²,审计按竣工图计算后确认的工程量为1 621.58 m²。

2. 价格取定存在误差

工料机价格的取定与市场价格有误差,金额共计 16.05 万元,占审减总额的 20.52%。如"××校区××水电管线工程"项目,履带式液压单斗挖掘机核定单价为 2 000 元/台班,审计根据合同约定的计价依据,参照信息价后确认单价调整为 1 281.07 元/台班。

3. 组价及费率有误

组价方式及费率计取有误,金额共计 30.03 万元,占审减总额的 38.40%。如"××教学楼防雷工程"安装工程拟定结算中综合费率为 51%,因施工合同未约定综合费率,故审计根据《关于调整〈××建设工程施工费用计算规则(2000)〉部分内容及标准的通知》中的取费标准区间(31%—41%),结合本项目具体情况,经甲乙双方确认,按中间值 36% 取定。

4. 未执行学校有关规定

子目计价计费未执行学校的有关规定,金额共计 3.98 万元,占审减总额的 5.09%。如"××校区××号楼屋面防水修缮工程"项目,核定垃圾外运费单价为 280 元/车,审计根据学校《关于 2015—2016 年度修缮工程(50 万元以下)安全防护、文明施工措施费率及垃圾外运费约定会商纪要》(参照)的有关规定,确认垃圾外运费单价为 210 元/车。

5. 其他

其他因素审减金额共计 2.16 万元,占审减总额的 2.76%。如"××楼卫生间改造工程"项目的水电费 2 903 元,按合同约定由学校支付,实际也确由学校支付,故审计予以扣减。

各项目审减情况分析,可详见附表4。

(二)合同管理普遍存在漏洞和瑕疵

30 个修缮项目合同管理中存在约定错误、内容缺陷或未能严格履行合同约定等问题,具体表现为以下三个方面:

1. 计价方式约定不全

例如"××研究所综合网络布线工程"项目,合同文件中的结算条款只明确了人工及材料的计价基准,未确定费率、税金等计价依据。

2. 部分修缮项目合同存在重要条款缺失

有关项目合同存在开竣工日期、奖罚条款、竣工结算审核时效、计价方式、取费标准、工料机的计价依据、质保期及质保金、合同签订日期等重要条款内容缺失问题。例如"××校区学生公用浴室水箱扩容项目"的合同中仅确定了总价,而对其中的单价、工程量在竣工结算时如何调整未作相应约定。

3. 实际施工有关签字人员与合同授权人不符

例如"××消防报警系统增加工程"项目,合同中约定现场负责人为"金××",而现场验收资料中签字人员为"王××"。实际施工有关签字人员与合同授权人不符,且未见变更手续文件,管理不到位。

各项目合同有关问题,详见附表5。

(三)经济技术文件签署不规范或内容不完整

有55个修缮项目的工程经济技术文件签署不规范或内容不齐全,占实际被审计项目总数的68.75%,导致部分工程经济技术文件的真实性、有效性无法确认。主要表现为以下三个方面:

1. 部分项目经济技术文件未按照相关规定办理审批手续

例如"××下水管改造工程"项目竣工验收单签署不完整,参建各方仅工程管理部门签字盖章,施工单位、施工监理均仅盖章,项目负责人未签字。

2. 签证内容及具体意见不明确

例如"×号楼353实验室工程"项目现场工程情况说明单上使用单位、建设管理方未对内容发表明确意见,其中,拆除卫生间台阶地坪仅写了拆除体积,未明确原台阶的具体做法,导致无法准确核定拆除台阶的结算价格。

3. 部分项目竣工图(或示意图)与实际施工现场不符

例如"××物理所精密离子阱预研实验室装修项目"竣工图上新装格栅灯有58只,现场实际为54只。

各项目经济技术文件有关问题,详见附表 5。

(四)竣工后未及时进行结算审核,部分项目审核时效超长

有 53 个修缮项目从竣工验收完成到工程管理部门审核完成的时间间隔超过半年,其中,有 30 个项目超过 1 年,与《××大学修缮工程管理须知》(修订版)规定审核时效不符。其中,"××图书馆阅览室、卫生间及外墙伸缩缝修理工程项目"间隔时间长达近 8 年,该项目 2008年×月竣工,于 2016 年×月完成结算审核。另有 2 个项目的竣工日期不详,无法判断。

各项目审核时效有关问题,详见附表 3。

(五)审核后审计备案不及时

有 5 个项目在 2016 年之前工程管理部门已完成审核,但未在完成审核的当年提交审计备案,详见附表 3。

(六)工程资料不完整

54 个项目资料不完整,占审计项目的 67.5%(详见附表 5"2017 年竣工结算事后审计存在问题情况表")。表明工程管理部门未严格按照《建设工程文件归档整理规范》(建标〔2002〕8 号)对各类工程资料及时进行整理、归档,各类工程资料的收集、保管工作存在较大漏洞。主要表现为以下六个方面:

1. 缺失整套工程材料,涉及 1 个项目;

2. 缺失施工图纸或图纸不完整、不清楚,涉及 6 个项目。

3. 缺失建设项目开、竣工报告,涉及 35 个项目;

4. 缺失审计承诺书,涉及 5 个项目;

5. 缺失建设项目隐蔽工程验收的相关资料,涉及 9 个项目;

6. 工程预算书编制单位有误,涉及 1 个项目。

(七)存在违反有关建设程序的问题

1. 存在先施工后签订合同和先签补充协议后签合同的问题

例如"××行政楼三层办公室装饰工程"项目,合同的签订日期为2014 年×月,而合同条款中约定的开工日期为 2012 年×月,合同签订

日期晚于开工日期。

2. 存在工程竣工后再办理工程签证的问题

例如"××教室303、304室修缮工程"项目,签证单上的日期为2016年10月××日,其竣工时间为2016年9月××日,签证日期不在施工期范围内。

各项目建设程序有关问题,详见附表5。

（八）工程管理部门的审核确认价超出合同价10%

例如,"××楼××改造工程"审核确认价为63 709元,合同价为55 653元,审核价超过合同价14.48%,但送审资料中未对超合同价10%以上原因提交相关说明,详见附表2。

四、审计建议

（一）工程造价控制方面的建议

1. 加强对工程造价审核管理

对审核误差率超过制度允许范围5%以上的建设项目,分析产生误差的原因,采取分类管理办法,明确结算审核的工作要求,切实降低工程造价的误差率,加强追责力度,减少学校的经济损失。

2. 加强对造价咨询单位的管理与监督

加强对造价咨询单位管理,区别产生误差的不同情况,通过明确修缮项目管理相关规定及工程造价审核的相关工作要求,加强对工程造价审核工作的监督,控制在制度允许的审核误差范围内。严格合同执行,对由造价咨询单位工作不到位而造成的误差情况,建立结算准确性等服务质量的考核机制,促使造价咨询单位提高工作质量。

3. 强化其他参建单位的管理与考核

加强对工程监理、招标代理等参建单位的管理,在代理服务等合同相关条款中明确服务要求和处罚条例,针对管理中存在的问题,查明原因后,加强在各相关业务工作中的防范措施,并对照服务要求,建立并执行有效的激励和制约机制,提高修缮项目管理的工作质量。

（二）工程管理方面的建议

1. 加强完善制度建设，建立长效管理机制

我校目前实施的仍旧是2005年×月发布的《××大学修缮工程管理须知》（修订版）。该管理制度已无法指导和规范我校当今的建设项目管理实际工作。建议修订该制度，同时制定并完善"一级规定、二级办法、三级表单"的多层级工程管理制度，明确工程管理要求的原则性规定和目标，明确流程管理的相关办法，固化工作表单。定期对各项规章制度进行检查，确保规章制度执行的合理性和有效性，实现长效管理工作机制。

2. 严格合同管理，提高合同履约能力

（1）制定并完善不同修缮业务类型的合同示范文本。规范统一修缮项目的合同示范文本，从源头上完善合同的格式、内容，避免重要合同条款的缺失，提高合同管理的工作质量和效率。

（2）建立及完善岗位职责，强化合同文本实质性审核。建立及完善岗位职责，从对合同文本的流程审核转化成对合同文本的实质性审核，通过梳理和把控修缮项目的重要风险点和控制点，发挥各层级的监督管理作用。

（3）加强合同全过程管理，切实提高履约能力。建立合同管理制度，做到合同管理贯穿于修缮项目的全过程、全方位管理，切实提高履约能力。

3. 完善各类经济技术类文件的规章制度并有效执行

（1）制定施工过程中各类经济技术类文件签署的规章制度和工作要求。明确经济技术文件的签署时间、签署内容、签署意见、签署人员等基本要素；完善签证相应的授权审批程序、金额和范围，有效并规范执行有关规章制度。

（2）强化过程的规范管理要求。在修缮项目的日常运行中，对管理人员是否严格遵守经济技术文件管理制度进行监管，以确保规章制度的有效执行，切实维护学校权益。

4. 加强竣工结算审核时效管理

（1）按照《××大学建设工程竣工结算审计实施办法》，"工程管理部门应当在收到承包方提交的竣工结算书的30个工作日内，负责组织审核并出具工程造价审核意见书"。工程管理部门应严格执行以上规定，敦促承包单位按规定时间提交审核，并及时组织开展有关结算审核工作。

（2）建议对以前年度已实施完成的修缮项目进行清理，在年底前列出遗留项目清单，明确遗留项目结算的截止日期，提高竣工结算审核管理。

5. 遵守项目送审备案的时效要求

按《××大学建设工程竣工结算审计实施办法》要求，工程管理部门应及时组织对施工单位提交的结算报告的审核，并在审核完成后及时提交我处备案，以确保次年度开展事后抽样审计范围的完整性。

6. 重视建设项目资料管理

建立健全建设工程资料档案管理制度并严格执行，妥善保管建设工程管理资料，防止发生工程资料遗失的问题。并按照《建设项目竣工结算审计送审资料基本要求和交接规则》的要求，及时、完整、准确地送达各项资料，以完善竣工结算审计的相关依据。

7. 加强建设程序合法合规性工作意识，提升管理水平

按《行政事业单位内部控制规范（试行）》要求，梳理修缮项目管理中的风险点，严格执行建设项目各阶段、各环节的规范工作程序和要求，切实维护正常的建设秩序，进一步防范和控制管理风险。

8. 加强修缮计划管理，完善立项准备工作

加强修缮项目的计划管理工作，避免边设计、边施工的情况发生，完善和细化修缮项目的建设内容、建设标准及建设功能等前期准备工作，做到预算控结算，切实提高合同执行，提高造价控制的管理能力。

从本年度审计发现来看，前几年均存在的类似问题今年仍然存在，且工程结算审核误差情况比上年度存在明显退步。故工程管理部门应

举一反三,从源头上加强管理,扎实推进审计结果的整改落实。

附表:(以下文本均略)

1. 2017 年竣工结算事后审计造价审定情况

2. 2017 年竣工结算事后审计工程管理部门审核确认造价超合同价情况表

3. 2017 年竣工结算事后审计工程管理部门完成审核项目情况表

4. 2017 年竣工结算事后审计审减原因分析表

5. 2017 年竣工结算事后审计存在问题情况表

审　计　处

2017 年×月×日

第三节　竣工财务决算审计

【简述】

竣工财务决算审计,是指审计部门依据现行的法律法规、行业规则和学校制度,对反映建设项目从筹建到交付使用全过程发生的实际造价和建设成果的竣工财务决算报告以及相关资料的正确性、真实性和合法性所进行的检查和评价,目的是保障建设资金合理、合法使用,正确评价投资效果,促进总结建设经验,提高建设项目管理水平。

竣工财务决算是整个工程建设的重要控制环节之一。学校通过这个活动,完整归集某建设工程项目从筹集到竣工验收、竣工交付使用为止的全部工程建设费用,其中包括建筑安装工程支出、设备投资支出、待摊投资支出和其他投资支出等成本费用,从财务上核实建设工程所形成资产的总金额,产生归集新增固定资产价值、考核分析投资效果、全面反映建设项目实际造价和投资效果的系列报表与文件,从而向有关部门办理固定资产交付手续。这些文件包括项目竣工财务决算报表、竣工财务决算说明书、竣工财务决（结）算审核情况以及相关资料等。

　　竣工财务决算审计的实施，应当由高校内审部门在财务部门初步编制完成相关项目竣工财务决算系列报表基础上进行。因此，竣工财务决算审计的实施，同样应当以风险评估为导向，结合具体建设项目的特点和情况确定审计实施重点。审计结果性文书的撰写，应当围绕审计检查的内容，评价其正确性、真实性、合法性和效益性。

　　通常情况下，以下五点需要进行重点关注和反映：

　　1. 建设项目财务管理基础工作的健全性和内部控制制度的完整性；

　　2. 财务竣工决算报表和决算说明书编制的完整性与准确性；

　　3. 建设资金的专款专用、预算执行及预算调整的合法合规性；

　　4. 建设成本与批准建设内容、合同协议的符合性，工程报废损失的真实性；

　　5. 送审资料的完整性。

　　由于在实际运行中，高校的竣工财务决算审计刚刚起步，开展尚不广泛，故以下选例并不成熟，仅供参考。

【选例24】《关于××工程项目竣工财务决算的审计报告》

一、选例评析

（一）选例介绍

　　本选例的基础项目，为经国家发展和改革委员会批复的高校新建学科学术研究交流中心，包括多个多层的单体建筑物。该项目由学校委托的第三方出具《××项目竣工财务决算评审报告》，审计处对项目竣工财务决算实施审计，出具审计报告。

（二）审计成效

经过审计，对多计的建安成本和待摊投资予以扣减，调整了财务竣工决算报表的分类差错。在报告中，审计部门指出了审计发现的 4 方面的 10 类问题，并提出了 4 条审计建议，为本项目和后续项目的规范开展夯实基础、提供借鉴。

（三）审计亮点

本项目竣工决算审计不局限于审查会计核算、报表列示，一方面，沿着资金流向，全面关注了项目的资金来源、到位、使用和结余，以及相关的会计核算行为和竣工决算报表的列报情况，覆盖了从项目设计概算批复到竣工交付的全过程；另一方面，重点关注与项目投资相关的主要建设管理行为，努力实现上述"正确评价投资效果，促进总结建设经验，提高建设项目管理水平"的工作目标。

二、选例文书

关于××工程项目竣工财务决算的审计报告

校领导：

201×年×月×日至×月×日，我处对新建××中心项目（以下简称本项目）的竣工财务决算进行了审计。审计工作按照中国内部审计准则，结合实际，实施了检查、核对、抽查等必要的审计程序，采用了书面审查、口头询问、实地察看等方式，对工程履行建设程序、投资控制及资金管理使用、建设成本支出情况进行了审计。基建处、财务处对各自提供的本次审计有关材料的真实性、完整性负责。

现将有关审计情况报告如下。

一、项目概况

（一）投资计划及批复

根据《国家发展和改革委员会关于××大学××项目初步设计方案和投资概算的批复》，本项目总建筑面积×××××m²，概算总投资××××万元，其中，建安工程费××××万元，工程建设其他费用×××万元，基本预备费×××万元。

（二）参建单位（略）

（三）项目主要节点日期（略）

（四）工程实际完成情况

根据竣工财务决算报告，决算基准日（2018年×月×日）累计完成投资××××万元，其中，建筑安装工程投资××××万元，工程建设其他费用×××万元（见附件：××会计师事务所出具的《××项目竣工财务决算评审报告》）。

经审计，项目总投资××××万元，其中，建筑安装工程投资××××万元，工程建设其他费用×××万元。

二、送审情况

（一）财务管理部门提供的资料（略）

（二）基建处提供的资料（略）

三、审计依据（略）

四、审计评价

审计结果表明，该项目在概算批复范围内，实现了项目可研报告提出的为学科创建在国际上有重要学术影响的科研中心、创新中心、人才培养中心和国际学术交流中心提供办公、教学、科研、专家生活保障用房的建设目标，比批复概算节约×××万元，但竣工日期较建设目标延误3.6个月。

该项目在建设过程中，基本执行了相关国家法律法规，会计核算基本遵守了基本建设财务管理方面的相关规定，资金使用基本规范，项目工程质量管理、合同管理等内部管理制度基本健全，执行基本有效，但也存在以下一些主要问题。

五、审计中发现的主要问题

(一)违反基本建设程序

本项目于 2016 年×月×日取得施工许可证,但在 2 天前已开始工程桩施工作业。基建处未下发开工报告,但没有制止施工单位的施工行为。

根据《建筑工程施工许可管理办法》第二条"建设单位在开工前应当依照本办法的规定,向工程所在地的县级以上地方人民政府住房城乡建设主管部门(以下简称发证机关)申请领取施工许可证"和第三条"本办法规定应当申请领取施工许可证的建筑工程未取得施工许可证的,一律不得开工"的规定,建设管理部门应当严格遵守相关规定,确保在取得施工许可证后开始施工。

(二)投资管理不到位

1. 建安工程动态投资控制未落实

基建处构建了动态投资控制体系,但具体实施中未落实。例如,施工合同中约定,承包人应在开工后 30 天内,向发包人提交标后施工图预算;投资监理合同中约定,投资监理人应在约定的时间内,编制或审核标后施工图预算。审计未发现有上述文件。

通过编制审核标后施工图预算,可以掌握招标工程量清单与实际施工需要存在多少差异、中标的综合单价是否存在偏离成本的情况、招标时暂定内容的变化情况以及工程建设所需人工材料机械的价格受市场波动对工程投资的影响程度等投资控制的重要信息,也是确定或调整工程造价控制目标的重要基础。事实上,本项目剔除暂定内容的中标价比同口径的结算价低了 19%,其主要原因是招标工程量清单中工程量少于实际工程量和市场价格不利波动。该项工作缺失,导致无法尽早发现此类风险,丧失作出调整、进行控制的时机,最终导致该项建安投资超过相应的批复概算,而没有突破批复总概算的原因是由于招标中暂定内容的实施结果好于预期,以及幸运地避开了材料价格涨幅最高的阶段。因此,建设管理部门应予以重视,扎实做好相关工作,避免类似风险问题重现。

2. 设计变更管理程序存在缺陷

本项目发生设计变更 6 项,涉及结算造价 413 万元,在变更管理过程中存在缺陷,主要表现在以下三个方面:

(1)变更决策时未取得该项变更对项目投资影响的数据,与学校关于变更管理的相关制度不符;

(2)变更决策时论证变更必要性的过程资料缺失,审计认为第 3 号设计变更改变饰面材料的理由不充分;

(3)未及时反映设计变更累计对项目投资的影响。

设计变更对项目投资存在重大影响,在建设过程中应按制度严格管理,科学决策,保留完整的工作痕迹。

(三)建设成本支出不规范

1. 多计建安工程结算

经审计,多计建安工程投资×××万元,应予核减。其中:

(1)结算工程量有误,应核减××万元;

(2)现场签证的责任界定有误,应核减×万元;

(3)结算的综合单价有误,应核减××万元。

2. 列支批复范围以外的内容

经审计,竣工财务决算中列支办公家具 35 万元,而批复的可研报告和设计概算中均无该项内容。

根据《基本建设财务规则》第二十二条"项目建设单位应当严格控制建设成本的范围、标准和支出责任,以下支出不得列入项目建设成本:(一)超过批准建设内容发生的支出",上述 35 万元应予核减。

3. 成本列支有误

竣工财务决算中将室内环境检测、防雷检测等合计 28 万元列入主楼建安投资,根据《基本建设项目建设成本管理规定》第四条的规定,应调整竣工财务决算,增加待摊投资,相应减少主楼建安投资。

（四）建设管理不规范

1. 空调主机采购未按规定公开招投标

本项目施工总承包招标中暂定价格为×××万元的空调主机,在采购时采用邀请供应商报价,通过比价方式确定供应商和交易价格。

根据《工程建设项目招标范围和规模标准规定》第七条"本规定第二条至第六条招标范围内的各类工程建设项目,包括项目的勘察、设计、施工、监理以及与工程建设有关的重要设备、材料等的采购,达到下列标准之一的,必须进行招标:(一)施工单价合同估算价在 200 万元人民币以上的;(二)重要设备、材料等货物的采购,单项合同估算价在 100 万元人民币以上"的规定,空调主机显然应该通过招标采购,鉴于项目国有资金的属性,应该采用公开招标方式。

2. 弱电专业分包招标未执行工程量清单计价规范

本项目弱电工程专业分包招标时,投标报价和招标控制价均未采用国家规定的清单模式计价。

根据中华人民共和国国家标准《建设工程工程量清单计价规范》强制性条文 3.1.1 款"使用国有资金投资的建设工程发承包,必须采用工程量清单计价"的规定,本项目弱电工程专业分包招标中,应采用工程量清单计价。

3. 未在规定的时限内编制竣工财务决算

经审计,本项目于 2017 年×月×日通过竣工验收,上报竣工财务决算报表显示编制日期为 2018 年×月×日,距离竣工验收 11 个月之久。

根据《基本建设项目竣工财务决算管理暂行办法》第二条"基本建设项目(以下简称项目)完工可投入使用或者试运行合格后,应当在 3 个月内编报竣工财务决算,特殊情况确需延长的,中小型项目不得超过 2 个月,大型项目不得超过 6 个月。"本项目 11 个月方完成竣工财务决算报表编制,与此规定不符。

4. 工程项目档案管理需要加强

截至报告日,本项目的档案尚未全面汇总、整理,未达到《基本建设项目档案管理办法》第四条"基本建设项目的档案资料工作要与项目建设进程同步,项目申请立项时,即应开始进行文件材料的积累、整理、审查工作;项目竣工验收时,完成文件材料的归档和验收工作"规定的要求。

六、审计建议

(一)基建处应当认真梳理法规明确禁止的建设行为,建立起有效的预防控制体系,杜绝违规建设,尤其需要严格执行建设程序,按规定组织招投标活动。

(二)基建处应当分析该项目工期延误的主客观原因,从预防、化解不利的客观情况、科学确定工期计划、严肃追究责任等多方面入手,提高工期计划管理能力。

(三)基建处应当优化投资控制体系,并确保其有效运行。加强对相关岗位和服务供应商的监管,提高造价数据的准确性、及时性、完整性。

(四)财务处应当重视竣工财务决算工作,提高履职人员对相关法规的理解,切实按规定完成相关工作。

附件:××项目竣工财务决算评审报告

审 计 处
2018 年×月×日

第四节　年度综合报告

【简述】

工程审计的年度综合报告,同样是一个综合性的审计结果呈现文本,是对学校年度审计计划中工程审计计划执行情况的总结。其送呈的对象是学校主要领导,报告人为内部审计部门。

工程审计年度综合报告应当站在学校宏观治理的层面,在整体回顾年度工程审计项目概况的基础上,归总反映当年度跟踪审计和竣工结算审计中发现的学校工程管理的重大问题、典型问题及共性问题,综合反映审计所提出的建议以及被审计对象整改的情况,并扼要汇报审计部门为履职尽责所采取的主要工作措施,以充分展现在学校工程管理业务条线中,内部审计部门所发挥的"完善内部控制、落实管理责任、提高资源绩效"实际作用。因此,年度综合报告的撰写应当深入浅出、提纲挈领、切中要害,部分需要说明的但较为繁杂的内容,应以附表的形式表达。

年度综合报告一般由以下五部分基本内容组成:

1. 计划执行情况。可用列表或文字方式列示或报告计划项目进度,包括已完成、报告中、过程中、待启动等状态。

2. 审计中发现的主要问题。这部分为重点内容,需要以简练的文字,将当年度审计实施中所发现的问题进行汇总,按照建设工程项目的管理周期,从投资立项、勘察设计、施工准备、施工实施、竣工验收、竣工结算以及财务决算等各个阶段进行归纳阐述,并以附表的形式分析问题的分布和出现的频次情况。

3. 审计提出的相应建议。内部审计的基本职能是为组织运行降低风险,因此,审计不只是注重问题的发现,还要针对发现的问题提出改进建议,从而促进学校以及建设工程管理部门完善管理,降低风险。

4. 审计整改情况。单项审计意见书或阶段报告发布之后,工程管理部门针对可以及时改进的问题已经采取了有效的整改措施;对于未能及时改进的问题也提出了将要采取的措施或实际工作中存在的困难。因此,在年度综合报告中对整改情况进行汇总,一方面反映了以上审计发现问题的整改情况,另一方面促进遗留问题的尽快整改。

5. 主要工作措施。在年度报告中,也可以根据需要,概要汇报审计部门为确保审计工作顺利开展而采取的机制、制度以及实施等方面的有效工作措施,以展示内部审计的积极作为。

本节选例以某大学建设工程管理审计年度综合报告为基础进行编辑。阅读者可结合本章前三节中的有关选例,思考年度综合报告与前述各类业务模式下审计文书出发点与着力点的不同之处,从而进一步思考应当如何撰写工程审计的年度综合报告。

【选例25】《关于2017年度建设工程管理审计的综合报告》

关于2017年度建设工程管理审计的综合报告

校领导:

2017年度,我处继续统筹安排审计资源,积极采用各项工作措施,有计划地组织实施学校建设工程管理审计,工作成效明显。现将年度建设工程管理审计项目的实施情况报告如下。

一、年度建设工程管理审计计划执行情况

2017年度(下称本年度),列入学校年度审计计划建设工程管理审计的重点项目和常规项目共118项,实际执行113项。重点项目中,重大基本建设工程全过程跟踪审计项目计划18项,实际执行18项;50万元以上(含)竣工结算事中审计项目计划20项,实际执行15项。50万元以下竣工结算事后审计为常规项目,计划与实际执行均为80项。

(一)重点审计项目

1. 全过程跟踪审计项目

2017年度,我处组织对上述18个项目的招标文件等各类业务事项实施了实时审计,共出具审计意见书等文书65份,提出审计意见共652条;对其中的4个项目重要阶段实施了阶段性审计,出具阶段性审计报告4份,提出审计意见共27条(详见附表1"全过程跟踪审计项目实施情况表")。同时,根据学校的审计整改工作要求,在出具阶段性审计报告后,送达相应审计整改通知书 4 份。

2. 竣工结算事中审计项目

2017 年度审结的 15 个竣工结算事中审计项目中,施工单位提请结算的工程造价总额 3 842.84 万元,工程管理部门核定的工程造价总额 3 544.05 万元(平均核减率为 7.78%),我处实施审计后确定的工程造价总额 3 437.22 万元(平均审减率 3.01%)。其中,有 14 个项目的审减率在 0—5% 之间,1 个项目的审减率超过 5%(详见附表 2"竣工结算事中审计项目实施情况表")。

(二) 常规审计项目

被抽查的 80 个竣工结算事后审计项目中,除 2 项因提供的资料不全而无法对工程造价进行审计外,其余 78 个项目的工程造价总额确认为 1 553.50 万元,与工程管理部门相应审核确认工程造价总额 1 631.70 万元相比,应审减金额 78.20 万元,平均审减误差率为 4.79%。其中,无审核误差率为 1 项,占比 1.28%;误差率在 5% 以内的 64 项,占比 82.05%;误差率在 5% 以上的 13 项,占比 16.67%(详见附表 3"竣工结算事后审计项目实施情况表")。

二、审计中发现的主要问题

(一) 投资立项及勘察设计阶段

1. 立项审批程序不清晰,项目送审资料中常有缺失项目立项报告或项目预算批复意见。

2. 施工预算无对应分项概算,或预算立项与施工项目预算口径不匹配。

3. 设计概算存在漏项。

(二) 施工准备阶段

1. 招投标管理不规范

主要表现为引用的制度规范等未执行现行规定;资质要求不合理;总包与分包工作界面划分不清;工程量清单编制有误;招标文件或合同

文本内容描述不完整或不完善;专业分包无招标控制价或招标控制价设置不合理。

2. 合同管理不规范

主要表现为合同内容与招标不一致;合同重要条款缺失或约定不明;合同金额超立项批复预算金额等。

(三)施工实施阶段

1. 进度管理不及时

主要表现为建设进度偏离建设计划;专业工程招标、签约进度滞后;设计进度滞后等。

2. 投资管理不到位

主要表现为标后预算调整与合同约定不符;部分子项已超出项目概算等。

3. 履约管理不严谨

主要表现为实际施工有关签字人员与合同授权人不符;工程竣工后签署工程签证;经济技术文件未按照相关规定办理审批手续;签证内容及具体问题不明确等。

(四)竣工结算阶段

1. 竣工结算审核或送审不及时

例如,"××校区后勤宿舍项目"2013年×月×日竣工,工程管理部门2016年×月×日才完成审核,结算审核不及时。

2. 工程量计算不准确

主要表现为工程量计算差错;重复、多计工程量;工程量计量依据不准确、不充分等。

3. 工料机价格不准确

主要表现为要素价格调整有误;未执行合同价或投标价;新增单价组价有误等。

4. 定额套用、计价方式或费率计取不准确

主要表现为定额套用有误;适用费率有误;部分子目单价未按规定

执行等。

（五）财务决算阶段

财务决算阶段常见问题包括工程造价超批复投资金额、违反基本建设程序实施、建安工程动态投资控制未落实、设计变更管理程序存在缺陷、多计建安工程结算、列支批复范围以外的内容、成本列支有误、采购项目未按规定公开招投标、专业分包招标未执行工程量清单计价规范、未在规定的时限内编制竣工财务决算、工程项目档案缺失等。

三、审计提出的相关建议

（一）进一步加强投资立项管理

1. 规范建设审批程序，针对不同类型的建设工程制定完善的立项审批流程，严格把关计划、请示、批复、预算金额、执行等重要环节。

2. 力争将项目粗放的预算管理模式转变为精细的管理模式，既实行总量控制，又有分项控制，实现财务管理和工程管理有机结合，提高预算的相关性和匹配性。

3. 严格按照国家、行业及《××大学基建项目立项报批和计划管理办法》，建立包括识别、预警、决策、化解等功能的超投资防控机制，落实分阶段的投资工作目标，及时纠偏，切实加强对项目投资的动态管理。

（二）进一步完善施工准备工作

1. 严格按照国家、行业及学校相关规定，做好招投标文件的编制和审核工作，特别是涉及合同价款支付等的关键性内容。对于招标控制价的设置，应根据项目特点，按照招标图纸、市场材料价格、本地的规费取费标准等编制招标控制价明细，以科学、合理地确定招标控制价。

2. 建立并推行不同业务类型的合同示范文本，对诸如质量、工期、安全、文明施工、结算方式、计价依据、付款方式、奖罚条例等重要条款须着重关注。在合同编制、签订过程中，加强文本的合规性、合理性和完整性审核，避免出现内容前后矛盾、表述不够准确、遗漏重要条款等情况，确保工程结算顺利进行。

（三）进一步加强施工实施的管理

1. 细化项目进度管理，根据实际施工情况及时调整施工进度，并尽快组织对调整工期计划的论证和确认，确保实现项目工期目标。

2. 应按合同约定尽快完成标后调整预算，并通过比对相应的概算子项，合理确定工程的投资控制目标。对已发生的单项超概事项，制定相应的解决预案和化解方案。按照计划在合理建设时间内完成各专业分包的招标，落实招标暂估材料、设备的品牌、规格、型号的确定及定价工作，并在规定的时间内完成设计文件和施工方案。

3. 严格按照签订的合约履行，提高合同管理能力，有效督促合同对方全面履行其合同义务。对合同执行过程中发生的超出管理权限、审批权限以及未明确的重要事项等，应及时采取有效措施，按照相关的管理规定，对合同有关约定进行补充、调整或说明，以切实提高合同的履约能力，保障建设项目有效实施。

（四）进一步完善竣工结算的工作

1. 严格按照学校送审业务的基本要求，对确定送审事项及时筹划，提前准备，及时完整送审，避免审计检查时因资料缺失无法对实质性内容发表审计意见。

2. 加强对工程造价审核管理，严格内部审核职责和机制，根据招投标文件、施工合同规定的依据取费计价，并根据竣工图纸仔细核对工程量，提高竣工结算审核质量，将造价审核误差率控制在合理范围内。

（五）进一步强化财务决算的审核

1. 认真梳理法规明确禁止的建设行为，建立起有效的预防控制体系，杜绝违规建设，尤其需要严格执行建设程序，按规定组织招投标活动。

2. 分析项目工期延误的主客观原因，从预防、化解不利的客观情况、科学确定工期计划、严肃追究责任等多方面入手，提高工期计划管理能力。

3. 优化投资控制体系，并确保其有效运行。加强对相关岗位和服务供应商的监管,提高造价数据的准确性、及时性、完整性。

四、审计整改情况

根据被审计对象的书面反馈和审计处的跟踪检查,对于本年度我处送达的各项审计文本中的意见和建议,工程管理部门均予以了高度重视,并采取了相应的整改措施:

1. 全过程跟踪审计项目的单项审计意见书下发后,审计意见的平均采纳率约为 87%,有部分审计意见书的采纳率高达 100%。

2. 在全过程跟踪审计 4 份阶段性审计报告的"审计整改通知书"下发后,工程管理部门按要求提交了"审计整改结果报告",并主动对照审计提出的意见和建议,采取了立即纠正、规范程序、加强教育、建章立制等多项措施,积极担负起审计整改的主体责任。

五、主要工作措施

(一) 修订原制度,执行新制度

本年度,根据不断发展的新形势,结合学校实际,我处对原有的建设项目审计制度进行研究并起草了修订稿,在完成学校的决策程序后,《××大学建设工程管理审计规定》《××大学建设工程全过程跟踪审计实施办法》《××大学建设工程竣工结算审计实施办法》3 个制度已由校长办公室正式发布。在进行广泛宣传与培训的基础上,新制度已获全面执行。

(二) 着力提升审计质量

建立审计工作例会、专题讨论会等会议平台,以审计工作中发现的问题为导向,研讨建设工程管理审计的各类实施方案,交流审计实施中遇到的问题和处理方法。

建立同类业务的审计检查和评价标准,在鼓励针对项目特有情况开展相关性审计工作的同时,统一各审计组、各社会中介机构对共性业务的职业标准。

采用常规模式和特殊模式相结合的工作机制,在牢牢把握审计质量的同时,对工程管理部门无法保证按审计工作要求中的时效送审的

跟踪审计业务,采取实施同步审计或先备案事后再行审计的方式。

(三)积极推进审计时效

通过审计工作要求明确已确定的审计事项和选择性的审计事项,使工程管理部门事前明了跟踪审计确定重点关注的建设工程项目各阶段有关业务事项,以及与之相对应的审计工作要求和时效承诺,以提前筹划、及早准备。

发挥审计工作主动性,对照审计实施方案及时完成各事项、各项目的审理流程,确保在规定时效内保质保量地完成审计工作,并在单项审计意见书的基础上汇总年度跟踪审计发现问题清单,积极促进审计整改时效。

(四)完善审计信息化建设

对建设工程管理审计的整体工作流程进行了梳理和固化,新版建设工程审计管理信息化系统发布并开始运行,极大地提高了审计工作的效率和质量。

(五)推动审计结果公开

在审计处网站按季度公开竣工结算审计项目的审理信息,所有已审结竣工结算项目和在审竣工结算项目一目了然,既有利于工程管理部门、使用单位及时了解建设项目竣工结算审计的审结或进展情况,也有利于审计处接受来自各方面的监督,提高竣工结算审计实施的透明度。

附表:

1. 全过程跟踪审计项目实施情况表(略)

2. 竣工结算事中审计项目实施情况表(略)

3. 竣工结算事后审计项目实施情况表(略)

审 计 处

2017 年×月×日

引言

近年来,针对《教育部关于加强直属高等学校内部审计工作的意见》(教财〔2015〕2号)所指引的审计业务领域,各高等学校内审部门在广泛实施领导干部经济责任审计和建设工程管理审计的基础上,还结合所在高校的自身情况,开展了对其他经常性业务领域或业务类别的诸多审计实践,如预算管理审计、科研经费管理审计、内部控制审计和绩效审计等。预算管理审计和科研经费管理审计中不乏方法独特、成效显著者;但对于内部控制审计和绩效审计,大部分高校目前尚未涉足,因此,这将是未来高校内部审计需要重点研究与突破的方向。下面以部分高校的审计实例为基础,展示经整理、提炼后的审计结果性文书。

第二部分 高校经常性审计业务文书

第三章

预算管理审计

【概述】

预算管理既是高校财务管理的核心工作,也是学校事业发展中的基础性、关键性内部控制。它以高校战略发展目标为导向,对未来一定期间内的业务活动和相应的财务结果进行全面预测和筹划,科学、合理地配置各项财务和非财务资源,并对执行过程进行监督和分析,对执行结果进行评价和反馈,指导高校经济活动和业务活动的改善和调整,进而推动实现学校战略目标。

同样,预算管理审计是在同一工作目标下,通过对高校预算管理情况进行检查和评价,用以促进规范预算管理、提高预算资金使用效益的一种审计行为。作为学校内部治理体系的重要组成部分和重要手段,随着国家预算管理形势发展,高校预算管理审计亦经历了一个内涵不断拓展的过程。

一是审计内容的拓展。2008年,《教育部关于加强高等学校预算执行与决算审计工作的意见》提出,要"严格预算执行审计""加强决算审计"。在此阶段,高校内部审计主要针对"预算编制、批复和调整是否科学、合理、合规,收入预算是否真实、合法、完整,支出预算是否真实、合法、有效"以及预算收支执行的结果和差异原因等进行确认和评价。时至2015年,教育部发布了《教育部关于加强直属高等学校内部审计工作的意见》,提出各高校要"强化预算管理审计,促进提高资金使用效益",将原本的预算执行与决算审计拓展为预算管理审计,其审计内容定义为预算编制管理、预算执行过程、预算执行绩效三个主要方面,明确提出了预算绩效审计。

二是审计范围的拓展。前期,内审部门主要对校本级和所属单位年度预算执行情况进行审计,对决算的真实性、合法性、完整性进行确认和审查。2015年,教育部明确要求"要重点对收支规模大、经济活动频繁的内部机构和下属单位预算执行情况和重点项目预算执行情况进行审计。关注预算执行的真实性、合法性和控制机制的健全性、有效性"。该意见的提出,进一步强化了对内部机构和下属单位进行预算管理审计的必要性和重要性。

因此,根据预算管理审计的内涵及定位,在实施时可以采取点面结合的多层次方式进行:既可以对校本级开展,也可以对院系或直属单位开展;既可以对预算总体实施审计,也可以对教学、科研、后勤等某一类经费进行审计;既可以只针对预算编制管理发表意见,也可以仅关注预算执行情况抑或是预算绩效情况。

本章的两个选例,分别为学校层面的预算管理审计和院系层面的预算管理审计。与前两章的经济责任审计和建设工程管理审计业务相比,目前高校开展预算管理审计的频次相对不高,其报告尚未形成相对固定的范式,故而两份报告的表达方式各有特点。需要指出的是,两个选例仅对预算管理中的编制管理、执行管理的过程进行了重点关注,对预算执行的绩效都未作实质性的评价,因而均以"预算执行审计报告"命名。

高校预算绩效审计正处于摸索前行的过程中。究其无法广泛开展与深入推进的主要原因,缘于高校现有的预算管理体系不甚规范与健全。其中,有预算绩效指标体系建设不完善的原因,也有预算考核方法相对僵化的因素,更有审计人员在定性和定量指标之间把握欠佳的自身因素。故在现阶段,大多数高校内审部门的审计结果性文书尚未涉足预算执行绩效审计的相关定量与定性描述。2018 年 9 月,中共中央、国务院发布了《关于全面实施预算绩效管理的意见》,非常系统地提出了构建全方位预算绩效管理格局、建立全过程预算绩效管理链条、完善全覆盖预算绩效管理体系等要求,并明确了相关措施。因此,相信近年内预算绩效审计将会是一个重点和热点,也是内审部门进一步拓展高校预算管理审计内涵的一个契机。

【选例 26】《关于××大学 2015 年预算执行情况的审计报告》

一、选例评析

（一）选例介绍

根据《教育部关于加强高等学校预算执行与决算审计工作的意见》《教育部关于加强直属高等学校内部审计工作的意见》等文件,××大学制定了《××大学预算执行与决算审计办法》,经学校决策机构审议通过。依据该办法,学校将预决算审计纳入年度审计工作计划,每年均开展对上一年度校级预算执行情况的审计,并出具审计报告。

（二）审计成效

内审部门实施审计后,出具了《预算执行情况审计报告》1 份,在预算编制、学费收入管理、预算执行、财务收支等方面披露××个问题;涉及损失浪费金额××万元,不符合规定或程序金额××万元;提出审计建议××条。

该项审计在对规范学校财务管理方面作用显著,极大地促进了内部审计作用的发挥。校长在阅读该报告后专门批示:"进一步加强财务管理工作,进一步加强我校审计工作。"

根据审计中发现的问题,并结合审计建议,财务处牵头进行了全面整改,学校进一步规范了位列高校内部控制业务层面六大基础性业务第一项的预算管理工作。

（三）选例亮点

1. 依法依规，全面覆盖。开展预算审计工作，尤以校级预算审计推进困难。××大学审计处遵循上级文件要求，注重依法审计。对学校整体预算的管理情况进行全面审计，一方面对预算执行情况进行确认，一方面对学校财务状况进行评价，有效地发挥内部审计在学校治理中的作用，提高学校自我防范风险的能力。

2. 抓住矛盾，突出重点。如何让这项工作真正有价值、起作用，不浮于表面，××大学采取"全面加重点"的审计模式，确定重点审计方向和内容。本选例中，审计处根据资金性质和预算结构，分别选取财政专项中的基本科研业务费和校内专项经费作为重点审计内容，并根据风险识别，确定重点审计范围，做到既全面关注，又突出重点。

二、选例文书

关于××大学 2015 年预算执行情况的审计报告

校领导：

依据《××大学预算执行与决算审计办法（试行）》，审计处于 2016 年×月对学校 2015 年度财务预算执行和决算情况进行了审计。

按照预算执行审计"全面＋重点"的实施原则，在对预算执行整体情况进行常规审计的基础上，本年度重点审计内容为财政专项经费中的"基本科研业务费""校内综合预算专项"和"双校区公用经费"。

根据财务处提供的 2015 年教育部批复预算函件、学校 2015 年度部门决算、学校综合预算方案、2015 年度财务核算系统数据等资料，审计人员采取了报表核对、账簿审核，文件查阅、数据统计、计算及分析复核、凭证记录检查等必要的审计方式。项目实施过程得到财务处及相关部门的积极配合,现将审计结果报告如下。

一、学校整体预算执行情况

（一）预算编制及预算调整管理

××大学 2015 年部门预算根据《教育部关于编制 2015 年部门预算的通知》,经过"两上、两下"完成编制。部门预算为年度资金总体收支计划,根据管理需要,学校还编制详细的校内综合财务预算（校控预算）。

财务处采取以收定支的方法,根据不同收入的来源和管理方式,核定当年校级财力可供支配的经费额度,作为学校统筹支出的控制依据,兼顾事业快速发展对经费需求增长和财力,并采取新增项目或增量准入等措施控制支出预算,无赤字预算。

预算编报实行基层单位申报、学校预算评审小组初评、财务处综合平衡、学校党委常委会终审的程序。2014 年 11 月,学校下发《关于编报 2015 年学校综合财务预算的通知》组织各部门开展收支测算。学校预算评审小组听取各部门经费预算答辩,对申报的经费计划进行评议。学校〔×届〕党委常委会第×次会议审议通过了《××大学 2015 年综合财务预算方案》,同年 10 月,党委常委会第×次会议通过了学校预算调整方案。

经审计,我们认为学校 2015 年的预算编制方法基本合理,预算编制及调整程序符合规定。但同时,审计也发现以下两个问题:

1. 部门预算编制未做到全口径。2015 年部门预算收入与综合预算收入相差×亿元,影响因素主要为:科研收入×亿元纳入部门预算但不包含于校内综合预算;由于"部门预算二上"申报与校内预算审定存在时间差的原因,地方性拨款等追加经费×××万元未包含于部门预算,但纳入了校内预算。

2. 预算编制范围有部分遗漏。按资金性质,将财政拨款、事业收入、上级补助收入、经营收入、其他收入全部纳入预算,但教学服务收入部门预算和校内综合预算均为上缴学校的部分,未包括按分配后由学院支配的收入××××万元;学校停车费由××物业公司(是资产经营公司全资三级公司)收取,全年共收取停车费××万元,支付税金、收费系统维护等相关费用××万元,结余××万元未上缴学校,也未纳入学校预算统一管理。

(二)预算执行及经费收支情况

《教育部关于批复所属预算单位2015年预算的通知》,批复××大学2015年收入支出总预算××亿元,其中,用事业基金弥补收支差×亿元,无赤字预算。收入预算方面,2015年预计收入××亿元,实现收入××亿元,收入预算完成率103.47%;支出预算方面,2015年预计支出××亿元,全年执行支出××亿元,支出预算执行率98.74%。收支差额较预算下降×万元,基本实现了收支平衡,完成年度财务预算计划。具体如下表所示(金额略):

2015年部门预算执行概况表

表一 单位:万元

收支对应栏目		收入预算完成情况			支出预算执行情况					
					基本支出		项目支出		支出合计	
		批复收入预算	追加收入	完成收入	批复支出预算	实际支出金额	批复支出预算	实际支出金额	批复支出预算	实际支出金额
财政拨款										
非财政经费及自筹收入	上级补助收入									
	事业收入									
	其他收入									
	经营收入									

续表

收支对应栏目		收入预算完成情况			支出预算执行情况					
		批复收入预算	追加收入	完成收入	基本支出		项目支出		支出合计	
					批复支出预算	实际支出金额	批复支出预算	实际支出金额	批复支出预算	实际支出金额
	附属单位上缴									
合计										
收支差额										
收支平衡合计										

　　学校 2015 年决算总支出××亿元构成为 3 类：人员支出××亿元、资本性支出（即基建支出、设备支出）×亿元、运行及消耗性支出××亿元（即商品和服务支出），占比分别为 36.56%、22.8%、40.64%，项目支出中占份额较大的商品和服务支出大部分来源于科研经费，而国拨经费在扣除基本支出和建设支出后，校级事业运行方面的经费压力较大。具体如下表所示（金额略）：

2015 年支出结构及来源渠道表

表二　　　　　　　　　　　　　　　　　　　　　　　　单位：万元

支出类别	基本支出		项目支出		支出合计	
	金额	占比（%）	金额	占比（%）	金额	占比（%）
人员支出		**31.50**		**5.06**		**36.56**
财政拨款负担		21.05		2.03		23.08
非财政及自筹		10.45		3.03		13.48

支出类别		基本支出		项目支出		支出合计	
		金额	占比(%)	金额	占比(%)	金额	占比(%)
资本性支出	基建工程支出				**15.46**		**15.46**
	财政拨款负担				10.14		10.14
	非财政及自筹				5.31		5.31
	大型修缮工程				**0.10**		**0.10**
	财政拨款负担				0.10		0.10
	非财政及自筹						
	非工程类支出	**1.09**			**6.15**		**7.24**
	财政拨款负担	0.75			3.59		4.34
	非财政及自筹	0.35			2.56		2.91
	其中:专用设备	0.80			5.59		6.39
	小计	**1.09**			**21.71**		**22.80**
日常运行及消耗支出		**12.81**			**27.83**		**40.64**
财政拨款负担		7.41			8.89		16.30
非财政及自筹		5.40			18.94		24.34
支出合计							**100**

根据上表,学校 2015 年预算执行有以下特点:第一,财政拨款追加和科研事业收入增加,是收入超额完成并实现全年总收支平衡的重要因素。第二,全年实际总支出低于预算支出,主要是通过控制基本支出实现的;项目支出中扣除上年结转至本年的新校区建设经费×亿元,实际支出与预算相比变化较小。

但同时,我们也注意到,学费欠缴情况有所增长。

2015 年收入明细表(财基 02)补充资料反映,年末全日制学历教育学生学费或培养费累计欠费数由 2014 年年底的×××万元增长到 2015 年年底的××××万元,其中,本专科生累计欠缴××××万元,比上年增加×××万元;研究生因非学历教育层次多样,学员学籍异动频繁,欠费金额较大,累计欠缴××××万元(其中,本年欠缴×××万元),比上年增加×××万元。

该情况应引起学校关注,应进一步完善研究生学费收费内部控制,减少欠费。

二、支出预算本年重点审计情况

(一)基本科研业务费专项

2015年学校基本科研业务费××××万元。基本科研业务费项目由教师申请,经科研院负责审批立项,财务处负责拨款及支出报账。审计对各项目支出情况进行了分类汇总,抽查了项目任务书,对照申报预算检查预算执行情况,并对7个单位18个项目支出实施了财务凭证检查,抽查发现:

1. 报销审核内部控制不完善

审计发现,三个项目领取校外人员劳务费×万元、×万元、×万元,未签订合同,也未附工作量核算依据;2个项目存在超项目任务书预算范围列支咨询费等委托业务费情况,分别涉及金额××万元、××万元;1个项目购买服务存在风险,供应商成立时间不足1年且注册资本较低;1个项目调研发生差旅支出,报销填报出差事由不够明确;1个项目会议费报销附件未附会议签到表。

2. 报销事项不符合支出规定

1个项目中差旅报销机票显示目的地广元(四川省)与住宿票地址陇南(甘肃省)不一致,共计×万元;1个项目购买委托业务服务,金额超过××万元,存在拆分报销规避招标嫌疑;1个项目购买超过10万元以上的设备4套,共计××万元,违反《××大学自主创新研究基金管理办法》中不允许购买10万元以上设备的规定。

(二)校内专项

校级《综合预算》中的"专项类"经费是由各职能部门申报、专款专用并应当在年度内执行完毕的项目。审计认为:

1. 校内专项申报评审控制起到一定作用

2015 年共有 48 个部门申报经费×亿元;其中,申报专项经费×亿元;有 110 个项目,其中,新增申报项目 64 个、申报金额×亿元,延续性项目 46 项、申报金额×××万元,另有"捐赠配比"等 4 个项目计×××万元为学校直接安排项目。2015 年综合预算专项无论从申报项目数量和经费数额上均比 2014 年有较大增长(2015 年年初申报项目 67 个,申报经费×××万元。审批安排×××万元,年中追加项目 10 个,追加金额×××万元),金额主要增长为新增项目中"千人计划人才经费""生命学院专项""药学院专项"3 大块 8 个专项,共申报×亿×××万元,另外,各部门延续项目经费需求也都有不同程度的增长。2015 年所有申报项目均经由学校教代会、组织部、财务处、审计处、资产处组成的预算评审小组初评,结果如下表所示(金额略):

2015 年综合预算专项申报评审情况表

表三   单位:万元

预算评审小组评议结果	新增类专项			延续类专项			合计		
	项数(个)	申报金额	评审金额	项数(个)	申报金额	评审金额	项数(个)	申报金额	评审金额
评议通过	59			36			95		
评议审增	1						1		
评议审减	4			6			10		
统筹其他来源安排	1			2			3		
保持上年度,审减增量				2			2		
上年有结余,审减增量				2			2		

续表

预算评审小组评议结果	新增类专项			延续类专项			合计		
	项数（个）	申报金额	评审金额	项数（个）	申报金额	评审金额	项数（个）	申报金额	评审金额
按总限额控制	2						2		
压缩项目审减	1						1		
直接安排项目				**4**			**4**		
小计	**64**			**46**			**110**		

从表三的申报和评议结果对比来看：新增类项目把握总限额控制，除"××学院××楼大修"1项评审增加×××万元外，"××学院平台建设、人才"等2项按总限额审减××××万元、压缩"校园景观提升"等6项审减××万元、"多媒体设备维护"审减×万元。延续性项目严格控制增量，"消防""信息系统建设""研究生优秀人才培育基金""××馆二期建设""教职工活动中心文化沙龙及协会活动""综合实验楼公共机房开放"6个项目审减××××万元。在评审中从申报资料和现场答辩反映，各部门经费安排的大局观念、经费使用的节约意识在逐年提升，但在经费测算精细化、科学化水平上依然有所差别，小组评议制度的实行，既体现了预算分配的民主科学性，又对压缩开支、平衡总盘子起到有效的控制作用。

2015年3月27日，学校[×届]第×次党委常委会审议通过的《××大学2014年综合财务预算方案》，专项经费安排共×亿元，同年9月25日，[×届]第×次党委常委会听取并同意了财务处预算调整方案，其中，追加"××楼后楼接建""××中心运行"等专项预算9项共×××万元。

2. 校内专项经费多数执行较好，但管理机制仍须完善

根据学校党委常委会批复的"综合预算方案"及"追加调整方案"，2015年专项经费合计安排×亿元，共119个项目。根据执行进度和用款需求，财务处全年下拨各单位支出×亿元（其中包含相关项目卡上来自专项外其他经费、原有余额和预支下年的支出，影响金额×××万

元）、延期执行转待拨户×××万元、预算收回×××万元,专项预算当年执行率82.7%。110个专项具体执行情况如下:

(1) 90个项目年内全部执行完毕。其中,41个项目执行完毕且无结余;49个项目执行完毕,经费结余共××××万元,按要求收回学校。

(2) 15个项目年内未执行完毕,延期执行履行了相关程序。例如,"多媒体设备维护"等6个专项年内未执行或未报账,预算经费共×××万元,经有关核准程序延期执行;"千人计划人才经费"等9个项目属于未完项目,预算经费××××万元,已支出××××万元,经有关核准程序,剩余经费中的××××万元准予延期,其余×××万元作为结余收回。

(3) 14个项目未执行,预算申报管理须完善。"××馆二期建设经费"等14个项目,预算经费共×××万元,年内未执行,其中,12个项目共×××万元全部收回学校,2个项目××万元经核准留卡延期。

(4) 项目延伸抽审情况。从以上执行项目中抽取了2个新增专项("十五教学楼维修改造""幼儿园抗震加固"),对项目执行的具体情况进行了延伸审计。相关资料显示,2项工程都发生较多变更增项。其中,"十五楼维修改造"工程预算经费××××万元,工程审结金额××××万元;"幼儿园抗震加固"工程预算经费×××万元,工程审结金额×××万元。以上2项均尚未反映监理等费用。因此,最终执行金额大于预算金额将成定局。

三、结论与建议

综上,按照"统一领导、分级管理、责权结合、统筹兼顾、量入为出、收支平衡"的原则实施预算管理,学校2015年度财务管理及运行总体状况良好。但在事业快速发展的同时,2015年度预算平衡首次出现动用以前年度结余,也应引起高度重视。

1. 提高经费申报测算科学性,加强经费执行考核。各单位在预计经费需求时,除厉行勤俭节约外,还应注重加强预算申报项目的前期调研论证,增强测算依据及精细化,按轻重缓急保证重点;各归口职能部门不论是经费测算时的预算汇总还是实际执行,应担负起管理控制职责,完善制度和标准,对于转拨学院的经费,还应加强执行绩效考核。

2. 加强预算编制管理,对应纳入预算而未纳入的单位和事项全部纳入预算管理。

3. 努力开源,加强学费收缴管理内部控制,分析查找学费欠费扩大的原因,加强催收。

4. 不断提升管理水平以进一步控制成本,向管理要效益。从2015年看,部分学院搬迁后,老校区的水电等支出并没有呈现下降趋势。对此,一方面应进行核查,分析原因;另一方面,应加强对基础性资源使用的管理,进一步降低使用成本。

5. 严格按照国家及学校等各项制度要求规范经费使用。加强支出报账的审核控制,按照国家政策、学校制度等相关规定执行。对基本科研业务费支出存在的问题,责成项目相关人员进行说明,不符合规定的,应进行整改。

审　计　处

2016 年×月×日

【选例27】《关于××理学院 2010—2013 年度预算执行情况的审计报告》

一、选例评析

(一) 选例介绍

该项目为××大学在实行校院两级管理体制之后,第一次对院系层面的预算执行情况进行审计。

××理学院为学校下属二级学院,主要职能是在理学方面为国家培养多层次专业人才,在相关领域承担一定科研项目,促进学科建设与发展。

理学院业务范围较广,除正常的教学、科研之外,学院还对外提供实验动物代养服务、大型仪器设备共享服务、举办执业药师资格考前培训班等。因此,该学院经费来源多样,除了维持学院正常运行的行政经费、本科生教学经费、研究生教学经费、学生活动费、退休人员活动费等之外,尚有各类专项拨款、横向服务合作收入、对外服务收入、培训办班收入等,学院经济体量较大,经济活动频繁。

因学校预算体制尚不健全,预算考评体系不完善,审计仅对学院的预算管理架构、制度建设、编制流程、执行率等情况进行了探索式审计,对预算绩效的评价尚未涉及。

(二)审计成效

该项目审计涉及金额×亿元。审计中发现问题 13 个,分别为制度建设方面的问题 1 个,预算编制管理方面的问题 1 个,预算执行方面的问题 11 个。学院对审计中发现的问题进行了逐项整改,同时,该项目还在以下两方面发挥了非常积极的作用。

1. 进一步增强学院预算管理意识。2014 年,正值学校开始推行校院两级管理工作,其中,财务两级管理率先实行。理学院虽然预算管理意识较强,但队伍配备不足,管理能力尚未达到理想水平,对如何加强预算管理尚在探索阶段,而该项目在制度建设、预算执行过程中发现的问题让学院初步理清了思路,相关审计建议给学院提供了实用性参考。

例如,审计发现学院的预算管理范围仅包括校拨经费和国拨专项经费,对学院进行实验服务、办班培训等收取的所谓"自筹"收入并未进行统一管理,而由相关承办部门自收自支。审计指出预算管理范围不完整的问题,并根据分析结果,告知学院该类"自筹"收入在逐年增长,是学院预期未来收入的增长点,应将该部分收入纳入统一管理,强化学院统筹支配财力能力,更加合理配置资源。根据审计建议,在审计结束后的第二年,理学院将学院各类校拨经费、办班收入、实验室对外服务收入等均纳入预算管理范围,已实现全口径预算。审计工作有效地促进了理学院落实当家理财、加快发展的责任。

2. 积极推动校院两级预算管理。该项目实施之后,审计处将审计报告抄送学校财务处,并与财务处就其中的部分问题进行当面沟通。财务处在认真研读报告的基础上,对学校预算管理方面存在的一些体制和机制上的问题进行了梳理,也对财务处作为预算管理执行机构在工作中是否尚有改善之处进行了反思。例如,在院系层面预算管理能力不足的情况下,学校是否给予学院足够的指导,是否对预算执行情况进行跟踪管理等。

随后,学校预算管理决策机构陆续出台了部分预算管理办法,财务处设立了预算专管员制度,定期对学院预算工作进行动态跟踪管理,从制度和执行层面推动学校整体预算管理的有效性。同时,理学院在预算管理方面做得比较规范的地方也为学校加强其他内设机构的预算管理工作提供了范本,举一反三,形成示范性效应。

(三) 选例亮点

1. 文图结合,系统分析预算管理情况。一份预算执行审计报告所承载的内容应为事实、问题和建议,审计人员对于揭示问题、提出建议相对比较熟练,但如何用有限的篇幅准确有效地表达枯燥的财务数据,将重要信息准确传达至报告阅读者,也是比较讲究技巧的工作。撰写人员从报告阅读者体验出发,运用了较多的流程图、饼图、柱形图以及趋势图,以文字、表格、图形相结合的方式展示了被审计单位的预算管理组织架构、操作流程,对审计年度内的收支增长趋势、收支结构进行详细分析和直观展示,从报告阅读便利角度以及信息传达准确角度,这都是一种值得借鉴的形式,较好地让被审计单位以及学校领导对学院的财务状况作一个系统和全面的了解。

2. 内控着手,梳理学院预算管理架构。不论何种审计,内部控制是检查的基础,而预算业务是行政事业单位内部控制6大业务层面的重要部分,从资金流、业务流来讲,都需要非常严谨的内部控制手段。

项目实施之时,正值国家对行政事业单位的内部控制提出规范性要求。审计组按照内控规范的要求,详细了解学院是否建立健全预算编制、审批、执行、决算与评价等预算内部管理制度,是否合理设置岗位,明确相关岗位的职责权限,确保预算编制、审批、执行、评价等不相容岗位相互分离。并运用穿行测试等方法,对学院的预算管理工作进行了梳理,查找内控缺陷并揭示问题。

被审计单位是一个内部控制建设刚起步的学院,审计规范性的视角和标准化的操作确实给学院的预算业务内部控制带来启发,具有实践指导意义。

二、选例文书

关于××理学院2010—2013年度预算执行情况的审计报告

校领导:

根据学校年度审计计划,我们对××理学院2010—2013年度预算执行情况开展了审计。

本次审计的时间范围为2010年1月至2013年12月(以下简称当期),审计的重点内容为:学院预算管理体制是否健全有效;预算编制、调整是否科学、合理、合规;收入预算是否真实、合法、完整;支出预算是否真实、合法、有效。

审计期间,根据学院提供的书面资料,我们采取抽样审计的方式,对当期预算业务实施了资料检查、查账勘验、实地调查等审计程序,并对其中的重要事项作了必要的延伸和追溯。学院对所提供资料的真实性、完整性作出书面承诺。本次审计得到了学院的积极配合。

一、基本情况

学院的主要职能是在理学方面为国家培养多层次专业人才,在相关学科领域承担一定科研项目,促进学科建设与发展。学院下设××等4大学科群,拥有1个本科实验教学中心、7个技术支撑平台、理学研究与培训中心、××重点实验室。设有理学一级学科博士点1个、专业学位硕士点 1 个,二级学科博士点 7 个、硕士点 7 个,博士后科研流动站 1 个,本科理学专业 1 个。2013 年年底,共有在校普通本科生 281人,硕士研究生 210 人,博士研究生 116 人,外国留学生 1 人。

学院设立党委办、院长办、本科教学办、科研办、研究生办、学生工作办 6 个管理办公室,2013 年年底共有在职员工×××人。

二、预算管理情况

(一)制度建设

学院于 2011 年 5 月×日制定并发布了《理学院财务预决算管理暂定试行办法》,明确了"改变原有分散的财务管理模式,由学院层面统筹资源,理顺财务操作程序,盘活经费,提高资源配置与使用效率"的原则。制度中对预算编制、决算报告进行了简要规定,明确了预算执行中的操作程序、分级审批授权规定等,但缺少对预算编制程序、编制方法、预算范围等内容的详细规定。

2013 年 5 月×日,学院制定发布了《理学院各中心财务管理制度》,对下属实验中心、测试中心和××杂志社的预决算报告、经费使用、结余经费处置办法、分级审批授权等进行了规定。

(二)机构与岗位设置

学院预算工作的最终决策机构为学院党政联席会议,由行政副院长分管预算业务工作,学院预算管理员为院办主任,下属各部门负责人为本部门预算编制负责人(见下图)。学院基本形成分工明确的预算管理体制。

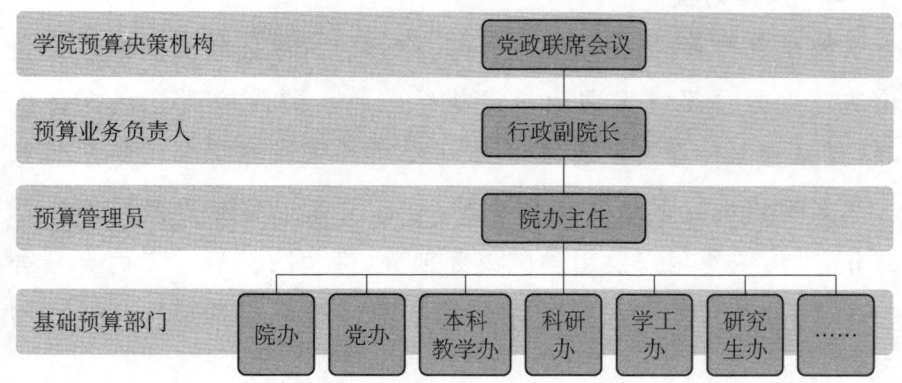

（三）预算编制程序

每年,学院根据校财务处下发的预算编制通知,向基础预算部门（党办、教学办等）布置预算编制工作。

学院根据上年度学院收入情况,预估预算年度收入规模,并在此基础上由各部门分别编制预算年度各类支出。

各基础预算部门根据年度工作安排,结合上年预算执行结果,从成本及人员费用两方面需求编制本部门支出预算,分别上报到学院预算管理员处,由预算管理员汇总形成学院预算方案和预算申报表,报预算业务负责人,预算业务负责人召集相关人员多次讨论沟通,修改审核后,报经党政联席会议审议通过,最后上报学校财务处审批。流程描述如下图:

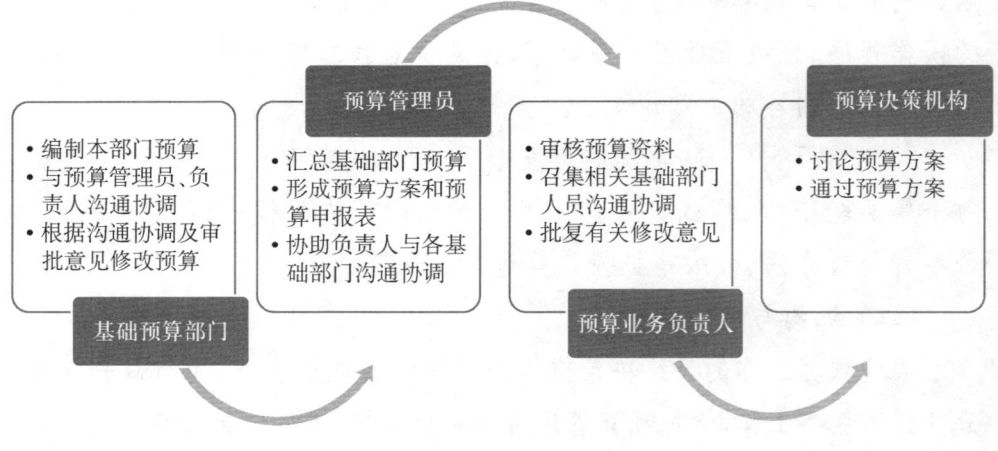

（四）预算划拨

学校批复预算、财务处下达预算指标之后,原经学院党政联席会议讨论通过后的预算方案即为年度执行依据。预算管理员根据会议决议,经预算业务负责人批准,通过电子邮件向基础预算部门下达预算指标。预算管理员在下达预算指标时,考虑预算中各业务部门的不可变更部分、可缩减费用以及由学院统筹部分,将扣除掉后两者的金额告知各基础预算部门,各部门据此在预算范围内开展业务活动并开支相关费用。

（五）预算执行

各部门根据预算,经过学院统一的审批程序开支费用。每月底,预算管理员汇总各部门经费使用情况及结余情况,上报预算业务负责人审阅,同时分送各业务部门,使其了解各自预算使用动态。

（六）预算调整

学校整体布置预算中期调整工作时,学院统一安排,仍由各基础预算部门上报预算调整需求,预算管理员汇总形成调整方案及申报表,经预算业务负责人审核报党政联席会议讨论通过后上报学校财务处。

学院内部如遇超出预算范围的支出,须调增预算,由申请人撰写新增预算申请,由部门负责人、分管院领导及院长或书记签字后支出。

三、预算收支情况

（一）收入

1. 总况

当期,学院收入共计×亿××××万元,其中,"985""211"等专项经费拨款共××××万元,占比 45.86％;校拨教学教辅后勤行政等经费××××万元,占比 20.20％;实验室对外服务收入××××万元,占比 11.24％;各类办班结算收入××××万元,占比 14.65％;捐赠收入、代管款项等其他收入×××万元,占比 8.05％。图示如下:

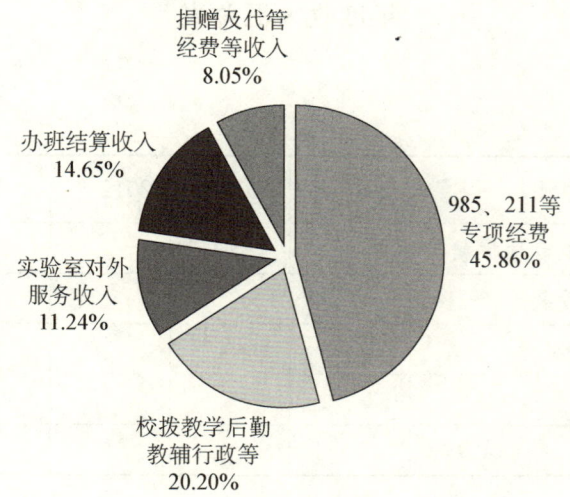

上述收入中,校拨经费总计占比 66.06%,学院自筹收入占比 33.94%。

2. 年度结构分析

当期,学院收入增长较快,特别是 2011 年得到"985"工程三期资助之后,学院可支配财力大幅上升。学院年度收入趋势如下图所示:

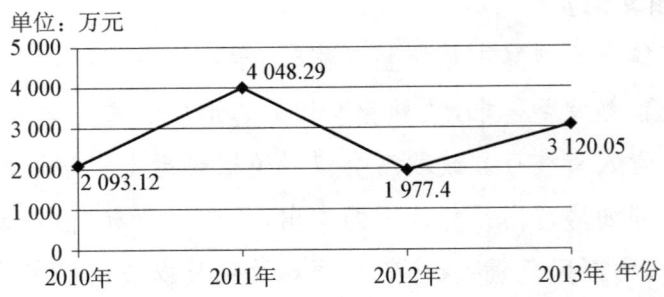

在学院各年度收入中,2011 年经费来源较充足,除校拨教学教辅等经费有一定增长外,"985"三期专项经费大量增长。2012 年之后,校拨教学教辅经费有所下降,2013 年拨款×××万元,较 2012 年减少 8.5%;但在当期,学院的实验室服务收入增长较快,2013 年收入×××万元,较 2012 年增长 4.59%,较 2010 年增长 216.9%;办班收入有所下降,2013 年收入×××万元,较 2012 年减少 27.38%。具体情况可见下表(金额略):

年度收入汇总表

单位:万元

收入类别	2010 年	2011 年	2012 年	2013 年	合计
"211"三期等其他专项拨款					
"985"三期专项拨款					
校拨教学教辅等经费					
实验室服务收入					
办班结算收入					

续表

收入类别	2010 年	2011 年	2012 年	2013 年	合　计
捐赠收入					
其他收入					
合　　计					

年度收入结构趋势如下图所示：

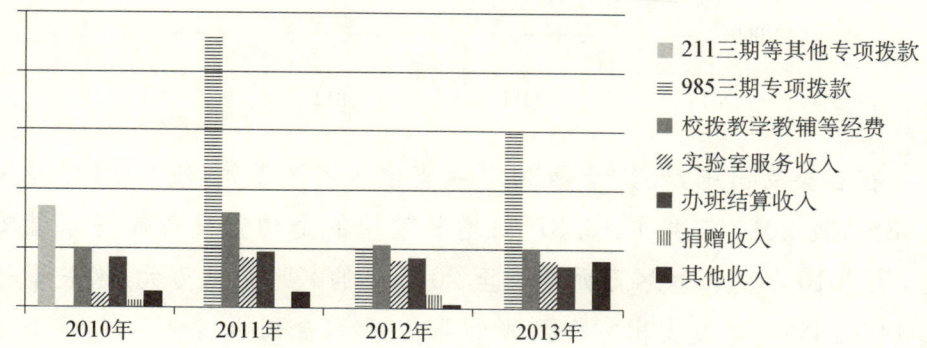

（二）支出

1. 总况

当期,学院共支出资金×亿××××万元,其中,人员酬金福利等（不含学校直接发放工资和岗位津帖等）支出××××万元,占比 14.14%;商品和服务等消耗性支出××××万元,占比 32.85%;购置设备等资本性支出××××万元,占比 49.18%;代管及专用基金等其他支出×××万元,占比 3.83%。图示如下:

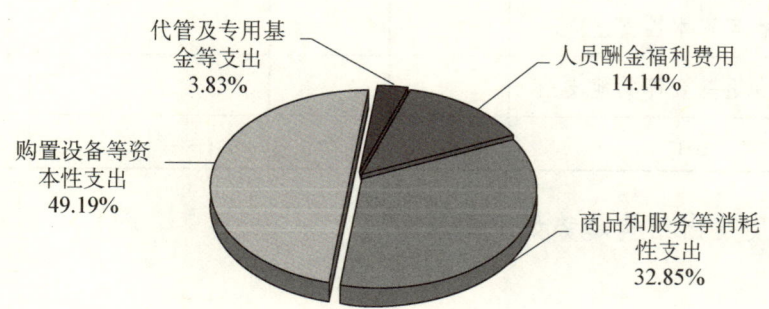

2. 年度结构分析

当期,学院支出规模增长较快,2010 年支出××××万元,2013 年支出××××万元,增长率达到 83.32%。支出趋势如图所示:

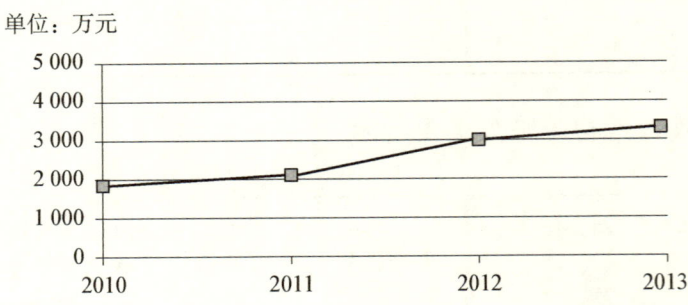

单位:万元

在各类支出中,人员经费 2013 年支出×××万元,较 2012 年减少 6.48%,较 2010 年减少 18.37%;增长较快的是购置设备等资本性支出,从 2010 年的×××万元增长至 2013 年的××××万元,增长率达到 143.13%。年度支出方向具体如下表所示(金额略):

年度支出汇总表

单位:万元

支出方向	2010 年	2011 年	2012 年	2013 年	合计
人员经费支出					
商品和服务等消耗性支出					
购置设备等资本性支出					
代管及专用基金等其他支出					
合计					

年度支出结构趋势如下图所示:

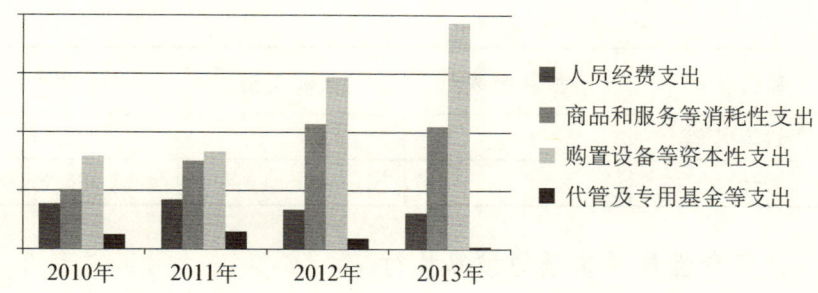

人员经费支出
商品和服务等消耗性支出
购置设备等资本性支出
代管及专用基金等支出

2010年　2011年　2012年　2013年

（三）执行率分析

1. 以业务部门为基础的预算执行

学院预算编制以业务部门为导向,故其执行也以业务部门为载体。学院提供的2013年部分预算数据显示,其执行率总体较好。其中,本科教学办执行率为96.63%,院办执行率达到98.98%。另外,科研办预算内容中包含2013年度学院科研奖励××万元,后该笔支出改从学院校岗位津贴余额中支付,未从学院预算总额中支出,故预算执行数较低,党办因大型学习活动暂缓组织,预算执行率较低。具体如下表所示（金额略）:

2013年部分业务部门预算执行情况

单位:万元

部门	预算金额	实际支出	执行率（%）
本科教学办			96.63
研究生办			79.17
科研办			27.66
学生工作办			79.95
党办			27.59
人力资源			93.91
院办			98.98

部门	预算金额	实际支出	执行率（％）
工青妇等其他			98.36
总计			86.35

2. 以经费性质为基础的预算执行

审计抽取了部分经费进行执行率分析。

当期，学校下达学院"985"三期专项经费××××万元，共计支出××××万元，执行率为96.36％。其中，学科建设经费拨款××××万元，支出××××万元，执行率为97.16％；平台建设经费拨款××××万元，支出××万元，执行率为99.08％；基本科研业务费拨款××万元，支出××万元，执行率为100％；2013年行政经费拨款××万元，支出××万元，执行率为100％；2013年本科教学经费拨款××万元，支出××万元，执行率为95.06％；2013年研究生教学经费××万元，支出××万元，执行率为39.7％。

总体执行较好，具体见下表所示（金额略）：

部分经费预算执行情况

单位：万元

经费性质	预算金额	实际支出	执行率（％）
"985"三期			96.43
其中：学科建设			97.16
平台建设			99.08
基本科研业务费			100.00
2013年行政经费			100.00
2013年本科教学			95.06
2013年研究生教学			39.70

四、总体评价

学院收入来源多样,得到学校"985"三期专项经费大力支持,教学教辅等校拨经费较平稳,自筹收入中实验室服务收入增长较快,办班收入小幅下降。支出规模增长较快,人员经费支出小幅下降,购置设备等资本性支出大幅增加,硬件设施水平快速提升,其他支出较平稳。

总体而言,学院预算管理意识较强,基本形成有序的预算管理体系,预算编制较认真,编制流程清晰,具备一定的财务管理基础,执行程序明确,总体预算执行率较好。但仍须加强预算执行方面的管理力度。

五、审计发现的主要问题

(一)预算管理制度不够完善

学院预算管理制度较粗放,缺少预算编制依据及范围、编制程序及方法、预算执行控制、预算调整的申请与审批、预算考核等具体流程和规范。

(二)预算编制范围仍不完整,部分自筹收入未纳入学院预算管理

在学院年度预算时,实验中心及测试中心的收入均未纳入学院收入预算范围。根据收入分析,2个中心的收入呈现逐年上升的趋势,学院须将该部分自筹收入统筹管理,同时,采取相关措施保证收入预算的顺利执行。

(三)收费管理不规范,存在收费标准未报备、收费标准未严格执行等情况

1. 培训收费及其他对外服务收费标准未报学校相关部门审定

自1995年起,理学院每年举办××培训班,根据开设课程制定收费标准;学院实验中心自2010年始对外提供实验动物饲养等服务,同年制定收费标准;测试中心与教育部××重点实验室均对外提供大型仪器设备共享服务,分别于2009年、2013年3月制定收费标准并向外公布。

据了解,上述收费标准已向学院院办报备,但未报学校财务处进行审定,不符合《××大学财务管理条例(试行)》第××条规定:"各类行政事业性收费项目及标准必须经过××市物价局与教委的审批或备案。非行政事业性收费项目,由财务处负责审定。"

2. 部分收费标准未严格执行,费用优惠缺少依据及审批程序

审计发现,学院实验中心收费标准执行不严格,存在未按收费标准收费的情况。同时,审计抽查实验中心 2012 年协议时发现,部分协议费用享受优惠。例如,(略)中心并无实验费用优惠的相关具体规定,缺少优惠依据和相关审批程序。

上述情况不符合《××大学财务管理条例(试行)》第二十二条"各单位只能根据学校对外公示的收费项目、范围与标准进行收费"的规定。

(四)部分财务收入不符合规定,部分支出存在风险

1. 重点实验室仪器共享的校内校外收入收取方式不合规

2013 年 6 月起,学院重点实验室将××台仪器设备向校内外提供共享服务,但其校内外收入均未正确归集到实验室部门公共经费。实验室采取在校内实验人项目经费中直接报销仪器设备耗材维护等费用的方式"收取"校内收入;校外收入则进入学院某教师个人名下的横向对外服务经费,再由该经费负责人将结转收入以授权经办人的方式授权给实验室管理人员,实验室管理人员用其开支实验室日常开销,此做法混淆了部门公共收入与教师个人名下的横向经费。上述校内收入涉及金额××万元,校外收入涉及金额××万元。

上述做法不符合《××大学财务管理条例》第×条规定:"学校及各单位的各项收入必须及时、全额上缴学校财务部门,并根据'收支两条线'原则,纳入学校或院(系)预算进行分配与管理。各单位不得私自截留收入。"

2. 培训费收入上缴不及时,存在公款私存的现象

审计抽查 2012 年××培训班学费时发现,理学院在 7 月初集中开班并收取培训费,但其收入上缴财务处的时间为 2012 年 9 月和 10 月,之间相隔 2—3 月,收入上缴不及时,金额共计××万元,其间,学费收

入由经办人书面说明存放于家中。审计实施过程中,还发现该工作人员将收取的2014年培训班学费收入××万元于7月1日存于其个人银行卡内,经审计人员明确告知该行为不符合财经法规之后,于7月20日方自卡内取出交至学校财务处。

上述做法不符合《××大学财务管理条例》第×条规定的"学校及各单位的各项收入必须及时、全额上缴学校财务部门,并根据'收支两条线'原则,纳入学校或院(系)预算进行分配与管理",也违反了中国人民银行《现金管理暂行条例实施细则》第十二条"不准将单位收入的现金以个人名义存入储蓄"的规定,属公款私存。

3. 部分学费收入、对外服务收入不完整

审计发现,理学院××培训班学费收据由学院工作人员自财务处领用并开具,学院给学员开具的相关收据均未填写交缴人姓名,收费标准、项目名称栏仅填写"学费"和总金额,无具体课程和收费标准,从中无法具体显示每位学员的交费信息。由此,审计对学员的交费情况无法核对。依据理学院提供的"2012××培训班登记表"显示的学员姓名及相关选课信息进行统计,2012年培训费收入应为××万元,实际入账为××万元,相差×万元。

审计还发现,测试中心以设备使用书面记录作为主要计费依据,但设备使用书面记录基本由实验人自行记录,测试中心未进行核对,其作为计费依据的可靠性不足。审计抽查测算了部分设备的校外服务收费情况,发现根据机器使用时间所测算出的应收费用与实收费用不符,例如,(略)

根据上述1、2情况,审计认为学院培训班收入和测试中心的测试费收入不完整。该情况不符合《××大学财务管理条例》第×条规定:"学校及各单位的各项收入必须及时、全额上缴学校财务部门,并根据'收支两条线'原则,纳入学校或院(系)预算进行分配与管理。"

4. 部分经费使用分配方式及支出的真实性、合规性存在一定风险

据了解,学院将校拨的本科生教学经费、研究生教学经费分配到各个教师名下由他们自行使用,经费分配额度按照教师授课学分计算。同时,学院在基本科研业务费、教学经费中也设置一些开放课题的配套经费,由教师申请并分配额度至教师名下使用。学院将经费额度分配至教师名下后,对其使用内容、原始票据等不再审核管理,学院也无相应的措施规范用于教师使用经费的行为,对经费的使用方向、内容以及相关的审批程序等未进行明确,缺少支出的过程性管理规定,存在风险点。审计抽查发现存在支出相关性不足的情况。

审计认为,学院可采取一定方式分配使用资金,促进资金使用效益,提高教师教学和科研的积极性,但须结合相关规定,明确有关程序,采取相应措施来保证经费支出的真实性、相关性与合法性。

六、审计建议

(一)完善预算管理制度建设

结合学校推进校院两级管理的要求,对现有的预算管理、财务管理等各方面的制度进行梳理修订,保证制度条款切实可行,以制度规范学院管理,提升学院管理水平与效能。

(二)统筹管理各类收入来源

实行真正意义上的全口径预算,将学院各类校拨经费、办班收入、实验室对外服务收入等均纳入统筹分配范围,所有支出纳入预算管理,合理运用各种资源。

(三)加强收费管理

有关收费标准必须按要求向物价部门或学校财务管理部门报告审定并公示。各类收费必须按照公示的收费标准收费,防止随意收费,如遇收费优惠,必须制定相应的优惠政策并履行审批手续。

(四)加强收入管理

严格遵循学校财务规定,纠正不符合规定的收入收取方式,积极与相关部门协商,正确归集部门公共收入,防止部门收入与个人控制经费混淆。采取有效措施规范各类收入上缴的及时性与完整性,对于公款私存等违规现象应严令禁止。

（五）规范经费使用

结合校院两级财务管理的要求，落实学院当家理财加快发展的责任目标，规范各类经费的使用范围，细化责任，对于下拨给教学团队或教师个人自主使用的相关经费，须明文规定使用方向、内容，明确审批程序及权限，确保支出的真实合规。

审　计　处

2014 年×月×日

第四章

科研经费管理审计

【概述】

高校科研经费的来源具有多元化特征,其构成主要有中央或地方财政资金下拨的纵向科研项目经费,有高校与社会其他部门和企业进行科研合作所取得的非财政来源的横向科研经费,也有学校预算自主安排的研究经费等。

关于科研经费管理,就狭义上说,包括对上述经费的申报、立项、预算编制、调整、执行、结项等管理活动;从广义上看,还应当包括建立健全科研经费管理制度、建立科研经费管理信息平台、建立与完善科研经费使用评估机制以及对科研经费进行监管等系列行为。

科研经费管理审计,隶属于高校重点审计领域中的一种业务类别。它是指内审部门以独立、客观的站位,依据国家的法规和学校制度,对科研经费管理使用情况所进行的监督和评价活动。因此,在审计实施过程中,除了对项目本身的财务收支和内部控制情况加以重点关注外,还应当同时关注学校层面的国家政策落地、有关制度建立健全和相关管理信息平台建立运行等情况,以推动所在高校的科研经费管理不断优化与完善。

在高校科研经费管理审计的实际运行中,各高校的思路各具特点,审计的工作重点、业务模式和实施重心也不尽相同。审计部门在完成审计实施后,都会出具一份审计结果性文书,一般以审计报告命名。

一份合格甚或高质量的科研经费管理审计报告,除了总论中述及的撰写要求外,还应当注意如下四点:

一是要充分挖掘财务数据所承载的业务内涵。由于科研经费一般以项目制核算,审计人员容易形成以财务数据发表意见的思路,但科研经费管理审计本身更应以财务数据为基础,延伸关注财务数据所承载的业务事实,重点关注经费支出与科研项目之间的相关性,同时兼顾合法性和真实性。

二是要关注科研经费全过程管理情况。对学校科研项目从立项到结项的全过程进行关注,检查重要风险点控制是否存在缺陷和管理盲点,分析科研经费的管理情况,提出建设性意见。

三是要检查国家政策落地情况。近年来,国家实施一系列"放管服"政策为科研人员松绑。因此,科研经费管理审计不仅要关注被审计项目财务及管理问题,更要关注学校有关科研经费管理规定是否贯彻了中央有关"放管服"精神,不仅关注"管",更要关注"放"和"服"。

四是要剖析问题,查找根源。在揭示问题的基础上,分析科研经费管理的体制、机制和制度方面的原因,提出不仅治标更要能治本的审计意见和建议。

经过多年的实践积累,科研经费管理审计为国家、学校科研经费管理体制的健全与科学化发挥了推进器的作用,其审计报告也成为学校完善和优化科研经费管理的重要参考文件。

相当长一段时期以来,高校开展科研经费管理审计的主要类别形式如下:

科研经费决算审签。根据有关上级部门的要求,国家自然科学基金、社会科学基金、博士点基金等科研项目在结题报告中所附的决算,须由项目承担单位的审计部门审核签章,这即是被称作"科研审签"的审计业务。鉴于无须出具审计报告,且实际运行中留给审计的时间通常很紧,故大多数审计部门只采取将批准的预算指标与预算执行情况进行符合性检查的措施后,便在决算表上签字盖章。显而易见,这是有缺省的审计行为。完整的审计行为,应当既要检查决算数据与预算数据的相符性,还要检查相关支出的真实性和合理性。

财务验收审计。同样,根据有关方面的规定,国家重点研发计划项目(含原"863""973""支撑计划"等)在结题时,必须首先通过财务验收审计。按照经费主管部门或项目委托单位的要求,此类别业务的审计实施主体确定为具有独立法人资格的社会审计,且必须由注册会计师出具审计报告,这就是财务验收审计的由来。社会审计职责通常体现在三个方面:一是项目预算安排及执行情况;二是项目资金使用与管理情况;三是其他未预期事项。内部审计在这个过程中应当承担组织、监管和报告的职能。所谓组织、监管职能,集中体现在三点:一是建立科研项目财务验收审计统一委托、统一组织实施、统一费用标准的工作机制;二是代表所在高校与社会中介机构签订审计业务约定书;三是履行审计实施过程的监管职责,要求注册会计师按照程序和要求开展审计并规范行为(如提供工作底稿、问题清单,进行沟通、征求意见,及时出具审计报告等)。报告职能则反映为内审部门以恰当的方式向学校领导进行综合报告的具体措施。

科研经费管理审计。这是审计部门根据国家形势和政策导向,结合高校科研管理的需要,通过一定的批准程序,对科研项目经费管理情况所实施的检查、评价、建议和报告的活动。这既是高校内部监管体系的重要组成部分,也是科研经费管理审计中更具效能的重要模式。通过这种目标明确的审计活动,推动建立健全校内三级内部控制体系(校级、院系级、项目级),督促这三个层级的有关人员更好地履职,促进科研经费使用效益的提高,进而实现内部审计促进科研事业发展的建设性目标。

2018年年初,国家下发了《国务院关于优化科研管理提升科研绩效若干措施的通知》,并同步作出了一系列深化科技体制改革、实施创新驱动发展战略的重大部署。由此,科研经费审计工作将面临观念创新、思路创新和方法创新的挑战,这将是高校审计部门下一阶段需要重点研究的一项课题,以更好地适应"放管服"新形势的需要。

本章通过 3 个选例,从科研经费决算审签、重大纵向科研项目财务验收审计和学校主动实施审计三个不同的角度,分别展示高校如何针对不同的审计对象、区别不同的管理模式,以灵活而有效的组织方式开展审计,从而充分发挥内部审计的监督职责,有效地提升学校科研管理的能力与水平。

【选例 28】《关于 2013 年度自然科学基金项目经费使用情况的审计报告》

一、选例评析

(一) 选例介绍

科研审签模式不能深入检查项目实际支出情况,且针对项目个体,也不能反映学校科研管理的总体情况,无法有效防范科研经费管理的风险。为解决这一问题,××大学采取"提前介入,分段实施"的工作模式,即科研管理部门提前一个月报送须审签的项目清单及其财务编号,审计处在审签之前,先通过财务与审计的联网系统,就科研财务收支部分开展实质性审计,并就发现的问题及时联系科研处和项目负责人,及时整改,等项目报送审签时,财务收支部分的实质性审计已经完成,可以及时签章,保证时效,后续再就前期审查情况揭示管理问题,并分别出具审计报告和管理建议书,以发挥内部审计的"免疫系统"功能。

该审计项目共涉及当年拟结题的 45 个自然科学基金审签项目,批复预算共计××××万元,支出共计××××万元,预算执行率98.31%,结余资金 32.87 万元,分布在 32 个项目中。

（二）审计成效

1. 发现审签项目经费使用中存在的问题，了解实际使用状况。通过对年度全部审签项目的深入检查，发现此类项目存在 7 个方面的问题，分别为协作费、测试化验加工费、实验材料费、劳务费、会议费等支出及审批程序不规范以及结余经费管理不规范等，为学校加强对此类经费的监管提供了基础数据。

2. 促进学校完善相关管理制度。学校重视审计结果利用，对审计报告中反映的问题有针对性地制定了《××大学财政科研项目结余经费管理办法》《××大学会议费财务报销规定》《××大学材料、低值易耗品管理办法》等文件，明确要求劳务费实行零现金发放，并启用了人员经费网上申报系统，堵塞管理漏洞。

（三）选例亮点

创建科研经费决算审签与科研经费管理审计相结合的工作模式，把审签作为审计的前置环节，对科研审签从形式审计转向实质性审计，不只是形式上盖章，而是针对经费支出开展实质性检查。××大学内审部门通过联网审计的方式，将审签与审计紧密结合，及时完成了必需的审签任务，同时关注了科研经费管理情况。通过向学校送呈审计文书，全面反映情况，揭示问题，提出建议，落实整改，在规避审计风险的同时，也为促进学校科研管理的科学化、规范化建言献策。

二、选例文书

关于 2013 年度自然科学基金项目经费使用情况的审计报告

校领导：

根据学校审计工作的总体安排，审计处对学校承担的 2013 年 2 月

20 日结题的 45 个自然科学基金项目的经费使用情况进行了审计。审计以《教育系统内部审计工作规定》《国家自然科学基金项目资助经费管理办法》等法规制度为依据,遵循中国内部审计准则,综合采用审阅相关制度、抽查会计资料等方式方法实施。现将审计情况报告如下。

一、基本情况

45 个项目中包括面上项目 20 项、青年科学基金项目 17 项、专项项目 5 项、重点项目 1 项、创新研究群体科学基金 1 项、国际(地区)合作与交流项目 1 项。其中,2008 年立项 1 项,2009 年立项 39 项,2011 立项 4 项。2012 年立项 1 项。

二、预算批复及执行情况

45 个项目共计批复预算经费×××万元,预算调整增加经费××万元,调整后的预算总经费为××××万元。预算经费全部到位。截至 2013 年 2 月 20 日,45 个项目共计发生支出××××万元,经费使用率为 98.31%。

三、审计发现的主要问题

审计发现,45 个项目在经费使用方面存在以下问题,详见附表(略)。

1. 协作费支出依据不足

××项目(经费账户××)无合同转拨协作费×万元;××项目(经费账户××)转拨协作费××万元,所附合同为学院签章,财务报销列入其他费用。

2. 测试化验加工费支出合同不规范

××项目(经费账户××)3 次以××地方税务局代开发票报销(收款方名称分别为××、××、××),以现金方式支付测试化验加工费共计××万元,未附合同。

3. 实验材料费支出依据不足

××项目(经费账户××)2 次以××地方税务局代开发票报销(收款方名称分别为××、××),以网银对私方式支付材料费共计××万元,无采购合同及供货方提供的材料明细。

4. 劳务费支出相关信息不全

××等 5 个项目支付劳务费时所附人员信息不全,涉及金额×万元。

5. 会议费支出依据不充分

××等 19 个项目会议费支出存在所附原始资料(如会议通知、会议费用支出明细等)不完整的现象,涉及金额××万元。

6. 结余经费管理不规范

截至 2013 年×月×日,32 个项目尚有结余经费××万元,均保留在原经费账户,且未办理结账手续。

7. 经费支出审批程序不规范

××项目(预算经费×××万元)和××项目(预算经费×××万元)依据学校规定实行了分账户核算,但部分支出未经总项目负责人审批,涉及金额×××万元。

四、审计建议

1. 进一步完善和细化学校科研经费管理制度,加强科研经费的管理和监督。

2. 根据上级有关部门的规定,进一步细化支出管理,明确各项支出所附原始凭证及资料要求,特别是协作费、测试加工费、劳务费、会议费等报销的具体要求。

3. 分层落实相关管理责任主体,项目负责人对经费开支的真实性、合法性负责,职能部门对项目经费使用情况进行全过程管理,加强中期检查,完善项目结余经费管理。

4. 加强合同管理,提高合同管理的意识。学校作为法人主体与对方订立合同必须加盖学校合同专用章或者学校印章,避免由不具有对外签订合同主体资格的学院等二级单位盖章引发的法律诉讼风险。

审 计 处

2013 年×月×日

【选例 29】《关于 20××年度科研项目财务验收的综合审计报告》

一、选例评析

（一）选例介绍

××大学的科研项目财务验收审计工作由审计处负责组织实施。由此，年终时××大学审计处可以将全年由社会中介机构出具的财务验收审计报告进行汇总，对全年项目情况进行分析总结，通过年度综合审计报告的方式，将孤立的单项审计项目串联起来，将分散的管理问题归类起来，将隐性的管理风险集中起来，发挥审计从微观到宏观、由点及面、由关注结果到关注过程的建设性作用。

（二）审计成效

当年科研经费财务验收审计共计 37 个项目，审计涉及金额 1.71 亿元，审计中发现问题 30 个。共涉及不符合规定或程序金额×××万元，账务处理不当金额××万元。社会中介机构出具单项科研项目审计报告 37 份，共提出审计建议 21 条；审计处出具年度综合报告 1 份，提出审计建议 6 条。在审计过程中，对于发现的列支办公设备和办公用品等不符合规定支出的问题，要求课题组即知即改，为课题顺利通过财务验收起到了积极作用；对于发现的自筹经费不到位、合作单位未单独核算和违规转拨经费等不得通过财务验收等问题，以管理建议书的形式敦促科研管理部门加强管理。

科研管理部门对在研相关课题进行了梳理、检查和督促整改，为后续课题财务验收消除了隐患。

（三）选例亮点

1. 统一财务验收审计工作，为课题组提供审计服务。制定财务验收审计制度和流程,统一财务验收审计工作,并在日常工作中提供财务验收审计咨询服务,帮助课题组开展自查自纠工作,为顺利完成财务验收审计打好基础。

2. 管理视角,汇总分析,整体把握。以管理的视角将年度全部项目汇总,通过数据分析,梳理共性问题,剖析问题原因,不就事论事,而是在整体上把握学校财务验收审计项目的情况,提出较高层次的有针对性、系统性的解决思路。

二、选例文书

关于20××年度科研项目财务验收的综合审计报告

校领导:

20××年度,我处接受科研管理部门的委托,组织入围我校科研项目财务验收资格的社会中介机构,对37项结题的重大科研课题实施了财务验收审计,出具单项财务验收审计报告37份,向科研管理部门和财务处出具管理建议书1份。

审计工作得到了科研管理部门、财务处和相关课题组的积极配合,现将有关审计情况报告如下。

一、送审课题概况

2017年度,实施科研课题财务验收审计37项,其中,"973"计划课题21项,"863"计划课题6项,科技重大专项课题4项,国际合作课题2项,地方政府课题2项,央企课题2项,涉及资金合计×亿元。详见下表(金额略):

序号	课题类别	数量(项)	金额(万元)
1	"973"计划课题	21	
2	"863"计划课题	6	

续表

序号	课题类别	数量（项）	金额（万元）
3	科技重大专项课题	4	
4	国际合作课题	2	
5	地方政府课题	2	
6	央企课题	2	
	合计	37	

二、审计依据

实施科研项目财务验收审计的主要依据是《国家科技计划和专项经费监督管理暂行办法》（国科发财字〔2007〕393号）、《国家重点基础研究发展计划专项经费管理办法》（财教〔2006〕159号）、《国家高技术研究发展计划（"863"计划）专项经费管理办法》（财教〔2006〕163号）、《国家科技重大专项（民口）资金管理办法》（财科教〔2017〕74号）、《关于调整国家科技计划和公益性行业科研专项经费管理办法若干规定的通知》（财教〔2011〕434号）和《国务院关于改进加强中央财政科研项目和资金管理的若干意见》（国发〔2014〕11号）等规章制度，以及科技部《关于"973"计划、国家重大科学研究计划2017年结题项目财务验收工作安排的通知》等。

三、审计评价

审计结果表明，学校"973"计划等重大科研课题经费在预算管理、集中核算、分级管理等方面，已形成较清晰的管理模式，但仍存在配套经费不到位等影响课题验收的重要问题，科研经费管理仍有待进一步加强和完善。

四、审计中发现的主要问题

（一）课题配套经费不到位

1. 有1个课题自筹经费不到位。"863"计划课题"××关键技术"课题任务书承诺自筹经费××万元，但实际并未到位，审计期间通过调账到位××万元。

2. 有2个课题地方配套资金不到位和未足额到位,占全部3个有配套资金要求课题的66.67%。其中,科技重大专项"××前研究"课题任务书承诺地方配套资金××万元,但实际未能到位;"××抗肿瘤研究"课题任务书承诺地方配套资金××万元,实际拨付××万元,地方政府少拨付×万元。

上述自筹、配套经费不到位的情况,不符合《国家高技术研究发展计划("863"计划)专项经费管理办法》等规章制度规定,属于"虚假承诺、自筹资金不到位"不得通过财务验收的情形。

(二)部分课题违反规定转拨经费

1. 有3个课题转拨经费与任务书规定不一致。其中,××课题任务合同书中合作单位为甲大学,但课题将合作经费转拨至甲大学下属第一附属医院;××课题将经费转拨至学校附属B医院;××课题任务合同书中合作单位为C科学研究院,但课题将合作经费转拨至C科学研究院下属医学研究所,与任务书不一致。

2. 有2个课题合作单位违规转拨经费。其中,××课题的合作单位E大学将经费转拨至其下属单位F防治研究所;××课题的合作单位G大学将经费转拨至其附属H医院。

上述未按任务书转拨经费的情况,不符合财政部《国家科技重大专项(民口)资金管理办法》规定,属于"违反规定转拨、转移专项资金"不得通过财务验收的情形。

(三)部分课题直接费支出不符合规定

有7个课题直接费支出不符合规定,占全部送审课题的18.92%。主要表现为在"设备费"中列支电脑等办公设备,"材料费"中列支办公用品,"燃料动力费"中列支未单独计量的电费,"出版/文献/信息传播/知识产权事务费"中列支办公电话费等。

（四）部分课题国拨资金预算执行不规范

1. 部分课题国拨资金预算执行率较低。至结题日，10.81%的课题国拨资金预算执行率低于75%，其中，××课题国拨资金预算执行率仅为45%。

2. 有1个课题劳务费支出超预算，占全部送审课题的2.70%。××课题劳务费超预算2.76万元。

（五）合作单位科研经费未单独核算

有1个课题合作单位未对科研经费单独核算。××课题的合作单位J公司，未按规定对国拨资金进行单独核算。

上述未对专项资金进行单独核算的情况，不符合《国家科技重大专项（民口）资金管理办法》等规章制度规定，属于不得通过财务验收的情形。

有关项目存在问题详见附件。

五、审计建议

（一）采取措施确保自筹经费及时足额到位

课题组应合理编制预算，确定自筹经费和地方配套资金的来源，并严格按照任务书和预算书的约定，及时足额筹措自筹资金。科研管理部门对课题配套经费来源予以审核，加强过程中的检查督促，确保配套资金足额到位。

（二）加强监督检查，防止违规转拨经费

课题负责人承担对合作单位的监管责任，加强转拨经费的内部控制，严格按照任务书规定的合作单位及金额拨付经费。各附属医院应加强转拨经费的内部控制，严格按任务书转拨经费。

（三）进一步加强财务核算管理，严格按规定范围使用经费

课题组应严格按国家和学校有关规定使用经费。学校财务处应进一步加强支出审核，建立预算与执行内容的符合性测试，防止不合规支出的发生。

（四）进一步加强预算管理

应强化预算管理，科学合理编制预算。加强过程管理，对预算执行率偏低的课题,严格按照主管部门规定进行预算调整,切实提高预算执行率。

(五)加强对合作单位的管理,确保科研经费单独核算

对学校在研科研课题进行梳理,对于有合作单位的课题,尤其是合作方是企业的,要求课题负责人对合作方是否单独核算经费情况进行检查并督促落实。

(六)进一步提高管理和服务效能

科研管理部门、财务处等职能部门,一是应进一步完善信息化建设,提高科研经费管理水平,方便科研人员办事;二是应加强科研政策宣传和业务培训力度,提高科研人员严格遵守主管部门和学校科研经费管理规定的意识,严格规范使用科研资金。

附件:20××年度科研课题财务验收审计发现问题清单

审　计　处
2017 年×月×日

【选例 30】《关于部分横向科研项目经费使用情况的审计报告》

一、选例评析

(一)选例介绍

201×年以前,××大学科研审计的主要范围为纵向科研项目,基本未涵盖横向科研项目。201×年年初,为推动学校科研经费体制、机制和制度的进一步完善与优化,促进科研经费的规范使用和有效管理,审计处聚焦学校科研管理重点领域,将横向科研项目审计列入当年度学校审计计划。

审计实施前,审计处在审计项目范围、选择标准、项目数量和选择方式等多方面充分听取科研管理部门、财务处和监察处等职能部门的意见和建议,根据抽样规则随机抽取了各类型的 8 个横向科研项目实施审计。因首次批量对横向科研项目开展审计,审计处集中组织召开审计动员(进点)会,相关职能部处处长、科研项目负责人及其所属院系领导等参加了会议。会议得到校领导的高度重视,会上,分管科研和审计工作的两位校领导作了动员讲话。

(二) 审计成效

8 个项目审计涉及金额×××万元,审计中发现问题 24 个,共涉及账务处理不当金额×××万元,违规违纪金额××万元,不符合规定或程序金额××万元。在此基础上,审计处归类共性问题并结合学校管理现状,提出学校科研管理层面的问题 6 个,科研经费管理使用方面的问题 7 个。

审计处出具单项科研项目审计报告 8 份,共提出审计建议 24 条;出具专项审计报告 1 份,提出审计建议 8 条。

通过检查横向科研经费资金的来源、使用、结余和管理情况,发现了横向科研经费在管理中存在的薄弱环节以及经费使用管理中的突出问题,促进了学校规范专项资金管理和使用。

1. 发现问题,追回损失。本次共发现 5 个科研项目存在列支招待费、礼品费等不合规支出。通过审计,提高科研人员对科研经费管理的责任意识和守规意识,所有课题负责人均主动上缴相关不合规开支款项,表示以此为戒,严格按规定使用科研经费。

2. 完善制度,规范执行。学校陆续修订了《××大学科技开发工作管理规定》《××大学××项目经费管理规定》《××大学××科研项目管理办法》等多项科研管理制度。

3. 各司其职,履职尽职。根据修订的制度和流程,各部门、各单位各司其职,项目依托单位、科研管理部门和财务处分别在合同审核、立项、预算控制、经费使用、结项和结账等方面严格把关。

（三）选例亮点

1. 不仅出具单项科研项目审计报告，还出具综合性的专项报告。审计按规定的程序分别对 8 个科研项目实施审计，并分别出具各科研项目单项审计报告，各科研项目负责人根据审计意见进行了整改。在此基础上，审计处还归类共性问题并结合学校管理现状，汇总出具了综合性的专项审计报告，为宏观上了解科研项目管理的整体情况提供了材料，为学校后续决策提供了依据。

2. 以单个科研项目为审计切入点，重在发现学校层面的体制和机制问题。审计以单个科研项目为切入点，但并不停留在发现个别问题，而是在发现单个横向科研项目经费管理和使用中存在问题的基础上，通过分析问题产生的根源，重在发现学校科研经费体制、机制和制度的问题，为审计提出从源头上解决问题的建议提供依据。

二、选例文书

关于部分横向科研项目经费使用情况的审计报告

校领导：

根据《××大学 20××年度审计计划》，今年应对部分横向科研项目经费使用情况进行审计。为此，审计处牵头各科研管理部门、财务处、监察处反复研究，通过电脑随机抽取确定校内 8 个横向科研项目列入了今年横向科研经费审计范围，其中，文科 3 项，理科 3 项，医科 2 项。现将情况报告如下。

一、基本情况

（一）被审计项目的择定情况

由我处牵头，会同各科研管理部门、财务处、监察处 2 次共同研究，确定了审计项目数量由审计计划要求的 6 项调整至 8 项，并明确在下述基本条件的基础上,采用电脑随机抽取的方式择定具体审计项目。纳入随机抽取横向科研项目的基本条件为:(1)合同约定 2012 年度结题的课题;(2)立项经费××万元以上(文、医科)和××万元以上(理科)的课题;(3)适当兼顾项目类别及所属院(系)因素。在监察处的监督下,通过电脑随机抽取,以下课题被列为本年度横向科研经费审计项目:(略)

(二)学校横向科研项目管理基本情况

1. 涉及科研项目管理和监督的主要职能部门

(1)科研管理部门。学校设有 2 个科研管理部门,分别是科技处和文科科研处。其中,科技处企业合作办公室专职负责理科和医科横向科研相关项目管理工作(该办公室在职人员 4 人);文科科研处未设专门办公室负责横向科研项目管理,合同签订与项目立项分属不同办公室管理。

(2)财务处。财务处设有科研经费管理办公室(在职人员 3 人),主要负责科研项目经费分配和经费支出的核算、监管工作。

(3)审计处。科研经费审计由审计处××审计办公室负责组织实施。××审计办公室共有在职人员 2 人,该办负责开展各类科研项目经费的管理审计工作。

2. 横向科研项目管理现状

目前,学校横向科研项目管理的重点在前期的合同订立和立项阶段,在研和结题结项阶段基本未进行管理。管理的流程主要为:院系对项目合同进行审核后,报科研管理部门审核(××万元以上项目合同必须经学校法务管理办公室审核)通过后,学校与项目委托单位签订合同,待科研经费到账后,科研管理部门给予立项并出具开户凭证,财务处发放校内结算凭证。

3. 横向科研经费分配、使用现状

项目经费到账后,科研管理部门开具立项通知书,按照总金额的××％缴纳营业税,提取××％的学校管理费和××％的院系管理费,提取最高不超过××‰的科研酬金,剩余部分为项目直接经费。项目直接经费和科研酬金均由项目负责人负责管理和使用。

二、审计中发现的主要问题

通过对 8 个科研项目经费使用情况的审计,发现学校在管理制度建设、制度有效执行、项目管理、经费管理等方面均存在一定问题。具体如下。

(一)学校科研管理层面存在的主要问题

1. 科研管理制度不完善

学校现有《××大学科技开发工作管理规定》《××大学理科与医科科研项目经费管理规定》《××大学合同审核与备案规定》《××大学文科科研项目管理办法(试行)》和《××大学文科科研项目经费管理办法》。

这些制度对学校科研管理起到了积极作用,但是内容不够完整,例如,缺乏对技术开发、技术转让、技术服务、实验室服务等科研管理中重要概念的界定,也无关于各类别科研经费分配比例的明确规定。同时,由于上述制度历时较久,一些内容已不能适应近年来国家对科研项目管理、科研经费管理和科研行为管理等多方位、分层级管理的新要求。个别制度亟待重新制定或修订。

2. 相关制度执行不到位

审计发现,在科研项目研发过程中,学校管理部门和院系在经费管理、合同履行监督检查、项目结题和结余经费结转等方面,未能按学校现有制度规定执行。

例如,《××大学科技开发工作管理规定》明确规定"……由科技处开发办公室具体负责项目的推荐介绍、对外签订合同(协议)、协调实施、经费管理、督促和检查合同履行情况等事项……""科技处要经常会同院、系负责人检查和了解合同执行情况,发现问题及时解决""合同到期,应由对方单位出具合同完成情况证明,交科技处存档",但审计中发现,××项目都未收到完成证明,上述规定未得到有效执行。

3. 存在重立项轻管理的倾向，项目研发过程和结题等阶段监督管理缺位

我校横向科研项目管理重点在合同的订立及经费分配阶段，而对项目研究全过程中的合同履行、研究进度、结题验收、结余经费结转、考核评价、监督检查等阶段和环节缺乏必要的管理和监督。

4. 不同类别横向项目未能分类管理

本次审计的 8 个科研项目中，涉及技术开发项目 2 项、技术服务项目 4 项、技术咨询项目 2 项。其中，1 项应为实验室服务项目，但混入了技术服务中。对不同性质项目在项目管理和经费分配上采用完全相同的方式，未进行分类管理。

审计认为，上述种类项目在利用学校资质、资源、项目组人力投入等方面有较大差别，采取单一的管理方式和分配方式不尽合理且存在漏洞，将实验室对外服务收入混入技术服务收入，存在将单位收入视同科研经费管理，由个人管理并支配使用，极易诱发腐败的风险。不符合《教育部财政部关于加强中央部门所属高校科研经费管理的意见》的要求。

5. 科研酬金会计核算不规范

科研经费到账后，财务处根据科研管理部门出具的开户凭证，对科研经费进行立项和分配。其中，资金总额的 40% 以科研酬金的名义进入科研人员掌控的代管经费本中，财务处在科研支出科目和代管款项科目进行核算。科研人员实际支出酬金时采取从代管经费中发放酬金或报销的方式。

根据《高等学校会计制度》，代管款项科目核算内容为"高等学校接受委托代为管理的各类款项，包括党费、团费、学会（协会）会费等"。科研酬金与党费、团费等类别经费在性质上存在明显区别，不应在此科目内进行核算。此外，不少科研人员实际发放酬金时为避税，往往采用发票报销的方式而不直接发放现金，一些不合规票据的存在也无形中增加了学校支付风险。

6. 相关管理部门间缺乏必要的信息共享机制

科研经费管理包括多个环节,涉及多个职能部门。审计发现,各相关职能部门之间缺乏必要的信息共享机制,存在信息沟通与交换不充分的情况。例如,项目已经结题,但因不掌握这一信息,因此不能及时结转相关项目经费。

(二)科研经费管理使用方面存在的主要问题

1. 项目经费未足额到位或到位不及时

本次审计范围内,8个项目委托方均未按合同约定时间及时支付项目经费,其中,2个项目的经费未足额到位,到位率分别仅为20%和50%。

2. 部分项目研发过程中未发生直接费用支出,项目真实性存在问题

本次审计范围内8个项目直接经费平均结余率69%,如果剔除与项目研究不相关的支出,则平均结余率高达99%。其中,5个项目未发生直接费用支出,2个项目直接费用使用率在5%以下。科研项目研究期间未发生直接费用或支出比例极低,不符合客观规律。

审计中发现,个别科研项目存在虚构立项问题。另外,横向科研经费开支存在随意性,科研项目支出与科研项目的关联性不能有效匹配,造成部分项目无直接费用支出的情况。有负责人反映,在研项目较多,报销时较随意,经常把费用集中在个别项目中报销,造成部分项目无直接费用支出的情况。

3. 直接费中列支与项目研究无关费用

有3个项目直接费用中不仅列支的材料费和差旅费等与本课题研究不相关,而且还列支了餐费、食品费、礼品费等支出。

4. 多提或少提院系管理费

1个项目多提取管理费,不符合项目合同规定;2个项目未提或少提管理费,不符合相关院系的规定。

5. 项目延期未补签合同或协议

2个项目因各自原因而延期,但均未签订相关补充合同或协议。

学校存在未及时履约的法律风险。

6. 未按规定及时提交项目完成证明,并办理结题手续

除 1 项技术服务项目按合同约定时间提供项目评价报告外,其余项目均未能及时提供由对方单位出具的合同完成情况证明,不符合《××大学科技开发工作管理规定》第十条"合同到期,应由对方单位出具合同完成情况证明,交科技处存档"的规定。

7. 结余经费未按规定归并结转

7 个已完结项目存在结余经费,但均未按学校规定对结余经费进行归并结转,不符合《××大学理科与医科科研项目经费管理规定》第九条和《××大学文科科研项目经费管理办法》第七条有关结余经费归并结转的规定。

三、审计建议

(一)建立权责明晰的科研经费分级管理体制

学校应当建立以职能部处承担监督责任、院系承担管理责任和项目负责人承担直接责任的分级管理体系。

1. 科研管理部门应完善制度建设,强化监督检查和服务

科研管理部门的主要职责应是制定完善全校性的科研经费管理制度,并强化监督检查,同时向各科研单位、人员提供必要的咨询服务。

2. 院系负责项目的全过程管理,并给予相匹配的事权和财权

管理好科研项目的基础和核心在于院系,因此,应当建立以院系负责的全过程管理,并给予相匹配的事权和财权,支持和补偿院系开展科研管理工作,如提高院系的管理费提取比例等。

3. 项目负责人主要负责项目履行和经费使用

项目负责人在经费使用过程中应对支出的真实性、相关性和合规性承担直接责任。

(二)建立健全科研管理制度

尽快着手相关科研管理制度的系统化建设,建立和完善责权利相匹配的具有可操作性的学校科研管理制度。通过制度规范科研行为和管理行为,确保学校的科研工作健康有序运行。

（三）建立以预算为龙头的理念,提升预算管理服务能力

科研管理部门和财务处应当加强对科研项目预算编制的指导,明确科研经费预算调整的具体原则及规范性程序,强化对预算执行和经费支出的监管力度。同时,尽快完成科研管理系统、财务管理系统的对接,建立有效而便捷的预算控制机制,提升服务能力。

（四）项目经费分配以完成项目任务为导向,充分体现研究人员的劳动价值

项目经费分配应体现研究人员的劳动价值,在国家许可的范围内,经费分配时应当充分考虑科研人员在实际科研工作中投入的人力和智力因素,相应提高研究人员的分配比例。

（五）加强会计核算与财务监督,建立以经费支出与科研项目真实性、相关性为原则的经费监管制度,及时结转归并结余经费并规范使用

财务监督应坚持堵疏结合的方式,一方面,要求项目负责人严格在预算和国家允许开支的范围内使用经费;另一方面,应以真实性和相关性为原则,除国家明文规定不得列支的费用或超出支出标准范围之外的费用,对于能够证明与项目研究相关的费用均可列支。同时,科研项目结题验收后应当及时办理结转归并手续,并有切实可行的具体制约机制。

审　计　处

2016 年×月×日

第五章

内部控制审计

【概述】

有关内部控制建设的规范性要求,起源并广泛运用于现代企业管理。对于行政事业单位,则是从 2012 年财政部《行政事业单位内部控制规范(试行)》(下称《规范》)发布后才得到大力推广。2017 年,财政部又发布了《行政事业单位内部控制报告管理制度(试行)》,要求各单位按照规定格式每年编制报送本单位内部控制建立与实施情况的总结性文件。至此,在推进大学治理体系向现代化和科学化迈进的过程中,高校内部控制的规范建设,有了明确的上位依据。

内部控制是指单位为实现控制目标,通过制定制度、实施措施和执行程序,对经济活动的风险进行防范和管控。内部控制建设的过程,体现为一种流程再造的过程。因此,高校内部控制建设的任务,应当分别由高校相应的业务主管部门承担、实施并组织完成,就某种角度上说,这属于一种"运动员"的职责。

内部控制审计是指内部审计机构对组织的内部控制设计以及运行的完善性、有效性所进行的审查和评价活动。这是针对业务流程开展监督、评价和建议的一种审计类型,主要关注流程的设计是否科学、合理、规范,检查设计的流程是否得到有效遵守。显然,审计在这里扮演的是"裁判员"角色。因此,内部控制审计在业内又被称为"内部控制的再控制"。

2015 年,教育部在《教育部关于直属高校加强内部审计工作的意见》(下称《意见》)中明确要求"推动内部控制审计,切实加强风险防控",将内部控制审计确认为高校内部审计的一个重要业务领域。

2016 年,教育部又发布了《教育部直属高校经济活动内部控制指南(试行)》(下称《指南》),进一步为高校内部控制建立和实施给出了整体遵循框架。《指南》包括"实施指南""应用指南"和"评价指南"三个部分,其中的"实施指南"第八条指出:"由内审部门或相关部门牵头组成的内部控制监督检查工作小组,负责对全校内部控制建立与实施情况开展内部监督检查,并定期组织编制学校风险评估报告,对学校内部控制的完善性、有效性等作出评价",确定了内部控制审计的应有职责;"应用指南"则明确了高校内部控制框架构成的 15 个方面:由单位层面的环境控制、业务层面的内部控制(预算管理、收支管理等 8 类基础性业务、科研管理 2 类专门项目业务和附属单位等 3 类子主体内部控制)和信息化管理控制三大部分构成。故此,高校内部控制审计的类型,体现为单位层面的内部控制审计和业务层面的内部控制审计两种形式。

尽管《规范》和《指南》为高校内部控制审计提供了普遍性的遵循依据,但在实际运行中,鉴于每所高校的差异性和每类业务的个体性,其设置的运行规则和设置标准都不尽相同。因此,内部审计应当既关注并评价内部控制体系的设计与建设的健全与完善是否符合规范要求,也要关注其整体运行和个体控制的有效性是否符合实际情况。

无论是内部控制还是内部控制审计,其指导思想和核心内容都是为了防范风险、管控风险。风险是随着外部环境和内部环境的变化而不断演变的,因此,内部控制建设没有止境,恰如人们所说的内部控制建设永远在路上。依此推理,内部控制审计也永远在路上。

内部控制审计报告是内部控制审计实施后的总结性文书,是评价被审计单位或业务内部控制情况的载体。内部控制审计报告的撰写,除应把握审计报告的基本要求外,还应当注意以下三点:

1. 客观性。报告应完整地反映被审计单位内部控制的全貌,不仅要反映被审计单位内部控制中存在的问题,也要反映被审计单位内部控制中较好的措施,尤其是特色方面。

2. 针对性。内部控制审计应针对被审计单位业务活动的主要方面进行,重点反映被审计单位主要业务活动的重要薄弱点或问题。

3. 建设性。必须在揭示问题的基础上,深入分析被审计单位内部控制中存在问题的原因,提出不仅治标更能治本的审计建议。

本章共展示 4 个选例。其中的 2 个展示涉及学校层面的基础性业务和业务层面的科研专项业务的内部控制审计情况,另外 2 个则着眼于二级学院管理和机关部门业务中车辆管理的内部控制审计情况。这些审计项目的开展,既促进学校以及学校所属单位和部门提升管理水平,防范风险,也探索了内部控制审计的方式方法,丰富了审计实践。

需要说明的是,由于行政事业单位内部控制有关法规颁布时间不长,各高校将内部控制审计作为独立的专项业务尚在起步阶段,尽管《指南》已提供了基本指导,但各校内部控制建设模式和审计等实践仍有很多不同,故以下各选例仅供参考。

【选例 31】《关于××大学经济活动业务风险内部控制的评价报告》

一、选例评析

(一) 选例介绍

《教育部直属高校经济活动内部控制指南(试行)》(教财厅〔2016〕2号)第八条规定:高校要成立由内审部门或相关部门牵头的内部控制监督检查工作小组,负责对全校内部控制建立与实施情况开展内部监督检查,并定期编制学校风险评估报告,对学校内部控制的完善性、有效性等作出评价。

本选例即是××大学根据上述文件要求,在内部控制建设过程中,针对学校校级内部控制中的业务层面内部控制,由审计处开展的独立风险评估工作,包括预算、收支、债务、采购、资产、工程、合同、信息化 8 类基础性业务。各职能部门首先进行了自评,审计处一方面同步进行各类业务风险梳理,另一方面对各部门提交的自评报告进行确认检查,聚焦内部控制的健全合规性发表意见,形成了《关于××大学经济活动业务风险内部控制的评价报告》,有效地推进内部控制建设。

(二)审计成效

此次审计共归纳 8 类业务的风险关口 46 个、关键控制点 117 个,梳理校内制度 73 个、部门规范 25 个、控制措施 8 项,出具《学校内部控制风险评估报告》1 份;通过比对检查现有控制覆盖情况,指出控制缺陷 45 个,提出审计建议 31 条,促进新建及修订制度 5 项,达到了以评促建的目的。

(三)选例亮点

本项目是学校内审部门首次以内部控制为单独业务类型,进行以内部控制健全性为目标的综合性、全面性内部控制监督评价的探索,尝试了新模式,探索了新方法。

1. 提供了内审部门遵循《指南》精神,在内部控制监督评价立场上发挥专业性优势,促进高校内部控制建设的实证模式。 ××大学按照《指南》要求,于 2016 年成立了内部控制建设领导小组(简称建设小组)和内部控制监督检查工作小组(简称监督小组),两个小组各自独立,通过相互协调的反馈机制,促进内部控制建设不断完善。建设小组各单位首先梳理各自管控环节并作自评,自评材料提交监督小组;审计处作为监督小组牵头单位,承担内部控制健全性风险评估任务并将评价结果反馈建设小组,各职能部门再造改进流程,修订或出台制度。

2. 提供了内部控制健全性风险梳理和分级分解方案。 通过构建"风险关口—关键控制点"逐级分解的思路,找到审计评价的突破口。高校预算管理、收入管理、支出管理、债务管理、资产管理、采购管理、工程管理、合同管理 8 类业务,既是高校经济活动的风险关口,也是内部控制的基础性环节。聚焦关键控制环节，以风险导向梳理提炼每一类业务的核心控制（即风险关口），进而针对每类业务中的每一个风险关口分解关键控制点，这些也就是内部控制建设最基本、最不能缺失的流程设计和制度设计。

3. 提供了内部控制建设阶段以校级制度健全性为标准的定性评价方法。"控制制度化、制度流程化、流程表单化、表单信息化"，是对内部控制建设的实现路径的高度提炼，其中，制度化居于首位。相对于烦琐冗长的《内部控制手册》，校级制度的遵循性无疑也是最高的，因此，将关键控制是否制度化作为风险等级定性判断标准切实可行。本选例审计评价范围的8类业务以及各自风险关口均为内部控制建设中最基础、最关键的环节，制度化要求是必然的。另一方面，相较各职能部门提交的自评材料，将校发文件作为对比检查材料，审计评价结论更加客观、可靠，审计建议相应内部控制建设也因更具操作性而易于实现。

二、选例文书

关于××大学经济活动业务风险内部控制的评价报告

学校内部控制建设领导小组：

根据教育部《关于开展内部控制基础性评价工作的通知》（教财司函〔2016〕××号，以下简称通知）的相关要求，××大学于2016年7月末组织开展内部控制基础性评价，并将其融入内部控制建设整体工作当中，作为进一步推进内部控制建设的重要依据。按照《××大学关于成立内部控制建设领导小组和监督检查工作小组的通知》（××校发〔2016〕×号）的职责分工，内部控制建设领导小组（以下简称建设小组）负责建立健全经济活动内部控制体系并组织落实，内部控制监督小组（以下简称监督小组）配合建设小组对内部控制建设的完善性、有效性进行监督评价。审计处于10月20日针对基础性评价中预算管理、收入管理、支出管理、债务管理、政府采购、资产管理、工程项目、合同管理共 8 类经济活动以及相应信息化建设的业务风险管控情况进行独立评价并发表意见，现将评价结果及各类业务存在的风险进行报告反馈，以评促建。

一、基本情况

学校两办牵头对全校此次基础性评价的内容进行了任务分解，截至 11 月 8 日，法制办、财务处、资产处、基建处、后勤保障部、招标办、科研院、研究生院、资产经营公司等单位在梳理各自承担控制任务现状的基础上，向建设小组提交了自我评价报告并抄送监督小组。

评价依据财政部《关于全面推进行政事业单位内部控制建设的指导意见》《教育部直属高校经济活动内部控制指南（试行）》以及通知等文件精神和各职能部门的自我评价报告及相关支撑材料。

评价方法，首先，突出风险导向，了解 8 个模块各自全流程全周期管理，提炼业务风险关口 46 个、关键控制点 117 个；其次，梳理现行校内制度 73 个、部门规范 25 个、控制措施 8 项，在上述两项工作基础上确定控制现状；第三，以校级制度是否有体现作为标准，结合控制缺陷矩阵分析判定风险重要性。

内部控制缺陷判别矩阵

控制形式	关键控制点覆盖	风险重要性判别	是否认定控制缺陷	制度废改立
有制度	全面	/	否	保留
有制度	部分	重要	是	立或改
有措施、无制度	全面	/	是	立或改
有措施、无制度	部分	重要	是	立或改
无措施、无制度	/	/	是	立或改
无措施、有制度	×	×	×	×

注：表中"改"为修改或增订条款。

按照以上思路和方法,共有66条/款制度须进一步完善,包括新立制度4个、修订完善现有制度6个(已过会尚未发布的制度视同有制度)。现将8类业务风险评价结果报告如下,以供完善内部控制建设参照。

二、内部控制业务风险状况及评价

(一)预算业务

该类业务管理自评共梳理风险关口6个,关键控制点13个,控制现状中校级制度覆盖9个控制点、措施覆盖3个,控制缺陷5项,其中,须新建制度1个,修订完善制度2条/款,此3项属于重要风险。风险如下:

1. 预算编制环节控制有待完善并制度化

《××大学预算管理办法》规定:"党委常委会为预算管理的最高决策机构,负责审议并批准预算和预算执行中的调整方案。"但因预算牵涉面广,内容繁多,最高决策层审议时间有限等,增强对预算申报和编制草案的实质性审查至关重要,可为最高决策层审议预算提供更充分的依据。目前,综合财务预算编制采取如下的程序,由财务处牵头,初审小组成员包括资产、审计、组织、工会等部门负责人,每年12月对各单位经费当年执行情况和下年预算申报进行评议答辩,此措施自2008年实施但尚未制度化;"双一流""长效机制"等专项经费的初审控制措施仍不够完善,且亦未制度化。

2. 归口管理部门对下拨经费使用情况的监控考核缺乏制度规定

《××大学预算管理办法》规定:"学校综合预算由校级预算和二级预算组成……,各学院、部、处等单位是本部门预算的责任主体。"但实际管理中,不论切块经费还是专项经费中,均存在由归口管理部门(如研究生院、教务处、科研院、人事处、学工部等)负责组织,并经其下拨经费给各业务运行单位(如各院系、中心等)实施完成的情况。现行制度未对下拨执行单位经费使用情况的监管考核制定相应条款。

3. 尚未建立预算执行和决算审计制度

《教育部关于加强高等学校预算执行与决算审计工作意见》《教育

部关于加强直属高等学校内部审计工作的意见》均要求将全口径预算执行情况和决算审计纳入审计工作范畴。我校已于 2009 年按教育部要求开展审计但未制定相关制度，且现行《××大学预算管理办法》第 27 条规定与教财〔2008〕12 号和教财〔2015〕2 号精神有冲突。具体见"表1 内部控制活动——预算管理"。

（二）收入业务

该业务管理自评梳理风险关口 7 个，关键控制点 15 个，控制现状中校级制度覆盖 12 个控制点，提出控制缺陷 2 项。风险如下：

1. 学校收入管理信息系统尚未健全

学校收费信息系统较为健全且无现金收取程度越来越高，但计划外办学（如网络教育等）尚未建立财务处与收入业务单位（如网络学院）相互稽核的收入管理系统，且计划外办学学生在学期间流动变化相对较大，管理信息系统不健全对收入完整性保证力不足。

2. 其他收入业务台账信息不健全

核算统一归口财务处、业务归口相关职能部门是高校的特点，但二者之间相互勾稽核对机制须完善，现有制度虽然覆盖了各类收入，对于列入综合预算中"其他收入"的各种服务类收入，管理部门或业务发生单位的台账不够完备，有的台账不全（如房租收入），不能起到业务与财务相互稽核的控制作用。具体见"表2 内部控制活动——收入管理"。

（三）支出业务

该类业务管理自评共梳理风险关口 5 个，关键控制点 10 个，控制现状中校级制度覆盖 10 个控制点，提出控制缺陷 1 个，须修订完善制度 1 条/款，为重要风险。风险如下：

缺乏基层单位对经费使用经济责任的条款。目前，学校支出事项须经项目负责人审批签章后方可报账，项目负责人对经费使用情况负有经济责任，但此项措施并未制度化。具体见"表3 内部控制活动——支出管理"。

（四）债务业务

该类业务管理自评共梳理风险关口 3 个,关键控制点 5 个,控制现状中校级制度覆盖 2 个控制点,控制措施覆盖 3 个。

此外,有部分校办企业股权未纳入资产经营公司进行统一管理,该类企业举借债务可能会给学校带来一定的经营风险,学校正积极从产权关系上对其进行规范。借入资金由专户存储,专款专用,财务处作为债务合同的归口管理部门,定期对债务余额检查、核对,确保了债务信息真实。

（五）采购业务

该类业务管理自评共梳理 6 个风险关口,13 个关键控制点,控制现状中校级制度覆盖 12 个控制点,措施覆盖 2 个,提出控制缺陷 2 个,均须修订制度(即《××大学招标采购管理办法》),均属于重要风险。风险如下:

制度条款中缺失不相容岗位职责划分。实际做法中已实施了必要的岗位分离,但未作为制度进行固化。制度条款中未对变更采购方式的条件明确体现。具体见"表5　内部控制活动——采购管理"。

（六）资产业务

该类业务管理自评共梳理风险关口 6 个,关键控制点 23 个,控制现状中校级制度覆盖 22 个控制点,提出控制缺陷 2 个,须新立制度 1 项,属于重要风险 1 个,一般风险 1 个。具体见"表6　内部控制活动——资产管理"。风险如下:

1. 学校现行公用房屋相关制度尚未涵盖学校所有房屋资产

公用房屋为学校资产且涉及权益和收入,现行制度经营服务用房、公用房屋管理暂行办法 2 项制度中并未涵盖账面所有房屋资产。

2. 资产管理系统的角色分配及操作权限未作书面化体现

（七）工程业务

该类业务管理自评共梳理 8 个风险关口,21 个关键控制点,按学校现有归口管理划分分为基建项目和修缮项目 2 类进行梳理。

基建项目管理方面,控制现状中校级制度覆盖 8 个控制点,部门规范覆盖 14 个,措施覆盖 1 个,提出控制缺陷 19 项,须建立新制度 1 项,属于重要风险。维修项目管理方面,控制现状中校级制度覆盖 8 个控制点,部门规范覆盖 1 个,控制措施覆盖 10 个,提出制度缺陷 23 项,须修订校级制度 1 项,属于重要风险。风险如下:

现行基建项目制度中大部分为部门规范,且为工程各阶段独立的管理规定,缺少系统的总纲性文件;修缮制度是 2001 年制定的,已严重滞后,不能规范现实管理。具体见"表 7　内部控制活动——工程管理"。

(八)合同业务

该类业务管理自评共梳理风险关口 5 个,关键控制点 17 个,控制现状中校级制度覆盖 15 个控制点,提出控制缺陷 13 个,须新建制度 1 项,属于重要风险。风险如下:

1. 缺少对各类合同管理通用的总纲性制度

《××大学法律事务管理办法》"合同管理"章节主要是从法律事务的角度进行规范,未从合同全周期管理进行制度规范;将签订审批与职责授权混淆,对各归口部门职责授权仅局限于合同条款内容审查,合同签订前期对对方主体审查、合同签订后对履约过程监督控制、合同执行结束的验收考核以及档案管理等均未有体现;各归口部门涵盖的合同类别不全;须建立合同管理的总纲性文件,从合同管理角度覆盖各类合同管理制度的制定修订,规范合同全周期各环节管理。

2. 相关制度内容条款的衔接统一性不足

《××大学法律事务管理办法》中"资产管理"业务划分的归口部门与《招标采购管理办法》《仪器设备采购管理规定》《经营服务用房管理暂行办法》《办公家具管理暂行规定》中规定各类资产管理归口部门不一致。具体见"表 8　内部控制活动——合同管理"。

三、审计建议

(一)预算管理方面

修订完善《××大学预算管理办法》,应将预算初审纳入校级制度,对评审时点、牵头单位、评审组构成（可根据经费类别分别成立专门初审组）、评审要求等进行规范；在制度中对归口管理部门对下拨经费使用情况的监管考核责任加以明确；制定预算执行和决算审计办法。

（二）收入管理方面

建立与业务系统相互稽核、相互控制的台账管理，健全房租收入、场馆收入等各类其他收入台账，并与财务账定期核对。

（三）支出管理方面

修订《××大学经济责任制》，在"基层单位的经济责任"中明确项目负责人对经费使用的经济责任。

（四）资产管理方面

进一步完善学校公用房屋资产管理相关办法，明确对各类用途的房屋资产管理；建立完备的公房资产管理台账。

（五）采购管理方面

修订《××大学招投标管理办法》，将具体实施细则以附件的形式正式纳入校级制度中；将不相容岗位设置纳入制度中；明确采购方式变更允许条件。

（六）工程管理方面

1. 基建工程

系统性建立学校层面的基建管理总纲制度，并对原有部门内部规范进行修订，对基建项目管理的全过程的归口管理职责进行授权；在制度中按学校常规阶段的基建管理模式进行岗位设置，并明确不相容岗位；对立项决策及可行性研究论证阶段的规定在基建管理制度中进行细化；对采购文件审核的具体内容和程序在基建管理制度中进行细化；对基建工程竣工决算审计进行规定。修订后的各阶段管理规定应以附件的形式纳入总纲制度中。

2. 修缮工程

修订《××大学关于公有房屋和基础设施修缮工作管理规定》，必须明确规定的内容有：各类型维修项目的归口管理部门；不同额度范围的维修项目管理;不相容岗位的设置;立项审批程序;可行性研究论证环节;设计方案审核、设计概算编制及审核环节;施工图审查报审内容和程序;采购文件编制、审核的内容和程序;工程量清单、招标控制价编制及审核;工程变更条件、变更审批权限和程序;支付审批程序及权限;工程竣工验收、结算编制、审核内容和程序;修缮竣工财务决算及结转规定资产成本等。

（七）合同管理方面

建立校级合同管理的总纲性文件,从合同管理角度覆盖各类合同管理制度的制定修订,规范合同全周期各环节管理:在合同管理总纲性制度中,对未明确划分合同管理归口岗位的业务进行划分,保证所有合同业务都做到明确的归口管理;明确授权各归口管理部门对所管理业务的合同订立、合同履行、全周期的合同管理;设置合同管理的不相容岗位,合同签订与付款审批,合同执行与付款审批,合同签订与合同专用章保管均为不相容岗位;对合同前期调查环节进行规定,审查合同对方的主体资格、资质证明、信用状况、生产能力等,明确合同前期调查程序;对所有类型合同的条款归口审核进行规定,各归口管理部门对合同条款审核的内容和程序进行细化,建立重大合同联审机制;对履约验收管理进行规定,明确由归口管理部门负责监控合同的履行,细化监控内容和程序;对合同补充、变更或解除环节的审核程序及审批权限进行规定,建立或完善所管理业务的合同补充、变更或解除情况的审核审批处理细则;建立统一的合同备案登记管理制度,对合同进行分类管理、专业保管、统一编号,明确合同流转、借阅和归还的职责权限和审批程序。

（八）信息系统建设方面

建立维修项目管理信息系统;建立统一的合同管理信息系统,或在各业务信息系统中建立合同管理子系统,并在学校层面做到对各业务合同管理子系统进行统一分类管理;完善收入管理信息系统;完善现有采购管理信息系统,将所有类型的采购纳入其中;进一步加强预算信息化;对资产管理系统授权书面化。

　　附表:(本选例仅展示附表1和附表7,其他略)

1. 内部控制活动——预算管理
2. 内部控制活动——收入管理
3. 内部控制活动——支出管理
4. 内部控制活动——债务管理
5. 内部控制活动——采购管理
6. 内部控制活动——资产管理
7. 内部控制活动——建设工程管理
8. 内部控制活动——合同管理

审　计　处

2016 年×月×日

　　附表示例:

表 1　内部控制活动——预算管理

风险关口	关键控制点	控制现状	控制缺陷	风险等级
预算草案编制	编制依据合法	校级制度:《××大学预算管理办法》第四条	经费责任单位身兼支出测算和经费执行角色,目前对经费申报和测算依据试行校内初审,但尚未制度化,且不同经费(综合预算;"双一流"、长效机制等专项经费)初审程序完善细化程度不同	重要
	编制基础数据充分	控制措施:各经费责任单位负责预算(包括收入预算和支出预算)测算;延续项目参考历史执行结果		
	编制方法适当	控制措施:综合支出预算按切块、专项(下分新增、延续两类)分类管理,采用固定法、零基法、增量法		

续表

风险关口	关键控制点	控制现状	控制缺陷	风险等级
预算审批与下达	预算审批权限明确	校级制度：《××大学预算管理办法》第七条		
	审批分解与下达程序规范	校级制度：《××大学预算管理办法》第十五条		
	下达及时	校级制度：《××大学预算管理办法》第十五条		
预算执行与调整	执行严谨	校级制度： 1.《××大学预算管理办法》第十六条 2.《××大学项目预算管理办法》第十一条		
预算执行与调整	调整依据充分	校级制度：《××大学预算管理办法》（×大校发〔2006〕37号）第二十三条		
	调整程序严格	校级制度：《××大学预算管理办法》第二十三条		
决算	决算信息真实、完整、准确	校级制度：《××大学决算管理办法》第六条		
考核与监督	责权利匹配的绩效考核	校级制度： 1.《××大学项目预算管理办法》第十七条 2.《××大学预算管理办法》第二十八条	各业务部门，如教务处、研究生院、学工部等对下拨各学院或执行单位经费使用情况的监控考核缺乏相应的制度规定	重要
	预算执行和决算审计	控制措施：按照上级要求，自2009年每年对上年预算执行情况进行审计并出具审计报告	1. 预算执行审计尚未制度化 2. 现行预算管理办法中关于审计的条款与教育部文件冲突	重要

风险关口	关键控制点	控制现状	控制缺陷	风险等级
信息系统	预算管理信息系统		预算管理尚未启动	

表7　内部控制活动——建设工程管理

风险关口	关键控制点	基建项目			维修项目		
		控制现状	控制缺陷	风险等级	控制现状	控制缺陷	风险等级
建设项目管理制度	建有专门制度	校级制度： 1.《关于调整××大学基建工作管理和监督领导小组的通知》 2.《××大学建设工程项目全过程审计实施办法(试行)》 3.《××大学基建、修缮工程项目审计试行办法》 4.《××大学招标采购管理办法》《建设工程采购实施细则及评标办法》 新校区管理办公室/基建处已建立从前期报建至竣工决算各阶段的内部管理规范新校区管理办公室/基建处制度汇编：	在学校层面缺少基建项目管理的系统性文件	重要	校级制度： 1.《××大学关于公有房屋和基础设施修缮工作管理的暂行规定》 2.《××大学院级单位维修工程管理办法》 3.《××大学基建、修缮工程项目审计试行办法》 4.《××大学建设工程项目全过程审计实施办法(试行)》 5.《××大学招标采购管理办法》《建设工程采购实施细则及评标办法》后勤保障部内部规范： (1)《关于签订合同的管理规定(试行)》	现行《××大学关于公有房屋和基础设施修缮工作管理的暂行规定》制定年份较早,多数条款与现行维修管理情况不符,不能继续作为维修项目管理的实施依据	重要

风险关口	关键控制点	基建项目			维修项目		
		控制现状	控制缺陷	风险等级	控制现状	控制缺陷	风险等级
					（2）《××大学修缮工程验收管理办法》 （3）建立了修购项目立项管理和内部工程控制体系的流程图		
归口管理	归口部门划分及职责授权	校级制度： 1.《关于调整××大学基建工作管理和监督领导小组的通知》中规定基建工作管理和监督领导小组对基建工作进行领导管理和监督 2.《××大学招标采购管理办法》对基建管理中的招标采购管理、合同的审查与签订，监督合同履行，组织项目验收进行了归口部门管理划分和职责授权 3.《××大学法律事务管理办法》对基建工程的合同管理进行了归口管理部门划分及职责授权 4.基建项目管理的具体实施单位目前为基建规划处	现行制度中仅对基建管理中的招标采购及合同管理的相关环节进行了部门划分和授权，未有校发文件对基建工作全流程管理的具体实施岗位划分及职责授权	重要	现行制度中仅对维修项目管理中与招标采购及合同管理相关环节进行了岗位划分和授权，未有校发文件对维修项目全流程管理进行归口部门划分及职责授权 校级制度： 1.《××大学招标采购管理办法》对维修工程管理中的招标采购管理、合同的审查与签订，监督合同履行，组织项目验收进行了归口管理部门划分和职责授权 2.维修项目管理的具体实施单位为后勤保障部	现行制度中仅对维修项目管理中与招标采购及合同管理相关环节进行了岗位划分和授权，未有校发文件对维修项目全流程管理进行归口部门划分及职责授权	重要

风险关口	关键控制点	基建项目			维修项目		
		控制现状	控制缺陷	风险等级	控制现状	控制缺陷	风险等级
	不相容岗位设置	管理部门内部规范《××大学新校区规划建设管理办公室各部门职责》对基建项目管理进行了岗位划分	未有校级制度对基建项目管理不相容岗位设置进行规定，现有管理部门内部规范未明确设置不相容岗位	重要	尚未有制度对维修项目管理岗位进行不相容岗位设置规定	尚未有制度对维修项目管理岗位进行不相容岗位设置规定	重要
立项审批	立项决策	校级制度：1.《关于调整××大学基建工作管理和监督领导小组的通知》中的"二、1"2.《××大学"三重一大"决策制度》以上制度对基建项目立项决策进行了规定		重要	校级制度：1.《××大学"三重一大"决策制度》对"大额度修缮项目"的立项过程进行了规定。2.《××大学院级单位维修工程管理办法》对投资额10万元以下的维修项目的立项过程进行了规定控制措施：《××大学修购专项项目立项流程（房屋修缮和基础设施类）》对使用教育部修购专项经费的项目立项程序进行了规定	1. 现行制度中对投资10万元及以上使用学校综合预算经费或用户单位自筹经费的项目立项决策内容和程序没有规定2. 未有校级制度对10万元以上的非"大	重要

风险关口	关键控制点	基建项目			维修项目		
		控制现状	控制缺陷	风险等级	控制现状	控制缺陷	风险等级
						额度修缮项目"的立项决策进行规定	
	可行性研究论证	校级制度： 1.《关于调整《××大学基建工作管理和监督领导小组》的通知》 2.学校基建工作管理和监督领导小组讨论并就新建项目的必要性、合理性及建设内容、投资效益等问题在专家论证的基础上形成初步意见，提请学校党委常委会讨论		重要	学校尚未有制度对维修项目的可行性研究论证进行规定	尚未有制度对维修项目可行性研究论证作出规定	重要
	报批程序	管理部门内部规范：《××大学新校区前期报建管理工作要求》对报批内容和程序进行了规定	无校级制度对基建项目立项报批程序进行规定	重要	控制措施：××大学修购专项项目立项流程（房屋修缮和基础设施类）流程图	未有校级制度对基建项目立项报批程序进行规定	重要
勘察设计管理	委托勘察、委托设计	管理部门内部规范：《××大学新校区基本建设项目勘察设计管理制度》对委托勘察、委托设计相关流程进行了规定	无校级制度对基建项目勘察、设计单位的遴选及委托流程进行规定	重要		对勘察、设计单位的遴选及委托流程缺乏控制制度	重要

风险关口	关键控制点	基建项目			维修项目		
		控制现状	控制缺陷	风险等级	控制现状	控制缺陷	风险等级
勘察设计管理	设计方案审核	管理部门内部规范：《××大学新校区基本建设项目勘察设计管理制度》对设计方案审核的内容和流程进行了规定	未有校级制度对设计方案审核作出规定	重要	控制措施：××大学修购专项项目立项流程（房屋修缮和基础设施类）流程图、××大学维修工程内部控制体系流程图涉及初步设计及施工图设计的流程	未有制度规范或部门规范对设计方案的审核进行规定	重要
	施工图审查的报审程序	管理部门内部规范：《××大学新校区基本建设项目勘察设计管理制度》《××大学新校区前期报建管理工作要求》对施工图审查的报审内容及程序进行了规定	未有校级制度对施工图审查的报审环节进行规定	重要	控制措施：××大学维修工程内部控制体系流程图包含施工图审查报审流程	未有校级制度对施工图审查的报审程序进行规定	重要
工程发包	采购文件审核	校级制度： 1.《××大学建设工程项目全过程审计实施办法（试行）》第九条、第十三条 2.《××大学招标采购管理办法》第十条："招投标管理办公室的主要职责有：……（五）审查招标文件。" 3.《××大学建设工程项目招标采购实施细则（试行）》第九条		重要	校级制度： 1.《××大学招标采购管理办法》第十条："招投标管理办公室的主要职责有：……（五）审查招标文件。" 2.《××大学建设工程项目全过程审计实施办法（试行）》第九条、第十三条 3.《××大学建设工程项目招标采购实施细则（试行）》第九条		重要

续表

风险关口	关键控制点	基建项目			维修项目		
		控制现状	控制缺陷	风险等级	控制现状	控制缺陷	风险等级
		4. 在新校区建设阶段由基建处相关部门与审计处联合会审					
	采购程序实施	校级制度： 1. 按国家规定报政府部门采购的项目，由政府部门相关机构进行招标采购 2. 不需要报政府部门招标采购的项目实施《××大学招标采购管理办法》及该办法的建设工程采购实施细则及评标办法(试行) 3.《××大学建设工程项目全过程审计实施办法(试行)》第十四条(七)对限额以下不进行招标的暂估价材料及专业分包工程的采购及认价程序进行了规定 4. 部门制度《基建项目招投标管理办法》		重要	校级制度： 1.《××大学招标采购管理办法》及该办法的建设工程采购实施细则及评标办法(试行) 2.《××大学建设工程项目全过程审计实施办法(试行)》第四条(七)对限额以下不进行招标的暂估价材料及专业分包工程的采购及认价程序进行了规定		重要

风险关口	关键控制点	基建项目			维修项目		
		控制现状	控制缺陷	风险等级	控制现状	控制缺陷	风险等级
工程变更	变更条件	管理部门内部规范：《××大学新校区建设变更、签证管理办法》《××大学新校区建设设计变更管理流程》《××大学基建工程变更、签证管理办法》对变更允许条件进行了规定	未有校级制度对变更允许条件进行规定	重要	尚未有制度对维修项目变更允许条件进行规定	尚未有制度对维修项目变更允许条件进行规定	重要
	变更审批权限及程序	校级制度：重大变更按《××大学"三重一大"决策制度》进行审批 管理部门内部规范：《××大学新校区建设设计变更管理流程》《××大学基建工程变更、签证管理办法》对变更审批的程序规定	1. 未有校级制度对基建项目变更审批程序进行规定 2. 除"三重一大"规定的重大资金使用事项外，未有校级制度基建项目对其他额度的变更权限进行规定	重要	1. 根据"2013年招标领导小组会议第二次会议纪要"规定的审批程序和权限变更 2. 重大变更按《××大学"三重一大"决策制度》进行审批	1. 未有校级制度对维修项目变更审批程序进行规定 2. 除"三重一大"规定的重大资金使用事项外，未有校级制度对维修项目其他额度的变更权限进行规定	重要

续表

风险关口	关键控制点	基建项目			维修项目		
		控制现状	控制缺陷	风险等级	控制现状	控制缺陷	风险等级
资金控制	概算编制及审核	管理部门内部规范:《××大学新校区建设项目投资控制管理办法》《××大学新校区基本建设项目勘察设计管理制度》对设计概算的编制和审核进行了规定	1. 未实施设计概算审核 2. 未有校级制度对设计概算编制及审核进行规定	重要		1. 现有措施未包括对修购专项以外的工程进行设计概算编制 2. 未有设计概算审核的实际实施 3. 未有校级制度对维修项目设计概算编制及审核作出规定	重要
	工程预算(招标控制价)编制与审核	管理部门内部规范:《××大学新校区建设项目投资控制管理办法》《新校区工程建设项目预算及结算管理制度》对工程预算(招标控制价)的编制与审核进行了规定	未有校级制度对工程预算(招标控制价)编制及审核进行规定	重要	未有制度要求对维修项目实施工程预算(招标控制价)的编制及审核,实施中也没有具体措施	根据国家现行工程量清单计价规范规定,"国有资金投资的建设工程招标,招标人必须编制招标控制价"	重要

风险关口	关键控制点	基建项目			维修项目		
		控制现状	控制缺陷	风险等级	控制现状	控制缺陷	风险等级
						"招标人应在发布招标文件时公布招标控制价",不编制招标控制价不符合国家法规规定	
	支付审批	管理部门内部规范：《××大学新校区建设财务内部控制制度》《××大学新校区建设财务工作流程》《基建财务管理制度》《基本建设工程款支付程序对工程款支付审批程序》进行了规定 校级制度：《××大学建设工程项目全过程审计实施办法（试行）》第十四条（四）对支付价款确认的审计程序进行了规定	未有校级制度对工程款支付审批程序及权限进行规定	重要	已建立并运行维修项目款项支付审批程序，但未形成制度文件	未有校级制度对维修项目工程款支付审批程序及权限进行规定	重要

续表

风险关口	关键控制点	基建项目			维修项目		
		控制现状	控制缺陷	风险等级	控制现状	控制缺陷	风险等级
	合同价款调整及审核	管理部门内部规范：《××大学新校区建设项目投资控制管理办法》对价款调整依据进行了规定 校级制度：《××大学建设工程项目全过程审计实施办法（试行）》第十四条（五）对价款调整的审计程序进行了规定	未有校级制度对工程价款的调整及审核进行规定	重要	校级制度：《××大学招标采购管理办法》《××大学建设工程项目招标采购实施细则》第二十七、二十八条	现行制度及规范中对价款可调整类型、风险范围、调整办法及审核程序未进行规定	重要
	工程结算编制、审核、审计	管理部门内部规范：《新校区工程建设项目预算及结算管理制度》对工程结算编制、审核作出了规定 校级制度：《××大学建设工程项目全过程审计实施办法（试行）》对工程结算的审计内容和程序进行了规定	未有校级制度对工程结算的编制、审核进行规定	重要	校级制度：《××大学基建、修缮工程项目审计试行办法》对维修项目结算审计进行了规定 控制措施："××大学维修工程内部控制体系"流程图包含结算编制、审核内容	未有校级制度对维修项目结算的编制、审核进行规定	重要
验收与决算	专项及竣工验收	管理部门内部规范：《××大学新校区建设项目施工质量管理制度》《××大学基建工程项目竣工验收及移交工作管理办法》对专项及竣工验收进行了规定	未有校级制度对专项和竣工验收内容及程序进行规定	重要	管理部门内部规范：《××大学修缮工程验收管理办法》对维修项目验收内容及程序进行了规定	未有校级制度对维修项目验收内容及程序进行规定	重要

风险关口	关键控制点	基建项目			维修项目		
		控制现状	控制缺陷	风险等级	控制现状	控制缺陷	风险等级
	决算编制及审计	管理部门内部规范：《××大学新校区建设财务内部控制制度》《××大学新校区建设财务工作流程》对决算编制进行了规定	未有校级制度对基建项目决算编制及审计的内容及程序进行规定	重要		未有制度及内部规范对维修项目决算编制及审计作出规定，实操中亦未进行决算编制及审计	重要
	资产交付	校级制度：《××大学国有资产管理暂行办法》包括对基建项目的资产交付管理	未有校级制度对基建项目资产交付的具体程序进行规定	重要		未有制度及内部规范对维修项目固定资产登记进行规定，实操中亦未实施维修项目的固定资产登记	重要
	信息系统管理	学校在新校区建设中建立并使用了新校区规划建设管理信息系统			尚未建立维修管理信息系统		

【选例32】《关于20××年度科研管理内部控制审计报告》

一、选例评析

（一）选例介绍

本选例是××大学专题开展的第四次科研管理内部控制审计。2011年开展的第一次科研管理内部控制审计主要是对学校科研管理进行初步了解，包括统计分析科研项目、科研经费基本情况，以及对科研管理业务模块、业务流程及其对应的业务控制机制、财务控制机制进行梳理。2014年开展的第二次科研管理内部控制审计增加了内部控制五要素的综合评价。2015年开展的第三次科研管理内部控制审计尝试提炼核心控制，并采取定量的方法对核心控制进行评分排序。本次审计结合以往三次审计的经验，在指导被审计单位进行业务梳理、编制控制活动手册、开展自评的基础上，突出重要业务，聚焦核心控制和重大缺陷，并及时督促被审计单位整改，形成了"评审—建设—评审"的良性循环，以进一步优化管控措施，防范重大风险。

（二）审计成效

本次审计以服务学校发展战略为根本，以建设性、服务性为目的，坚持守底线、保运行、促发展。在审计过程中，审计组力争"三个坚持"和"三个结合"。"三个坚持"是指：坚持突出核心控制，集中力量，集中有限资源，解决最应解决的事情；坚持以评促建，及时发现问题、解决问题；坚持持续优化，根据变化的外部条件，持续优化内部控制设置。"三个结合"是指：单位层面审计与业务层面审计相结合；各单位自我评估与审计小组评价相结合；内部控制的定性评价与定量评价相结合。取得成效如下：

1. 指导被审计单位形成制度汇编和内部控制手册。被审计单位根据审计组要求，梳理本单位的制度规范，形成了本单位规章制度和业务规范文件1份；在审计小组指导下形成或修订本单位内部控制活动手册1份。

2. 形成风险评估报告。结合被审计单位自我评估结果，审计组对科研管理风险进行评估，并出具风险评估报告1份。

3. 提炼核心控制，形成内部控制审计报告。审计组在全面梳理被审计单位业务风险的基础上，聚焦关键控制机制，提炼出××大学科研管理核心控制×个。采取定性与定量相结合方式对核心控制进行评价，出具内部控制审计报告1份。审计共发现科研管理内部控制缺陷问题×个，其中，一般缺陷×个，重要缺陷×个，重大缺陷×个。

4. 及时督促问题整改落实。××大学校领导对科研管理内部控制情况审计结果高度重视，对审计处理意见作了重要批示，科研管理部门、财务部门、审计部门对问题进行了积极整改落实，完善了科研管理的内部控制。主要整改措施包括明晰各科研管理部门职责、重新梳理各科研管理部门业务范围、建立健全科研项目管理各项制度、加强关联交易等关键控制环节监控、清退违规转拨经费、完善科研信息管理系统等。

（三）选例亮点

本次审计是在国家科技体制机制深化改革之际，为发挥科研管理审计建设性、服务性目标，尝试了新定位、新尺度、新重点、新方法。具体如下：

1. 把握新时期科技体制机制改革要点，服务学校发展战略。本次审计定位紧密围绕国家科技机制"松绑＋激励"改革思路和服务学校发展战略，主要目的有4点：一是揭示体制、机制上束缚科研人员的条条框框，推动条条框框的破除，以释放科研人员的活力；二是促进学校在"放管服"背景下更好地接住权、管好权、用好权；三是促进学校各科研管理部门履行其应有的责任；四是促进提高科研经费的使用效益，确保科研经费使用安全合法。

2. 全面梳理业务流程，提炼核心控制机制。内部控制建设的关键是突出核心控制，并在突出核心控制的同时，对核心控制持续进行跟进、优化，以适应内部控制的动态变化过程。本次审计的重点就是在以往审计全面梳理业务流程及其控制机制的基础上，提炼核心控制，以集中有限资源、聚焦重大缺陷、解决最应解决的事情。

3. 定性定量相结合,开展内部控制评价。本次审计在定性评价的基础上,对核心控制以及内部控制总体情况分别进行了定量评价,从而对科研管理内部控制的现状、存在的缺陷一目了然,使后续优化改正能有的放矢。

4. 以评促建,持续优化内部控制建设。本次审计在发现问题的同时,积极促进问题解决,形成了"评审—建设—评审"的良性循环,以进一步优化管控措施、防范重大风险。

二、选例文书

关于20××年度科研管理内部控制审计报告

校领导:

为进一步建立健全学校科研管理内部控制体系,规范科研管理,保障科研实施质量,提高科研绩效,推动科研事业健康持续发展,根据学校审计计划,按照《教育部关于做好〈行政事业单位内部控制规范(试行)〉实施工作的通知》《教育部直属高校经济活动内部控制指南(试行)——内部控制评价指南》等文件要求,学校审计部门组成审计组于2017年1月4日至1月30日,对学校科研管理内部控制情况开展了审计。现将情况报告如下。

一、审计概况

本次审计的范围是学校20××年度科研管理内部控制情况,审计对象主要是科研管理业务部门。对部分问题向以前年度和其他部门进行了必要的追溯。

本次审计依据《中国内部审计准则》及《中国内部审计实务指南第4号——高校内部审计》进行。

在审计过程中,我们要求学校科研管理部门提供了20××年度与科研管理内部控制有关的资料,并填写了《被审计单位承诺书》,保证其所提供资料的完整性。

在审计过程中,我们调阅了相关资料,听取了科研管理部门负责人××、分管副职××有关情况介绍,并向科研管理部门有关工作人员、有关项目负责人等了解和核查了有关情况。

二、科研管理基本情况

(一)科研管理内部控制情况

1. 科研管理组织结构、职责分工及人员情况

学校实行"统一领导、分级管理、责任到人"的科研管理体制和"学校、院系、项目负责人"三级内部控制。科研处和社科处为学校科研管理主要业务部门,在学校校领导和科研管理专门委员会领导下,协调和指导各部门、各院系开展科研活动,负责学校科研管理工作。

科研处主要负责学校理工和医科科学研究、××科研、科技成果转化、基本科研业务费等管理工作,社科处主要负责学校人文社科科研管理工作。科研处和社科处内设科研项目管理办公室、科研成果管理办公室、科研基地(机构)管理办公室。

目前,科研处共有人员××人,其中,学校在编人员×人,离退休返聘人员×人,外聘人员×人。社科处共有人员××人,其中,学校在编人员×人,离退休返聘人员×人,外聘人员×人。

2. 科研管理制度建设情况

表1　截至20××年12月31日科研管理部门制度建设情况简表

单位:个

序号	部门	小计	校发制度	部门制度
1	科研处	70	50	30
2	社科处	50	30	20
	总计	120	80	50

3. 科研管理核心控制情况

目前,学校科研管理主要业务活动包括 4 大类:科研机构管理、科技人才管理、科研项目管理、科技服务管理。各业务活动的业务流程包括 7 个环节:申请、审批、立项、过程管理(含合同管理、项目管理、经费管理)、验收、结题结账(科研机构为撤销)、成果管理等。各业务流程控制机制包括业务控制机制和财务控制机制,核心控制机制如下:

表 2　学校科研管理核心控制简表

单位:个

部门	序号	核心控制
科研处	1	确保重大纵向项目的策划申请有效
	2	确保科研合同审批严格规范,主要审核合同的真实、可行、是否关联方等
	3	确保科研经费转拨(包括外协外包、测试加工费)审批严格规范
社科处	1	确保横向项目的合同审批严格规范
	2	确保科研经费转拨(包括外协外包、测试加工费)审批严格规范
	3	确保虚体机构的成立批准及重大事项审批严格规范

(二)科研经费情况

1. 20××年度科研项目、科研经费收支的简要情况

表 3　20××年度科研项目、科研经费收支简表

单位:万元

类别	到账项目数	期初结余	本年收入	本年支出	期末结余
一、理工科科研项目	6 000	300 000	270 000	200 000	370 000

续表

类别	到账项目数	期初结余	本年收入	本年支出	期末结余
二、人文社科科研项目	2 000	70 000	40 000	300 00	80 000
三、科技开发和服务科研项目	1 000	100 000	50 000	40 000	110 000
四、其他	1 000	30 000	40 000	30 000	40 000
其中：博士后科研经费	400	30 000	12 000	3 000	39 000
基本科研业务费	600	0	18 000	18 000	0
总计	10 000	500 000	400 000	300 000	600 000

2. 20××年度科研经费支出简要情况

表4 20××年度科研经费支出结构分析表（%）

单位：万元

类 别	金额	占比（%）
一、委托业务费	60 000	20
二、专用设备购置	45 000	15
三、劳务费（科研）	40 000	13
四、专用材料费	40 000	13
五、其他商品和服务支出	40 000	13
六、人员费	25 000	8
七、其他类	50 000	17
总计	300 000	100

注：本表的委托业务费（转拨经费）包括科研经费校外协作费、测试加工费。

3. 20××年度重要支出简要情况

（1）委托业务费支出简要情况。

表5　20××年度委托业务费项目类别分布情况简表

单位：万元

类　别	项目个数（个）	金额	金额占比（％）
一、理工科科研项目	3 600	53 600	89
1. 纵向科研项目	3 400	51 100	85
2. 横向科研项目	195	300	1
3. 生命科学科研专项	5	2 200	4
二、人文社科科研项目	150	1 000	2
1. 纵向科研项目	50	100	0
2. 横向科研项目	100	900	2
三、科技开发和服务科研项目	200	4 400	7
四、其他类	200	1 000	2
1. 博士后科研经费	150	500	1
2. 基本科研业务费	50	500	1
总　计	4 150	60 000	100

（2）专用材料费支出简要情况。

表6　20××年度专用材料费项目类别分布情况简表

单位：万元

类　别	项目个数（个）	金额	金额占比（％）
一、理工科科研项目	5 600	34 000	85
1. 纵向科研项目	5 200	28 930	72
2. 横向科研项目	396	70	0

续表

类别	项目个数（个）	金额	金额占比（%）
3. 生命科学科研专项	4	5 000	13
三、人文社科科研项目	500	100	0
1. 纵向科研项目	200	50	0
2. 横向科研项目	300	50	0
四、科技开发和服务科研项目	500	3 600	9
五、其他类	600	2 300	6
1. 博士后科研经费	300	400	1
2. 基本科研业务费	300	1 900	5
总计	7 200	40 000	100

（三）科研成果情况

截至20××年年底，学校共有科研基地×个，其中，国家级科研基地×个，省部级科研基地×个。此外，学校还有理工类科研虚体研究机构×个，人文社会科学研究机构×个。

201×年度，学校共有×个项目获得国家科学技术奖，学校作为第一完成单位发表SCI收录论文×篇，获授权专利×项。

三、审计结果

（一）对科研管理内部控制的总体评价

在科研管理内部环境方面。科研管理部门能积极推进国家科技体制机制改革要点，紧紧围绕大学发展的战略目标，明确了学校科研管理理念和目标，建立了校、院、项目负责人三级科研管理体制，各部门职责分工明确，队伍专业化能力不断提升。

在科研管理风险评估方面。科研管理部门设立了明确的科研管理目标，并定期对外部、内部风险进行识别、分析和评估，建立了各部门协调机制以应对风险。20××年，科研管理部门共开展风险评估和风险应对有关工作×××项。

在科研管理控制活动方面。科研管理部门持续优化各业务活动、业务流程及其控制机制。20××年,共修订各类制度和规范性文件×个,制定各类制度和规范性文件×个。

在科研管理信息与沟通方面。科研管理部门及时进行信息公开,积极组织召开各类宣讲会和沟通会。20××年,共公开信息×条,组织各类宣讲会和沟通会×次。整合完善了学校科研管理信息系统,将业务系统与财务系统相互衔接,对科研项目、科研经费、科研成果情况做到了平台内信息公开、相互共享。

在科研管理内部监督方面。科研管理部门通过日常审批、中期考评等方式对科研项目、科研基地进行了监督。同时,科研管理部门与财务、审计、纪检部门建立了协调机制,定期对科研管理进行自查、自评,并对发现的问题积极推动整改到位。对发现的重大问题实施问责制。20××年,科研管理部门督促问题整改落实×条。

(二)对科研管理内部控制的评价结果

按照制度建立健全、制度有效执行情况,以及在核心控制定量分析的基础上,科研管理部门内部控制总体评分如下:

表7 科研管理部门内部控制评分表

单位:分

序号	部门	制度建立情况	实际执行情况	总得分
1	科研处	86	84	85
2	社科处	80	76	78

(三)审计发现的主要问题

本次审计发现的科研管理内部控制缺陷情况见表8:

表 8　科研管理内部控制缺陷情况一览表

序号	单位	问题定性	问题属性	整改建议	整改情况
一、内部控制设计层面存在的问题					
（一）归口管理、机构设置问题					
1					
（二）业务控制机制未建立健全问题					
2					
二、内部控制执行层面的问题					
3					

具体阐述如下：

1. 部分人文社会科学研究机构未纳入统一科研管理

审查发现，学校部分人文社会科学研究机构由学校直接发文成立，部分人文社科科研机构由院系自主成立，均未按照《××大学人文社会科学研究机构管理办法》进行设立审批，也未纳入科研管理部门进行统一管理。

上述做法，不符合《行政事业单位内部控制规范》有关规定。

2. 未对学校自主立项的科研项目进行审核把关

审查发现，学校自主立项的科研项目（经费来源为财政资金），尚未纳入科研管理部门或其他管理部门进行归口管理，对科研项目合作和大额支出未经学校管理部门审核把关，如××生命科学科研专项、"高校基本科研业务费"专项等。

上述做法，不符合《教育部关于进一步加强高校科研项目管理的意见》的有关规定。

3. 科研经费转到关联公司

（1）×位项目负责人将科研经费转到本人投资公司，涉及金额××万元。

经抽查发现，B学院D老师将本人"973"计划等科研经费转至本人投资的公司，涉及金额××万元（其中，设备采购××万元，试剂耗材费××万元，外协费××万元，测试加工费×万元）。

（2）×位项目负责人将科研经费外拨至本人担任董（监）事的公司，涉及金额××万元。

经抽查发现，E学院F老师将本人重大专项科研经费转入本人担任董事的公司，涉及金额××万元（其中，设备采购××万元，试剂耗材费××万元，外协费××万元，测试加工费×万元）。

（3）×个科研项目将科研经费外拨至项目组成员投资的公司或担任董（监）事的公司，涉及金额××万元。

经抽查发现，G学院H老师将本人"973"计划等科研经费转至本人投资的公司，涉及金额××万元（其中，设备采购××万元，试剂耗材费××万元，外协费××万元，测试加工费×万元）。详见表9：

表9 科研经费转至项目负责人及其他成员关联公司情况表

单位：万元

序号	项目名称	项目起止时间	项目性质	项目总经费	出款项目负责人	所在单位	外拨中央财政金额	收款单位	外拨性质	项目负责人在单位任职
一、项目负责人与合作单位存在关联关系情况										
二、项目组成员与合作单位存在关联关系情况										

上述做法,不符合《教育部财政部关于加强中央部门所属高校科研经费管理的意见》(教财〔2012〕7号)第十三条:"严禁违规将科研经费转拨、转移到利益相关的单位或个人。"以及《教育部财政部关于进一步加强高校科研经费管理的若干意见》(教财〔2005〕11号)第七条:"加强科研经费转拨管理。各高校必须严格规范科研经费转拨行为。所有转拨的科研经费,必须由学校科研部门和财务部门共同审批。……项目负责人不得借协作科研之名,将科研经费挪作他用,或转入与项目负责人有直接经济利益关系的关联单位。"

四、审计建议

(一)建议社科部全面梳理学校人文社科虚体机构,将未纳入管理的虚体机构进行归口管理。

(二)建议科研管理部门对将学校自主立项的科研项目纳入科研管理部门或其他管理部门进行归口管理,对科研项目合作和大额支出进行审核把关。

(三)建议学校科研管理部门、院系高度重视科研经费外拨到关联公司可能引起的风险,强化科研经费外拨管理,落实外拨经费审核制度。对上述×个科研经费转到关联公司的外拨事项,请科研处、社科处、财务处、审计处商议后妥善处理,需要整改的,尽快进行整改。

审　计　处

2017年×月×日

【选例33】《关于××学院内部控制情况的专项审计报告》

一、选例评析

(一)选例介绍

为进一步提高行政事业单位内部管理水平,规范内部控制,加强廉政风险防控机制建设,按照财政部《行政事业单位内部控制规范(试行)》(财会〔2012〕21号)和教育部有关文件要求,××大学决定深入推行内部控制体系建设工作,为深入了解院系内部控制体系建设现状,决定由审计处负责对部分院系进行内部控制专项审计。其中,××学院内部控制体系建设情况专项审计项目于2014年2月27日正式启动,3月17日正式入场开展工作,5月31日完成报告。

(二)审计成效

审计发现,××学院内部控制方面建立了一定分工决策机制,制定了部分管理制度,保持了基本有效的内部控制,但其内部控制体系中仍存在一定程度的制度及程序缺失、流程执行不规范等不足之处。审计指出问题后,××学院进行了认真整改,一是明确了学院各类委员会的权限及议事程序,二是建立了财务、采购、科研项目、科研经费、固定资产、合同管理等方面的制度,三是开展预算执行分析以及预算绩效评价工作,四是明确采购审批权限、流程,五是指定人员进行资产管理的工作,建立固定资产台账及卡片,组织人员对固定资产进行清查。

(三)选例亮点

1. 积极开拓,探索内部控制审计方式方法。与多数高校一样,××大学之前尚未开展过独立的内部控制审计项目,本项目是第一次进行探索。审计处通过认真学习财政部、教育部有关内部控制文件规定,通过拟定详细的审计实施方案,选派得力人员负责项目实施,发现问题马上"开诸葛亮会"集体研究等方式,探索出一条内部控制审计之路,最后报告得到了学校领导的充分肯定,为学校之后出台一系列加强内部控制的措施提供了重要参考依据。

2. 因地制宜,着力聚焦院系主要业务。本次审计聚焦院系与内部控制最为密切的业务,除了行政事业单位内部控制规范中提到的6类业务外,还根据院系实际情况,聚焦院系常见的单独或合作培训办班、科研经费管理等业务,对这些业务管理情况进行了重点检查。

3. 以审促建,持续优化内部控制建设。本次审计在发现问题的同时,提出了解决问题的思路或建议,形成了以审促建的良性循环,为院系进一步优化管控措施、防范重大风险提出了管理模式。

二、选例文书

关于××学院内部控制情况的专项审计报告

校领导:

　　根据学校的统一部署,我们对××学院内部控制情况进行了专项审计。审计的主要内容包括××学院内控管理工作的组织、机制的建设、制度的完善、关键岗位人员的管理、财务信息的编报等情况,重点是院系的预算管理、收支管理、政府采购管理、资产管理、建设项目管理、合同管理和科研经费管理等业务领域的内部控制制度建设、业务流程、实际执行等情况。审计目的是通过梳理、分析学院内控流程,查找学院系统风险,提出相应的改进建议,促进和完善学院内控运行、审核体系及相关制度文件。审计期间,根据被审计单位提供的书面资料,我们采取抽样审计的方式,对相关业务实施了资料检查、查账勘验、实地调查、谈话了解情况等审计程序,并对其中的重要事项作了必要的延伸和追溯。本次审计得到了××学院的积极配合,现将有关情况报告如下。

一、××学院内部控制概况

（一）学院基本情况

　　该学院主要职能是在××学方面为国家培养多层次专业人才,在相关学科领域承担一定科研项目,促进学科建设与发展。学院设有5个研究中心,10个博士点,15个硕士点,2个博士后科研流动站,3个本科专业。

　　学院下设综合办公室、党委与人事办公室、学生工作办公室、教学办公室、科学与外事办公室、综合办公室等行政部门。截至 2014 年年底,该学院共有在职人员 119 人(其中,教学人员 95 人,科研人员 11人,行政管理人员 6 人,租赁人员 7 人),离退休人员 64 人,长期外国专家 2 人,临时工 1 人。在校普通本科生 403 人,硕士研究生 366 人,博士研究生 237 人,外国留学生 44 人。

(二)学院内部控制概况

学院已建立《××学院各管理决策机构职能及运行规则》,制定了有效的议事决策机制,对日常业务设置了固定岗位及人员进行管理。学院院长全面负责学院行政工作,行政分管副院长负责学院行政管理工作,并设置了财务秘书作为学院经费经办人,负责学院经费管理工作,行政办公室主任兼职学院资产管理员,负责学院固定资产管理工作。

学院制定了《××学院财务管理办法》《××学院继续教育办班管理办法》《××学院关于公务用餐的有关规定》《××学院办公用品管理办法》等制度,以保证学院管理工作的有序开展。

从总体而言,学院内部控制基本有效,但其内部控制体系中尚存在不足之处,主要表现为职责分工及授权审批权限有待完善,部分管理制度及业务流程有待细化,预算编制及执行评估须进一步规范,继续教育办班管理严谨性有待提高等方面。

二、审计发现的主要问题

学院内部控制存在一定程度的制度及程序缺失、流程执行不规范等不足之处,主要问题如下。

(一)单位层面职责分工及授权审批权限不完善、制度体系不健全

学院未能提供书面的岗位职责说明,现有职责分工不能完全覆盖学院的管理工作。授权体系中,有关继续教育办班的审核审批、科研经费管理、合同签订权限等事项的明确规定缺失。例如,财务秘书岗位负责学院经费管理工作,行政办公室主任兼任学院资产管理员,负责系固定资产管理工作,但以上职责均未书面明确,且现有职责分工不能完全覆盖学院管理事项,不利于工作的开展及责任的落实。

学院目前未针对采购业务、科研项目、科研经费、固定资产、合同业务等建立相应的管理制度,无法指导具体业务操作。其他业务流程如继续教育办班中的收费标准、申报、发证等流程缺失,经费管理及预算管理目前涵盖在《××学院财务管理办法》中,内容均过于简单,有待进一步细化。

上述做法不符合《行政事业单位内部控制规范》第十四条"单位经济活动的决策、执行和监督应当相互分离。单位应当建立健全集体研究、专家论证和技术咨询相结合的议事决策机制。重大经济事项的内部决策,应当由单位领导班子集体研究决定"、第十五条"单位应当建立健全内部控制关键岗位责任制,明确岗位职责及分工,确保不相容岗位相互分离、相互制约和相互监督。单位应当实行内部控制关键岗位工作人员的轮岗制度,明确轮岗周期。不具备轮岗条件的单位应当采取专项审计等控制措施"等规定。

(二)预算编制及执行评估不够规范

1. 缺少预算管理制度。包括预算编制依据及范围、预算编制程序及方法、预算执行控制、预算调整的申请与审批、预算考核等具体流程和规范,预算相关活动处于无明文规定状态。

2. 预算范围不全。如未将继续教育办班收入和相应的支出纳入学院综合预算中。

3. 预算编制方法未明确。各教研室主任、各分管副院长仅依据以往的费用支出情况直接确定预算总额需求,未落实各预算项目的资金安排情况。

4. 预算执行缺乏约束力。学院对预算经费的执行情况仅限总额控制,不重视各预算项目的资金安排是否合理。未定期组织开展预算执行分析会议对预算执行情况进行通报、研究,预算执行过程得不到有效的控制。

5. "三公"经费无预算明细。学院未明确差旅费、出国费、会议费、招待费、印刷费等业务支出的费用标准,公务出访、会议召开、公务接待等发生前未编制预算,造成财务支出没有预算约束,支出随意性大。

6. 预算绩效评价机制缺失。学院未建立预算绩效评价机制,未通过定量定性对比分析方法对预算最终执行情况进行必要的考核、总结并作出综合评价,可能导致预算执行情况缺乏有效监控,预算流于形式,预算目标难以实现。

上述做法,不符合《行政事业单位内部控制规范》第十九条"单位应当建立健全预算编制、审批、执行、决算与评价等预算内部管理制度"、第二十条"单位的预算编制应当做到程序规范、方法科学、编制及时、内容完整、项目细化、数据准确"、第二十四条"单位应当加强预算绩效管理,建立'预算编制有目标、预算执行有监控、预算完成有评价、评价结果有反馈、反馈结果有应用'的全过程预算绩效管理机制"等规定。

(三)相关采购业务操作不规范

1. 采购管理制度缺失。学院缺少采购管理制度,包括采购计划制定与审批、请购及审批、采购询价、采购执行与验收、采购付款及后评估等具体流程与规范。

2. 未编制年度采购计划。学院目前未编制采购计划,可能导致采购执行混乱,造成未按照实际需求安排采购或随意超计划采购。

3. 部分大额固定资产无采购申请记录。仅部分大额固定资产进行采购申请报分管副院长审批后执行采购,其他类型的采购采取口头沟通方式,无相应的采购申请记录。

4. 自购材料采购未按规定进行详细记录。自购材料采购未按照物资采购管理规定,对购买物资的品名、数量、单价、金额、用途等进行具体描述,仅笼统以"办公用品"代替,无法确保自购材料采购的真实性。

5. 未对采购物品进行验收。未对所购物品的品种、规格、数量、质量和其他相关内容进行验收并填制相应的验收记录,可能导致所购物品实际质量不符合要求,造成损失。

上述做法,不符合《行政事业单位内部控制规范》第三十三条"单位应当明确相关岗位的职责权限,确保政府采购需求制定与内部审批、招标文件准备与复核、合同签订与验收、验收与保管等不相容岗位相互分离"、第三十八条"单位应当加强对政府采购业务的记录控制。妥善保管政府采购预算与计划、各类批复文件、招标文件、投标文件、评标文件、合同文本、验收证明等政府采购业务相关资料。定期对政府采购业务信息进行分类统计,并在内部进行通报"等规定。

(四)资产管理制度缺失,操作不规范

1. 学院缺少固定资产管理制度,包括对固定资产建账造册、盘点清查、运行维护及报废处置等具体规定,可能导致固定资产管理混乱。

2. 办公用品领用无相关单据。学院办公用品领用未按照办公用品管理办法规定,填写办公用品领用单,未对办公用品出入库进行登记,可能造成办公用品使用混乱。

3. 未建立固定资产卡片。学院未建立固定资产台账、固定资产卡片,虽使用学校资产管理系统的固定资产台账,但信息登记不全。

4. 未定期进行资产清查。学院未定期组织人员对固定资产进行清查,可能导致固定资产实际情况与账面实际情况存在差异。部分固定资产标签脱落未及时进行增补,可能导致固定资产无法辨认,造成资产流失。

上述做法,不符合《行政事业单位内部控制规范》第四十条"单位应当对资产实行分类管理,建立健全资产内部管理制度"、第四十四条"单位应当加强对实物资产和无形资产的管理,明确相关部门和岗位的职责权限,强化对配置、使用和处置等关键环节的管控。(一)对资产实施归口管理。明确资产使用和保管责任人,落实资产使用人在资产管理中的责任。贵重资产、危险资产、有保密等特殊要求的资产,应当指定专人保管、专人使用,并规定严格的接触限制条件和审批程序。(二)按照国有资产管理相关规定,明确资产的调剂、租借、对外投资、处置的程序、审批权限和责任。(三)建立资产台账,加强资产的实物管理。单位应当定期清查盘点资产,确保账实相符。财会、资产管理、资产使用等部门或岗位应当定期对账,发现不符的,应当及时查明原因,并按照相关规定处理。(四)建立资产信息管理系统,做好资产的统计、报告、分析工作,实现对资产的动态管理"等规定。

(五)合同业务管理不规范

1. 合同管理制度缺失。学院缺少合同管理制度,包括合同的拟定、审批、归档等具体流程规范与相关职责与权限划分。

2. 未对合同进行归口管理。学院目前未对合同进行归口管理,未定期对合同进行统计、分类和归档,可能导致合同档案混乱。

上述做法,不符合《行政事业单位内部控制规范》第五十四条"单位应当建立健全合同内部管理制度。单位应当合理设置岗位,明确合同的授权审批和签署权限,妥善保管和使用合同专用章,严禁未经授权擅自以单位名义对外签订合同,严禁违规签订担保、投资和借贷合同。单位应当对合同实施归口管理,建立财会部门与合同归口管理部门的沟通协调机制,实现合同管理与预算管理、收支管理相结合"、第五十八条"合同归口管理部门应当加强对合同登记的管理,定期对合同进行统计、分类和归档,详细登记合同的订立、履行和变更情况,实行对合同的全过程管理。与单位经济活动相关的合同应当同时提交财会部门作为账务处理的依据"等规定。

(六)继续教育办班管理不规范

1. 继续教育联合办班缺乏必要性论证。学院继续教育办班分自主办班、联合办班两种方式,其中,联合办班的利益分配按学校12%、学院48%、合作单位40%实施分成。由学院领导班子负责审核合作单位资质,但未明确具体审核事项,可能导致联合单位资质审查流于形式。同时,学院未进行联合办班必要性论证,无法确保学院与相关单位联合办班的必要性。

2. 继续教育办班申报不规范。继续教育办班申报工作操作不规范,存在项目申报审签时间晚于合作合同签约时间的情况,例如,第一期教育学科带头人培训班,合同签约时间为 2013 年 11 月 13 日,先于教务处、继续教育学院审签时间。

3. 继续教育办班结业证办理操作不规范。学院办理结业证时未对结业证名单与财务处收费明细进行核对,存在发证名单与已收费名单不一致的情况。

上述做法,不符合《××大学非学历教育办班管理办法》"五、各单位办班,必须按规定事先履行申报审批手续。各学院、系、所(中心)等教学部门可通过各自的培训部向学校主管部门提出办班申请及办理有关登记、发证和备案手续;……十、各学院、系、所(中心)应加强对非学历教育办班工作的领导,应由一位领导分管培训工作,加强各类非学历教育办班的规范管理,保证教学质量,维护学校声誉"等规定。

三、审计建议

(一)明确岗位分工和授权审批权限

应制定书面岗位职责说明,职责分工应当覆盖全部管理工作。对于继续教育办班的审核审批、采购管理、合同签订权限等事项应有明确的授权。

(二)完善制度,细化业务流程

应制定物资采购、科研项目和经费、固定资产、合同等管理制度,进一步细化继续教育办班、费用管理及预算管理等业务流程。

(三)规范预算编制和执行评估

应制定预算管理制度,明确操作程序。预算编制内容应当完整,全部经费收支应纳入预算进行管理。加强预算执行监督力度,及时检查、追踪预算执行情况,对出现的执行偏差情况,进行分析研究,提出改进措施。建立预算绩效评价体系和标准。

(四)规范继续教育办班管理

应严格控制继续教育办班中的联合办班方式,对联合办班进行必要性论证,严格审查联办单位的资格、经营范围和经营状况等。严格执行学校继续教育办班申报审批流程。

审 计 处

2017 年×月×日

【选例34】《关于××大学保卫处校园车辆收费管理系统内部控制的审计报告》

一、选例评析

(一) 选例介绍

××大学保卫处为学校的一个职能部处,负责全校的安全管理工作。保证校园正常的治安交通秩序,为学校师生员工提供优质的交通安全服务保障是其主要职能之一。

本项目重点关注保卫处内部控制制度建立健全等情况,审计重点是保卫处校园车辆收费管理内部控制制度是否健全,管理程序是否科学并有效执行。该项目聚焦校园车辆收费的内部控制,运用符合性测试的审计方法评估整个业务流程,抓住了此类业务流程存在的薄弱环节,为其改善内部控制提供参考建议,也为学校其他业务部处的内部控制审计提供了典型范例。

(二) 审计成效

审计处出具审计报告 1 份,审计结果建议书 1 份。该项目审计中发现内部控制建设方面的问题 3 个,合同管理方面的问题 1 个,发现违规金额××万元,共提出审计建议 4 条,收回资金金额××万元,帮助学校进一步规范了校园车辆收费管理工作。

该项目实施过程中以及后续审计整改阶段,保卫处对审计发现的问题积极整改,要求校园车辆管理系统软件开发公司及时纠正设计缺陷,解决车辆管理系统漏洞,完善管理系统;着手制定了公务凭条等管理规定,约谈了物业公司,规范内部与××物业公司的管理流程,减少了内部控制风险。

(三) 选例亮点

1. 抓住关键节点。审计组在对保卫处校园车辆收费的内部控制整个业务流程进行风险测试后,首先对可能存在的问题和环节作出初步判断,随后以校园车辆智能管理系统中的关键数据为切入点,采取重点对物业公司管理的停车场收取的停车费与电脑记录的"所收现金"、"公务车辆出入凭条使用数量"、特殊情况免费放行车辆记录等关键数据进行较大样本量抽查比对的审计方式,发现了车辆收费管理流程存在的缺陷。

2. 以点带面。以车辆智能管理系统存在的问题作为突破点,进一步发现了税费交纳、公务凭条、合同管理等业务流程的内部控制存在缺失或失控的情况。

本次审计也尚存不足,虽然探索了以业务流程为主线开展内部控制审计的方式方法,但内部审计人员仅针对业务流程表面上存在的缺陷和漏洞提出审计建议,未对内部控制缺陷进行初步认定,也未编制内部控制缺陷认定汇总表,缺少对内部控制缺陷及其成因、表现形式和影响程度的综合分析。因此,这只是高校内部控制审计的一次尝试。

二、选例文书

关于××大学保卫处校园车辆管理系统内部控制的审计报告

校领导:

根据审计工作安排,2018 年 4 月 5 日至 20 日,审计处对学校保卫处校园车辆管理系统的内部控制制度建立与执行情况及其 2011 至

2017 年停车费收支情况进行了审计。审计期间,根据保卫处及其委托收费管理的××物业管理有限公司提供的校园车辆管理收费流程,以 4 月 7 至 10 日早 7 点为时点,通过符合性测试审计程序,核对了 3 个校区的进出口门岗的车辆智能管理系统中"车道统计"数据、"所收现金"金额与实际车辆通行收费情况,对校园车辆管理收费业务层面内部控制进行审查和评价。本次审计得到了保卫处的积极配合。

现将审计情况报告如下。

一、学校门岗及停车场收费的基本情况

学校一、二、三校区共设置门岗 8 个,停车场 22 个。自 2011 年起,学校安装蓝牙卡道闸系统,经由××市交管局核准,学校的车辆智能卡和停车场按市物价管理局批复的收费标准收取停车费。

学校制定了《校园机动车辆管理办法》,对校园车辆管理及收费标准作出明确规定,由保卫处负责具体实施。保卫处通过公开招标,委托××物业管理有限公司(以下简称物业公司)负责各门岗及停车场的管理和收费。委托合同中约定:停车场各种税费、成本由学校负责支付;按月根据人员数量支付物业公司收费员工资;收取的停车费经保卫处交通管理办公室核对后上缴学校,存入相应的经费卡中。

二、校园车辆管理系统管理流程的审计情况

(一)管理流程概述

1. 车辆智能系统收费管理流程

停车费分为两部分,一部分来源于门岗收费,另一部分来源于办理年卡收费(住户、学生和关系单位)。各门岗收取的停车费,一校区每天汇总上缴,二校区和三校区每周汇总上缴,交到物业公司财务人员处。物业公司财务人员每天清点核对收取的现金、凭条和免费车产生的费用,并将现金存入物业公司指定的专用银行卡。保卫处后端车辆管理系统核对每日各门岗收费金额,同时去除使用公务车辆出入凭条的免费车辆、公检法救护、大型活动、车辆通行高峰期拥堵免费放行等特殊情况所产生的差额,定时核对后上缴学校。该系统于 2016 年 8 月份停

止使用,后台数据在新系统启用时已覆盖。

2016 年 10 月起,经学校同意,通过招标方式对车辆智能管理系统全面改造升级。2016 年 10 至 11 月,旧门岗车辆道闸系统拆除,建设新的车辆道闸系统。此间,门岗收费员在室外收费,收费以校内车查看车辆行驶证、教职工工作证及学生证件,校内居民查看身份证,校外车以出入口记录时间计费(按蓝牙系统的收费标准)。2016 年 12 月,新道闸及门岗建设完成,新的车辆管理系统上线,当月新系统试运行未收取费用。

自 2017 年 1 月 1 日起,新车辆管理系统正式运行,开始按《校园机动车辆管理办法》规定的标准收取停车费。停车费一部分来源于门岗收费,一部分来源于一次性办理智能卡收取停车费(学生、相关单位等)。各门岗收取的停车费一校区每天汇总上缴,二校区和三校区每周汇总上缴,交到××物业公司财务人员处。物业公司财务人员每天清点核对收取的现金、凭条和免费车产生的费用,并将现金存入××物业公司指定的专用银行卡。前端门岗收费员必须登录工号才能进行收费,保卫处监管人员使用后端管理系统依据收费员工号登录时段查询收费额,以此监控门岗收费准确性。保卫处监管人员定期在收费系统后端查询核对各校区各门岗收费情况并与物业公司人员核对后将收取的各类停车费上缴学校。

自 2018 年 5 月起,公务凭条改为公务记账卡。

2. 公务车辆出入凭条及公务记账卡的管理流程

《公务车辆出入凭条》(以下简称公务凭条)是给校外人员来校办事、大型活动外来车辆、各种工程车辆、各类参加公务活动车辆等提供的出入免费凭证。公务凭条按各单位核定数量发放,超量领取需要各单位提出申请。

2018 年 5 月,保卫处为进一步规范公务活动车辆管理,开始在全校各单位试运行使用公务记账卡,公务记账卡通过车辆管理系统读取记录后,发放给各单位,公务记账卡发放时每张卡录入随机编码,每次使用后系统记录信息作废,回收后循环使用,各单位领用数量、余量、使用方向系统内均有记录,便于总量控制及防伪。

目前,旧版公务凭条已作废,新版公务凭条的印刷制作已作防伪处理。保卫处对公务凭条的使用范围进行了严格限制,只限学校各类短期班学员车辆、各类工程车辆使用,其他公务活动一律不使用公务凭条。

(二)××物业公司收费管理的审计情况

审计组按照停车费收费业务流程,对审计期内3个校区全部门岗收费记录、门岗收费周报表手工日记账、银行卡流水、××物业公司财务人员手工日记账与上缴财务经费卡收入明细进行了核对,数据间勾稽关系清晰,基本上做到了账账相符。

审计组在2018年4月10至17日期间,对各校区停车场所收停车费和电脑记录"所收现金"、公务凭条使用数目、特殊情况免费放行车辆记录进行了抽查比对,发现公务凭条抵现金额由门岗收费人员按系统显示应交停车费手工标记在凭条上,特殊情况免费放行车辆应交现金由门岗收费人员手工登记在值班日记本上,系统本身不具备数据提取功能,且无法区分出使用公务凭条通行车辆及免费放行车辆的具体数量及应收金额,工作人员手工记录的公务凭条抵现金额及特殊情况免费放行车辆应交现金无法跟系统核对。"车道统计"窗口显示车流总量及部分车流量明细,但车流量分类明细合计数量与车流总量不等,通过系统无法清晰直观地了解各类车辆的通行数量。

三、校园车辆管理系统经费收支的审计情况

(一)××物业公司收费用活期银行卡审计情况

1. 收费用活期银行卡收入支出的审计情况

物业公司财务人员所收停车费和办理车辆智能卡费用存入××物业公司指定的银行卡中,财务人员保留存款收据并作记录,账户密码由物业公司经办人员以外的财务人员保管,相关税费由××物业公司的财务人员核算金额,支取税额现金。卡内停车费收入扣除税费后金额上缴学校。

经审计,物业公司 2011 至 2017 年办理 2 张活期银行卡,银行卡号:××××××××(2011 年至 2013 年 4 月的停车费收入)和××××××××(2013 年 5 月至 2017 年的停车费收入),开户银行均为××商业银行××支行。物业公司银行卡停车费收入支出情况详见下表:(略)

2. 收费用活期银行卡中税额的审计情况

领取停车费定额发票按规定应按发票金额的 5% 缴纳营业税(20××年 5 月 1 日后按"营改增"规定,停车费缴纳税款由营业税改为增值税,税率仍为 5%),按营业税额的 7% 缴纳城市维护建设税、3% 缴纳教育费附加、2% 缴纳地方教育费附加,合计税费为停车费发票金额的 5.6%。此外,根据物业公司出具的说明,按照税务局规定物业公司按企业利润的 25% 缴纳企业所得税,物业公司按学校购买发票金额的 10% 计算企业利润,按购买发票金额的 2.5% 承担企业所得税。学校停车场实际应缴各种税费为按购买发票金额的 8.1% 承担上述所有税费。经审计,物业公司 2011 至 2017 年提取税款的税率均高于 8.1%。

物业公司 2011 至 2017 年银行卡取款交税金额与实际交税金额对比明细表如下:(略)

(二)学校核算经费的审计情况

1. 车辆智能卡经费

车辆智能卡经费按学校及市物价局文件规定,对收取的车辆蓝牙卡工本费及各协作单位的长期停车管理费,按流程收取后上缴学校,学校扣除 25% 管理费。主要用于学校交通智能管理系统发放的蓝牙卡工本费、交通材料费、交通管理人员加班补助、加班工作餐费、交通安全月宣传制作费等支出。

保卫处提供的"车辆智能卡经费"账面反映,审计期初余额 17.41 万元,审计期内收入合计 414.35 万元,支出合计 319.12 万元,审计期末结余 112.64 万元。收支明细情况详见下表:(略)

2. 校园停车经费

校园停车经费为保卫处按照《校园机动车通行管理办法》及市物价局文件规定收取的校外车辆入校停车费,保卫处代表学校委托有收费资质的××物业公司代收停车费,按流程上缴学校,学校收取60%管理费后,主要用于学校各个校区的交通设施增设及改造维修,包括道路及停车场标线喷涂、交通标志牌增设、减速带维修及增设、专用材料、智能交通管理系统及交通规划调研差旅费等支出。

保卫处提供的"校园停车经费"账面反映,审计期初余额40.20万元,审计期内收入合计922.10万元,支出合计710.01万元,审计期末结余252.28万元。收支明细情况详见下表:(略)

四、内部控制审计评价

审计期内,保卫处修订了《保卫处经费管理规定》《××大学保卫处公务车辆使用管理规定》《××大学保卫处加班工作补助发放规定》等管理制度,并能认真执行。2011至2017年,保卫处维护校园安全稳定,治安交通秩序良好,无重特大火灾及安全生产事故发生,划定新增630余处停车位,明确了7条街道的临时停车位;喷涂道路及停车位标线23 000余延长米,增设交通设施160余处,清理长期占用校内停车资源车辆620余台次,清理"僵尸车"29辆,为学校发展提供了强有力的安全保障。但车辆智能管理系统因存在设计缺陷,车辆管理内部控制还存在一定的风险。

五、审计发现问题及建议

(一)车辆智能管理系统功能设计存在控制缺陷

保卫处车辆智能管理系统功能设计不完善,车辆智能管理系统中"车道统计"窗口,显示"所收现金"金额为当日应收现金,公务凭条抵现实收金额须由门岗收费人员按系统显示应交停车费手工标记在凭条上,特殊情况免费放行车辆应交现金由门岗收费人员手工登记在值班日记本上,系统本身不具备数据提取功能,且无法区分出使用公务凭条通行车辆及免费放行车辆的具体数量及应收金额,工作人员手工记录的公务凭条抵现金额及特殊情况免费放行车辆应交现金无法跟系统核对。"车道统计"窗口显示的车流量分类明细合计数量与车流总量不等，通过系统无法清晰直观地了解各类车辆的通行数量。

审计建议：进一步完善该管理系统，使其能够清楚明确地反映各类通行车辆的应收现金金额及车流数量，便于管理人员及监督人员查询和统计。

（二）物业公司多支取税费，保卫处监管不到位

审计组对××物业公司活期银行卡取款交税金额记录进行核实，该公司2011至2017年从银行卡取款交税金额共计101.40万元，银行卡取款交税金额超出其提供银行缴税凭证及发票工本费金额9.04万元（该款于2018年7月2日209♯凭证上缴财务处）。

审计建议：保卫处应加强对物业公司的管理和监督，按实际应缴税金支取缴纳税费。

（三）公务凭条管理松懈，领取记录未完整保存

公务凭条自2011年学校车辆智能管理系统建成起使用，由保卫处负责印制、发放和回收。经审计，2011至2017年共印制公务凭条43万张，自2011年1月至2018年4月，有各单位领取记录的数量约41万张，无领取记录的约2万张。无记录原因一是记录单丢失，二是各单位临时的大型活动、参观来访等事项发放未及时记录。

审计建议：保卫处应在公务凭条印制、发放及回收等环节加强管理，制定相关管理制度并严格执行，应将公务凭条记录完整保存，规范管理。

（四）保卫处和物业公司未按照合同约定履行责任义务

保卫处与××物业公司签订委托合同，委托物业公司收取停车费。委托合同中约定停车场各种税费、成本由学校负责支付，学校按月根据人员数量支付物业公司收费员工资，收取的停车费经保卫处交通管理办公室核对金额后上缴学校，存入停车费经费卡中。但实际情况为，2011至2017年物业公司所收停车费和办理车辆智能卡费用一直存入物业公司指定的个人银行卡中,购买停车费发票缴纳税费直接在该银行卡中支取,银行卡余额上缴学校。

  审计建议:保卫处和物业公司应严格履行合同约定条款,杜绝出现管理漏洞及各类违规现象;物业公司应将停车费收入及时全部上缴至学校账户,严禁将停车费收入存入个人账户。

审 计 处

2018 年×月×日

第六章

绩效审计

【概述】

2014年10月，《国务院关于加强审计工作的意见》提出，要促进公共资金安全高效使用，把绩效理念贯穿审计工作的始终。2016年2月，审计署发布《审计署关于适应新常态践行新理念更好地履行审计监督职责的意见》，要求"加强公共资金绩效审计"。2018年9月，《中共中央国务院关于全面实施预算绩效管理的意见》出台，明确提出"硬化预算绩效责任约束""切实做到花钱必问效、无效必问责"，强化"加强绩效管理监督问责"等保障措施，要求"审计机关要依法对预算绩效管理情况开展审计监督"，对于"发现违纪违法问题线索，应当及时移送纪检监察机关"，以"着力提高财政资源配置效率和使用效益，改变预算资金分配的固化格局，提高预算管理水平和政策实施效果，为经济社会发展提供有力保障"。因此，开展绩效审计是当前新形势下高校内部审计实现转型的有为之举。

关于绩效审计，中国内部审计协会《第2202号内部审计具体准则——绩效审计》给出了明确的定义："绩效审计，是指内部审计机构和内部审计人员对本组织经营管理活动的经济性、效率性和效果性进行的审查和评价。经济性，是指组织经营管理过程中获得一定数量和质量的产品和服务及其他成果时所耗费的资源最少；效率性，是指组织经营管理活动过程中投入资源与产出成果之间的对比关系；效果性，是指组织经营管理目标的实现程度。"上述定义，指出了绩效审计的三要素：经济性、效率性和效果性。经济性，指取得某一成果而减少资源的消耗量，也就是成本的节约程度，即少支出；效率性，指投入与产出的比率，也就是资源利用程度，即多产出，它是连接经济性和效果性的桥梁；效果性，指经济活动结果的有效性，就是目标实现程度，即支出有价值、达到预期效果。但在日常运行中，这三者之间往往很难有非常明确的界限区分。

同样，在实践中绩效审计无法与财务收支审计完全割裂，它是建立在基础数据资料真实合法的基础之上的。因此，只有在完成了对被审计单位的财务收支审计，并对不真实、不合法事项进行调整的前提下，绩效审计的实施才具有现实意义。审计署内部审计指导监督司李凤雏司长在《关于深化内部审计工作几个问题的思考》中提出了更高的要求："开展绩效审计，应关注资源分配和发展战略。关注组织的经营与管理，促进最大限度地利用现有资源，充分挖掘人财物的潜力，提高管理水平，而且要关注组织发展战略。组织发展战略既体现组织的持续增长，更体现其落实党中央、国务院重大决策部署的发展方向。内部审计应当通过绩效审计，推动组织发展战略为实现国家发展战略服务。"

开展绩效审计的程序主要包括以下四个步骤：

一是确定审计目标。绩效审计的目标是在确定被审计单位财务收支真实合规的基础上，进一步评价其经营管理活动是否适当和有效，是否实现了经济性、效率性和效果性。根据实际情况和需要，绩效审计既可以对某一业务的整体绩效情况进行检查和评价，也可以只侧重于对某项业务绩效三要素的某一方面进行检查和评价。

二是确定审计方法。由于审计目标的灵活性和审计内容的广泛性，绩效审计方法也体现出多样性的特点，除运用常规审计方法以外，还可以采用数量分析法、比较分析法和目标成果法以及问卷调查、专题讨论会等。

三是选择适当的绩效审计评价标准。这是绩效审计中关键的一环，也是目前实际操作中难度较大的环节。指标体系应设置共性指标和具体指标。以财政专项预算资金为例，2013 年财政部《预算绩效评价共性指标体系框架》提出了框架指标，因此，我们可以灵活选取最能体现绩效评价对象特征的共性指标（即一级二级指标），再结合具体绩效评价对象的目标，分别细化出三级或四级评价指标，并赋予各类评价指标以科学合理的权重分值，明确具体的评价标准，从而形成完善的绩效评价指标体系。

四是进行科学评价。绩效审计报告既是评价被审计对象绩效情况的依据，也是帮助领导了解学校相关管理情况的重要参考材料。撰写绩效审计报告除把握审计报告撰写的基本要求外，还应当对绩效情况给予明确而恰当的评价结论。一般情况下，结论可分为总体评价和分项评价。当绩效审计项目涉及多个指标时，可以先就被审计对象的整体情况作出好或差的总体评价，然后再分别就经济性、效率性和效果性等单个指标进行分项评价。在反映合法合规性问题的基础上，审计报告的着力点应当从绩效的角度对问题进行定性并作出评价，对绩效已造成或可能造成的影响与后果，注重从体制、机制、制度的维度，剖析其问题产生的根源性因素，同时提出改善绩效具体途径和办法的建议，发挥建设性作用。

综上所述，绩效审计的灵魂在于科学评价，而科学评价的依据在于评价指标及评价标准体系。当下，由于各业务绩效的评价指标体系尚待建立与健全，这也形成了实施绩效审计的最大障碍。因此，有关学者指出了一条路径，即在评价标准或缺的情况下，可暂以评价来源替代。所谓的评价来源，包括国家法律法规、相关行业指标、组织制定的工作目标以及预算、定额等，这也是构成绩效审计的一种评价标准。

在我国，绩效审计起步较晚，目前各高校开展绩效审计尚不广泛。

展眼望去,在内部审计的实务操作中,真正可被视作完整的绩效审计实施项目并不多见。因而,对高校的审计工作者而言,评价标准、审计方法与实施手段等都是全新与陌生的领域。编者认为,在且行且探索的过程中,根据实施条件、实际需要和审计目标,绩效审计可暂选择经济性、效率性和效果性中的任一要素,进行重点审计并给予评价。例如,经济性是指花钱少、成本低,可以深入进行花钱多或少、成本高与低的分析,随后提出应当采取什么控制措施的建议。因此,绩效审计的审计模式并非一成不变,既可采取以问题为导向的审计模式,也可采取以注重过程控制的审计模式。

本章根据某高校提供的实例所编辑的选例,在一定程度上展示了内审部门如何通过嵌入学校教学管理环节,在传统的财务收支审计基础上,进一步向绩效审计延伸与拓展,以期将效率、效果、效益的观念,根植于各项业务的运行过程,从而推动建立全员参与内部控制和办事讲究绩效的理念,推动学校建立绩效考核的指标体系,推动学校建立对现行政策、授权和程序等进行定期评价、总结的工作机制。

因受限于学校内部治理环境等多重因素,两例均无法对绩效进行全方位的检查和评价,审计人员只是基于对"绩效"的朴素理解而进行探索性的尝试。选例文书既不成熟也不完美,权作抛砖引玉,期待与同行们共同探索、共同进步。

【选例35】《关于××大学某学院专项经费的绩效审计报告》

一、选例评析

(一)选例介绍

××大学某学院承担了海外孔子教师的培训、来华新汉学计划、赴外教师和志愿者的培训等任务。除学校拨款外,以孔子学院总部的财政专项预算拨款为经费来源。包括孔子学院内涵建设经费、文化活动推广、组织出访、接待来访、国内外与孔子学院业务相关的研讨会等业务经费。学校鉴于其业务的特色性和较大的社会影响力，要求审计处对该专项经费开展预算执行效果的绩效审计。

（二）审计成效

本次审计出具审计报告 1 份，共提出审计建议 2 条。

学院对审计报告非常重视并积极回应。根据"完善制度建设体系和流程管理"的审计建议，学院结合业务特点制定了《财务管理制度》等多项业务制度，制定了《外事管理手册》等多项工作手册，明确了工作流程和工作权限等；根据"加强预算的编制及执行管理"的审计建议，学院召开了专题工作会议，明确了不同岗位人员的预算管理职责，细化了管理流程，明确了预算审批、报销审核、合同订立的程序。要求全员树立预算执行的绩效意识，科学规划项目的目标，跟踪监督项目预算执行进度和结果，及时总结资金使用效率和效果，从而切实提高资金使用效率和效果。

（三）选例亮点

本选例是学校进行绩效审计的试验性项目，由于项目实施时并无可行的绩效指标体系和标准可供参考，因此，在项目实施之初，内审部门根据绩效评价的基本原则，结合学院实际，尝试建立一套绩效考核评价指标，初步设定了相应的评价标准。这个绩效评价指标的设计与选取，以评价资金效果性、促进事业发展为导向性原则，以业务指标为主、以财务指标为辅设定比例，以 3 年指标加权平均数为评价基础，充分考虑了该学院的业务特征。

在该指标体系中，财务指标是评价绩效的量化表现，主要包括经费执行效率指标、政府采购执行率、固定资产利用率等；业务指标用于衡量业务完成的效果，属于非量化指标，主要对预算执行绩效进行定性分析，也可看作预算执行绩效的总体评价标准。在预算执行评分体系中，财务指标占 40%，业务指标占 60%。

二、选例文书

关于××大学某学院专项经费的绩效审计报告

校领导：

根据学校年度审计工作计划，依据《××大学内部审计规定》，审计处于 2017 年×月×日对某学院 2014 年 1 月至 2016 年 12 月的预算执行情况及内控情况开展了绩效审计。某学院对其经济活动所提供的材料的真实性、完整性、可靠性作出了书面承诺，我们实施了必要的审计程序，本次审计得到了某学院的积极配合。现将审计结果报告如下。

一、基本情况

某学院服务于孔子学院内涵建设，为海外孔子学院提供支持与服务，其主要职责包括：承担孔子学院总部的相关项目；为全校师生搭建国际化的语言文化交流与合作平台，开展惠及学校的人文与学术交流活动；开展孔子学院教师职业发展相关合作；着力为汉语国际教育发展及中外文化互解作贡献，为学校发展助力。

某学院共有人员 35 人，其中，事业编制员工 11 人。除学校预算拨款外，以孔子学院总部的财政专项预算拨款为主要经费来源，包括孔子学院内涵建设经费、文化活动推广、组织出访、接待来访、国内外与孔子学院业务相关的研讨会等业务经费。

二、审计目标

通过对整体业务的初步分析，除审查部门预算执行和财务收支的合规性外，重点关注对外教师及志愿者培训项目、各类来华培训项目专项资金的经济性、效率性、效果性。

三、审计范围和方法

我们采用查阅资料法、比较分析法、目标成果法，并建立绩效评价指标作为评价参考标准。

绩效评价指标以评价资金效果性、促进事业发展为导向性原则,分别设定可量化的财务指标体系和非量化的业务指标。权重的设定充分结合了部门业务特点,以业务指标为主,以财务指标为辅,业务指标占60%,财务指标占40%,3年指标进行加权平均。鉴于某学院的职能是通过人才培养、组织多种类型活动等,来推动中国文化"走出去",宣传中国的影响力,其社会效益更为重要,因此,业务指标设定的权重较高。

绩效评价指标及应用说明

指标类型	一级指标	权重	二级指标	指标说明
业务指标(60%)	目标管理	10	目标完成率	实际完成目标任务数量与计划目标数量的比率
		10	办学规模	完成规定的组织培训的人员数量,超额加分
		10	科研成果	申请科研项目的级别,部委以上加分
	社会效益	10	行业标准	符合基本标准,领先或制定标准加分
		8	培训级别	承办研修班、接待团队级别,高级班加分
		8	成果转化	培训的成果转化为公共课程或出版物
		4	其他	年度完成部门任务对事业发展带来的间接影响
财务指标(40%)	预算管理	8	预算完成效率	预算实际执行完成数与预算数的比率
		4	结转结余率	本年度结转结余总额与支出预算的比率
		4	政府采购执行率	本年度实际执行政府采购总额与政采预算的比率
		10	资金使用合规性	预算资金使用是否符合财务管理规定
	内控建设	10	管理制度健全性	管理制度是否涵盖业务范围及流程

续表

指标类型	一级指标	权重	二级指标	指标说明
	资产管理	4	固定资产利用率	实际在用固定资产总额占固定资产总额的比率
合计		100		

评价标准：评价得分在 90 分以上,为较好;80—89 分,为良好;70—79 分,为一般;70 分(不含)以下,为较差。

四、审计结果

(一)经济性分析

图 1 显示,赴外培训项目近 3 年的平均预算执行效率为 102.5%。

图 2 显示,来华项目近 3 年的平均预算执行效率为 88.37%。

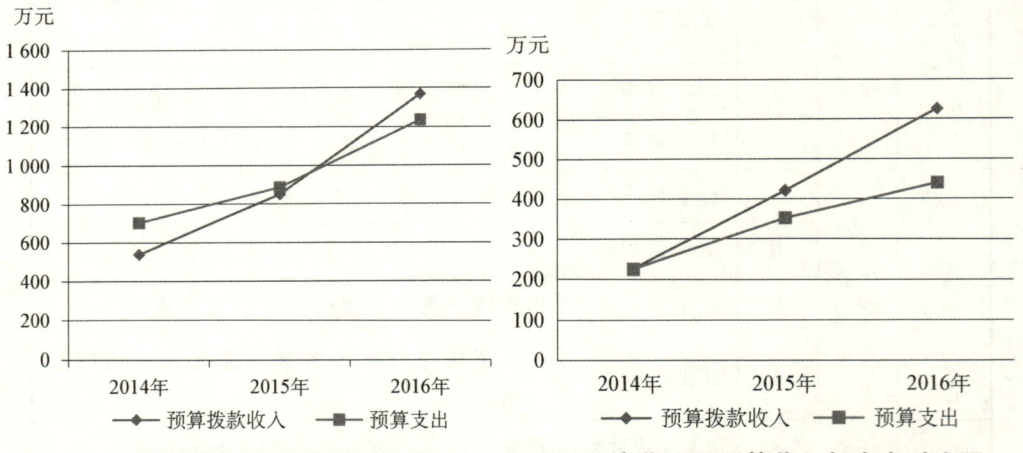

图 1　赴外培训专项收支对比图　　图 2　来华项目预算收入与支出对比图

(二)效率性分析

图 3 显示,学院严格控制了人员经费成本。

(三)效果性分析

1. 服务国家战略

配合国家"一带一路"倡议,强化孔子学院师资与人才培养、培训,服务全球孔子学院可持续发展。自 2015 年始,开始面向南亚七国开展

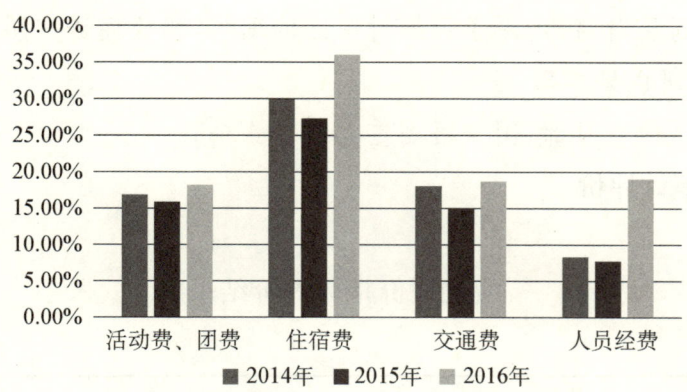

图3　来华专项主要支出结构分析对比图

南亚师资项目招生工作，共有337名南亚学生将持续在学校学习5年，超出原计划招生数量的15％。深化"一带一路"框架下中阿双方各领域交流与合作，开展了"迪拜移民局官员来华研修项目"。

2．办学规模增长

2014至2016年，培训长短期来华研修人数近2 000人；培训赴外师资、志愿者近3 000人次；接待来华团队26个。承办11次国家汉办/孔子学院外国本土汉语教师来华培训项目共247人，是孔子学院总部所规定70人名额的3倍多。

2014至2016年，学院共承办孔子学院总部外派志愿者、公派教师及院长强化培训17次，培训人数总计近3 000人次，学员评估满意度平均高达98％以上，与同期其他培训点相比位居前列。

3．社会效益显著

学院协助总部制定了汉语教师培训课程模板和汉语教师志愿者培训大纲及大纲细则。汉语教师培训课程模板由总部推广到全国7所基地的培训中，起到了引领作用；汉语教师志愿者培训大纲和大纲细则，经由孔子学院总部推广到全国的教师和志愿者培训中。

学院连续承办了4届欧盟官员"理解中国"高级来华研修项目、汉语桥—美国大学校长访华项目、教育官员短期来华研修项目等，惠及官员近500人次。其中，欧盟官员团的国际影响力最高，直接推进了中国与世界的高层对话,加深了世界对中国的理解,积极促进文明互鉴。

4. 科研成果丰硕

学院承接教育部、国家语委重大项目4个。

五、审计评价

绩效评价指标评价结果

指标类型	一级指标	二级指标	权重	得分
业务指标(60%)	目标管理(30分)	目标完成率	10分	10分
		办学规模	10分	10分
		科研成果	10分	10分
	社会效益(30分)	行业标准	10分	10分
		培训级别	8分	8分
		成果转化	8分	7分
		社会影响力	4分	4分
财务指标(40%)	预算管理(26分)	预算完成效率	8分	7分
		结转结余率	4分	3分
		政府采购执行率	4分	4分
		资金使用合规性	10分	10分
	内控建设(10分)	管理制度健全性	10分	7分
	资产管理(4分)	固定资产利用率	4分	4分
合计			100分	93分

经过综合分析,绩效评价结果为93分。××学院紧密服务于国家战略,推动可持续发展,社会效益显著;学院活动的财务信息真实、可靠,预算资金使用整体达到了预期目标,个别指标超过计划目标,取得了较好的经济性、效率性和效果性。

六、审计发现问题

（一）现有制度与当前业务适应性不足，未能涵盖所有业务需要，课酬等劳务支出缺乏发放标准。

例如，……（略）

（二）每年举办的培训班和接待团组数量较多，同类项目未进行分期分项目核算，导致个别项目预算资金使用与实际进度不符，造成结余结转，一定程度上影响了资金的使用效益。

例如，……（略）

七、审计建议

（一）完善制度建设体系和流程管理。对职责范围内的内控管理制度进行梳理，制定出合理的经费支出标准，不断完善和优化内控体系，确保内控体系良性循环。

（二）加强预算的编制及执行管理。鉴于专项数量较多的业务特点，建议对总部项目专项资金的划拨、日常运营的收支等基本数据分项目进行辅助记录管理，并定期与财务部门核对支出情况，严格按照项目预算年度的要求执行。对跨年度项目及时核对项目进度和经费使用情况，进一步提高资金的使用效益。

审 计 处

2017 年×月×日

【选例36】《关于××大学游泳馆运行的绩效审计报告》

一、选例评析

（一）选例介绍

绩效审计的应用范围较广，既包括被审计单位的各项业务活动，也包括非经济范畴的管理活动。××大学游泳馆自201×年×月××日试运营,软硬件设施齐全,是学校的公共体育设施。作为学校的公共体育场馆,游泳馆的主要任务是保证体育教学和课余训练。另一方面,在学校资金比较紧张的情况下,又必须走以馆养馆的道路。根据学校计划,审计处开展了关于游泳馆 2013 至 2017 年资金运行的绩效审计,以期全面弄清游泳馆资金投入和支出情况,评价该经济活动并揭示影响绩效的问题所在。

(二) 审计成效

本次审计出具了审计报告 1 份。报告从游泳馆管理模式、收入情况及运行费支出情况等方面入手,对游泳馆的运行绩效情况给予评价,并提出 3 条审计建议。

根据审计建议,游泳馆一方面建章立制,完善自身管理;另一方面主动与学校相关职能部门进行沟通,希望从经费来源、人员管理等方面取得学校更多政策支持。本次审计对推动游泳馆形成一个良好的运行管理模式,效果积极且明显。

(三) 选例亮点

作为非营利机构,游泳馆业务活动的绩效既有经济效益,又有社会效益。本次审计通过对此次所获取的翔实数据进行分析比较,全面反映了 5 年来游泳馆的运行情况,从经济性的角度予以评价,揭示存在的问题并提出建议,为学校对游泳馆加强绩效管理提供了参考依据;同时,这也是内审部门开展绩效审计的一次尝试,为后续有序开展其他业务条线的绩效审计作了有益的探索。

二、选例文书

关于××大学游泳馆运行的绩效审计报告

校领导:

根据审计工作安排,2018 年×月×日至××日,审计处对学校游泳馆的运行绩效情况进行了审计。审计期间,审计组对游泳馆游泳证办证流程、游泳票收费流程进行了符合性测试,对游泳馆 2013 至 2017 年期间的票证及办班收入与支出、学校投入运行经费收支情况等进行汇总分析。因缺乏明确的指标作为评价的标准,审计组根据学校游泳馆的实际情况,仅通过对其运行资金投入使用情况和内部控制健全有效情况的审计,评价其经济性。本次审计得到了学校相关部门的积极配合。现将审计情况报告如下。

一、基本情况

游泳馆于 2009 年 6 月 28 日试运营,游泳馆建设项目总建筑面积 11 500 m²,地上 4 层,局部地下 1 层,框架结构,总投资为人民币 6 000 万元。在第二层和第四层分设 2 个 50 m×25 m 标准游泳池,其中,第二层游泳池为浅水池(1.0—1.5 m),为教学用泳池;第四层游泳池为深水池(1.3—2.0 m),平时对师生及家属开放。

(一)体育部对游泳馆的管理模式

游泳馆馆长由体育部教师担任,是体育部党政联席扩大会参会成员之一,主要负责游泳馆的安全、水质、卫生、人员管理等。游泳馆运营实行馆长负责制,游泳馆重大决策事项须由体育部党政联席会讨论通过并上报学校审批、备案,包括突发事件处理及设备维护报修等。游泳馆经费使用和日常工作由体育部进行监管,体育部控制游泳馆运行经费不超限额。

(二)人员情况

游泳馆建馆之初,按照 2009 年 9 月 3 日报人事处的《关于××大学游泳馆员工编制及工资的报告》,设置岗位 58 人。

截至 2017 年 12 月,游泳馆有人员 41 人,其中,体育部在职人员 2 人,退休返聘人员 10 人,校外人员 29 人。按工作岗位设置为:馆长 1 人、办公室 1 人、领班 2 人、前台 5 人、保洁 15 人、救生 11 人、水处理 5 人、更夫 1 人。

二、游泳馆运行绩效的审计情况

(一)游泳馆经费收支构成情况

1. 游泳馆收入

游泳馆是学校的教学用地,在保证教学和训练的基础上对校内学生免费开放,对校内教职工及家属(包括校外人员)实行有偿开放,家属与校内教职工的收费标准相同。学校每年下拨经费维持游泳馆作为教学场馆的运行,游泳馆以出售游泳票、证和举办游泳培训班等取得业务收入。

2. 游泳馆支出

游泳馆支出包括业务支出和运行支出。其中,业务支出主要指相关的办公费、材料费、劳务费、设备费等支出,运行支出主要指游泳馆运行所需的燃气费和水、电、包烧费。

2013 至 2017 年游泳馆经费收支构成情况详见下表:

(二)游泳馆运行绩效评价

1. 游泳馆自身营运能力较差,经费收支连年赤字且额度加大。2013 至 2017 年游泳馆业务收入合计 484.09 万元,业务支出合计 853.78 万元,赤字 369.69 万元;在此期间,学校累计投入 2 370.06 万元,在支付水、电、暖及天然气等运行费 1 202.37 万元的同时,还承担了其业务支出赤字 369.69 万元。游泳馆取得的业务收入仅占 23.54%,学校投入占游泳馆全部支出的 76.46%。

2. 人、财、物方面的内部控制制度较健全,但部分经营项目缺少管理规定,存在风险。游泳馆的游泳票、证收费采用与教务处和人事处联网的认证系统,通过"一卡通"刷卡付款;建立了耗材采购的相关制度;建立了管理人员、救生人员等岗位制度。未制定饮用水、游泳衣等服务项目经营管理的相关规定,存在一定的控制风险。2013 至 2017 年运行平稳,无重大事故。

游泳馆各项经费收支明细表

单位：万元

项目		日期 金额	2013 年	2014 年	2015 年	2016 年	2017 年	合计	占比（%）
		期初余额	82.98	-129.73	-279.18	-403.69	-542.06	82.98	
收入		学校拨款收入	158.00	160.00	160.00	160.00	160.00	798.00	62.24
	业务收入	游泳票收入	77.38	100.36	115.19	110.91	53.34	457.18	
		游泳证收入	8.31	6.26	1.17	2.42	1.48	19.64	
		游泳培训班收入	—	7.27	—	—	—	7.27	
		业务收入小计	85.69	113.89	116.36	113.33	54.82	484.09	37.76
		收入合计	243.69	273.89	276.36	273.33	214.82	1,282.09	
支出	业务支出	管理费 25%	2.08	3.38	1.13	0.29	0.37	7.25	
		结算	13.00	—	—	—	—	13.00	
		办公费	2.12	1.42	4.22	5.44	1.61	14.81	
		劳务费	117.24	105.46	96.38	112.22	116.33	547.62	
		设备费	10.78	6.16	16.62	13.30	—	46.86	

续表

项目		日期 金额	2013 年	2014 年	2015 年	2016 年	2017 年	合计	占比（%）
业务支出		材料费	29.25	47.61	40.96	27.23	41.47	186.53	
		招待费	0.18	0.48	0.10	—	—	0.76	
		差旅费	0.10	1.14	0.03	—	—	1.26	
		制证费	3.44	1.96	1.55	0.98	—	7.94	
		其他	21.49	1.95	1.91	1.82	0.58	27.75	
		业务支出合计	199.67	169.57	162.90	161.27	160.37	853.78	41.52
运行支出		燃气费	108.43	123.32	127.91	166.57	101.48	627.72	
		电费	36.79	27.03	34.91	50.81	34.40	183.95	
		水费	40.26	35.06	11.37	14.27	13.72	114.68	
		包烧费	71.68	71.68	71.68	65.35	65.35	345.74	
		运行支出小计	256.73	253.77	237.97	250.43	203.47	1,202.37	58.48
		支出合计	456.40	423.34	400.86	411.70	363.85	2,056.15	
		期末结余	−129.73	−279.18	−403.69	−542.06	−691.08	−691.08	

3. 游泳馆运行正常,满足了师生的教学和生活需要。游泳馆每学年保证游泳课教学本科生授课时数××学时,硕士生授课时数××学时,能够满足我校本、硕、博学生游泳课的教学需要,并能够保证我校高水平运动队的训练与竞赛。每年度为教职工及家属提供服务××人次,为开展全方位的教职员工群众性锻炼与竞赛活动提供场地,取得了一定的社会效益。

三、审计发现问题

(一)运行维护费核拨未经充分论证和预算控制

2013 至 2017 年连续 5 年赤字运行,学校承担运行赤字共计1 572.06 万元,学校对游泳馆也未制定绩效考核目标,没有对其定期进行考核评价。

(二)游泳馆的用工管理不规范,未与长期聘用校外人员签订劳务用工合同

审计期末,游泳馆使用校外人员 29 人,有的校外人员工作年限已近 9 年,至今没有签订劳务合同,不符合《劳动法》第十条"建立劳动关系,应当订立书面劳动合同"的规定。

(三)饮用水、游泳衣等经营项目内部控制制度不健全

游泳馆每年饮用水销售收入××万元、游泳衣销售收入××万元,当年全部上缴体育部,但游泳馆未制定饮用水、游泳衣等经营管理相关规定。

四、审计建议

(一)加强学校对游泳馆的运营管理

建议学校相关管理部门对游泳馆运营现状和管理模式进行调查和分析,和体育部共同研究制定游泳馆年度绩效考核指标,建立完善内部管理、提高游泳馆社会效益等方面的措施。

(二)明确管理目标,树立绩效管理意识

建议游泳馆在完成体育教学、课余训练等任务的前提下,通过控制水、电及日常运行费等成本费用支出、确定合理的家属(含校外)游泳收

费标准等方式,尽量减少游泳馆运行的赤字。

(三)严格劳务合同的管理

按照《劳动法》规定,严格执行学校合同管理办法,在合理的授权范围内签订劳务合同,避免劳务纠纷风险。

(四)加强体育部内部制度建设

建议体育部全面梳理内部经营业务的重要管理环节和流程,建立相应的管理制度或办法,使管理有章可循。

审　计　处

2018 年×月×日

引言

　　根据教育部"拓宽内部审计范围，更好地服务改革发展"的要求，各高校内部审计在着力做好上述各业务条线审计工作的前提下，以创新与发展的思路，从被动的任务性向主动的预警性转型，不断探索"以监督体现服务，寓监督于服务之中"的新路径与新方式，以确保始终与组织的发展目标与价值取向保持一致，更好地发挥内部审计参与学校治理过程的建设性作用。内审部门根据学校不同利益相关者的需求，或适时开展专项审计调查，服务学校决策层；或积极发挥专业优势，提供咨询服务；或主动利用审计实施结果，提示风险，建言献策。通过各种拓展增值效应的路径和方式，践行价值创造的工作目标，推动内部审计的转型发展。

第三部分　高校拓展性审计业务文书

第七章

专项审计调查

【概述】

专项审计调查,原本是指国家审计机关运用审计与调查有机结合的工作手段,对与国家财政收支有关事项或者本级人民政府交办的特定事项,向有关地方、部门、单位进行的专门调查活动。近年来,部分高校的内审部门借鉴此工作思路,探索应用这种工作手段,以进一步提升内部审计为学校事业发展服务的能力。

高校的专项审计调查,同样是为落实学校领导交办的特定事项而专门开展的一种调查活动。就其属性来说,它具有确认服务和咨询服务的双重职能。一般采取三种形式组织实施:一是由内审部门人员独立完成;二是以内审部门人员为主导,或与校内有关经济活动领域干部协同组成专项调查组,或吸收专业社会中介机构组成联合调查组;三是全权委托社会中介机构开展调查活动。

专项审计调查项目在目的、程序、范围、对象、作用等各方面,均有别于常规审计项目,具有其独有的特征。就目的而言,它是针对学校运行中存在的突出问题或对学校政策部署的实施情况所开展有针对性的调查,故特定性更强;就程序而言,它虽是以审计实施为基本手段,但程序上相对简单,方法上相对灵活,如通知书没有提前送达的日期要求、可不征求被调查单位的意见、无须向被调查单位出具书面结果性文书等;就范围、对象而言,由于是对与学校运行息息相关的特定问题进行剖析,客观上要求有一定的量和面,故覆盖面大、范围宽泛、涉及对象广;就作用而言,鉴于前述的几个特征,因而其结论和建议的视野更广、站位更高,可为学校领导提供宏观决策和政策调整的依据,更好地发挥内部审计的参谋作用。

专项审计调查完成后,内审部门应当向学校提交审计调查的结果性文书,即专项审计调查报告。调查报告暂无范式,不宜简单地套用审计报告的通用模板。通常情况下,应当包括标题、前言、主体、结语四个部分内容。其中,标题一般以"关于××事项的审计调查报告"或"关于××事项的审计调查结果报告"命名;前言部分既可是提纲挈领、统率全文的内容提要,也可作阐明目的、方法、范围和结论等内容的交代;主体部分则是审计调查报告最核心的部分,应当做到全面描述审计调查结果的综合情况,包括调查结论、实施情况、调查发现、调查建议等主要内容。

审计调查结果性文书的文本形式与结构,应当根据审计调查项目组织方式的不同、调查业务的繁复程度以及其他特殊情况来定夺。编者以为,但凡能满足将调查结果观点鲜明、条理清晰、简明扼要地报送学校领导和有关利益相关者的要求的,就是一份合格的专项审计调查报告。据已探索开展此项审计业务高校的实践经验,无外乎三种文本结构:其一是一稿定乾坤;其二是正文加若干附件或附表;其三是简式报告与详式报告相组合。

专项审计调查的宏观性强、灵活性大,其结果性文书的撰写要求也相对更高:首先需要直击时弊地揭示被调查业务存在的主要矛盾和核心问题,其次需要对凸显的问题进行充分的风险评估,再次需要对问题的成因进行分析并得出客观公正的调查结论,最后也需要提出切中要害且具有实操性的改进措施与建议。

本章四个选例的基础素材来自不同高校,按其实际实施年度先后进行展示。由于开展审计调查无先例可借鉴,这几个选例未必完全实现了专项审计调查预先设定的调查目标,所形成的结果性文书(即审计调查报告)与上述的撰写要求或存差距,仅供参考。

【选例37】《关于××大学资产管理业务内部控制体系建设情况的审计调查结果报告》

一、选例评析

(一) 选例介绍

本选例的基础项目为××大学2014年实施的专项审计调查项目。

2012年11月,财政部印发了《行政事业单位内部控制规范(试行)》,要求自2014年1月1日起贯彻执行。2013年12月5日,教育部下发了《关于做好〈行政事业单位内部控制规范(试行)〉实施工作的通知》。

为贯彻落实相关要求,学校领导下达指示:请审计处根据上级文件要求且结合学校实际,对学校资产管理业务领域内部控制体系的建设情况进行审计,并提出审计意见。

审计处研究后,确定了落实此项任务的工作目标:以"当好学校全面推进内部控制体系建设排头兵"为定位,对学校资产管理业务领域内部控制体系的建设情况开展专项审计调查活动。通过梳理、分析资产管理现状,查找学校资产管理内部控制体系的缺陷及风险点,提出完善和优化运行机制、建立健全相应制度的审计意见和建议,促进建立规范、高效的学校资产管理体制和相关制度,推动全面提升学校的风险防控能力。

在审计调查工作方案报呈学校并获批后,审计处随即组织社会中介机构开展了专项审计调查活动。在审计调查结束后,审计处以本部门出具的"审计调查结果报告"为正文,后附社会中介机构出具的专项审计调查报告的组合形态,向学校呈报了专项审计调查结果。该项目采用的是概述中的第三种文本结构,即简式报告与详式报告相组合。

（二）审计成效

历经九个月的现场实施，以及后续的报告撰写过程，最终审计处向学校主要领导呈报了《关于××大学资产管理业务领域内部控制体系建设情况的审计调查结果报告》，综合反映了审计调查所发现的学校体制机制、制度体系建设和内控流程设计与执行三大类别的系统性问题，提出了总体性审计建议5条。审计处同时还提交了由社会中介机构撰写的《××大学资产管理内部控制体系建设情况专项审计调查报告》。该份近2.6万字的审计调查报告，分为"土地""房屋及构筑物""设备仪器""对外投资"四个章节，将上述三大系统性问题在学校内部控制运行中的具体表现进行了详尽列示，并提出了改进建议。此外，详式报告还以附件的形式，整理出该业务领域的各类内部控制现状信息、内部控制缺陷信息等问题汇总表共6份，从"权利制衡分解""业务和流程管理（含流程图）""风险梳理与防控"等四方面，提交了"房屋租赁管理内部控制体系设计建议""设备仪器管理内部控制体系设计建议""对外投资管理内部控制体系设计建议"3份对内控设计的建议文本。除此之外，该项目还收获了以下成效：

1. 和而不同，协作共力。学校上下左右对审计部门在内部控制体系建设中的定位达成共识，审计调查项目受到学校主要领导和分管校领导的高度重视，得到学校相关职能部门（如学校办、财务处、资产处等）的全力配合，形成了学校职能部门之间"和而不同、协作共力"的良好工作氛围。并且，这种良性的协作方式，逐渐渗透并作用于此后的内部审计工作开展过程之中。

2. 查缺补漏，以审促建。学校的资产规模近20年来快速扩增，但在管理方面不可避免地存在着内部控制意识淡薄、风险评估机制缺失、有效控制活动不足、信息沟通不及时、监督管理不到位等现象。此次审计调查所发现的各方面问题以及提出的相关建议，为后续学校全面推进内部控制管理体系建设工作打下扎实的基础。

同时，该项目的实施让××大学在资产管理审计和资产管理方面占据一定先机，积累了宝贵经验。2015 年，教育部发布《关于加强直属高校内部审计的意见》中提到"要加强资产管理审计"，同年，教育部开始组织有史以来第一次直属高校国有资产管理检查工作，2016 年，财政部部署了行政事业单位国有资产大清查工作。国家对高校国有资产的管理日渐重视，监管力度逐渐加强，而××大学在 2014 年进行的此次资产内控建设调查工作，让学校心中有数，得以在后续各项工作中做到从容不迫地拾遗补缺，实现了一定意义上的主动作为。

3. 宣传培训，强化意识。学校资产管理涉及部门众多，要做好资产管理工作，必须建立一个有效的内部控制系统。此次审计调查，既是一次专业的审计调查工作，也是一次形象的现场教育活动。调查活动结束后，审计处组织了针对资产管理的专场内控培训活动，以充分利用审计调查结果，进一步强化相关部门的内控意识，有效促进学校资产管理工作。学校分管审计、资产的校领导出席培训会并做动员讲话，学校职能部门、二级院系的主要负责人、资产管理关键岗位人员 200 余人参加了培训会，这是××大学针对资产管理内部控制建设所进行的首次培训，加快了××大学内部控制体系建设的步伐。

（三）选例亮点

1. 角色准确，定位清晰。《行政事业单位内部控制规范》中明确"内部监督应当与内部控制的建立和实施保持相对独立""内部审计部门或岗位应当定期或不定期检查单位内部管理制度和机制的建立与执行情况，以及内部控制关键岗位及人员的设置情况等，及时发现内部控制存在的问题并提出改进建议"。由此可见，审计处在学校内控体系建设过程中，不应担负"建设"与"实施"角色而是"监督"的定位。因此，审计处将学校下达的任务，准确地定义为学校全面推进内部控制体系建设的排头兵，且巧妙地结合审计实务类型转换为专项审计调查项目，既不折不扣地落实了学校的部署与安排，也坚守了内部审计"不缺位、不错位、不越位"的"三不"工作原则。

2. 科学组织, 有效实施。 ××大学的资产规模庞大, 种类众多, 由多个部门分散管理。由于各部门管理思路和管理模式迥然不同, 审计调查工作的难度显而易见。为此, 审计处处长亲任项目组组长, 并指定一位科长任项目组副组长, 项目组的其他成员主要由社会中介机构人员组成。组长负责对调查目标、调查重点等进行总体把控; 副组长负责对调查进度、部门协同及调查中的重要发现等进行实时把控; 项目组成员则负责审计调查实施过程中的人员访谈、资料查阅、实地查验、对比分析、穿行测试、抽象检查等具体操作事项。最终, 在双方的共同努力下, 经过组织发动、审前调查、现场调研、成果编制和宣传培训等阶段的工作, 达到了专项审计调查的既定目标。

3. 确定重点, 细查深究。 经研究, 项目共涉及五大类一级资产, 各类二级资产不下 15 种。根据审前调查的风险评估, 土地房屋及构筑物、设备仪器、对外投资三个风险等级较高的资产大类, 被确定为审计重点调查业务。项目组以相关职能部门提供的资产台账和审批流转记录为主线, 从财务报表、业务合同、会计凭证抽查入手, 对资产添置、入账核算、出入库管理、日常维护、盘点清查、报废处置等重要业务管理环节进行详细审查, 重点关注管理行为的合法性、合规性、有效性。对于审计发现的问题, 查清查透其产生的根源、性质和造成的结果。在取证环节, 项目组对拟关注事项采取"逐条逐项"向被审计单位逐一确认的方式, 并高度重视意见反馈, 保持沟通协调, 切实做到审计过程清楚、问题事项定性准确, 确保审计调查质量。

二、选例文书

关于××大学资产管理业务内部控制
体系建设情况的审计调查结果报告

校领导:

为提高事业单位的管理水平,规范内部控制,加强廉政风险防控机制建设,2012年11月,财政部印发了《行政事业单位内部控制规范(试行)》,要求自2014年1月1日起贯彻执行。2013年12月5日,教育部下发了《教育部关于做好〈行政事业单位内部控制规范(试行)〉实施工作的通知》。

根据学校的统一部署,资产管理内部控制体系的专项审计调查,被列为本年度审计计划的重点审计项目。为此,我处自2014年2月底始,组织实施了对学校资产管理内部控制体系建设情况的专项审计调查。日前,调查组已提交了《××大学资产管理内部控制体系建设情况专项审计调查报告》以及附件。现将有关审计调查工作情况和调查结果情况报告如下。

一、审计调查实施情况

资产管理审计调查的时间范围为2011至2013年。

(一)主要工作方式

由审计处人员与社会中介机构(以下简称第三方)共同组成专项审计调查组联合实施(审计处人员分任组长、副组长,主审人员由第三方派出)。

(二)主要调查内容

在对学校资产整体概况进行排摸的基础上,重点对土地房屋及构筑物的日常使用管理、设备仪器的采购使用、对外投资的管理等业务领域的内部控制制度建设、业务流程、实际执行等情况进行调查。

(三)主要工作目标

通过梳理、分析资产管理现状,查找学校资产管理内部控制体系的缺陷及风险点,提出相应的整改建议,促进建立规范高效的学校资产管理体制和相关制度,推动全面提升学校资产管理的风险防控体系,为学校决策提供依据,为学校治理服务。

二、学校资产概况

截至2013年12月31日,××大学的总资产合计×××亿元。

资产一级分类包括流动资产、固定资产、对外投资、在建工程以及无形资产5部分。其中,流动资产为××亿元,占比37%,包含现金、银行存款、材料及其他流动资产;固定资产为××亿元,占比56%,包含房屋及构筑物、植物、设备仪器、图书及其他固定资产;对外投资为×亿元,占比4%,包含对校办企业投资、债券投资及其他投资;在建工程为×亿元,占比3%,包含建筑安装工程投资、设备投资及待摊投资;无形资产账面价值为零。

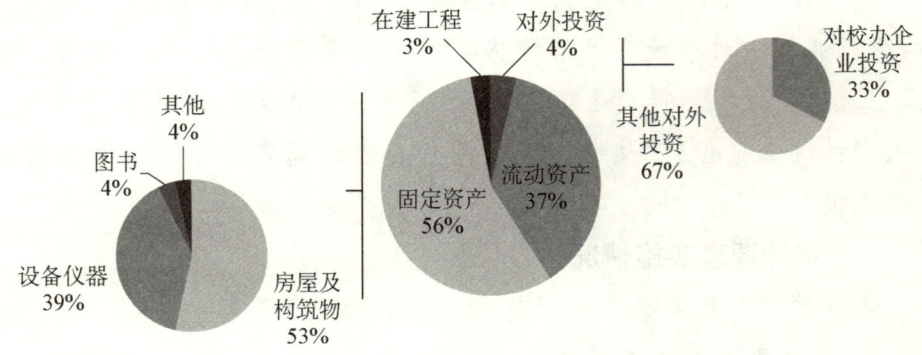

三、学校资产归口管理现状

财务部门管理学校的现金、银行存款、其他流动资产及债券投资;资产管理部门管理土地、房屋及构筑物、设备仪器、材料及其他固定资产;资产经营公司主要负责学校全资、控股及部分参股企业的管理;××大学教育发展基金会(以下简称基金会)由理事会负责日常管理工作,业务范围包括接收捐赠以及管理基金,基金会秘书处由外联部门归口管理;其他资产包括校内领用存货、图书、文物及陈列品以及学校的无形资产,分别由设备管理部门、图书馆及档案室、博物馆及科研管理部门归口管理。

归口管理情况如下:

资产分类	具体分类	归口部门
流动资产	包含现金、银行存款、材料及其他流动资产	财务处、资产处

续表

资产分类	具体分类	归口部门
固定资产	包含房屋及构筑物、植物、设备仪器、图书及其他固定资产	资产处、图书馆等
对外投资	包含对校办企业投资、债券投资及其他投资	财务处、资产处等
在建工程	包含建筑安装工程投资、设备投资及待摊投资	基建处
无形资产	包括专利权、非专利技术、商标权、校名校誉等	资产处、科研管理部门

四、审计调查中发现的主要问题

审计调查发现,2011 年 1 月 1 日至 2013 年 12 月 31 日,学校资产管理主要存在以下问题:

（一）资产管理相关部门的管理边界及职责划分尚不清晰,存在职责交叉及管理缺失的现象

学校虽然已对资产归口管理部门进行了划分,但对各部门的管理边界、职责仍存在不清晰的现象。

学校的二级管理模式定位不清晰,学校对各二级单位的统筹监管、工作汇报机制均不完善,各二级单位自身对于固定资产的管理水平也良莠不齐,未能在资产配置、清查、交接等过程中完全发挥作用。

（二）尚未建立系统完善的资产管理制度体系,部分管理流程缺失

资产管理部门 201× 年出台了《国有资产管理暂行办法》,并进行了一系列制度的修订及完善,但仍未搭建资产管理制度框架,制度间的层级及统领关系不明确;此外,还存在多个内容相近的制度同时施行的情况,制度之间存在管理重叠,层级不清,易造成混淆。

（三）对外投资管理粗放,对被投资企业缺乏有效监管,缺少投资项目过程跟踪及后评估机制,出资人权利义务未充分体现

学校未系统制定对外投资计划,投资项目来源较不固定,不利于对外投资的选择及长期规划。资产经营公司对各投资企业仅根据对方提供的财务报表及年度审计报告进行跟踪,没有主动进行管理,收益分配的管理程序有所缺失,对被投资单位缺乏制约。未对投资项目进行投资后评估工作,不利于合理评估投资收益及进行长期投资规划。

(四)土地、房屋及构筑物管理权责不清,部分土地及房屋未及时办理权属证明,对外租赁的管理资格认定、权限范围不明确

学校的土地、房屋及构筑物仍有相当一部分未办理权属证明,学校相关权益无法得到有效保障。

租赁管理较为混乱,对各二级单位租赁资格的认定、租赁价格制定、租赁流程、租金收取与核对等未明确。各二级单位对租户的日常管理、合同履行缺乏监督。

(五)设备仪器统筹管理尚待加强

各资产使用单位在设备采购中存在以各项经费预算为导向,而非以实际需求出发的现象,不利于设备仪器的统筹管理及共享。学校目前也未建立采购后评估及设备仪器使用效率管理流程,无法对设备仪器的采购效率作出合理评估。

学校尚未建立设备仪器及物资盘点程序,未定期组织各资产使用单位进行设备仪器及物资清查工作,无法准确掌握设备仪器及物资状态。

五、针对审计调查发现问题的总体建议

(一)明确管理定位,完善业务分工

建议学校进一步明确各资产管理涉及机构的定位及隶属关系,结合校院二级管理体制改革,明晰各类资产的管理边界,完善资产管理体系。在校级层面可成立资产管理委员会,负责统筹监管,对重大事项进行决策;各资产归口管理部门应建章立制,进行业务授权,对重点业务进行管控监督;各业务单位具体落实执行的分级管理体系。

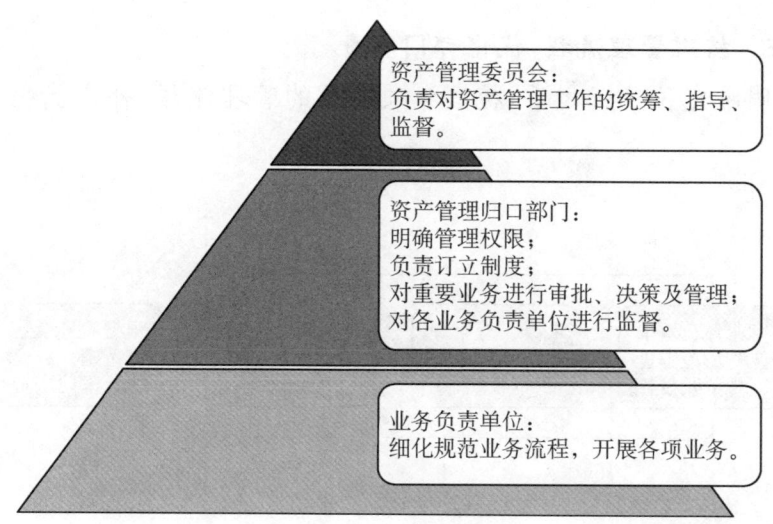

（二）完善制度建设，搭建信息平台

学校应进一步梳理和完善资产管理体系制度框架，明确各管理层级所对应的制度层级，以及各制度层级之间的包含统领关系。再对应资产分类梳理所需的管理制度，查找缺失、须完善以及应废止的制度。学校可从制度体系、授权体系、执行监督三个维度构建整个资产管理内控体系，并以信息系统作为管理体系落地的有效保证及支撑，通过信息系统来进行管理数据的采集及积累，最终形成学校的资产管理数据库，以支持未来管理体系的不断更新与进步。

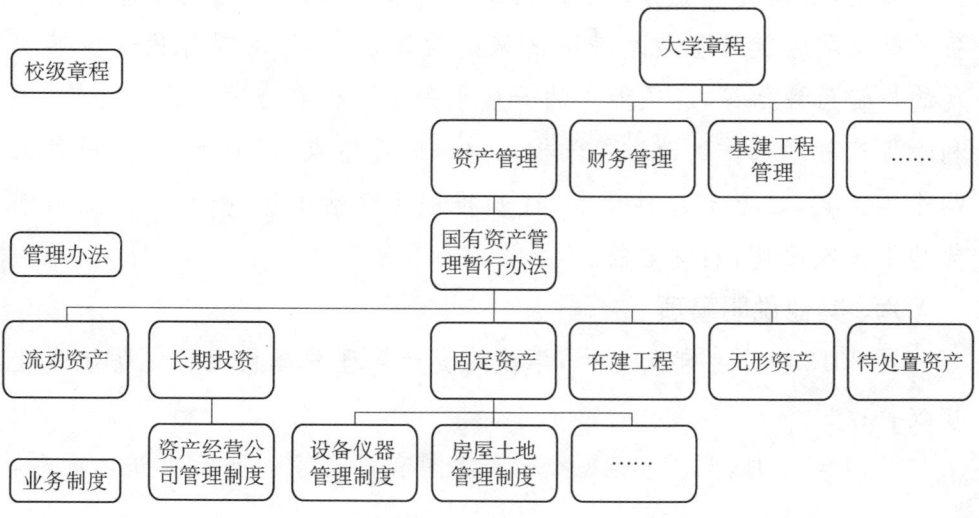

（三）梳理管理流程，优化部门职责

在明晰定位分工之后，梳理各项业务的管理流程，补充优化相关部门职责。

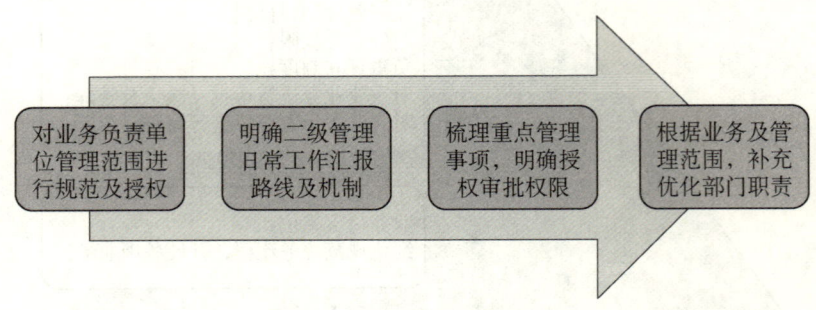

对业务负责单位管理范围进行规范及授权　明确二级管理日常工作汇报路线及机制　梳理重点管理事项，明确授权审批权限　根据业务及管理范围，补充优化部门职责

（四）统一招标采购，提高服务效率

目前，资产采购、工程基建采购、服务采购等业务的招标管理工作分散于各归口部门进行，各部门之间没有统一的招标管理规定，招标效果及服务效率均无法得到有效保证。建议学校成立统一的招投标机构，改变目前学校招投标工作分散在各业务部门、管理与实施未有效分离、管理专业化不足、监督不到位的现状，将学校所有采购业务的招投标管理工作集中在统一的平台，提高效率，便于监督。

（五）建立后评估机制，落实管理责任

目前，各类资产业务的后评估工作均未得到开展，如可有效评估设备采购必要性及设备使用效率的采购后评估、可推动对外投资价值实现的投资后评估等，各项业务的开展水平无法得到合理公正的评价，不利于资产管理工作的改进。学校应结合管理重点，以对外投资、设备采购作为试点，建立后评估机制，逐步推进后评估工作的开展，并根据评估结果落实奖惩，明确责任。

六、其他说明事项

自2013年下半年起至今，学校的资产管理总体状况已见明显变化和改善：

2014年4月，学校出台《××大学国有资产管理暂行办法》，同时，

相应明确管理权限划分、确定调控管理方式等的配套制度与实施细则也正在新建或修订中。并且,包括外购存货管理、校内仓库领用查询、无形资产管理、合同管理在内的××大学资产管理信息平台已在构建并逐步投入使用。

从上述情况可见,学校国有资产管理将步入良性循环的运行轨道,正在按资产属性建立相应的创新机制、激励机制、考核评价机制和监督约束机制,向规范化、科学化、专业化的管理要求迈进,有望实现国有资产保值、增值和满足履行职能的基本管理目标。

有关资产管理内部控制专项审计调查的详细情况、分类建议以及相应流程控制建议表单,请具体参阅第三方出具的《××大学资产管理内部控制体系建设情况专项审计调查报告》以及附件,供学校和相关职能部门决策时参考。

专此报告。

附件:(以下文本均略)

1.《××大学资产管理内部控制体系建设情况专项审计调查报告》

2. ××大学资产管理职责分工、权限及流程情况表

3. ××大学对外房屋租赁信息汇总表

4. ××大学资产管理缺陷汇总表

5. ××大学××年度对外投资汇总表(财务处)

6. ××大学资产经营公司及××大学对外投资企业基本情况表

7. ××大学对外投资企业红利上缴情况表

8. ××大学房屋租赁管理内部控制体系建设建议文件

9. ××大学设备仪器管理内部控制体系建设建议文件

10. ××大学对外投资管理内部控制体系建设建议文件

审 计 处

2014 年×月×日

【选例38】《关于××大学修缮管理业务内部控制体系建设情况的审计调查报告》

一、选例评析

（一）选例介绍

本选例的基础是××大学 2015 年实施的专项审计调查项目。

随着形势的不断发展，高等学校的建筑物、构筑物功能已不能满足教学科研所需，且原有的建筑物、构筑物也已逐步老化，伴随而至的是高等教育的基本建设投资力度持续增长，各高校由此也承担着大量的新建、扩（改）建及修缮等建设任务。因此，财政部颁布的《行政事业单位内部控制规范（试行）》中，明确将"建设项目"列为内部控制规范的重点管控业务之一。××大学鉴于其较大规模的新建教学楼、科研楼等基建项目正在如火如荼地开展，项目进度管理在当时已成为能否实现建设目标的重要因素，故学校领导决定，请审计部门对修缮管理业务领域的内部控制体系建设情况先期开展审计，亦为建设基建管理业务领域内部控制体系创造经验。

根据学校的部署，审计部门迅速确定了工作目标与任务：采用专项审计调查的方式，以推动学校建立有效的修缮工程管理的风险防控体系为目标，与社会中介机构共同组建审计调查组（下称项目组），对学校近五年的修缮工程管理情况进行排摸，查找该业务领域的管理缺陷及风险点，从宏观、中观和微观的三个层面，提出有关修缮管理体制、管理机制及制度的改善或变革建议，为学校规范修缮管理业务领域的内部控制服务。该调查项目采用的是"正文加若干附件或附表"的文本结构。

（二）审计成效

本项目不是内部控制体系建设，也不等同于内部控制体系评价，因此,项目组始终坚持第三方的站位,以学校批准的审计调查工作方案和审计处批准的审计调查实施方案为指引,注重了解、梳理修缮管理业务领域的运行状况,注重从管理的视角去发现风险、揭示问题、提出建议,最终出具了 2.5 万字的《关于××大学修缮管理业务内部控制体系建设情况的审计调查报告》,并另附"内控流程系列表单(参考)",向学校领导整体报告了本次审计调查的综合情况,为学校进一步开展基建管理业务领域的内部控制体系建设提供了可参考的基础性信息。此外,项目组还积极提供了以下的拓展服务:

1. 响应管理需求,实时提供经验。在审计调查实施过程中,响应学校有关职能部门的需求,以内部控制的视角,为学校财务部门拟定了《××大学修缮项目库建设方案(建议稿)》,为工程管理部门拟定了《××大学修缮工程管理办法(建议稿)》,积极当好咨询顾问,供其决策时参考。

2. 开展宣传培训,普及内控知识。在专项审计调查开展期间,审计部门抓住不同实施阶段的适当时机,针对相关职能部门的各级干部和人员,开展形式多样的内部控制规范建设宣传培训活动。例如,在项目启动时召开启动动员会,多位校领导出席并作动员讲话,同时聘请专家作内控知识讲解,增强参加人员对内控体系建设重要性、紧迫性的认识;在实施过程中,结合调查发现,组织有针对性的相关案例专题讲解会,要求有关部门即知即改、及时纠正;在调查结束后,组织大型的内部控制审计调查情况宣传培训会,通报调查发现和提出整改建议,受到各方面的一致好评。

(三) 选例亮点

1. 追溯体制变迁,厘清历史沿革。随着国家改革开放形势的不断发展,××大学的修缮管理体制几度调整,管理干部变动频率高,故当下几乎已无人能完整地描述其变迁历史。因而,利用专项审计调查的契机,项目组通过查阅资料、人员访谈等路径,厘清了从 1990 年至当下的修缮管理体制的历史沿革。此外,对当前由四个部门共事修缮管理的格局和实际分工现状,进行了清晰的综合阐述。

2. 末端发现问题,关联源头管理。项目组利用专项审计调查涉及面广、范围广、收集资料全等的便利,从内部控制规范的视角,发现××大学修缮管理业务领域存在五方面14大类的普遍性、倾向性问题。项目组对标财政部内部控制规范的要求,将调查发现的问题与源头管理关联挂钩,指出其根源在于未建立起相互制约、相互融合、相互促进的内部控制体系。

3. 设计内控体系,谋求长效管理。内部控制体系建设是一项立体式、全方位的工作,它不局限于本业务条线,与学校其他职能部门(如规划、资产、预算等管理部门)也密切相关。故项目组结合上级的要求和调查发现的问题,从学校体制、制度的层面和执行环节进行顶层设计,提出了五个方面的建议:完善修缮工程管理的顶层设计;调整修缮工程管理架构;建立多层次的修缮工程管理制度体系;建立并完善修缮工程的评价体系;推进修缮工程信息系统建设,建立学校修缮项目数据库。

二、选例文书

关于××大学修缮管理业务内部控制
体系建设情况的审计调查报告

校领导:

根据学校的部署,自2015年5月底始,我处组织实施了对学校修缮工程管理内部控制体系建设情况的专项审计调查。现将有关审计调查工作情况和调查结果报告如下。

一、审计调查实施概况

(一)审计调查目标

根据《行政事业单位内部控制规范(试行)》的要求,结合学校的实际情况,本次审计调查旨在实现两个方面的目标:

1. 梳理修缮工程管理中相关管理部门的职责权限,分离不相容职务,从而提高管理效率,防范风险。

2. 梳理修缮工程的管理程序,进行查漏补缺,促进工程管理部门规范修缮工程管理工作,完善修缮工程管理体系。

(二)审计调查依据

(略)

(三)审计调查范围及内容

本次审计调查涉及的部门主要是学校的工程管理部门,也涉及与工程管理业务相关的职能部门(规划或财务部门)。审计调查时间范围是 2010 至 2014 年,必要时追溯到以前年度。

本次审计调查的内容主要包括土建、装饰、装修、设备保养与维修、水电煤气改造、消防安防、通信、绿化等修缮项目。

本次审计调查查阅的资料包含(但不限于)修缮工程的预算资料、立项论证和批复资料、招标相关资料、施工单位报送的施工方案、相关合同文本、变更及签证相关资料、项目进度管理相关资料、项目安全管理相关资料、阶段性验收记录、竣工验收记录、竣工决算资料、款项支付资料、审计报告等。

(四)审计调查方法

为了有效达成本次审计调查目标,审计调查组(下称项目组)根据实际情况综合运用下述审计及评价方法开展工作:

(略)

二、总体评价

经过本次审计调查发现,学校修缮工程管理根据专业分工管理,基本遵守了财务会计控制,但是在项目立项和计划管理、职责界定、制度建设和流程执行方面存在以下主要问题:

1. 修缮工程管理未遵循决策、执行和监督相互分离制约的内部控制基本原则;

2. 项目立项缺乏规划论证,计划管理较弱;

3. 修缮工程管理工作界面不够清晰,修缮工程管理部门职责边界不确定,存在管理缺位或交叉重叠;

4. 修缮管理制度体系不完善,原有制度已不适应新的要求,管理细则和操作流程规定模糊,难以对实际业务的操作进行规范、约束和指导;

5. 修缮工程项目管理以经验管理和习惯性操作管理为主,存在出现突破流程控制、流程控制不严谨或控制不留痕等现象。

三、修缮工程管理概况

(一)修缮工程管理机构的历史沿革(略)

(二)修缮工程管理机构的职责分工

2009 年,经分管校领导批准,基建处将修缮管理职责授权至后勤处、安保处和网络中心,该职责分工延续至今。具体修缮工程分类及各工程管理部门职责分工如表1所示:

表1 修缮工程分类及工程管理部门分工

修缮工程类别	涉及工程管理部门	分 工 说 明
土建装饰装修	后勤处	负责×万元(含)以下室内维修及园林绿化。
	基建处	负责×万元以上室内维修及其他土建装饰装修工程。
能源维修改造	后勤处	负责×万元(含)以下室内水管、室内电网维修及室外的水电修缮工程。
	基建处	负责×万元以上室内水管、室内电网维修及出水的修缮工程。
消防安防	安保处	负责消防安防的修缮工程(纳入整体修缮工程的除外)。
	基建处	负责纳入整体修缮工程的消防安防。
信息网管	网络中心	负责核心机房改造、信息设备购置安装、楼宇间光纤光缆穿管。
	基建处	负责楼宇内的机房修缮、管道铺设、楼宇大修时的布线。

（三）高校修缮工程特点（略）

（四）修缮工程经费使用情况

修缮工程经费分为日常经费及专项经费,根据财务部门提供的最近 4 年的学校修缮工程预决算统计报表,2010 至 2014 年学校修缮经费预算安排和实际执行情况如表 2 所示:

表 2　2010—2014 年修缮工程预算批复及使用情况表（数据略）

单位：万元

年份	日常经费		专项经费	
	预算安排金额	执行金额	预算安排金额	执行金额

数据来源：财务处提供的各年度修缮项目预算安排表。

（五）修缮工程管理制度建设情况

学校在 2005 年曾发布《××大学修缮工程管理办法》,对修缮管理职责、建设单位选择、修缮合同签订及预决算进行了管理规定;2006 年,基建处制定了 2 个修缮流程规定,分别明确了学校修缮专款项目和院系自筹经费修缮项目管理的基本流程。2013 年,学校出台《××大学基本建设和修缮工程招标管理办法》,对修缮工程招标组织、招标标准和招标程序进行了规定。

（六）修缮工程决策情况

学校修缮工程项目采用立项与预算同步的方式,每年年底,各工程管理部门根据使用单位的申请或检查梳理下年度拟实施的修缮工程,连同其他预算项目一起报到财务处履行预算申报批复程序,预算批复后视为项目立项,是否纳入预算申报范围由各工程管理部门自行决定。自 2014 年起,修缮工程项目立项的决策权从各工程管理部门提至分管校领导,经分管校领导批准后便可启动。

（七）修缮工程实施情况

修缮工程实施情况按照业务环节分为：工程参建单位选择与管理、工程合同审核与签订、工程施工过程控制、工程验收与送审、工程款项支付、工程资料归档与保管。

1. 工程参建单位选择与管理

《××大学基本建设和修缮工程招标管理办法》对修缮工程招标标准和程序进行了规定，预算在××万元以内的项目的施工单位、××万元以下的招标代理、勘察、设计、监理等服务单位在入围单位中选择，入围单位由××通过公开招标的方式确定。预算在××万元以上项目的施工单位、××万元以上的招标代理、勘察、设计、监理等服务单位采用招标的方式确定。

2. 工程合同审核与签订

各工程管理部门负责审核本单位签订合同的主体资格，评估合同的可行性，均已形成了一套内部的合同审核签订程序：（略）

3. 工程施工过程控制

（1）工程管理部门指定项目负责人或经办人，根据中标单位的技术标书(招标项目)或施工单位的施工方案(非招标项目)管理项目施工过程。

（2）施工过程中发生工程变更的，须项目经办人初审、项目负责人确认，并加盖主管工程管理部门的公章，若涉及专业工程如消防、水电等，还须分别由××、××确认方可实施变更。

（3）工程管理部门结合修缮工程的实际需要，可委托第三方机构监理单位对工程施工过程进行进度、质量、安全及造价控制。

4. 工程验收与送审

修缮工程基本采用包工包料方式，材料到场后工程管理部门与监理单位共同验收确认。

修缮工程的阶段性验收和竣工验收工作由监理单位组织，工程管理部门参与验收。如须专业验收的，工程管理部门组织相关专业管理部门共同验收确认。

工程管理部门收到施工单位提交的竣工结算书后,负责组织工程造价审核,将审核报告及全套结算资料送交审计处。

5. **工程款项支付**

(1) 工程款支付总体要求。

工程预算金额在××万元以上(包括××万元)的项目,可以申请预付款;工程预算金额低于××万元的项目,原则上无须预付款项。决算审计后付清工程审计价格的××%,同时按财务处规定代扣有关税金,预留×%为保修金,于保修期满后付清。

(2) 工程款支付程序及要求。

(略)

6. **工程资料归档与保管**

《××大学档案工作条例》要求"各单位专(兼)职档案员应当按照规定,对本单位负责立卷归档的材料及时进行整理、组卷、装订,移交给档案馆,由档案馆检验、接收"。修缮工程的档案管理基本是"谁实施谁管理",即各工程管理部门管理所负责实施的项目的所有资料,没有形成统一的工程资料归档与保管要求。

(八) 修缮工程监督情况

1. 纪监部门负责督促检查修缮工程管理制度建设情况;负责对招投标过程进行监督,对修缮工程的招投标经办单位及相关工作人员提出廉政要求,通过对招投标活动中抽取专家、开标、评标等重要环节开展常规检查、重点检查、现场巡察和要件审核等形式,开展招投标工作的监督检查;同时受理修缮工程工作相关信访投诉和查处违纪违法行为,对存在的问题提出监察建议,并督促进行整改。

2. 审计部门对修缮工程的监督要求及重点因工程金额大小而异。分别采用全过程跟踪审计和竣工结算审计两种形式开展审计。其中,对一定资金起点以上工程项目的工程造价,由工程管理部门负责组织审核后报审计部门审计;对一定资金起点以下工程项目的工程造价,由工程管理部门负责组织审核后送审计部门备案,审计部门在次年度按一定比例组织抽样审计。

四、审计调查发现的问题

（一）修缮工程管理架构方面

1. 修缮工程管理未遵循决策、执行和监督相互分离制约的内部控制基本原则

从学校层面看,由于缺少学校层面的归口管理部门,修缮工程管理的决策、执行和监督不分离、无制约,从而导致了××大学修缮工程管理缺乏预防性、规划性和科学性,令学校资源不能有效整合,资源浪费、重复修缮、工程质量无监控等风险弊端或有存在。

2. 修缮工程管理工作界面不够清晰,缺位、错位、越位的情况时有发生

(1) 各工程管理部门负责的修缮职责边界不明确或界定不清。例如,(略)

(2) 修缮工程管理未能实现全覆盖。例如,(略)

（二）修缮工程制度建设方面

修缮管理制度缺失,原有制度已不适应新的要求,对实际业务的操作难以进行规范、约束和指导。

1. 制度条款不适用

例如,(略)

2. 重要规定或细则缺失

例如,(略)

（三）修缮工程决策方面

1. 缺少规范的项目立项论证程序,无法保证项目立项的合理性

例如,(略)

2. 部分修缮项目预算批复未执行,占用学校资金,影响资金的使用效率

例如,(略)

3. 突破立项流程,存在未立项先施工的问题,难以保证项目实施的必要性、合理性

例如,(略)

(四) 修缮工程实施方面

1. 工程参建单位选择与管理方面

(1) 修缮工程招标未能实现归口管理,各工程管理部门各自为政。例如,(略)

(2) 招标评标程序没有统一的标准,造成招标评标结果的差错。例如,(略)

(3) 对参建单位特别是施工单位未形成系统性的考核要求,项目相对集中于少数施工单位,且所涉项目结算平均核减率高于总体平均核减率。详见表3:

表3　2010—2014年施工单位数目及结算平均核减统计表

年度	参建5个及以上工程的施工单位数(个)	所有施工单位数(个)	参建5个及以上工程的施工单位参与项目占比(%)	参建5个及以上工程的施工单位的结算平均核减率(%)	所有施工单位的结算平均核减率(%)
(略)					

2. 工程合同审核与签订方面

(1) 各工程管理部门未能切实履行修缮工程合同主管部门的职责,合同审核不严格,造成部分合同价格高于中标价,部分合同条款存在歧义或错误。例如,(略)

(2) 合同审核与项目施工倒置,合同签订与合同中标通知倒置,合同签订前的责任归属难以判定。例如,(略)

(3) 个别项目合同签订盖章不规范,以单位行政公章代替学校公

章或合同专用章对外签署合同。例如,(略)

3. 工程施工过程控制方面

(1) 部分修缮项目缺少施工方案、进度计划或施工方案不完善,可能导致项目进度缓慢、需要纠正的施工行为较多等不良后果。例如,(略)

(2) 个别项目施工过程进度控制不严,造成项目延期。例如,(略)

(3) 部分项目工程变更未及时进行书面确认,不利于项目经费的控制。例如,(略)

(4) 部分项目施工签证单流转确认时间过长,难以及时发现不必要的工程量,不利于工程项目经费控制。例如,(略)

4. 工程验收与送审方面

(1) 已验收的修缮工程项目送审严重滞后。例如,(略)

(2) 修缮工程的送审价超出合同金额现象普遍而严重。例如,(略)

5. 工程款项支付方面

(1) 个别项目经费未能严格执行专款专用,存在专项经费和日常维修经费混用的情况。例如,(略)

(2) 修缮工程款项支付申请审批程序不统一,部分款项支付依据不完整,难以保证修缮工程款项支付的合理性、准确性。例如,(略)

(五) 工程资料归档与保管方面

1. 部分归档资料记录不完整,填写不规范,无法起到资料备案备查的作用

例如,(略)

2. 部分资料移交、归档保管不善,造成部分项目资料无从查找或丢失

例如,(略)

五、审计调查建议

(一) 完善修缮工程管理的顶层设计,调整修缮工程管理架构

成立学校基建领导小组,明确资产管理处为修缮工程项目立项和计划管理的牵头部门,以改变目前工程项目管理部门既是运动员又是

裁判员的做法。具体建议如下：

学校基建领导小组负责对修缮工作的监督、检查、指导；资产管理部门负责修缮项目的立项和计划管理，资产管理部门可组织相关部门如学校规划部门、财务部门等骨干人员，对校区修缮做好前瞻性的规划，为校区修缮作出"统筹安排、分步实施"的指引，对申报修缮项目的必要性、可行性等进行论证审核。学校成立独立的修缮管理办公室，负责工程项目的具体实施。纪检监察部门和审计部门作为监督审计部门对修缮工程管理进行监督审查，实现修缮决策、执行、监督的相互分离。

具体组织架构如图1所示：

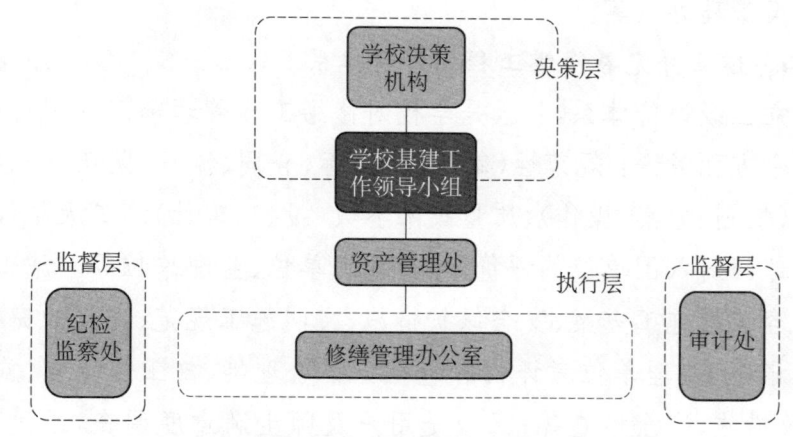

图1　修缮工程管理组织机构建议图

（二）建立多层次的修缮工程管理制度体系

在修缮工作的每个环节均建立制度保障，并把"管人"和"管事"结合起来。一方面，对修缮工程管理部门各层级管理者制定行为规范或职责；另一方面，从学校和部门层面对修缮制度进行完善，制定多层次的修缮工程管理制度体系，即"一级规定、二级办法、三级表单"。其中，"一级规定"主要对修缮工程管理要求进行原则性规定，以学校的规划和相关管理制度为支撑；"二级办法"主要根据工程管理流程建立相关的实施办法，均须附操作流程图；"三级表单"是针对环节的规范管理拟制固定格式的表单，用于更有效地流转和控制留痕。

建议制度目录以及相应规定、办法的内容详见附件(略)。

(三)建立并完善修缮工程的监管体系

规范修缮工程监管要求,完善修缮工程的监管体系。

1. 学校对修缮工作的监管:主要来自纪委监察部门、审计部门的监督以及财务部门的预算控制和付款控制,须对应完善相关的监管制度、规定和办法。

2. 修缮工程管理部门对各校区修缮的监管:包括招投标的管理、施工安全、施工质量检查、施工进度控制、成本控制,须对应完善部门层面的"二级办法",如工程招投标管理办法、工程现场管理办法、竣工验收及备案管理办法等。

(四)建立并完善修缮工程的评价体系

建立三级评价体系,一级是学校对修缮工程管理部门的评价,主要从这几个方面考评:规范性(制度、招投标、合同、流程、队伍、资料等)、合理性(规划、方案、操作)、质量技术参数(投控、审计)。二级是修缮工程管理部门对入围单位的评价,包括施工单位、监理单位等。施工单位考评内容包括施工方案、安全保护措施、文明施工规范、资料的完整性、维保承诺等;监理单位考评内容包括方案合理性、施工规范性、施工质量、整改措施,安全检查等;三级是用户及师生满意度调查,通过网络、信函、问卷调查等形式对修缮管理进行调查。

通过三级评价体系,有层次多方面地收集到修缮工程的实施情况和实施效果,从而有效杜绝可能发生的管理漏洞和风险隐患。

(五)推进修缮工程信息系统建设,建立学校修缮项目数据库,进行有序修缮

为了有效提高修缮工程管理效率,减少人为控制的失误,学校可推进修缮工程信息系统建设,通过系统将修缮工程的关键控制环节固化,并通过业务系统和财务系统的对接,实现业务数据和财务预决算数据的有效核对。

构建修缮项目数据库,涵盖学校建筑物或独立的设备设施的名称、结构、使用年限、维护要求、使用单位以及历次的修缮内容、修缮时间、修缮金额、施工单位等内容。对历史修缮数据进行整理,形成修缮数据库的初始资料,每年年底,对本年度修缮数据进行更新。修缮数据库数据结论作为修缮立项论证、实施修缮的重要参考依据。修缮历史数据整理需要耗费人力、物力,需要学校拟定时间计划,安排负责单位及人员。修缮数据库上线后,资产管理部门可根据每年备案的修缮项目资料进行数据库数据的更新工作。

六、结语

(略)

附件:"有关制度目录及规章制度一览表"建议函(略)

审　计　处

2015 年×月×日

【选例 39】《关于学校科研机构设立和运行现状的审计调查报告》

一、选例评析

(一)选例介绍

本选例的基础是××大学 2016 年实施的专项审计调查项目。

在国家的大力倡导下,新科技革命和产业革命正蓬勃兴起,为抢先谋划科学技术的布局并抢占产学研高地,各高校的科研机构如雨后春笋般地冒了出来。然而,普遍存在的重成立、轻监管现状,令高校科研机构运行已孕育风险并显现问题。因此,对学校科研机构的设立和运行现状开展专项审计调查,由主要校领导点题,被列入了××大学年度审计计划。此项审计调查的目标,旨在通过检查、梳理和分析,全面摸清学校科研机构的设立和运行现状,推动建立科研机构的规范有效管理体系。该调查项目采用"一稿定乾坤"的文书结构。

（二）审计成效

针对该校科研机构由多个职能部门管理、机构涉及面广、管理体系不清晰等工作特征,审计组在进行风险评估后,将调查范围和重点锁定在管理风险较高的虚体科研机构管理与运行情况,出具专项审计调查报告1份,揭示了虚体科研机构管理与运行中的七大类问题,并提出了相对应的审计建议7条。

相关职能部门即知即改,及时落实审计意见。针对审计调查报告提出的"科研机构管理和运行缺少宏观规划和设计""职能部门主要在设立环节参与,对机构成立后的日常运行管理缺乏指导性意见""缺乏有效的引导和整合,各机构各自为政,自生自灭"等问题,加快推进制度建设,相关部门先后拟定了《×××大学文科科研机构管理办法》《×××大学理科科研机构管理办法》等规章制度,为进一步深化体制改革,创新管理模式,形成良好的工作机制提供有利条件。

在审计调查结束后,审计处趁热打铁,积极做好参谋工作。在相关职能部门制定有关管理办法等规章制度的过程中,积极提供审计咨询服务,从制度架构设计、科研机构设立的定位、机构的管理、机构的考核与评估等方面提出了建设性意见,有效发挥了审计的智囊作用。

（三）选例亮点

1. 审计视角,精心准备。组织具备丰富经验的内部审计人员成立审计调查组,精心准备专项审计调查实施方案,明确工作目标、工作范围,并深入学校相关职能部门、院系进行访谈,尽力掌握第一手翔实资料,为发现问题和作出判断提供基础保障。

2. 有的放矢,踏石留印。审计组根据调查事项特点,设计调查表格,明晰调查要素,对填表要求撰写说明给予切实的指导和帮助,使回收的调查表反映的信息真实可靠,为我所用。审计调查过程中,争取职能部门的配合支持,为取得详尽扎实的调查资料支持调查结论,做到踏石留印,抓铁有痕。

二、选例文书

关于学校科研机构设立和运行现状的审计调查报告

校领导:

根据学校的授权,2016 年 6 至 10 月,审计处对"学校科研机构设立和运行现状"实施了专项审计调查。

本次审计调查的目的是了解学校科研机构的总体现状,包括截至调查时点学校科研机构的实有数量、各机构运行状况、学校管理情况等。调查单位范围包括机关部处、院系及附属医院。调查时间范围为2013 至 2015 年,相关数据统计截止时间为 2015 年 12 月 31 日。

调查过程中,审计组采取了访谈沟通、发放调查问卷、查阅资料、实地走访等方式,我们的结论基于调查过程中所收集的资料,资料的真实性及完整性由资料提供部门予以保证。本次调查得到了学校科研管理部门及相关单位的支持。

现将调查结果报告如下。

一、学校科研机构基本情况概述

1. 科研机构类别

学校的科研机构分为实体机构和虚体机构。

实体机构的表现形式为:在行政和财务等方面独立运行,并非是依托院系而存在的。其中,又可分为两类:学校独立的二级单位科研机构和由校地合作联合举办、完全独立的法人研究院。在我校,前者有××研究所、××研究所、××研究院和××研究院等校内二级科研机构;后者如××大学××研究院、××大学××研究院(均为异地)和××大学××研究院(本地)等。

虚体机构是指冠以大学名称的各类非实体研究机构,在行政和财务等方面并不独立,利用现有场地和人员建立,一般依托院系、附属医院等二级单位运行。按照批建单位,又可分为三类:政府部门批建的虚体机构(校地合作);学校自主批建的虚体机构;校企联合建立的虚体机构。

本次调查范围不包括学校独立二级单位的科研机构。同时,因学校相关部门和独立法人研究院始终未能按要求提供机构运行情况资料,我们对以独立法人研究院形式存在的实体科研机构无法发表审计意见。

因本次调查仅取得了上述所言的虚体机构数据及相关情况,故审计组仅针对虚体机构情况发表意见,下文中除特别指出外,所称"科研机构"均为虚体科研机构。

2. 虚体科研机构数量

为了解学校科研机构实际数量和运行情况,审计组设计了科研机构运行情况表(以下简称运行表),以学校办公室提供的年鉴统计信息为基础,要求各相关院系、附属医院和职能部处填报下设科研机构的相关情况,并补充填报年鉴统计信息中遗漏的机构信息。

根据填报情况,截至 2015 年 12 月 31 日,学校共有虚体机构×××个,涉及 60 个依托单位,其中,各地方政府部门批建机构×××个,占比 29.4%;学校自主批建机构×××个,占比 60.6%;校企联合建立机构××个,占比 10.0%。具体如表 1 所示:

表 1 学校虚体科研机构基本情况表(数据略)

机构类别	数量(个)	占比(%)	备注
虚体机构		100	
其中:政府批建		29.4	
学校批建		60.6	
校企联合		10.0	

说明:上表数据均根据调查中所收集的资料整理,截止时点为 2015 年 12 月 31 日。

上表中所列科研机构根据学科类别划分,理工类科研机构×××个,占 29.63%;医科类科研机构×××个,占 22.60%;文科类科研机构×××个,占 47.77%。学科分布如图 1 所示:

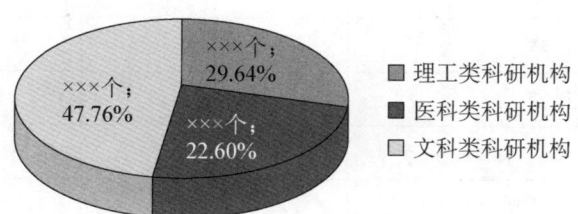

图 1 学校虚体科研机构学科分布图

上述虚体科研机构涉及依托的二级单位共××个,其中,理工科院系××个,医科院系××个,文科院系及部处××个。

3. 科研机构运行情况

根据填报的资料,×××个虚体机构中,×××个机构运行正常,占比 69.08%;××个机构已明确停止运行,占比 18.12%;另有××个机构无研究成果,占比 13%。

××个停止运行的机构中,主要原因有学校已发文撤销、校企联合机构合同到期、机构负责人退休、调离或去世、负责人不明以及其他未说明原因但明确不运行的情况,具体如表 2 所示:

表 2 虚体科研机构运行情况表(数据略)

单位:个

类别	政府部门批建	学校自主批建	校企联合建立	合计
填报机构总数				
一、正常运行机构				
二、停止运行机构				

类别	政府部门批建	学校自主批建	校企联合建立	合计
其中：1. 已发文撤销				
2. 停牌重建				
3. 合同到期				
4. 负责人退休、调离、去世				
5. 负责人不明				
6. 其他原因				
三、无研究成果机构				

上表所列第三类机构，其填报资料中未填列"是否正常运行"或虽填列"正常运行"但其"研究成果"类栏目均未填列。

二、科研机构使用学校资源情况

根据调查所了解的情况，虚体科研机构主要依托二级院系运行，其中，对于省部重点实验室等科研机构，学校在人员、房屋及经费等方面有相应支持，但其他机构学校一般没有直接投入，部分院系、附属医院给予一定支持。

1. 人员情况

根据填报的资料，学校虚体机构中共有各类人员××××人，其中，在编全职人员××××人，占比 57.38％；在编兼职人员××××人，占比 28.59％；租赁制人员×××人和其他人员×××人，占比14.03％。

2. 房屋使用情况

调查显示，有×××个机构使用学校或附属医院房屋，房屋总面积260 936 m²，其中，政府部门批建机构××个，房屋面积 197 193 m²；自主批建机构×××个，房屋面积 61 039 m²；校企联合机构××个，房屋面积 2 704 m²。有×××个机构未设专门房屋。

3. 经费来源（不含科研项目经费）

在调查涉及时间范围内（2013 至 2015 年）共计获得经费支持××亿元，其中，××个机构获得政府经费专项拨款支持，合计金额为×亿元；×××个机构得到学校经费支持，合计金额×亿元，××个机构得到院系经费支持，合计金额×亿元。

三、学校科研机构管理情况概述

1. 归口管理部门

学校归口管理科研机构的部门为科研一处、科研二处和科研三处，主要根据学科类别各自负责科研机构的培育建设、组织设立和运行管理等工作。三部门分别设立相应的办公室履行相应职责。具体如表 3 所示：

表 3　学校科研机构管理部门职责表

归口管理部门	具体管理办公室	管理职责
科研一处	基地建设办公室	主要负责国家重大科技基础设施、国家重点实验室、省部级重点实验室、工程研究中心等科研机构的培育、申报和运行管理，以及非校企合作类校级研究机构的培育建设与运行管理
	地方与企业合作办公室	负责校企合作研究机构的培育建设与管理等工作
科研二处	基地管理办公室	负责人文社科研究基地、平台、协同创新中心等研究机构的规划、管理和建设
科研三处	计划与基地管理科	负责学校医科各类科研机构的建设与运行管理

2. 管理制度建设情况

截至审计调查时点，学校涉及科研机构管理的现有制度共有××

×个：(略)

四、审计评价

根据调查,审计认为,学校对于科研机构设有归口管理部门,明确了相应管理职责,制定了有关管理制度,并且不定期地进行清理工作,但仍存在制度不完善、管理不到位的情况。

省部重点实验室等政府部门批建的科研机构因制度较完善,批建部门定期组织考核评估,并有一定的人、财、物支持和保障,总体运行情况较好;但学校自主批建的科研机构,因制度尚不完善,无明晰的考核评估,除少部分依托单位给予经费支持外,学校层面基本无资源投入,运行状况不正常的情况较多。

五、存在的主要问题

1. 学校科研机构管理制度尚不健全

审计发现,学校虽已建立了一些科研机构管理制度,但有的制度年久失修,已不能适应现时发展情况;有的制度由部门制定,权威性不够;现有制度管理范围未能覆盖全部机构类型,例如,学校投资设立的具有法人资格的研究院,学校没有制定制度规范其运行,也没有落实学校管理的监管责任,本次调查过程中,从科研管理部门了解到,科技处只负责研究院的设立,而运行后就不归其管理。随着此类研究机构数量增加,学校所面临的风险也可能增大。

此外,学校没有根据各类科研机构的特点,建立科学系统的考核评估体系,机构实际运行效果缺乏评价依据。

2. 学校和依托单位对科研机构缺乏有效管理

审计调查了解到,在学校自主批建科研机构的管理上,管理部门主要侧重在设立审批环节,而在机构日常运行管理上缺乏有效的管理,基本未对机构运行状况进行考核和评估,不能动态掌握机构数量和运行状况。而依托单位基本也未进行管理,除部分单位给予虚体机构一些经费支持外,一些单位对所属科研机构的数量、基本情况和运行状况也未能掌握。

3. 自主批建科研机构定位存在偏差，部分存在"个人化"现象

经了解，以往学校设立虚体机构的一个重要因素是让科研人员利用其去争取更多的外部资源，因而学校层面对此类机构几乎没有人、财、物等方面的资源投入，形成了没有投入就没有管理的现实状况。一些机构负责人退休、离职或去世后，机构即停止运行，机构存在"个人化"现象。

审计认为，科研机构有别于课题组和科研项目，它应有明确的研究方向和任务，有一定水平的学术带头人和一定数量、质量的研究人员，是长期有组织地从事研究与开发活动的机构，是一个长期运行的科研机制和平台。

4. 管理部门未建立科研机构管理台账

审计发现，学校科研管理部门没有建立科研机构管理台账，完整记录各机构生命周期内重要信息，如机构申请、批准、变更、撤销、研究成果、考核评估、奖惩等信息；相关资料也未能系统地建档保存。此次审计调查过程中，科研管理部门未能提供科研机构设立和运行的相关资料。

5. 学校批建的机构存在私自刻章情况

运行表显示，学校批建的机构中有 60 个机构在"如有印章名称为"栏目填列了相应的机构名称，占此类机构的 21.13%。审计在走访的院系中进行了验证，证实存在刻章的情况。

学校批建的科研机构刻章的情况，不符合《××大学行政印章管理规定》第十条"非实体的单位不刻制公章，已刻制的公章应清理和缴销。若工作需要，可盖所属（挂靠）单位的印章"和《××大学虚体研究机构（理工医科）管理办法（试行）》第二十三条"各类虚体研究机构不刻公章"的规定。

6. 部分机构人员情况不符合需求

审计发现，有××个机构填报的人员在 1 至 2 人，此类情况占科研机构总数比为 4.69%，另有××个机构未填报机构"在编人员""非在编

人员"等人员数量信息,占比为 15.14％。

审计认为,作为科研机构仅有 1 至 2 名科研人员,与设立科研机构必须具备的基本条件不相适应,也与通过科学研究培养学术带头人和中青年学术精英的建设目标不相符。

同时,调查发现,部分机构负责人存在超龄情况。在正常运行的机构中,有××个机构的负责人年龄超过 60 周岁,其中,60 至 69 周岁 67人,70 至 79 周岁 14 人,80 周岁以上 6 人。其中,学校批建的机构有××个,占学校批建机构的 18.13％。

学校批建机构负责人年龄超过 60 周岁的情况,不符合《×××大学虚体研究机构(理工医科)管理办法(试行)》第十六条"研究机构负责人一般应由 60 周岁以下……"的规定。

六、审计建议

1. 建立健全科研机构管理制度

进一步完善学校科研管理制度,明确各类机构的设立、变更、撤销程序和考核评估办法,明确校院两级在科研机构管理中的各自职责,将科研机构管理、运行和发展纳入职能部门和依托单位的考核评价体系,落实校院两级监督管理责任。

2. 进一步落实校院两级对科研机构的管理职责

明晰校院两级管理职责,加强过程管理,改变"重设立轻管理"的现象。建议学校层面主要负责政策引导、组织协调、批建与撤销、考评与奖惩等方面的管理;院系等依托单位主要负责科研机构建设、运行和日常管理工作,并根据学科发展和人、财、物等资源情况给予必要支持和保障。

同时,对现有实体机构归口管理部门不明确的情况,须在建立健全管理制度的基础上,明确实体科研机构的归口管理部门,并落实监管职责。

3. 建立科学有效的评估体系,以评促建

建议学校参照政府部门批建科研机构的做法,实行年度考核和定期评估机制。建立科学、有效、考虑学科特点的有差异化的评估体系，根据年度考核和定期评估结果，给予相应的奖惩。对于已不符合科研机构设立和运行基本条件的，予以撤销；对于运行状况不佳、存在问题的，限期整改；对于运行优秀的，给予经费等方面的支持。

4. 进一步明确自主批建科研机构的定位

建议学校进一步明确科研机构的定位，并在设立、撤销等环节加强管理，防止"因人而设""因人而废"的现象。

5. 进一步核实信息，定期清理科研机构

建议学校各归口管理部门定期核实科研机构信息，对已停止运行的机构，应及时上报学校，由学校按规定程序撤销；对于不符合设立条件和运行低效的机构，应限期整改；整改后仍不符合要求的，报学校撤销。

在核实科研机构情况的基础上，统一学校年鉴、学校网页、管理部门和依托单位的相关信息，保证口径一致，信息可靠。

对于学校自主批建的非实体科研机构刻有公章的，应按照学校规定进行收缴销毁。

6. 建立科研机构管理台账

建立科研机构管理台账，记录申请、批建、变更、年度报告、评估、奖惩和撤销等信息，并将日常工作中产生的相关文件资料及时整理归档，避免因管理部门、依托单位、科研机构、相关人员和时间的变迁而造成重要资料和信息的缺失。

7. 建立科研机构管理信息化系统，提高管理效能

整合学校各科研管理部门信息资源，建立综合文科、理科和医科的科研机构管理信息化平台。将申报、审批、变更、撤销、机构负责人等基本信息，以及研究方向、研究人员、研究成果、人才培养、财务、考核评估等信息纳入管理系统。

通过信息化系统提高日常管理和运行效率，方便快捷地实时掌握科研机构的历史和动态信息，并对历史数据进行统计分析，为学校科学决策提供依据。

附表：学校虚体科研机构情况一览表（略）

审　计　处

2016 年×月×日

【选例 40】《关于期刊编辑部（杂志社）运行情况的审计调查报告》

一、选例评析

（一）选例介绍

2017 年 4 月，××大学审计处在对该校××学院院长进行任期经济责任审计时，发现学院下属的一个杂志社长期脱离学院监管、存在"账外账"的情况。经学院提出申请，分管审计工作校领导批准，审计处对杂志社进行延伸审计调查。调查发现，杂志社在财务管理、合同管理等方面存在违规现象和重大风险。为摸清学校期刊总体情况、业务发展状况、内部管理现状，掌握期刊管理体制、运行机制方面存在的问题和风险隐患，校长签发审计任务令，要求审计处对学校全部近 40 个期刊编辑部（杂志社）开展专项审计调查工作，并限期报告审计调查结果。该调查项目采用的文书结构为正文加若干附件或附表。

（二）审计成效

该审计调查项目涉及金额××××万元。审计中发现问题 6 个，分别为管理体制方面的问题 3 个，财务管理方面的问题 3 个。其中，不符合规定或程序金额×××万元，违规违纪金额×××万元。审计处出具审计调查报告 1 份，提出审计建议 3 条。审计调查以期刊财务收支情况为切入点，通过访谈相关人员、抽查会计凭证、内控穿行测试等方法，全面、客观地反映学校期刊管理的总体情况，揭示期刊管理问题，分析原因，提出建议，调查结果运用成效显著，主要体现在以下三个方面：

1. 充分肯定，高度重视。按照××大学审计报告发文审批流程，协管审计工作校领导预签、校长终签审计调查报告。两位校领导在审阅调查报告后，马上组织期刊管理部门和各期刊负责人召开专题会议。在会上，校领导充分肯定审计调查工作扎实有效，报告内容全面翔实，要求相关单位仔细研读报告，增强审计整改的自觉性和主动性，切实整改审计查出问题，认真落实审计建议，按期完成审计整改任务。

2. 督促整改，强化落实。根据专题会议的安排部署，期刊管理部门与各期刊共同研究制定整改方案，逐项对照全面整改。一是部门联动立行立改，期刊管理部门、审计处、财务部分工协作，针对期刊财务管理方面的问题，采取逐个单位、逐个事项督促整改的方式，确保整改工作无遗漏、无死角；二是健全期刊管理机制，明确归口管理部门、学院、编辑部（杂志社）各责任主体的职责权限，消除管理真空和多头管理等现象；三是完善期刊管理制度，先后制定期刊合同管理、质量管理等方面的规章制度，从源头上预防和化解各类办刊风险。

3. 规范管理，促进发展。此次审计调查聚焦问题，狠抓整改，成效显著。随着相关政策措施出台和体制机制不断完善，学校期刊管理真正做到了有法可依、有章可循，各责任主体管理目标明确，管理脉络清晰；期刊质量稳步提升，学术影响力不断扩大。期刊编辑部（杂志社）规范运行，有利于期刊良性健康发展，对提升学校学科建设水平、促进"双一流"建设目标的实现起到很好的推动作用。

（三）选例亮点

与经济责任审计、财务收支审计不同，此次审计调查是专门针对学校某类业务部门进行的专项调查工作。××大学期刊编辑部（杂志社）数量多，管理模式差异大，因此，审计调查范围广、工作量大、难度较高。为确保审计质量和进度，审计组在审计过程中创新审计方法，严格审计程序,严防审计风险,提升审计报告质量。

1. 创新审计工作思路,注重审计方案的统筹性、指导性,抓好审计报告质量。审计组在进行充分的审前调查基础上,合理确定审计范围、审计重点,并确立自查、复核与重点检查有机结合、统筹协调的审计思路。通过与期刊管理部门共同组织召开审计调查工作动员大会,详细介绍审计调查工作方案,对方案实施的具体过程、须配合的环节提出工作要求,为项目后续推进打牢基础。在项目具体实施阶段,审计组以审计调查工作方案为统领,进一步制定了复核环节和重点检查环节的工作方案,明确人员分工、工作重点及要求,确保审计程序到位,调查工作做细、做实。

2. 创新审计工作程序,严格核准数据,查清相关事实,夯实审计报告质量基础。(1)自查阶段,整合审计力量抓实报送材料的复核工作。按照自查阶段的审计方案,审计组须对编辑部(杂志社)报送的材料进行复核,并依据复核结果进行数据统计分析,确定下一阶段的重点检查对象。自查材料的复核是审计调查工作的基础,为此,审计处精心组织,打通业务室、审计组界限,集合全体财经审计力量,分组复核期刊编辑部(杂志社)的报送材料。具体复核工作分为两个阶段,第一阶段侧重基础数据的准确性、完整性,复核人员通过查阅财务账目、向相关单位询问等方式,核实编辑部(杂志社)基本管理状况和基础财务数据,形成复核意见并签字确认后,提交给审计组;复核工作第二阶段,审计组在第一阶段复核的基础上,对审前调查提示风险较大的编辑部(杂志社)进行二次复核,侧重核查管理中存在的问题、风险隐患等。复核工作全员参与,全面覆盖,严格把关,扎实推进,为实施重点检查审计程序和形成审计结论提供有力支撑。(2)重点检查阶段,集中精力找准查实突出问题。审计组根据复核结果和审前调查情况综合研判,选取3个风险等级较高的编辑部(杂志社)作为重点检查对象。通过与被审计单位访谈、审阅相关文件资料等方式了解单位内部管理情况。在内部控制初步评估的基础上,以资金为主线,从会计凭证抽查入手,对期刊发行、内部财务管理、对外合同订立及执行等重要业务管理环节进行详细审查,重点关注管理行为的合法性、合规性、有效性。对于审计发现的问题,查清查透其产生的根源、性质、结果等全部环节。在审计取证环节,审计组对拟关注事项采取"逐条逐项"向被审计单位逐一确认的方式,并高度重视意见反馈、保持沟通协调,切实做到审计过程清楚、问题事项定性准确,有效防范和化解审计风险,保证审计质量。

3. 创新审计报告撰写方式,着力规范管理和风险防控,提升审计报告质量水平。本次审计调查的目的是要掌握目前期刊编辑部(杂志社)管理的现状,查找风险隐患,促进规范管理,审计调查工作从期刊业务管理、行政管理、财经管理等方面,查找关键问题,排查风险点。在撰写审计报告时,主审将审计发现问题进行归类和分析,共性问题在前,个性问题在后;体制机制方面存在的缺陷不仅要重点报告,还要深层次剖析原因;制度执行不到位、存在风险隐患的情况,要披露清楚,提示风险,说明后果;提出的审计建议要有建设性,能落到实处,力求审计报告做到层次分明,结构清晰,切实提升调查报告的可读性、可用性。

二、选例文书

关于期刊编辑部(杂志社)运行情况的审计调查报告

校领导:

根据学校审计工作安排,审计处派出审计组,从 2017 年 10 月 12 日开始,对全校期刊编辑部(杂志社)运行情况开展审计调查工作,审计期间为 2014 年 1 月 1 日至 2017 年 8 月 31 日。本次审计采取自查与重点检查相结合的方式进行,自查阶段要求各期刊编辑部(杂志社)在自查基础上填列"××大学期刊编辑部(杂志社)审计调查表",并提交审计处;重点检查阶段审计组以自查情况和审前调查情况为基础,选取 A 杂志社、B 编辑部、C 中心 3 个期刊编辑部(杂志社)开展现场审计。在审计调查过程中,审计组本着客观、公正的原则,实施了复核审计调查表、抽查会计记录、访谈相关人员等必要的审计程序。在期刊管理部门以及各期刊编辑部(杂志社)的支持和配合下,审计调查工作已完成,现将审计调查情况报告如下。

一、总体情况

(一)期刊总量及分布情况

经审计组复核,截至审计日,学校主办的期刊总计 37 个。其中,××杂志因创刊不足 1 年不具备调查条件,因此,本次审计调查对象为 36 个期刊。审计期间,上述 36 个期刊分别由 27 个编辑部(杂志社)负责编辑出版,各期刊名称及具体分布情况见附表 1。

(二)隶属关系及人员情况

审计期间,27 个期刊编辑部(杂志社)分别挂靠在 2 个管理部门、18 个学院、3 个附属医院及××大学出版社有限责任公司(以下简称出版社)。大部分编辑部(杂志社)未设置内部机构,日常工作由编辑部(杂志社)主编或主任负责。截至审计日,有 4 个编辑部无固定工作人员,相关工作由被挂靠单位的教职工兼职办理;23 个编辑部(杂志社)共有教职工 138 人,其中,在编教工 106 人,聘用人员 32 人。

(三)财务核算模式及经费来源情况

27 个编辑部(杂志社)财务核算模式有 3 种:一是在学校或附属医院、出版社财务账内核算;二是开设银行账户独立核算、定期报税;三是前 2 种核算方式兼有。经费来源方面,7 个编辑部(杂志社)通过拨款和自筹两种渠道取得经费;5 个编辑部(杂志社)依靠拨款资金;13 个编辑部(杂志社)自筹经费;2 个编辑部(杂志社)无经费来源。

二、2014 至 2016 年财务收支情况

在统计、分析财务数据时,对于相关收支与被挂靠单位混合使用的编辑部(杂志社)和挂靠在附属医院、出版社的编辑部(杂志社),审计组以其填报的财务数据进行统计;能够根据项目号核实其财务收支的编辑部(杂志社),以审计组核定的数据为准。

（一）收入情况

2014 至 2016 年，各期刊编辑部（杂志社）收入总计 5 762.59 万元，收入年度变动情况见下表：（略）

从上表可见，2014 至 2016 年，期刊编辑部（杂志社）年均总收入约 1 920.00 万元，拨款资金总体呈增长趋势，自筹资金略有缩减。从收入构成来看，自筹资金占总收入的 76.94%，主要来源于杂志的版面费、广告费、学会会费等办刊收入；拨款资金占总收入的 23.06%，主要是期刊建设、学科建设专项经费。

（二）支出情况

2014 至 2016 年，各期刊编辑部（杂志社）支出总计 4 252.96 万元，支出年度变动情况见下表：（略）

由上表可见，期刊编辑部（杂志社）各类支出总体呈逐年增加趋势。其他支出数额最大，占总支出的 41.67%，主要是差旅费、业务代理费等开支。由于部分编辑部（杂志社）的工作由被挂靠单位教职工兼职办理，另有部分编辑部（杂志社）在编教工的基本工资由学校负担，因此，人员经费支出仅占总支出的 23.03%。

（三）结余情况

审计期间，各期刊编辑部（杂志社）在有拨款支持的情况下，每年均有一定的结余。2014 年结余 589.77 万元，2015 年结余 445.30 万元，2016 年结余 474.56 万元。

期刊编辑部（杂志社）财务收支情况表见附表 2。

三、内部管理情况

审计期间，期刊编辑部（杂志社）的内部管理形式多样，大体分为业务导向的主编负责制、行政导向的主任负责制、两种形式相结合的主任领导下的主编负责制共三种形式。

（一）业务管理

编辑部（杂志社）主要接受××、××两个管理部门以及行业上级主管部门的业务指导。期刊的组稿采取自由来稿、对外合作组稿、约稿等形式进行;稿件的质量管理主要由各期刊主编(或主任)负责;期刊主要委托邮政发行,个别期刊采取网络发行。从审计调查情况来看,期刊业务管理主要由各期刊自主把握,因缺乏归口管理和相应的监管制度,部分编辑部(杂志社)在期刊质量控制、对外合作组稿等方面,存在不规范的现象。

(二)行政管理

总体而言,各被挂靠单位对编辑部(杂志社)未形成有效的行政管理,各编辑部(杂志社)由主任或主编负责日常管理,拥有较大的自主权限,同时缺乏必要的监管。部分期刊编辑部(杂志社)还存在隶属关系不明、制度执行不到位等情况。例如,×1、×2杂志(以下简称两刊)实行"两块牌子、一套人马",由B编辑部进行统一管理。两刊由校外单位与××大学共同主办,期刊许可证法定代表人均不是两刊编辑部负责人,只是其成立的读者服务部法定代表人是两刊编辑部负责人。两刊编辑部的部分业务活动以校外主办单位的名义进行,部分以××大学的名义开展,杂志的行政隶属关系不明,管理上存在风险。

(三)财务管理

27个编辑部(杂志社)财务收支全部在学校财务账内核算的18个;在外开设账户独立核算、定期报税的4个;前两种核算方式兼有的1个;存在账外资金的1个;在附属医院、出版社账上核算的3个。在学校财务账内核算的编辑部(杂志社),费用支出审批有被挂靠单位分管领导审批、分管领导与编辑部(杂志社)负责人共同审批、编辑部(杂志社)负责人审批3种方式。绝大多数编辑部(杂志社)未配备专职财务人员,也未建立相关财务管理制度,日常财务管理工作按照行业、学校的相关制度执行。

四、存在的问题

根据审计调查表复核结果及重点检查审计情况,学校期刊编辑部(杂志社)管理存在以下问题:

(一)期刊管理体制不健全,缺乏有效的监管机制

1. 期刊管理制度不完善

审计期间,学校未建立期刊管理方面的制度,大多数期刊编辑部

（杂志社）也未制定单位内部管理制度，从而导致日常管理工作缺乏统一的标准、规范。例如，本次审计调查重点检查的 3 个编辑部（杂志社），期刊出版发行相关的经济合同均存在不同程度的问题，其中，A 杂志社对外合作办刊合同执行过程中存在纠纷，B 编辑部、C 中心的合同管理存在未审核备案、签章不具有法定效力等不规范现象。制度缺失是造成合同管理风险的重要原因。

2. 期刊管理主体职责不明晰

审计期间，学校未明确期刊管理主体的管理职责、权限，造成了既存在多头管理，又存在管理真空的现象。例如，"挂靠"××学院的××杂志，大学不是该杂志主管、主办、协办单位，其资金来源与大学无关，财务核算有独立的账号和完税系统。该杂志明确表示不属于大学，仅返聘了学校退休教工，办公用房由××学院提供。

3. 期刊管理监督评价体系未建立

审计期间，期刊管理工作基本上由各编辑部（杂志社）自行把握，学校未形成归口管理，未定期对期刊质量、效益等方面进行评价，期刊管理缺乏有效的监督。个别期刊出现过因质量控制不严而损害刊物形象的情况。同时，由于缺乏有效的绩效考核、薪酬激励、奖优罚劣等机制，编辑人员工作积极性未得到充分调动，对刊物的持续发展不利。

教育部、原国家新闻出版广电总局 2015 年 2 月出台的《关于进一步加强和改进高校出版工作的意见》（以下简称《意见》）明确："落实高校对出版单位的主办责任""强化出版单位内部管理""大力推进依法依规管理""建立健全高校出版质量监督检查体系"。从审计调查情况来看，我校期刊管理体制机制还不健全，与《意见》要求尚有距离。

（二）财务管理不完善，存在财务风险

1. 个别杂志社存在账外资金

审计重点检查的 A 杂志社，其下半月刊及新创办的中、下旬刊的对外合作组稿发行收入未纳入学校财务账户，形成账外资金。经审计组核实，2014 年 1 月至 2017 年 5 月，该杂志社共取得账外收入×××

万元,其中,自行发放劳务费×××万元,财务人员私存私放现金×××万元。

2. 财务核算范围不清晰

审计组在复核编辑部(杂志社)财务数据时,仅6个编辑部(杂志社)在被挂靠单位财务账上设单独的项目号进行核算,其余编辑部(杂志社)财务收支与被挂靠单位经费混合使用。期刊财务核算范围不清晰,财务状况难以得到客观、真实的反映,不利于对期刊进行有效管理。

3. 兼职财务人员不专业

绝大多数期刊编辑部(杂志社)设兼职财务人员,日常财务工作由期刊工作人员兼任。例如,C中心下辖8个期刊,由各刊编辑人员代行财会人员职责,负责其版面费、增刊出版费等费用收取工作。因缺乏财务专业知识,期刊工作人员对财务政策、制度的相关规定掌握不全面,容易出现财务管理不规范的问题。

五、审计建议

(一)建议学校根据《期刊出版管理规定》《意见》等相关文件要求,建立健全期刊管理内部控制体系,促进期刊健康发展。

(二)建议学校对期刊编辑部(杂志社)实行归口管理,明确归口管理部门的职责权限,加快期刊管理信息化平台建设,实现期刊意识形态管理、质量控制、成本绩效考核等方面的统筹兼顾、统一管理。

(三)建议学校进一步加强期刊编辑部(杂志社)财务管理工作,规范财务行为,防范财务风险,确保各项收支的完整性、合规性。

附件:

表1　××大学期刊一览表

表2　2014至2016年期刊编辑部(杂志社)财务收支情况表

审　计　处

2017年×月×日

第八章

审计咨询

【概述】

　　随着高校经济运行和业务活动的日益复杂,外部监管力度持续加大,内部审计因其专业性、政策性和综合性能力,正逐渐被校领导或业务部门视作开展工作时须听取意见的途径之一。针对上述需求、应利益相关者委托而开展的此项审计业务活动,即为本章所称的审计咨询。

　　大家都已明了,"内部审计是一种独立、客观的确认和咨询活动"。这里面言及的"咨询",是内部审计广义上的定义,即相对于"确认"之外的另一种基本职能的泛指。而本章所言的"审计咨询",则是指一种狭义范畴的审计业务形式。具体说来,是内审部门以发挥"免疫系统"功能为着力点,在平衡审计定位与各方需求之后,用心创建的一项工作机制,主动搭建的一个服务平台。所谓"用心"与"主动",是内审部门着眼于审计目标、审计职能与潜在被审计对象的内在动力,恰当地利用职业优势,积极发挥协同性,为有关职能部门提供既不悖于审计定位又可满足业务管理需求的有效服务,从而更好地实现内部审计为大学治理服务的终极目标。毋庸置疑,这样的审计业务活动,归属为以咨询服务为导向的审计业务类型。一般情况下,该类狭义的审计咨询实施后所生成的审计结果性文书,可统一冠名为"关于××事项的审计咨询意见书"。

由于该项业务的服务对象是学校所属的业务部门,故其本质上也可被视为三种审计基本方式中的"事前审计"之列。因此,本章述及的"审计咨询",从形式上看似为内审部门的主动性服务,但事实上又属于一种隐形监督,显现为一种大象无形的制约作用。这同理于总论中所言的"相对于高校的院系中心、业务部门或所属单位等内部细胞(即审计对象)而言,内部审计则毋庸置疑地体现为一种控制与监督"。

试以一例予以阐述。2016 年 12 月,教育部印发了《教育部关于加强直属高校建设工程管理审计的意见》,明确要求各高等学校要"建立建设工程投资评审制度""成立建设工程投资评审小组""安排内部审计部门参加建设项目决策、设计阶段有关研讨、论证会议""建设项目的项目建议书、可行性研究报告、初步设计及概算上报前应征求内部审计部门意见"等。编者认为,依据上述概念推理,此类情况下的内审部门履职行为,并非是直接参与管理,而是以一种间接的形态,通过独立客观的审计咨询服务,去履行实为事前审计的监督职能,即以服务与监督合体的形式,发挥防患于未然的相应作用。由于在这个过程中,内审部门是以监督者的身份嵌入的,故编者认为,不宜只作会议表态,更不宜只作口头答复,而应当以书面形式表达审计意见。此时,"关于××事项的审计咨询意见书"可作为一种首选的形式。

审计咨询业务应运而生、应需而起,当前仍处在探索研究阶段,尚无一定之规。目前,咨询业务立项的依据通常有以下两类情形:一是学校授权,二是部门委托。关于授权,通常是指来自学校的专门指令或根据学校的制度规定,需要内审部门对提交学校作出决策的相关重要事项,事先发表审计意见;关于委托,则是指学校有关职能部门为强化风险管理,对于某些重要业务事项在上报学校审议或最终决策执行前,主动要求内审部门事先提供审计意见的一种托付性行为。

审计咨询项目的业务内容,一般可归集为两种情况:一是在学校制度建设过程中,需要审计处以全局的视角发表审计意见;二是职能部门认为其需要提前听取审计意见的重大业务事项。显而易见,审计咨询所涉及的业务事项是事先无法确定或无法预测的,且经常跨越了审计组织内部的业务分工边界,因此需要内审部门负责人根据具体的咨询业务进行合理组织、统筹安排。

审计咨询的实施主体是内审部门。若咨询业务的内容涉及特殊专业领域,超出了内部人员的知识范畴,内审部门可依托专家、顾问或聘请社会中介机构协助完成任务。但是,无论以何种组织形式完成任务,最终所出具的审计咨询意见书,落款均应为内审部门。

鉴于前述的授权或委托性质,审计咨询项目总体呈现两大特征:一是实施时效要求较高;二是实施程序相对灵活。由于咨询业务的不确定性,故审计咨询意见书并无统一格式或标准,但一般情况下,其结构可由标题、概况、问题、意见和建议、其他说明等部分组成。

撰写审计咨询意见书的基本原则为:首先,是就事论事,有针对性地发表审计意见;其次,要有理有据,立场鲜明地提示重要问题和或有风险;最后,要保持客观谨慎,明确受限范围和所能承担的有限责任。

下面是以某高校内审部门根据学校有关职能部门委托开展审计咨询服务后所形成的 6 个选例。按照咨询业务的类别划分,其中涉及学校制度建设 3 份,学校重要业务事项的选例 3 份。

【选例 41】《关于"采购与招标管理办法"等制度的审计咨询意见书》

一、选例评析

(一) 选例介绍

2017 年,××大学成立了采购与招标管理机构(以下简称中心),作为新设立的专职管理部门,基于相关规章制度尚且空白的现状,其首要任务是建章立制。因此,该中心在成立的初期,加快了构建学校采购与招标管理制度体系的步伐，集中制定了《××大学采购与招标管理办法》《××大学工程统一采购实施细则》《××大学货物与服务统一采购实施细则》等一系列规章制度。该中心在上报学校决策机构审议之前，委托审计处对其拟定的制度文本发表审计意见。

（二）文书成效

本选例文书对标《中华人民共和国政府采购法》《政府采购法实施条例》等文件，明确新形势下学校采购与招标管理工作目标，立足目前的管理现状，着眼未来的发展趋势，按照行政事业单位内部控制规范要求，对学校采购集中管理机制的合规性、操作性提出有价值的建议，分别从建设目标、功能定位、管理流程等方面，提出了 9 条原则意见和建议、8 条具体意见和建议，同时，对中心提交的制度文本进行了逐一检查，以标注的方式予以反馈。中心对审计处给出的咨询意见进行了认真研究，结合实际情况予以采纳，意见采纳率达到 80% 以上。

此次咨询有效地促进了学校采购与招标管理制度制定的严密性、规范性和可操作性，为学校采购与招标管理工作的规范有序开展打下了制度基础。

（三）选例亮点

1. 围绕采招工作目标，梳理制度内容。审计处从学校独立设立该机构的初衷入手，检查制度定位是否符合学校的工作目标；从内部控制角度着眼，检查制度内容是否符合规范有效；从学校整体制度框架的视角，检查制度与上位法及学校其他相关制度是否匹配并相互衔接。

2. 分类分层阐述，提供多维度意见。审计首先从"目标""定位""组织机构"及"职责"上查找重要问题，提出总体的原则性意见；其次，从采购与招标有关的方式、内容等细节上入手，通过模拟招标发现缺陷，对制度文本提出完善、优化的咨询意见；再者，对制度欠缺事项，从提高内控管理的视角，提出补充完善建议，使制度更趋完整。

二、选例文书

关于"采购与招标管理办法"等制度的审计咨询意见书

××中心：

2017 年 12 月 13 日，审计处根据你中心的委托，现对《××大学采购与招标管理办法》(下称办法)等 8 项制度提供审计意见如下。

一、原则性意见和建议

（一）《××大学采购与招标管理办法》未充分体现应有的制度建设目的

本办法属于统领学校采购和招标行为的一级制度，是搭建采购和招标的系列制度、规则的框架性文件，应明确相关部门的职责，管理权限、业务形态和主要流程，但办法中对相关机构职责描述不够准确，管理权限界定不甚明确，业务形态和主要流程表述不清晰，未能有效体现制度建设目的。

审计建议： 应当从规范学校采购业务内部控制、防范系统风险的角度出发，补充相关条款或内容，进一步明确部门职责，界定管理权限，明示业务形态，规范实施流程，以保证学校采购行为有章可循、有规可依。

（二）办法的适用范围表述不够精准

办法的第一章第二条约定："凡使用纳入学校财政性拨款的各类资金，进行货物、工程和服务的采购活动，均适用本办法。"

该适用范围表述不够精准。国家现行规定的集中采购中"财政性资金"的提法，是因为政府不可超越行政权限去干涉属于市场经济范畴的资金。但学校的财政拨款、自筹收入等各类资金均属国有资金，被要求统一纳入部门预算。故此，"纳入学校财政性拨款的各类资金"的提法或易引起歧义。

审计建议： 请使用更恰当的表述，准确表达学校全部管辖资金的概念。

（三）办法对不同采购方式的分类与冠名有失精准

办法中将所有采购业务分类为三种方式,分别冠以"政府采购公开招标""政府采购分散采购""学校分散采购"三种名称。

上述分类与冠名有失精准。从国家的现行规定看,采购行为被划分为"政府集中采购"和"政府分散采购"两大类,而"学校分散采购"的内容,应融于"政府分散采购"之内。

审计建议：采购业务应当分类并冠名为"政府集中采购""学校集中采购""学校分散采购"三种类型,并准确定义其内涵。

（四）办法对不同采购行为的具体规定有失偏颇

国家现行规定将采购行为划分为"政府集中采购"和"政府分散采购"两大类,学校除了负有严格执行"政府集中采购"规定的责任外,更应明确本单位对"政府分散采购"行为的规则。

本办法虽对不同方式下的三种采购行为作了划分,但其具体规定或有缺失、或显弱化。其中,对"政府采购公开招标"行为的规定缺失,对"学校分散采购"行为的规定弱化。实际中,与集中采购相比,分散采购量更大、金额更高,更易发生问题,是上级赋予学校的主要责任,应当也是学校施以监控的重点内容之一。

审计建议：

1. 明确定义"政府集中采购""学校集中采购""学校分散采购"的内涵,应明确中心负有指导、管理和监督职责。

2. 根据重要性原则,按业务归口的条线进行适度授权,并明确中心、相关职能部门和用户单位在这三种采购方式下的基本责任和义务。

3. 通过制定配套细则,进一步明确相关采购业务的操作边界和工作规则。

二、对"第×章 组织机构及职责"的意见

（一）组织机构管理体制整体描述缺失

办法中缺少采购与招标业务的组织机构管理体制描述,建议补充完善。

（二）采招工作领导小组的职责定义不妥

办法中采招工作领导小组（简称领导小组）的职责共7条，其中有实质内容的5条："（二）讨论制定学校采购与招标工作的规章制度；（三）讨论决定学校采购与招标工作的重大事项；（四）讨论学校统一采购的范围与限额标准的调整方案；（五）审批政府限额以上的非公开招标采购方式申请；（六）指导附属单位的采购管理工作。"

领导小组的职责应当是指导、监督学校的采购与招标管理工作，协调各成员单位之间的关系，对拟提交学校决策机构审议的采招工作"三重一大"事项作初步审议，研究、解决和交流采购与招标工作中的困难、问题和经验等。故上述的职责定义不妥。

审计建议： 进行修改，重新确定。

（三）"中心"的功能定位尚需斟酌

办法将"中心"定位为"学校统一采购的业务主管部门"，明确约定其主要职责是"负责执行和实施政府采购相关政策""政府采购管理工作""负责学校限额以上采购项目的统一采购以及协调工作"，但缺少对采购事项全流程的管理功能，缺少对学校分散采购事项的管理职能，仅为负责学校集中采购事项的部分协调与操作功能，而学校现有的分散采购行为基本维持原状不变。这样的定位以及相应的制度设计，与学校设立中心的初衷不一致。

审计认为，中心的设立初衷，应当是代表学校负责主管采购与招标工作的专职部门，承担着监管与服务并重的任务。若这个角度无误，办法则弱化了采购中心应有的基本职责。因此，中心在"政府采购公开招标"中的主要职责，应当是加强前置程序和事后备案的管理；中心在"学校集中采购""学校分散采购"中的主要职责，应当在制定指导性意见和明确授权的基础上，对前者负责组织实施，对后者负有监督和检查责任。

审计建议： 进行补充。

（四）采购与招标工作领导小组的成员单位职责定义不当

办法中将有采购招标业务活动的部门都列为成员单位，并按照所涉业务需求进行职责定义,是为不当。

审计认为,应当按照其天然的职能定位而非有采购业务的需求,确定应进入的成员单位名单,坚守内部控制不相容职务必须分离的原则,明确其在采购与招标工作中的职责,推动其履职尽责。例如,纪监部门和审计处作为成员单位,主要是为了解情况、掌握动态,以按计划对采购与招标工作的程序或内容履行监督职能,而非参与业务决策。

审计建议:进一步梳理各成员单位的职责,合规、合理地确定任务。

(五)办法未涉及有关采购与招标管理的信息化内容

采购招标业务涉及面广,是一项政策性、技术性并重的高频行为,在实务操作中涉及大量的流程、表单,以及标的、需求方与供应商、市场价格等纷繁信息,如果不使用现代化技术进行监管,恐将流于形式。

审计建议:在制度层面,确定学校采购与招标工作应运用信息化管理和网络化操作的原则,明确中心对业务操作平台、采购与招标数据库的建设和管理责任。

三、相关具体意见和建议

(一)未清晰界定竞争性谈判和竞争性磋商的适用情况

办法未对竞争性谈判和竞争性磋商这两种采购方式的适用情况和操作流程作出清晰界定。

审计建议:参照《政府采购非招标采购方式管理办法》(财政部第74号令)中对竞争性谈判方式的适用情形及操作程序,以及《政府采购竞争性磋商采购方式管理暂行办法》(财库〔2014〕214号)中对竞争性磋商的相关规定予以完善。

(二)缺失关于建立学校集中采购目录的原则性条款

学校建立集中采购目录,对学校落实政府集中采购要求、提高采购工作的效率和效果具有现实意义。但本办法中未见有关于建立学校集中采购目录的内容。

审计建议:在办法中提出原则性意见,并由中心牵头,着手建立学校集中采购目录的工作,逐步完善目录的品类、品种。

（三）未明确对有关专用设备的采购规则

办法中对一定金额以上的电梯、音视频系统、服务器等的采购,未明确属于工程项目采购内容或属于服务采购内容的界限,会混淆集中采购还是分散采购的管理范围。

审计建议: 明确相关职能部门的管理边界,便于需求方在实际运行中的遵照执行。

（四）未提出建立有关供应商评价体系机制的要求

办法中未见有关建立供应商评价体系机制的要求,而建立和完善供应商评价体系,是有效管控供应商的重要措施,对提高采购与招标工作的绩效具有实际意义。

审计建议: 在办法中增加有关供应商评价体系的建立、维护、使用等重要内容。

（五）有关供应链的闭环管理内容缺失

办法中对供应链的管理未能形成闭环。

审计建议: 增加对招标过程、合同履行的结果等信息归集的管理并加以运用的内容。

（六）有关采购与招标工作绩效管理内容缺失

办法中未见采购与招标工作绩效管理的内容,而采购管理的核心价值即为采购绩效。

审计建议: 增加采购需求匹配、招标文件质量以及评标办法适用性等将来可用于绩效考核的内容。

（七）评标委员会产生方法、评标办法有关要求等不清晰

审计建议: 在系列制度中明确规定、清晰表述。

（八）关于相关制度的衔接的建议

办法涉及学校较多的职能部门的具体业务以及已有的相应规章制度。

审计建议: 梳理已成文的有关采购与招标制度,并在沟通后做好衔接工作。

以上咨询意见仅供参考。因受限于时间和能力,我处不能保证除上述意见或建议之外,该办法及下属制度不存在其他缺陷。

审　计　处

2017 年×月×日

【选例 42】《关于"公务卡管理办法"的审计咨询意见书》

一、选例评析

(一) 选例介绍

随着国库集中支付制度改革的不断深化,为加强资金管理,提高支付透明度,××大学财务处拟定了《××大学公务卡管理办法》,拟在全校范围内推行公务卡管理制度改革,即对涉及教学、科研及管理工作发生采购小额商品和服务的支出,以公务卡结算支付方式,取代原现金结算方式。在该管理办法提交校长办公会议审议前,财务处委托审计处提供咨询服务。

(二) 文书成效

审计处出具的审计咨询意见书中,明确提出了"增加银行卡选项""完善公务卡信息共享机制""制定完善公务卡使用实施细则、公务卡使用手册"等审计意见和建议。

财务处采纳了审计咨询出具的全部意见。审计咨询活动成效明显,它为学校推进公务卡管理机制这一新生事物的落地扫清了障碍,为构建学校高效、便捷和安全的结算方式,实现阳光财务工作目标贡献了内部审计的一己之力。

（三）选例亮点

1. 换位思考，多视角提供意见。审计组成员置身于使用者、管理者和监督者的不同身份，并模拟各种场景：以使用者身份设计各种业务场景与管理办法相关条款进行比对，检查其是否明确和恰当；以管理者身份查验管理办法内容完整性，检查其是否达到规范中央预算单位财政授权支付业务，方便预算单位用款，减少现金结算，明晰资金流向等工作目标；以监督者身份审视管理办法存在的主要问题或缺陷，查漏补缺，检查办法是否规范、有效。

2. 拓宽思路，关注制度之间的有效衔接。审计除对本管理办法进行检查之外，拓展检查其与学校相关制度之间的有效衔接。重点关注推行公务卡管理后，该制度与学校的资产采购、人员管理等办法，是否存在矛盾之处，是否存有管理盲点。并从公务卡管理的工作目标出发，建议除公务卡管理办法外，完善公务卡使用实施细则、公务卡使用手册、公务卡报销流程图等配套规则，为有效推进公务卡管理奠定制度基础。

二、选例文书

关于"公务卡管理办法"的审计咨询意见书

财务处：

　　××年×月×日，你处委托我处对《××大学公务卡管理办法》提供审计咨询服务。审计组按必要审计程序完成相关工作，已于××月×日与你处相关人员进行了当面沟通和意见交流，现出具有关审计咨询意见。

一、办法体系有待完善

公务卡使用范围涵盖了××万元以下现金支付的商品及服务支

出,使用涉及面广,人员类型多,但从完善制度体系完整性看,尚缺少配套规章。

审计建议:增加"公务卡使用实施细则""公务卡使用手册""公务卡报销流程图"等配套规则,以指引、规范实际操作。

二、公务卡还款方式过于单一

办法中对公务卡的还款仅示意了报销后转入公务卡单一方式,未明确报销金额可转入其他银行卡的处理方式。例如,师生员工发生个人先还款后报销公务支出的情况时,未见其报销金额无须转入公务卡的具体处理方式。

审计建议:在管理办法中增列还款示意方式,明确上述情况发生后的报销流程,并在财务报销系统中设置一对多的银行卡选项,可增加公务卡报销费用可转入其他银行卡内的选择设计。

三、缺少部分经常性业务的操作规定

办法缺失部分经常性业务的操作方式的指引,例如,未涉及差旅费补贴费用的操作路径,若转入公务卡,则将产生信用卡现金冗余;又如,因正当原因或某种不可抗力延误报销(出国或疾患等情况),其用公务卡透支的支出无法在还款期限前及时办理报销等情况的处理方式。

审计建议:增加对该类费用报销的管理要求和操作指南。

四、缺失对强制结算目录外有关事项的支付结算规定

办法对公务卡使用范围明确了强制结算目录,但似未包括零星采购的打印机、硬盘等固定资产的结算规定。

审计建议:增加对强制目录外有关事项的支付结算要求的规定,便于实际操作。

五、公务卡人员管理信息缺乏一定关联

公务卡的办理和销卡与教职工、学生在校情况相关,本办法未明确使用公务卡人员发生离职等变动后的管理要求,存在已离校人员尚能使用公务卡的风险。

审计建议：增加对相应办卡、销卡与人员变动情况等业务管理系统之间的信息关联，对业务数据与公务卡信息的有效共享和关联。

六、办法中"组织保障"的相关表述不恰当

办法中有关"组织保障"中监督部门的职责表述包括了承担推广和宣传，不甚恰当。

审计建议：关于监督部门的职责，文字上可表述为"监督部门按其职能定位，发挥相应的监督作用"即可。

七、未明确延迟还款而产生罚息的不同主体责任

办法中仅规定因个人原因延迟还款产生的罚息由个人承担，但缺失因职能部门工作原因或其他非个人原因造成延迟还款而产生的罚息如何处理的规定。

审计建议：进一步明确办理公务卡报销的时间要求，明确对有关账务处理时效的承诺，确保不同原因造成延迟还款应承担的信用责任。

除上述意见之外，审计还建议：办法中的有关内容涉及资产采购支出结算工作，应梳理资产采购管理办法中发生矛盾或冲突后的处理方法和程序，形成制度之间的有效衔接；公务卡的办理和销卡与教职工人员、学生的在校情况相关，拟增加对相应办卡、销卡与人员变动情况关联，对公务卡运用实现有效监控。

总之，推行公务卡管理是一项综合性改革工作，应当按照试点、总结、完善、推广的计划路径，分步骤实施，促进实现管理目标。

因资料信息有限，上述意见不排除存在缺陷和疏漏，仅供参考。

审　计　处

2016 年×月×日

【选例43】《关于"××大学基本建设项目工程变更及签证管理办法"的审计咨询意见书》

一、选例评析

(一)选例介绍

近年来,随着我国基本建设领域的法律法规不断完善,工程管理所处的经济、社会、法制环境发生了深刻的变化,国家对于工程管理的要求也日益提高,尤其是对于国有投资项目的管理要求,也越来越趋向于规范化、科学化、系统化。同时,随着学校大规模建设工程的启动,工程管理部门根据学校领导的要求,开展了对建设工程管理制度的"废、改、立"工作。其间,基建处制定了《××大学基本建设项目工程变更及签证管理办法》。在报校长办公会议审议之前,主动听取审计处意见。

(二)文书成效

审计人员立足制度建设的宏观性和整体性,以基本建设项目工程变更和签证的内涵、本质为切入点,剖析业务事项管理的内在逻辑,指出该管理办法的制度层级值得商榷、整体内容需要完善、变更与签证在管理目标上的固有差异应该体现等10方面的问题,并提出审计建议10条,倒逼基建处重新审视其制度建设的规范性、可行性、合理性。

通过充分沟通与交换意见,使基建处认识到送审制度文本存在的缺陷,从而兼顾规范性、宏观性和可操作性等因素,对有关内容进行了修正和补充,奠定了稳固工程变更及签证管理有效运行的制度基础,使相关行为变得有章可循。本审计咨询意见书的采纳率达到85%。

(三)选例亮点

1. 聚焦建设目标,关注制度的导向性与实效性。结合过往审计经验,关注制度的定位、目标、作用、操作性等多个方面,判断制度能否有利于减少高频问题和重大问题,指出工程变更和签证的管理目标存在重要差异,并对制度中缺乏的重要事项(如审批权限设置等)提出问题和意见,以促进提高制度执行的有效性,实现以制度促规范、以规范促管理、以管理促效益的制度建设目标。

2. 以内控建设思路,提出建设性意见。结合学校正在开展内部控制体系建设工作,从流程管理的角度审视制度条款是否有助于主要或重要风险的管控,从岗位设置和审批权限检查制度内容是否符合内控的规范要求,提出了相应的审计建议,积极有效地推动建设工程管理内控规范化建设。

二、选例文书

关于"××大学基本建设项目工程变更及签证管理办法"的审计咨询意见书

基建处:

根据你处委托,审计处对《××大学基本建设项目工程变更及签证管理办法》进行了检查,并于××月××日与你处相关人员就对制度文本拟发表的审计意见进行了具体交流与沟通。现提出综合意见与建议如下。

一、该制度作为校级制度似可商榷

从标题上看,本办法应属《××大学基本建设项目管理办法》下具体操作层面的制度,主要用来具体规范和约束基本建设项目管理中工程变更和签证管理的行为。

但鉴于"建设项目"和"基本建设"两个概念涵盖的业务范畴不同,且就制度架构体系和管理层级的角度,应当先有一个能覆盖全校的建设项目工程变更及签证的管理办法,用以统一规范各工程管理部门的管理行为,本办法(即"基本建设变更及签证管理办法")是对原则性的

上位制度("建设项目变更及签证管理办法")的进一步细化。

审计建议：可先以部门内部制度的形式运行本办法，为今后出台学校层级的制度打下扎实的基础。

二、整体内容有待充实

规范和约束工程变更和签证管理行为的办法，必须从流程、岗位、授权、责任、表单等多维度入手，定义并阐明包括业务流程和管理权限在内的变更和签证相关行为准则和实施标准，方能真正发挥指挥和引导实际工作的作用，达到办法制定的初衷。但对现文本进行检查，发现整体内容并未能达到以上要求，尤其是对工程变更和签证截然不同的管理规律，未能清晰阐明目标、定位、流程、措施以及责任落实等管理要求，还须进一步打磨。

审计建议：对两个业务事项分开制定相应的管理办法，既兼顾工程变更和签证管理的本质差别，也便于按各自的决策程序、授权体系去撰写和阐明。

三、关键定义有所缺省

本办法对工程变更的定义是："工程变更是涉及施工图纸内容的调整。"现行的行业规范[①]对此的定义是："合同工程实施过程中由发包人提出或承包人提出经发包人批准的合同工程任何一项工作的增、减、取消或施工工艺、顺序、时间的改变，设计图纸的修改，施工条件的改变，招标工程量清单的错、漏从而引起合同条件的改变或工程量的增减变化。"两者相对照，变更定义的内涵和外延差异之大显而易见。制度中概念定义的基本原则，应当既覆盖同类范围也界定异类因素的边界，明确相应情形下的制约条款。本办法对工程变更的定义仅类似于设计变更，既与本办法标题应覆盖的内容不尽切合，也未涉及异类因素的识别、判断和预防以及异类因素实际发生后的处置约定。因此，从制度的维度看，本办法对工程变更的定义有所缺省（若办法制定初衷只是对特

---

① 《建设工程工程量清单计价规范》（GB50500－2013），《建设工程工程量清单计价规范》（GB50500－2008）。

定范围事项进行定义,应当在标题上有所区别)。而且,定义之外的情况将如何实施管理呈现空白、条款缺失。

审计建议: 斟酌后予以恰当修正与补充,对签证的定义亦然。

四、管理目标的差异性和行为的时效性未有体现

工程变更和签证的管理目标存在重要差异,但本办法中未体现这两个事项管理目标的差异性。多数情况下,工程变更的决策是多元目标的决策行为,而变更行为的后果,除了对建设项目投资有正面和负面两方面影响外,还会涉及工期和质量管理目标的实现,因此,工程变更管理的重点,在于其必要性和程序性。签证行为的后果,通常表现为增加建设项目工程结算金额,即增加工程投资额,因此,签证管理的重点,多在于其真实性及其前道指令(如有)的合理性。在实际运行中,变更和签证管理行为的时效性直接与项目的工程进度相关联。

审计建议: 补充、增加变更和签证管理必要的内部审批时效规定的相应条款。

五、管理流程不清晰

办法未明确阐述不同类别业务流程分类、分级控制的相关规定,也未体现具体业务流程的闭环管理。例如,未阐明具体事项的前置条件、后续流向、提交标准;未能根据工程变更的不同发起方设定不同的流程;未涉及重要的变更决策的关键控制点。也未体现变更论证、反馈等环节,且缺少对各审批环节审批时效的相关规定。

审计建议: 补充对不同情况下产生的工程变更和签证情况差异性约定不同的流程和时效。

六、审批权限设置不科学

审计以为,工程变更审批权限仅用简单的金额设置审批权限的方式不甚科学。因为对于工程变更事项而引起的投资变化,由于建设项目投资额的差异极大,体现在工程不同项目中变更金额变化的重要性水平也完全不同。例如,同样是增加 10 万元投资变化,对于 1 亿元投资和 100 万元投资的建设项目而言,管理者应予以关注的程度明显不

同。本办法对工程签证、变更引发的投资变化,并未设置分层审批权限。

审计建议：补充与增加在设置绝对金额的同时,应当按引入超过总投资金额或子项投资金额一定比例标准和累计金额标准,制定分类分级控制的管理措施及审批程序等相关规定。

七、办法与实际情况不相匹配

作为具体实施层面的制度,本办法存在与实际操作不匹配的情况。例如：(1)学校建设项目的管理实践,通常采用建设工程合同示范文本,而示范文本通用条款中对变更和签证所作的约定与本办法不匹配。(2)学校大型基建项目的运行中,参与建设的有项目管理、施工监理、投资控制等外部机构,学校的使用单位也参与到项目的功能决策中。本办法只用"参建其他各单位或部门根据各自的职责进行会签和审核"表述,显然无法起到实际规范、指导具体工作的制度制定目的。

审计建议：明确各参与建设的单位在签证、变更管理中的职责,请斟酌修正。

八、业务流程与监督流程未分离

管理和审计分属学校内部控制体系中业务流程和监督流程两个不同的体系,虽会有交叉,但业务制度中不应该也无法将审计的职责穷尽。由于学校已有审计业务条线的规章制度,且根据重要性原则不同建设项目审计实施目标有异而采取的实施方式亦不同,不应将审计行为纳入管理流程体系之中。

审计建议：予以修正,用"审计部门应当按照上级要求和学校规定,对工程变更和签证业务以及业务部门履行监管责任的情况实施监督"的表述为妥。

九、工程签证预审核程序与审核程序混淆

从第十六条款看,阐述的是实施前签证的预审核,可以作为管理部门是否实施或如何实施等的决策依据,但不能替代该签证作为工程款结算依据的审核程序。

审计建议：完善签证预审核和审核两个程序。明确事件发生后对实际发生内容、工程量等的确认才能作为结算依据。

十、工程签证审批程序及时效不清晰

本办法只阐述了施工、监理等各单位共同到现场确认签证事实，但现场确认后施工单位在多少时限内上报完整的签证资料审核、对上报签证资料的要求、各审批环节的职责和时效要求等都不明确。

审计建议：完善补充。

因专业能力的限制上述审计咨询意见或不完全，仅供参考。

审 计 处

2015 年×月×日

【选例44】《关于"××图书馆重建项目可行性研究报告"的审计咨询意见书》

一、选例评析

（一）选例介绍

××大学批准立项某校区图书馆重建项目。该项目占地约8 000 m²，总建筑面积约3.8万 m²，总投资估算为3.6亿元，计划于××年×月开工，××年×月竣工验收。主要建设内容包括图书馆、档案馆、研究馆、阅览室、活动室以及满足使用功能所必需的设备用房和配套用房。基建处将××设计院编制的该项目可行性研究报告委托审计处实施审计咨询。

（二）文书成效

审计人员从原则性和细节性两个层面，对可行性研究报告中的28

处提出了不同意见,并相应提供了审计建议16条。

根据审计咨询意见,工程管理部门要求原编制单位修正了可行性研究报告,细化投资估算重要内容,为实现以投资估算控制设计概算、以设计概算控制施工图预算、以预算控制决算的投资控制目标打下基础。

工程管理部门在将审计咨询意见运用到本项目管理的同时,举一反三,加强对同期建设项目的管理,为夯实建设项目管理的前期准备工作、降低管理风险履职尽责。

(三)选例亮点

主动以审计咨询的形态去履行事前审计的职责。高校的建设工程项目全过程跟踪审计,在一般情况下以建设工程的概算阶段为起点。为贯彻落实《教育部关于加强直属高校建设工程管理审计的意见》(教财〔2016〕11号)中关于"建设项目的项目建议书、可行性研究报告、初步设计及概算上报前应征求内审部门意见"的要求,审计部门可以对属于建设项目前期决策阶段的可行性研究报告等业务事项,以审计咨询的形态,主动履行职责,将事前审计、事中审计和事后审计相结合,形成系列且有效的监督,更好地发挥促进建设目标实现的审计功能。

二、选例文书

关于"××图书馆重建项目可行性研究报告"的审计咨询意见书

基建处:

20××年×月××日,你处送达"××大学××图书馆重建项目(下称本项目)可行性研究报告",委托我处提供审计咨询服务。×月×日至×月×日,我处按内部程序启动并实施了审计咨询工作,现送达审计咨询意见书。

一、该项目的送审资料（略）

二、审计咨询意见和建议

（一）原则性的意见和建议

1. 建设背景内容存在缺陷

（1）可行性研究报告中对于整个学校的规划及定位论述较多，而对于图书馆被拆除后建设过渡期内的使用问题（替代方案）论述较少。

审计建议：酌情调整此部分内容。

（2）可行性研究报告中对拆除方案论证不够。

审计建议：增加并细化拆除方案，包括实施方案、环境保护、安全措施等方面的论述。

2. 适用标准及数据引用不恰当

（1）数据更新不及时，在描述学校概况时采用 2010 年的数据；

（2）第××页引用的《中华人民共和国清洁生产促进法》为 2003 年的版本；

（3）第 84 页引用废止的《建筑采光设计标准》（GB50033－2001）。

审计建议：宜引用 2012—2013 年起施行的《中华人民共和国清洁生产促进法》（2012）、《建筑采光设计标准》（GB50033－2013）等数据为妥。

3. 设计方案内容有缺失

（1）设计方案中缺少论述基坑围护方案的相关论述；

（2）本项目须建设档案馆，根据规范应设置气体灭火系统，但设计方案未见涉及；

（3）本项目有人防和地下车库，但设计方案中缺少人防结构方面的论述；

（4）考虑了师生使用需求，但缺少"校园一卡通"应用信息管理系统方案；

（5）设计中缺少外墙保温、装饰装修方案等的相关论述；

（6）设计内容前后描述不一致，如关于屋面做法的描述在用料说明和建筑立面说明中描述不一致，导致设计内容前后矛盾。

审计建议：加强对以上述及或未述及的设计内容检查复核，确保设计内容的完整、准确。其中重点有：增加基坑围护、气体喷淋系统、人防结构、外墙保温、装饰装修等缺失内容的论述；增加弱电工程车辆管理系统、"一卡通"系统、气体喷淋系统等设计方案。

4. 投资估算不甚合理或有缺失

（1）本项目投资估算中建安投资的造价指标比较高，同时存在投资分配不平衡的情况。例如，打桩工程估算为×××元/m² 建筑面积，较同类地质条件、承载要求的情况高约 25％；外立面估算为×××元/m² 装饰面积，从满足校区建筑风貌协调的要求来看，比现行市场价格偏低 18％左右。

审计建议：仔细核查估算依据，校验各分项估算的合理性，确保投资估算大体上科学、合理。

（2）投资估算依据不完整。报告中缺少基坑围护方案、装饰装修方案，审计无法判断相应估算的合理性。

审计建议：原编制单位补充相关内容，并确保以此为基础的估算合理、可行。

（3）投资估算内容缺失。根据设计说明，本项目采用钢结构彩钢板造型屋面，大跨度复杂的造型屋面造价不菲，但投资估算中未见相关内容。

审计建议：予以补充。

（4）部分投资估算内容精细化不够。例如，空调通风统一按照按 180 元/m²（以建筑面积为计算基数）的标准计算。

审计建议：根据该项目实际情况，按人防、地上、地下分别估算，以提高估算的精准性。

5. 招标计划有缺失或缺陷

（1）报告中缺少关于电梯、空调等专业工程是否分包的阐述。

审计建议：增加此部分内容。若须分包，应增加相应专业分包的招标计划。

（2）报告中对于勘察的招标计划与附件"××招标基本情况表"不符。

审计建议：复核后予以调整。

6. 资金计划不恰当

根据项目目前实际进展情况,本工程××、××年度资金使用设置比例较低(投资比例均为××％),××、××年度资金使用设置比例较大(投资比例分别为××％、××％)。

　　审计建议：根据项目进展,调整资金使用比例,优化资金使用预算。

7. 报告组成不完整

本次收到的咨询资料中除"招标基本情况表"外,未见其他相关附件(附件是重要组成部分,缺失或会影响可行性研究报告的审批进程)。

审计建议：请根据相关要求,进行核对并调整。

（二）细节性意见和建议

1. 文字或数据有错误

（1）第×页"表 1-1　项目投资估算表"中建筑面积采用了"数量"一词,似应为"建筑面积";

（2）第×页"1.2　承建单位概况"中的"承建单位",似应为"建设单位";

（3）第×页、第×页等多处提到"建筑总高度为 5.4 米"与第×页、第×页等多处提到的"建筑总高度为 10.8 米"不符。

审计建议：进行全面审核并调整。

2. 图表内容有缺失或有不符

（1）"表 1-2　项目主要技术指标"中,所含数据比较简单,容积率、建筑密度、建筑高度、建筑层数、绿化率等相关数据缺失;

（2）"表 6-5　功能分区及各楼层建筑面积明细表"中相关数据列示不详,未分层分别列出相关数据;

（3）第×页"1.3　编制内容和编制依据"的"研究内容包括:……"中缺少"财务分析";

（4）第×页"2.1.2　××校区规划及调整"中"如图 2-1 所示"图

例与相关文字描述不符。

审计建议： 予以审核调整。

3. **财务分析方面**

第×页水费中单价为 2 元/m^3，与现行××市行政事业用水单价不符，明显偏低。

审计建议： 按照现行的××市行政事业用水单价为 4 元/m^3 复核调整。

4. **环保与节能影响评价结论及建议方面**

报告第×页中关于环保与节能影响内容中缺少废污水处理的相关内容。

审计建议： 增加施工期间废污水处理的相关评价结论及建议。

因信息有限，上述审计咨询意见和建议，仅供决策时参考。

审　计　处

2016 年×月×日

【选例 45】《关于"××校区××大厦装修工程设计与施工一体化合同文件"的审计咨询意见书》

一、选例评析

（一）选例介绍

经学校批准，对某校区××大厦进行功能改造，装修工程项目立项。该工程建筑面积××万 m^2，预算金额××万元，概算××万元。由于该工程项目未被列为全过程跟踪审计的对象，故工程管理部门在完成该装修工程设计与施工一体化招标后，委托审计部门对其拟就、待签订的合同文件提供咨询意见。

（二）文书成效

针对该建设项目特性，审计人员指出了有关联合体投标成员单位间的责任界定、总承包管理负责人到岗及责任的约定、合同计价方式对建设项目质量保障条件等 6 个缺陷问题，并提出审计建议 6 条。

收到审计咨询意见书后，工程管理部门结合咨询意见书指出的问题，修正了合同的相关内容，明确了联合体投标责任，并完善与细化了合同中关于发包方式、标的、结算条款、变更、索赔、签证等约定，令合同双方得以清晰地理解各自的权利义务，以避免合同执行过程中因歧义、误解而可能产生的纠纷。同时，补充界定了合同发包人的风险范围和相应责任，为从源头防范管理风险、规避因施工索赔导致学校利益受损和实现建设目标奠定了基础。本审计咨询意见书的采纳率高达 100%。

（三）选例亮点

1. 注重合同与招投标文件的关联性。合同是招投标活动的重要结果。合同文本不能实质性违背招投标文件，体现投标人的投标承诺，是检查合同合规性的两个重要内容。从学校的角度，合同又是确定承包方工作责任和义务的核心文书，必须落实承包方在其投标文件中的承诺。故本选例在对合同进行检查时，不是单纯地检查合同文本，而是将本合同与项目的招投标文件作为一个整体考量，有效防范合同的合规性风险；避免合同约定的条款未能落实投标承诺，导致学校利益受损。

2. 注重合同要素与法规的适用性。合同文书有其自身的既定要素和法律规定。本咨询项目对送审合同有关"工程投标报价明细""设计图纸深度"以及"工程范围""合同有效期"等方面进行适用性和恰当性检查，有效降低了合同履行过程中产生争议的风险。

3. 注重按项目特性开展关联检查。本项目为联合体投标，故审计组在对合同常规内容进行检查的同时，尤其关注了联合体各成员单位之间的责任分工和职责边界等内容，避免因联合体成员之间履约责任不明,产生合同履约风险而导致对建设项目产生不良影响。

二、选例文书

关于"××校区××大厦装修工程设计与施工 一体化合同文件"的审计咨询意见书

××工程管理部门:

××年×月××日,你处委托我处提供审计咨询服务,对××校区××大厦装修工程的设计与施工一体化合同文件(下称本项目)发表意见。审计组完成了了解、查询、检查等必要审计程序,已于×月××日与你处相关人员进行了当面沟通和交流。现依据检查结果,书面出具审计咨询意见如下。

一、送审资料情况(略)

二、审计意见和建议

(一)联合体成员单位"内部不承担连带责任"的约定违规

《中华人民共和国招标投标法》第三十一条规定"……联合体中标的,联合体各方应当共同与招标人签订合同,就中标项目向招标人承担连带责任"。

本项目投标文件中的联合体协议书规定"3.……联合体各成员单位按照内部职责分工,承担各自所负的责任和风险,并向招标人承担连带责任"。但合同文件的补充条款及联合体协议书中"……内部不承担连带责任"的约定违反了招投标法的相关规定,也背离了文件中招投标人双方意思的体现。

审计建议:更正合同相应条款,并尽快理清联合体成员单位之间的工作关系,明确各自的工作范围及协调事项,便于划分工作界面和提出施工配合要求,采取有效的管理方式解决各单位之间的配合问题,按有关规定组织管理实施,请更正错误,完善相应约定。

（二）任用非投标承诺人员行使项目经理职权存在管理风险

本项目设计与施工一体化合同中拟任命项目常务经理行使项目经理的职责和权利，但该项目常务经理人选不在中标人投标承诺的主要管理技术人员一览表中，送审资料中也未见该人员的相关资质资料。

任用非投标承诺人员行使项目经理职权管理建设工程存在管理风险。

审计建议： 合同约定的本项目总承包管理负责人必须与投标文件一致，并严格按投标承诺的人员组成、服务方式等内容约定合同条款。同时，鉴于承包人有指派其他人员替代管理负责人部分工作的意愿，建议工程管理部门细化总承包管理人员的到岗时间和工作责任，设置相应的考核条款。如确须增加人员充实管理团队，建议对相关人员进行背景调查，确认其专业能力。

（三）投标文件内容不完整，缺少工程投标报价明细

审计发现，现投标文件中未见分部分项工程量清单与计价表等报价明细。上述内容的缺失，对工程变更的计量计价将产生不利影响。且投标文件中未包含上述文件，本应视作投标人未全面响应招标要求。

审计建议： 根据招标文件，投标文件商务标须包括"建筑安装工程投标报价"，并按装修工程、安装工程、专业工程暂估价分别报价。请你部门查明原因，按规定处理。

（四）合同对重大风险的防范有缺陷

待拟定的合同为设计与施工一体化合同，采用固定总价的价格形式。审计发现，合同对重大风险的防范存在缺陷：一是如何抑制在固定总价的情况下，承包商以过度降低成本的方式获取超额利润的冲动；二是在设计文件尚未完成的情况下，如何准确表述交付标准，以确保完工的装饰工程价值与合同的固定价格相符。

审计建议： 至少应当在以下三个方面细化合同条款。首先，明确对设计文件审核确认权利，确保设计文件体现的投资分配与学校的建设目标相符；其次，尽可能细化交付标准，包括主要设备的技术参数、主

要装饰材料与等级、功能分区和使用要求等;再次,明确对施工组织设计和具体施工方案的要求,细化施工过程中的质量控制条款,明确使用的标准和规范。

(五)合同约定不完整

审计认为,文件采用××市××合同示范文本编写,但招标文件的要求和投标文件的承诺均未在合同条款中体现,对双方权利义务的约定不够完整、准确。且合同中缺失关于发包方式、标的、结算条款、变更、索赔、签证等重要内容的约定,也未明确界定发包人的风险范围和责任。

审计建议:补充调整,确保有效履约。

(六)合同中部分内容不适用

(1)合同中工程范围包括"……桩基围护……道路、绿化、市政配套等室外总体工程……"。

审计认为,此为装修工程,不存在桩基围护和室外总体工程。

审计建议:复核修改。

(2)合同有效期,如第×条对合同有效期的描述均为××年××月××日至××年××月××日,上述日期已不适用。

审计建议:复核修正。

(3)合同中对于验收标准和方式未有相应约定

审计发现,合同中对于本项目的验收标准和方式等未有相应的约定内容。

审计建议:增加约定验收成果等相应条款,明确本项目保质期的起止日期。

基于信息有限,不能保证本合同文件不存在除上述意见之外的其他纰漏或缺陷。以上审计咨询意见仅供参考。

审 计 处

2016 年×月×日

【选例 46】《关于"××大学内部控制建设咨询服务竞争性磋商文件"的审计咨询意见书》

一、选例评析

（一）选例介绍

为落实财政部《关于全面推进行政事业单位内部控制建设的指导意见》《教育部直属高校经济活动内部控制指南（试行）》文件精神，××大学成立了内部控制建设办公室（下称内控办）。内控办成立后，决定以竞争性磋商的方式，引入有经验的社会中介机构，助力其全面开展学校内部控制体系建设工作。在拟定了"××大学内部控制建设咨询服务竞争性磋商文件"后，请审计部门协助对竞争性磋商文件提供审计咨询意见。

（二）文书成效

1. 增强内控意识，贯彻决策、执行、监督相分离的工作原则。审计针对磋商文件中"内部控制建设投入使用一年以后，项目供应商每年定期对我校内部控制运行情况进行评价，并出具内部控制评价报告"的内容，明确指出，磋商文件要求投标人提供的服务中包含制度设计和运行评价两方面的内容，其本身违背了"内控建设的决策、执行、监督相分离"的内控要求，要求从源头确保内控建设工作目标。

2. 加强事前控制，为有效履行合同打好基础。检查发现，磋商文件缺少拟签订合同文本，从文件的完整性以及维护采购人利益的视角，提出增加合同文本等意见，进一步明晰采购人权利、义务和责任约定，有效降低后期谈判的难度，为选聘的供应商有效履约打好基础。

（三）选例亮点

本选例立足全局视角,采用座谈交流与出具文书并举的方式,高效地提供了审计咨询服务。咨询过程中,审计人员注重与委托部门的互动,以座谈会、电话沟通等方式,不断理清思路,深化对《行政事业单位内部控制规范(试行)》实施重要性的认识,明确了学校内控建设的总目标、阶段性目标以及服务范围等。

二、选例文书

关于"××大学内部控制建设咨询服务竞争性磋商文件"的审计咨询意见书

内部控制建设办公室:

10月8日,我处收到"××大学内部控制建设咨询服务竞争性磋商文件"(下称磋商文件),经审核,该文件基本符合竞争性磋商的有关规定,但仍存在一定不足。概述如下。

一、原则性意见

（一）磋商文件中对内控体系建设中不相容岗位未有效分离

磋商文件在关于售后服务条款中规定:"内部控制建设投入使用一年以后,需要中标单位每年定期对我校内部控制运行情况进行评价,并出具内部控制评价报告。"审计认为,在内控体系建设中,建设与评价当属不相容岗位,故承担内控体系建设任务的中介机构,不应再承担其参与建设的内控体系的评价任务。磋商文件要求供应商承担上述两项工作,显然不符合决策、执行、监督相分离的基本原则。

审计建议:调整对中标供应商关于售后服务条款的描述。例如,设计并制定学校内部控制评价指标、评价标准和评价方法,完成内部控制评价体系的建设。

（二）磋商文件对学校的内控体系建设目标描述不够清楚

审计发现,磋商文件对学校的内控体系建设总目标、分阶段目标描述不够清楚,会影响本建设工作目标的设定。

审计建议：补充完善对学校内控体系建设总目标,区分有关业务层面和单位层面的内部控制目标,明确供应商提交内控建设的成果和相关操作手册。

（三）磋商文件缺少有关重要内容

审计发现,磋商文件未按规定附拟订合同文本,不利于投标人准确了解其义务和采购人的要求,可能影响其商务报价,增加履约风险。

审计建议：补充调整,确保后续有效履约。

（四）磋商文件评分标准不恰当

（1）审计发现,磋商文件设置的评分标准与文中的供应商资质要求及实质性响应前后矛盾。例如,对响应人注册资金要求规定××万元以上,但在评分标准中将注册资金在××万元以下的给予得分。

审计建议：予以修正。

（2）审计发现,磋商文件设置的评分标准与文中提供的商誉财务能力、设备技术能力的声明等要求不符。

审计建议：复核修正。

二、细节性意见

（一）关于履约保证金的要求前后不一致

审计发现,关于磋商文件履约保证金的描述,前文表述为不收取保证金,后文表述在规定日期前退还保证金,前后内容不一致。

审计建议：审核并修正。

（二）对供应商项目负责人要求前后有矛盾

审计发现,磋商文件中对关于项目负责人的要求与评分标准中的要求前后不一致。

审计建议：复核统一,并在评分标准中增加对项目负责人的分值。

（三）文本中其他差错

审计发现,磋商方、磋商文件、响应文件等名称内容在文中表述各异,各章各节序号、编号有重复、不连续和不统一的问题。

审计建议:复核修正,操持前后一致。

因信息有限,上述咨询意见仅供参考。

审　计　处

2017 年×月×日

第九章

审计建议书

【概述】

本章所称的审计建议书,是高校内部审计部门秉持风险导向和问题导向并重的思维,通过某项或某类审计项目的实施,对于发现的学校内部控制系统的设计缺陷、执行失控和管理漏洞,主动向学校有关职能部门出具的纯属建议性质的审计结果性文书,以帮助学校"正衣冠,除灰尘",防患于未然。

客观地说,审计建议书的出具初衷,原是内部审计为规避和防范审计风险而采用的一种自我保护措施。在经年的审计实践中,由于这个工作措施所具有的放大效应,逐步演化为保护组织运行的重要工作机制之一,遂成为内部审计发挥增值功能的一种特有形式。编者认为,若审计建议书能够引起学校内部各利益相关方的足够重视,其作用与价值远远超过单个审计项目实施后出具的审计报告。这也恰恰说明,在防范审计风险与促进学校规范管理之间,事实上是一种互不对立、无法割裂的依存关系。

审计建议书的价值在于:在执行年度审计计划的过程中,当发现学校有关职能部门在规章制度、工作机制、管理方法等方面存在缺陷时,内部审计部门主动以文书形式,善意提示、明确敦促相关职能部门理性核查事实、积极采取措施、及时补齐短板,从而消除缺陷与隐患,化解已显现于基层单位运行中的矛盾,确保学校事业发展更加平稳与顺畅。一系列事实证明,某些审计建议或许得不到即刻的重视或立即的呼应,但却在数月甚至数年以后,仍可拿出使用并被学校相关方面接纳,这也恰是审计建议书的意义和魅力所在。

审计建议书虽是实施监督后形成的结果,但就其内涵,当列属咨询服务类别,提出的审计建议也仅为参考意见,并不具有强制性。因此,在审计建议书下发后,内审部门不要求受文部门书面反馈采纳、整改等情况,但若受文部门在以后年度接受审计时,内审部门可要求审计组将建议书涉及的事项,列入审计重点关注与检查的内容。

审计建议书的撰写,应秉持必要性、针对性和谨慎性的原则,文中切不可使用命令性措词。一般情况下,由首部、主文和尾部三部分内容组成:

(1)首部。审计建议书标题、编号、主送部门(单位)名称。

(2)主文。写明建议的原因、所依据的事实,明确指出审计发现的管理缺陷或执行漏洞,提出原则性的审计建议,亦可对问题产生的原因进行适当分析,须标明"仅供参考"之提示。

(3)尾部。审计部门印章和日期。

审计建议书由审计部门负责人签发后,送达有关职能部门。若建议事项相对重要或涉及面广,审计建议书可同时抄送与事项关联的其他业务或监督部门,亦可同步送呈有关校领导参阅。

通过多年的审计实践,某大学已固化了审计建议书的工作机制,对于审计实施中关注到的、表现为普遍性或倾向性的管理缺陷,向相关职能部门出具审计建议书,从根源上进行追溯,或要求修补设计缺陷,或要求堵塞执行漏洞,以求减少同类问题的发生概率和发生频次。

本章选例聚焦于学校层面的业务事项,按财务、科研和合同等业务条线,选编了不同年份的审计建议书,具象地展示在不同的审计环境下,内审部门如何将防范审计风险和促进各级组织规范管理的两条目标曲线交叉与融合、寻找两条曲线叠加最大值而采取的主动行为。编者以为,这些选例文书所指出的问题及提炼的内容,主观上受限于审计人员的视野和能力,客观上受限于其时的政策环境和高校发展形势等或有不足,阅读时请重点关注其风险导向与问题导向并重的逻辑思维,而忽略其具体内容与文字。

【选例 47】《关于学校暂付款管理问题的审计建议书》

一、选例评析

(一) 选例介绍

本选例源于××大学 2015 年对某教学单位正职领导干部实施的经济责任审计项目,涉及学校层面的财务管理业务。在经济责任审计实施过程中,审计组对被审计单位的保险箱实行例行检查时,虽未发现私藏现金的"小金库"现象,但却对存放其中的一批待报销单据产生了疑问。

审计人员经进一步核查,发现该部分票据均为该单位使用借款而支付的差旅费用,且历时较久。因此,经过内部的必要程序,在审计处正式出具审计报告后,便以追根溯源的态度,向负有监管责任的学校财务部门送达了审计建议书。

(二) 文书成效

审计建议书送达财务部门后,受到财务部门负责人的高度重视,将应收及暂付款的规范管理事宜视作部门近期的重要工作之一。根据审计建议,财务部门一方面对问题暴露的某教学单位的暂付款事项进行了督办与清理核销;同时,在全校范围内启动了暂付款清理工作,强化日常运行中执行层面的规范操作,重申"一事一借、前清后借"的管理要求,并提出建立定期清理应收及暂付款的财务监管工作机制。

学校应收及暂付款长期挂账的现象，自此得到了极大的改观。

（三）选例亮点

1. 透过现象，查找管理问题。该份审计建议书可称作一斑窥豹的典型案例。就问题表面而言，仅是该部门的经办人员没有及时核销差旅费票据，简单的审计建议可以是请当事单位尽快办理核销手续。但审计人员的疑问并未停留在问题表面，紧接着提出了更深一层次的疑问：为什么不及时核销？为什么借款长期不还而没有约束机制？在这样的思考之下，财务处未定期清理应收及暂付款、对应收及暂付款监管不力的根源性问题，就被精准地提炼了出来。从一个不太起眼的现时状态，审计人员能敏锐地发现学校职能部门的管理缺陷和执行漏洞，这即是"关注问题产生的原因"的一个极好示例。

2. 剖析问题，提出切实建议。建议书重申高校应收及暂付款基本管理原则：一是要及时催收，进行日常清理、定期清理和专项清理；二是要一事一借、前清后借，前款未清，不得再借等。审计还指出，所发现的问题反映在基层单位，却凸显了财务处对暂付款的管理缺失和长期存在的管理漏洞。通过这些原因分析，帮助财务部门认清事实，关注风险，并提出切实可行的整改建议，对长期存在的管理不作为提出警示。

二、选例文书

关于学校暂付款管理问题的审计建议书

财务处：

今年年初，我处对××教学部原部长××同志实施了任期经济责任审计。在审计中，审计人员发现了该教学部存在暂付款长期挂账的问题。

审计认为，该问题涉及你处的工作机制、制度建设以及运行管理等层面的问题,特提出审计建议如下,冀望推动你处进一步完善内部控制体系,强化财务管理,防范潜在风险,强化财务运行的有序规范,以确保学校资金的安全完整。

一、问题概述

审计人员在对该教学部的保险箱进行例行检查时,发现了大量未报销的集体差旅费单据。经查证,此系截至 2014 年年底的未冲销差旅费暂付款共××笔,涉及金额为×××万元。经进一步核查,报销单据的合计金额为×××万元,暂付款金额与报销单据金额之差额××万元不知去向。

上述暂付款中,账龄 1 至 3 年的共××笔,金额××万元;4 至 5 年的共×笔,金额×万元;5 年以上的共×笔,金额××万元,其中,还有一笔的账龄已近 10 年。

审计还注意到,暂付款事宜共涉及该教学部经手人员 11 人,其中,有 2 人已经退休(此 2 人共发生借款××笔,金额近×××万元)。

二、问题剖析

暂付款是学校业务活动中与其他单位、所属单位或职工发生的临时性待结算款项,通常应遵循以下基本管理原则:

1. 及时催收、催交、催报,并定期对应收及暂付款进行日常清理、定期清理和专项清理。

2. 一事一借、前清后借,前款未清的,原则上不得再次借款。

3. 教职工办理离校手续时,贵处应检查其名下是否存有暂付款,必须办妥核销(转移)暂借款后方予以办理离校手续。

审计发现的上述问题,虽反映在基层单位,但却集中地反映了你处对暂付款的管理缺失和事实上已形成的管理漏洞,并或将造成学校资产的损失。

三、审计建议

1. 落实监管责任,督促被审计单位处理未了暂付款

建议立即督促××教学部对审计发现的问题进行整改,及时清理结算上述所有暂借款项。

2. 对学校现有暂付款进行专项内部检查

建议对学校所有暂付款项进行一次全面排查。对于超出一定时限的暂付款,应督促各借款单位在规定期限内予以结算或退回;对于确实无法收回的暂付款,在查明原因、分清责任后,及时按规定程序办理核销手续。

3. 尽快制定暂付款相关管理制度,并强化执行过程的监管

建议结合学校实际,尽快制定相关暂付款的管理制度,明确规定暂付款的情形、金额、审批程序、归还期限、清理措施、逾期责任等内容,明确校院两级管理主体的权利与责任。同时,强化执行过程的监管,通过系列措施确保暂付款管理的制度化、规范化和程序化。

附:××教学部原部长××同志经济责任审计报告

审　计　处

2015 年×月×日

【选例48】《关于进一步加强学校财务管理的审计建议书》

一、选例评析

(一)选例介绍

本选例的基础素材取自××大学 2016 年和 2017 年度的领导干部经济责任审计项目,涉及学校层面的财务管理业务。在单个审计项目实施结束之后,××大学审计处均会将审计报告抄送财务处供参考,希望财务处能针对报告中涉及的财务管理问题进行对照检查、完善管理。但审计发现学校财务管理改进工作推动较慢,审计实施时,同类问题仍屡见不鲜。为进一步引起财务处的重视,继续推动学校财务管理工作,2017 年年底,审计处将近 2 年内经济责任审计项目中发现的财务管理

问题进行归纳汇总,向财务处送达了《关于进一步加强学校财务管理的审计建议书》。

(二) 文书成效

针对审计归纳出的不足之处,审计处同时给出了相对应的综合性审计建议。

从文书效果而言,此类审计建议书相比于单份审计报告,对于促进学校职能部门有的放矢地加强监管、改进措施,更具有参考价值。审计处以沟通、促进与服务为目的,通报审计发现,体现了审计处的主动服务意识;同时将散落在学校各个领域的财务管理问题进行了整合,进行了信息再处理,为财务部门进一步完善制度、加强监管,提供了非常便捷、有效的依据。

(三) 选例亮点

该份建议书与前一份关于暂付款的建议书不同,前者是见微知著,关注于某一特定业务问题;此建议书则全面宏观,关注学校财务管理的整体运行情况。

在建议书内,审计处打破单个项目问题碎片化的状态,以点及面,归纳出"支出审核""合同审核""会计核算""收入定性""无形资产管理"等 6 大类别的问题,指出:财务处支出审核不严,导致不合规票据入账;合同审核不严谨,部分作为付款依据的合同签订主体不规范;会计核算口径不一致,同类业务在多个会计科目核算;收入定性有误,部分属于学校合作事项的专项经费,被作为横向科研项目管理;无形资产未及时入账;对二级单位经费使用中的子项目设立缺乏约束与监管等。

在归纳上述六大方面的显性问题之后,审计进行延伸思考,提出了学校预算考评机制不健全、未建立全过程预算绩效管理机制,职能部门对二级单位的财务服务能力偏弱两方面深层次的问题。这两个问题以未来为着眼点,是站在学校治理的角度提出的,比之单纯的审计发现,更深入地体现了审计思考和审计眼界。

二、选例文书

关于进一步加强学校财务管理的审计建议书

财务处:

根据学校年度审计计划,我处每年对组织部委托的领导干部经济责任审计项目实施了审计并出具审计报告。在审计过程中,发现了部分与学校财务管理相关的问题,单个审计项目的审计报告均已抄送你处参阅。

近2年的审计结果显示,通过完善制度、加强内控、优化管理流程和开展宣传培训等举措,学校财务管理工作日趋规范,但部分问题依然存在,未得到及时、有效的解决。

现以2016至2017年实施的部分审计项目为例,归纳部分与财务管理职能相关的问题,并提出相应建议,以期作为进一步加强学校财务管理的参考。

一、审计发现的主要问题概述

1. 财务管理制度不健全

院系等二级单位财务管理制度不够健全,或者无制度,或者制度不完善[①]。

2. 学校各层级内部控制仍较薄弱

个别单位在相关业务流程中,不相容岗位未适当分离;部分单位存在支出审批手续不全、对授权分配使用经费未进行后续监管的情况等。

3. 国有资产管理仍较薄弱

各单位对实物资产的日常管理未做到定期或不定期盘点,资产信

---

① 依据《××大学财务管理规定》第×条、第×条。

息有误,实物盘亏现象较普遍①;个别单位与所管理单位长期以来权属不清,业务不分,相互无偿占用资产;个别单位对下属企业管理不到位,个别对外投资事项未向上级主管部门报批等。

4. 采购与招投标工作存在不足

存在超过规定限额的采购事项未经公开招投标程序,个别采购事项合同签订人与中标人不一致,不足3家的投标未按规定重新招标,评标专家组成不符合规定等现象。

5. 财务收支管理不强

各单位在收支管理上,仍存在以不合规票据入账、收入上缴不及时、收入不完整的问题。

6. 合同管理不规范

部分单位未经学校授权,使用本单位印章对外签订合同,合同签订主体不规范;有些应签订合同的大额经常性业务未签订合同,部分单位未妥善保管合同及有关业务资料等。

二、财务处职能履行方面的问题

上文财务管理相关制度不健全问题主要体现在各被审计单位层面,从学校财务监督及服务角度而言,财务处尚存在不足。我处2016年出具的经济责任审计报告中,已对财务处在学校预算管理、会计核算、财务监督、收费管理、国有资产管理等方面存在的问题进行了详细披露②,在此基础上,根据2016至2017年审计项目所发现的问题,财务处在职能履行方面仍须关注以下问题:

1. 支出审核尚有不足

例如,审计抽查某学院财务支出时查见不规范发票×××张,共计金额××万元。发票不规范形式主要表现为发票抬头为"个人""单位""空白"③。

---

① 根据《××大学财务管理规定》第×条等。
② 具体内容请详见审计报告。
③ 依据《中华人民共和国发票管理办法》第二十一条等。

2. 合同审核不到位

例如,2016年度实施的重点审计的经济责任审计项目中,均发现所附合同文本存在签订主体不规范的问题,所抽见合同既有3万元以上经济事项,亦有3万元以下经济事项①。

3. 会计核算口径不统一

例如,2017年实施的某学院经济责任审计项目中,审计抽见该学院干部培训班支出的同类费用,部分在"协办会议费"核算,部分在"学生集体活动费"核算②。

4. 部分收入定性有误

审计查见有部分学校合作事项的收入,被纳入横向科研项目管理。2016年实施的某经济责任审计项目中,抽见某部门将学校与地方政府或企业进行的合作事项作为本部门的横向科研项目管理,并按照横向科研经费的管理方式开支相关费用。财务处作为项目经费核算管理部门,应加强对此类事项的监督。

5. 无形资产未及时入账

审计发现,2016年度学校获得专利授权共计×××项,失效专利共计×××项,专利权均未按规定入账。

6. 对二级单位设立子项目约束性不强

审计发现,大部分二级单位在经费使用时会以设置子项目或经办人方式操作,如此子项目负责人可直接使用经费而无须主项目负责人或院(系)层面审核,子项目使用缺乏院(系)层面的过程性监管,支出合规性存在一定控制风险。财务处对财务系统中设置子项目或授权经办人,应进行约束性管理,明确项目各级负责人的责任。

7. 预算绩效考评机制尚不健全

目前,学校对二级单位预算执行的评价考核等机制尚不完善,部分二级单位重预算编制及过程管理,但预算绩效评价目标不明确,未形成

---

① 关于3万元以下合同签订的规范性问题,我处将另行出具专门的建议书送呈学校办公室。
② 依据《高等学校会计制度》第六条等内容。

系统的全过程预算绩效管理机制。

8. 对二级单位财务服务能力尚须加强

在学校全面推进校院两级财务管理体制改革的情况下,学院因缺乏财务专业人员,诸多经济事项管理不够到位,如前文中提及的部分院系缺少财务管理制度,又如大部分院系仅了解当前频繁使用的各类经费,大量长期不用的、未频繁使用的经费处于无人管理的停滞状态。该现象不仅无法帮助学院清楚掌握可支配财力落实当家理财的责任,而且在经费管理上存在极大的风险隐患。

三、审计建议

我处曾在 2016 年出具的原财务处××同志任期经济责任审计报告中提出审计建议共 31 条,你处提交的整改报告中,对上述问题已制定了整改措施或计划。在此基础上,现进一步提出相关建议如下:

1. 继续推进审计整改工作,落实整改措施

针对审计报告中提出的问题,根据整改方案,逐一落实并执行到位。

2. 进一步规范会计核算工作

规范制单人员的工作行为,保证会计科目使用正确,会计核算口径一致。

3. 进一步加强财务监管工作

提高财务审核能力,严格审核原始票据及合同等各类入账依据,对于不符合要求的资料,应坚持原则予以退回,不予办理。

4. 进一步加强对科研经费的管理

关于科研经费的管理事项,我处已另行出具了管理建议书。针对本文中提到的科研项目立项错误的问题,财务处应加强对此事项的审核,对于非科研项目立为科研项目的事项,应提请相关部门进行纠正。

5. 加强对无形资产的管理

对于每年度新增的无形资产,应积极会同相关部门及时进行账务处理。

6. 对一卡通项目授权机制进行完善

规范项目授权行为,对如何授权、可授权的经费类别、授权后的支出审批程序权限加以约束,对各级项目负责人的责任应予以明确,确保经费支出的真实性、相关性。

7. 进一步完善预算考评机制

加强对预算工作的全过程管理,建立目标明确的预算绩效评价指标,并对预算执行结果进行评价,对评价结果进行运用,切实建立"预算编制有目标、预算执行有监控、预算完成有评价、评价结果有反馈、反馈结果有应用"的全过程预算绩效管理机制。

8. 提高对二级单位的财务服务能力

提高财务服务意识,提升财务服务能力。结合学校发展要求,在完善校级各类财务管理制度的前提下,指导二级单位建立相关财务管理制度,规范学校各层级内部控制行为。同时,应帮助学院及时清理各类项目,对长期不用的经费、余额较小的经费进行适当归并等处理,且应以"全口径"为目标,对学校各单位(部门)的年度收支情况进行完整准确的统计,帮助学院了解单位财务状况,推进校院两级管理的深化。

审 计 处

2017 年×月×日

【选例 49】《关于加强学校科研经费管理的审计建议书》

一、选例评析

(一)选例介绍

本选例源于 2013 年××大学审计处受学校纪委办委托的两个科研经费专项审计,是由此而引发的审计人员对学校科研管理状况的反思和建议。

2013 年,正值教育部对所有部属高校开展科研经费专项检查之时,也是社会各界对国家科研经费使用情况高度关注的时期。不可否认,在科研经费使用领域出现了一些反面案例,但对于问题的产生,一定要有穷根追底的思路,去反思、探寻体制和机制上的原因。只有解决了根源上的问题,才可以真正保护国家宝贵的科研人力资源和财力资源。

本着这个出发点,××大学审计处在提交专项审计报告之后,及时向学校领导出具了《关于加强学校科研经费管理的审计建议书》。

(二) 文书成效

该份审计建议书充分发挥了审计预警的作用,也引起了学校方面的高度关注,在全校中层干部大会上被校长全文宣读,可以说是给学校科研管理工作敲响了警钟。随后,相关业务部门采取措施、加强管理,学校科研管理的状况得到了改善。

(三) 选例亮点

1. 见微知著,主动关注共性问题。以小见大,见微知著,主动关注科研经费管理中普遍存在的问题,并归纳为预算管理、项目管理和支出与核算管理三个方面予以揭示。

2. 追根溯源,深入剖析系统缺陷。将由基层发现的问题,挂钩于学校科研管理的整体现状,揭示其成因主要是体制、机制、制度等弊端,预算管理理念的缺失,现行科研政策的缺陷和相关部门监管乏力所致。

3. 履职尽责,提出全局性思维的审计建议。透过现象看本质,提出了切中时弊的理顺体制机制、开展系统化制度建设、培育预算管理意识以及强化执行与结题管理的审计建议。

二、选例文书

关于加强学校科研经费管理的审计建议书

校领导：

根据学校纪监部门的委托，我处对上级部门指定的学校两个科研项目经费管理和使用情况进行了核查。相关重点核查的情况，已出具有关核查报告另行送呈纪监部门。

在本次审计协助核查过程中，审计还发现了两个科研项目的一些其他问题。我们认为，这些问题并非偶发或孤立现象，而是学校科研项目经费管理与使用中普遍存在的共性问题。这些共性问题，既反映出课题组对科研经费管理和使用的重视程度不足，也反映了学校有关职能部门的管理薄弱甚至失控。故此，我们从预算管理、项目管理、支出管理和会计核算管理等几个方面进行了梳理、归纳，并提出相应的审计建议。希冀通过解剖两只麻雀，推动学校各科研课题组和有关职能部门见微知著、引以为鉴，进而加强协作、履职尽责、形成合力，去共同创造学校科研经费管理的良性互动局面。

一、审计发现的主要问题

（一）预算管理方面

1. 预算编制的科学性和前瞻性不够

两个项目在结题时或应结题时，均有较大存量的经费结余。

2. 列支预算外费用

两个项目均存在项目预算中未包含、但实际却列报了无预算费用的现象。

3. 未按规定履行必需的预算调整程序，而在结题时自行调整决算书的预算数据

某项目在执行过程中支出了预算中未包含的费用，未在项目执行期间履行科研管理部门规定的预算调整手续,而在结题时自行调整预算数字。

(二)项目管理方面

1. 对项目结题材料审核不严格

(1)项目经费决算表中预算数字与项目计划书中预算数字不相符。某项目会议费差旅费预算在计划书中为××万元,在决算表中却显示为××万元;协作费预算在计划书中未有安排,在决算表中却显示为××万元。对于该未经预算调整、预算数字填报错误的行为,科研管理部门、财务处和审计处均未有察觉而签章审核通过。

(2)项目决算数据与财务账面数据不符。某项目财务决算表中的劳务费数据与财务账面的支出数据不符,经核查,发现是部分预算超支数被调整至其他未超预算的科目,但现有会计凭证显示依据不足。

2. 项目执行过程监管乏力,结题管理不到位

某项目协议有效期从 2012 年 1 月 1 日至 2012 年 5 月 31 日止,项目实施方案中也计划于 2012 年 5 月提交相关研究报告。但科研管理部门反馈该项目在立项时,项目负责人登记的结题时间为 2013 年年底,且至核查尚未收到该项目结题的报备。

(三)支出管理和会计核算管理方面

1. 纵向项目列支业务招待费,且大量食品、餐费等支出无相关事由和清单

上述两个项目均为纵向科研项目,但从会计科目看,均列支食品、餐费等费用的情况,且现有原始凭证反映费用支出与科研活动的相关性不明确,证明力不足。

2. 部分支出原始票据不合规合情,似可质疑为虚假业务

某项目支出的原始票据为连号或相近时间的出租车发票,涉嫌使用虚假票据构成虚假业务。

3. 部分支出手续不齐全

两个项目均存在部分支款凭证仅有 1 人签名的现象,某项目支出凭证上存在无项目负责人审签的情况。

二、原因剖析

科研管理是一个系统工程,需要学校上下左右协同共力方可实现管理规范、运转良好。上述发现的诸多问题,事实上较为典型地反映了我校现行科研项目管理工作各环节存在的缺陷。现作简要剖析如下:

(一)学校现行管理体制、机制及制度建设不甚健全

在体制方面,学校、院系、课题组三级管理主体的责任边界尚不明晰,学校层面的科研经费管理力量整合不够,院系层级的管理体制尚未健全。在机制建设方面,财务处尚未成立科研经费管理专设机构,科技管理部门及财务处的有关信息化系统尚未整合对接,部门之间的沟通度和衔接度不高。在制度建设方面,学校尚未建立起科学、规范、完整的制度体系,科研服务意识有待提高,对课题负责人和科研人员的政策法规宣传教育未做到系统、有序及常态化。

(二)预算管理理念的缺失

科研课题组未树立起以预算为龙头的管理理念,预算编制欠严谨;执行中随意性较大,或掉以轻心,或漫不经心;发生重大变化时没有及时履行预算调整的手续;科研管理部门、财务管理部门对项目预算编制的指导及执行过程的监管职能没有恰当履行,致使项目预算、支出、中期调整、决算等管理环节严重脱节。

(三)现有政策重取得、轻管理,相关职能部门管理职责履行不到位甚至缺位

学校现有政策重取得、轻管理,职能部门普遍缺乏工作的主观能动性以及对发展趋势的预见性。例如,科研管理部门对学校政策研究不着力,对科研项目执行过程的关注度不高;财务处对支出审核不规范、不严格,现行财务管理模式和会计核算手段已无法满足科研项目管理的需要;学校尚未充分发挥审计、监察部门对科研项目的监督检查作用等。

三、审计建议

（一）进一步理顺科研管理体制和工作机制

建议学校确立科研项目管理的近期、中期和远期目标，责成相关职能部门从战略的高度和风险防控的角度，在国家政策的指导下，认真考量学校科研管理体制和机制近年来产生的深层次问题，研究并提出既符合校情又具有前瞻性的管理设想与管理方案，避免因相关各方各自为政、各行其是而造成管理碎片化和系统断裂现象，构筑学校科研经费科学规范管理的坚实基础。

（二）尽快着手学校科研管理制度的系统化建设

建议在理顺体制机制的基础上，尽快着手科研管理制度的系统化建设。由校领导牵头，组织相关人员进行调查研究并完成制度建设的顶层设计，在形成制度建设目录后将任务分解、下达至各相关职能部门，限期制定完成并汇编成册，以指导、规范和监督学校科研经费管理和使用若干年中有序运行。制度的制定原则，应当树立减少项目管理死角的思路。

（三）强化以预算为龙头的管理理念，培育正确的预算管理意识

进一步加大对课题组负责人树立以预算为龙头管理理念的宣传教育活动；科研管理部门和财务处加强对科研项目预算编制的指导，帮助课题组提高预算编制的科学合理真实，从而使学校科研项目的预算编制符合目标相关性、政策相符性及经济合理性的原则，减少漏报错报的风险。

进一步明确科研经费预算调整的具体原则及规范性程序，并做到宣传不留死角。发现课题项目需要进行预算调整时，科研管理部门、财务管理部门应督促项目负责人严格履行预算调整的手续。

强化对预算执行和经费支出的监管力度，课题项目负责人、科研管理部门、财务处都应当讲责任、敢担当，严把预算控制关。

科研管理系统、财务管理系统应当以风险控制为导向，研发理念超前的科研项目计算机管理模块并实行系统对接，使用有效而便捷的预

算控制手段,减少、杜绝因预算管理不善而形成的科研项目管理混乱现象,"打铁还须自身硬"方为王道。

(四)强化对项目执行过程及结题的管理

各职能部门应加强对上级相关政策、规定的宣传。科研管理部门应改变重申请、轻过程的管理常态,加强对科研项目的过程性监管,实施分类管理和精细化管理,重点课题项目可施以适度的跟踪监管。课题结题时,项目负责人应真实填写结题材料,科研管理部门、财务处及审计处应结合项目预算对照实际支出,认真审核决算数据等材料,保证财务信息质量及结题材料的客观真实。

(五)加强科研经费的使用管理

继续加强科研经费的使用管理,建立相应的支出审核机制,明晰项目负责人、院系、科研管理、财务处、审计处和监察处等的责权利,保证科研经费支出的真实性、合法性与相关性。财务处应当进一步改进会计核算方法,采取信息化手段,提高服务水平,加强对支出原始凭证的审核力度,规范支出审批手续,保证财务资料的合规性、完整性、真实性和准确性。

以上审计建议,仅供参考。

审　计　处

2013 年×月×日

【选例50】《关于进一步加强学校科研经费管理的审计建议书》

一、选例评析

(一)选例介绍

本选例的素材,来自××大学审计处组织的国家重点科研结题财务验收审计项目,关注的焦点是其时学校层面的科研经费管理状况。如本书第四章里所说,该类财务验收审计主要是由社会审计具体实施的。审计处作为组织者的身份,首先有保证财务验收审计工作顺利进行的责任,其次作为监管者,又担负着对发现的问题的汇总、归纳和报告职能。这种职能的履行,既可通过出具综合审计报告,也可以审计建议书来具体实现。此份建议书的出具,就是审计处从学校管理体制、机制层面考虑,结合当年度的实际情况所出具的、用以促进学校科研项目管理水平提升的一份审计结果性文书。

该审计建议书的主送部门为科研管理部门和财务处,同时送呈给相关部门的分管校领导。

(二) 文书成效

该份建议书出具后,审计处、财务处与科研管理部门专门召开研讨会,针对建议书中的问题与建议进行了再沟通,共同商讨相关措施,一一落实审计建议。

(三) 选例亮点

本选例从接受外部检查和促进课题验收的两个视角,敏锐捕捉散落在各课题的普遍或个性问题,归类、汇总为预算管理、合作经费外拨、经费转拨、合作单位管理、经费核算和自筹配套等方面,提示科研管理部门予以重视。同时,以当好参谋与助手的姿态,向相关业务部门提出审计视角的根源性解决办法,从而促进规避管理风险,提升管理成效。

二、选例文书

关于进一步加强学校科研经费管理的审计建议书

各科研管理部门、财务处:

根据学校年度审计计划,我处每年统筹安排具备科技部科研项目财务验收资格的社会中介机构,对学校承接的国家重点科研经费项目开展持续有序的财务验收审计工作。

一、实施情况概况

2016 至 2017 年,共组织实施财务验收审计项目××项,涉及金额×亿元。其中,2016 年度××项,涉及金额×亿元;2017 年度××项,涉及金额近×亿元。

审计结果显示,通过各科研管理部门的完善制度、加强内控、优化管理流程和开展宣传培训等一系列有力举措,科研课题经费管理和使用正日趋有序、规范。但是,审计仍然发现了部分需要加强和改善的管理问题。这些问题的存在,轻则在接受外部检查时将遭遇质疑,重则或会影响课题验收通过,应当引起相关业务部门的高度重视,进一步采取有效措施,以规避学校的管理风险。

二、审计发现的主要问题

(一)预算管理仍存在不足

审计发现,部分课题仍存在预算管理方面的问题。例如,个别课题的设备费、测试化验加工费、出版/文献/信息传播费、差旅费、会议费等支出与预算内容不一致;个别课题设备费支出超预算;个别课题在设备费中列支设备维修费等。

(二)合作经费外拨不规范

有个别课题应拨付合作单位共×××万元,实际拨付×××万元,未足额拨付。

(三)承担单位与任务书不一致

个别以学校名义申请的课题,实际承担者为附属医院职工,但学校在收到拨款后再转拨至附属医院,造成承担单位与任务书不相一致的现象。

(四)合作单位管理不到位

个别课题协作单位的自筹经费支出凭证不规范;个别课题协作单

位资金结算滞后,影响课题验收进度。

(五)合作单位科研经费未单独核算

例如,"××临床前研究""××共性技术研发"2个课题合作单位未单独核算课题资金。

(六)自筹资金未足额到位

例如,"××材料及关键技术""××临床前研究"2个课题自筹经费未到位。

(七)需要特别提醒的问题

上述第(五)、(六)项的问题,在《民口科技重大专项资金管理暂行办法》中是明文规定不得通过财务验收的情况之一。在以往年度,为不影响财务验收,课题承担单位采用一些技术手段获得审计折中认可,故该类问题未被列入审计报告。但今年科技部监管力度加强,并在8月对各社会中介机构科研经费管理审计工作进行了专项检查,明确要求诸如上述第(五)、(六)项的问题必须在审计报告中反映,因此,存在上述情况的课题可能面临财务验收不能通过的风险。

此外,我们还了解到,部分由附属医院承担的课题,因进口仪器设备须通过学校采购,存在着所有权和使用权分离而导致使用维护经费列支渠道不明确的情况。

三、审计建议

基于我们在审计中发现的上述主要问题,我们认为学校科研管理部门应以问题为导向,寻求根源性的解决办法。

(一)进一步加强预算管理

继续强化对科研项目的预算管理,在预算编制、预算执行、预算调整环节应严格遵守主管部门的要求及流程。

(二)理顺附属医院课题关系

因学校及附属医院各自为独立法人单位,对于由附属医院人员承担的课题,须理顺其在立项及经费使用时的关系,避免出现立项单位与经费使用单位不一致的情况。同时,关注并研究仪器设备使用维护费列支的问题。

（二）加强对课题合作单位的管理

目前,我校的科研管理水平在不断提升,存在的主要风险基本源于合作单位,学校相关部门及项目负责人应加强对课题合作单位的管理。

1. 明确管理责任

学校应对合作单位提出明确的项目管理、经费管理方面的要求,明确课题负责人对合作单位的监管责任,避免因合作单位科研经费未独立核算和未按规定使用而影响课题财务验收。

2. 加强过程管理

对合作单位的项目执行过程应进行持续动态监控,出现问题及时纠正,避免在结题时出现"亡羊补牢"的情况。

3. 开展专项检查

对学校在研科研课题进行梳理,对于有合作单位的课题,尤其是合作方是企业的,要求课题负责人对合作方是否单独核算经费情况进行检查并督促落实;对于要求配套自筹经费的课题,课题负责人须抓紧落实经费并单独立项核算。

（四）进一步开展宣传和培训

学校相关业务部门可采用培训会、宣传册、简报和电子邮件等多种方式,加大科研政策宣传和业务培训力度,让广大科研人员更好地熟悉并掌握有关财政法律法规和科研经费管理制度,促进学校科研经费管理再上新台阶。

审 计 处

2017 年×月×日

送达：相关科研管理部门、财务处

送呈：常务副校长、分管科研工作副校长、协管审计校领导

【选例51】《关于进一步加强学校合同管理的审计建议书》

一、选例评析

（一）选例介绍

本选例的基础素材来源于某高校近年开展的领导干部经济责任审计项目。经济责任审计作为一个相对全面的审计类型，涉及单位经济领域的各个条线，合同则是多数经济事项的书面载体。审计人员高度重视各项目中凸显的合同管理问题，在项目实施过程中和结束后，对合同管理问题进行了梳理与归纳，并作了进一步的调查与走访，随后便向学校合同管理的牵头部门提出了加强监管的审计建议。

（二）文书成效

审计建议书出具后，学校办公室组织相关部门，主动对照检查，梳理问题，改进现有合同管理流程，出台了有关加强合同管理的通知。

（三）选例亮点

1. 梳理归纳，清晰描述问题表现形式。 梳理合同管理中存在的现象，归类为合同签订主体、合同相对方主体资格、合同专用章管理被授权部门履职、合同资料保管四方面管理问题。

2. 跳出事项，找准并分析问题症结。 将发现的面上普遍问题，结合学校整体管理现状，找出令问题普遍存在的根源性成因，便于对症下药。

3. 履职尽责，提出以治本为核心内容的审计建议。 提出了"加强现有制度的宣传和学习""进一步加强制度建设""对小额合同业务进行归口管理或授权管理"和"建立监督检查的常规机制"以治本为目标的审计建议。

二、选例文书

关于进一步加强学校合同管理的审计建议书

学校办公室：

在每年开展的对学校中层领导干部任期经济责任审计中，我们发现，院（系）和职能部处等单位普遍存在合同管理不规范的问题，须引起高度重视，请研究并采取相应措施，以进一步加强学校合同管理。

一、问题表现形式

（一）合同签订主体不规范

审计发现，在 2016 年度××个领导干部经济责任审计项目中，其领导干部所在单位均存在使用本单位公章对外签订合同的不规范现象。不规范的合同涉及的业务面甚为广泛，包括技术开发、技术服务、设备购置、设备保养、房屋租赁、设备租赁、合作办班、期刊制作、劳务服务、农产品配送、旅游、演出等各项内容。其中，单份合同金额既有 3 万元以上的，亦有 3 万元以下的。

（二）合同相对方主体资格不符合要求

审计发现，部分合同存在着相对方主体资格不符合要求的现象。例如，个别承接了印刷业务的合同相对方公司并无印刷经营范围；个别软件销售合同相对方无软件销售资质；个别合作承办非学历教育办班事项的相对方公司并无教育培训资质等。

（三）业务专用章被授权部门超授权范围使用

审计发现，学校授权使用业务专用章的个别部门，在办理部门内部与授权范围无关的合同业务时，未按照学校规定至相关授权部门使用印章，而是擅自超授权范围使用本部门管理的学校印章。

（四）合同相关资料未妥善保管

上述领导干部所在单位的合同管理意识普遍较弱，具体表现为：

或未建立台账,或即使建立台账亦信息不全,还有部分单位甚至未保管有关合同文本原始资料①。

二、问题产生的原因分析

审计认为,产生上述问题的主要原因,既有合同承办单位②及合同业务审核部门③的风险意识不强,未严格执行学校关于合同订立的相关制度的因素,也与学校层面合同管理现行体系尚存的缺陷或瑕疵有关。具体如下:

(一)制度宣传力度不够

审计发现,学校虽制定了相关的合同审核备案及印章管理制度等,但二级院系或有关职能部门对制度的发布或制度的内容了解不够,故在认知方面存在较大的偏差。

1. 有关制度条款解读存在偏差

《××大学合同审核与备案规定》第五条规定"当事人订立合同,具备下列条件之一的,应当采用书面形式:……(三)合同标的数额在3万元以上"。

审计认为,该条款只是明确当事人对3万元以上的合同应当签订书面合同,而非指3万元以下事项无须签订合同,更非指学校合同业务审核部门只审核3万元以上的合同。

审计发现,在合同签订主体不规范的合同中,3万元以下的合同占大多数。在调查访谈中,审计注意到,对于该条制度的解读,合同承办单位和合同业务审核部门两方面都存在偏差。一方面,部分合同承办单位误认为,3万元以上的合同才须送学校授权的合同业务审核部门用印,3万元以下的合同只须盖院系公章即可;另一方面,部分合同业务审核部门却认为其只有管理3万元以上合同签订事宜的

---

① 《××大学合同与审核备案规定》第十条"合同承办单位应当保存合同和相关材料,一般包括……"。
② 根据《××大学合同审核与备案规定》中的概念,此处合同承办单位指办理各类合同业务的二级院系或部处。
③ 根据《××大学合同审核与备案规定》中的概念,此处合同业务审核部门指学校授权对合同承办单位递交的合同进行"合同相对方主体资格"和"合同可行性"审核和评估的职能部门。

责任,遂对 3 万元以下的合同签订事项不予受理且不闻不问。对制度的错误解读,致使部分合同承办单位在订立 3 万元以下的合同时使用单位或部门公章,相关合同业务审核部门对此类合同亦缺乏监管意识。

2. 有关制度条款普及度不够

《××大学合同审核与备案规定》和《××大学行政印章管理规定》中,就有关合同承办单位、合同业务审核部门的职责以及学校印章的使用均作出了相应规定。

审计发现,大多数院系对于作为合同承办单位须"保管合同文件及相关材料"的规定了解不够,故造成了该条制度执行不到位的普遍情况;部分院系对学校合同专用章的授权使用范围也并不了解,部分业务承办单位在办理非常规业务时不知应当送有关业务部门盖章,遂发生了使用本单位印章的不规范行为。

(二)学校合同审核、印章管理制度尚不完善

《××大学合同审核与备案规定》规定,合同业务审核部门应当严格审核相对方的主体资格并对合同的可行性进行评估。但学校未明确指定各类业务的合同审核部门,以及合同审核部门履行相关职责的具体操作程序和细则等。

《××大学行政印章管理规定》规定了"学校将部分业务专用章授权相关职能部门管理和使用,被授权的职能部门负责人签批用印",据审计了解,目前,资产与实验室管理处、科技处、总务处、基建处均有 1 枚合同专用章;另外,图书馆被授权使用"××大学图书馆采购图书专用章",继续教育学院被授权使用"××大学非学历教育合同专用章"。上述授权事项为多年来陆续发生。

多年来,学校各方均默认学校授权保管业务专用章的部门即为合同业务审核部门,但审计认为该理解失于偏颇,因为合同业务审核与保管使用业务专用章职责,在内部控制体系中应当属于不相容岗位。假如学校如此授权,也必须作出明文规定,明确各被授权部门在合同

审核或业务专用章使用的两方面职责,并要求在部门内部分离相关岗位。

(三)部分合同审核程序未严格执行

学校制度规定合同业务审核部门须审核合同相对方的主体资格,但审计发现,已签订合同对方的主体资格仍存在不符合要求的现象,说明合同审核工作不严谨。同时,审计还关注到,合同承办单位在将无归口管理部门的合同直接送学校办公室,请主管校领导签批后用印时,中间缺少本应由相应职能部门负责的审核流程,合同相对方主体资格、合同可行性等的审核工作无人执行,相应增大了主管校领导的签批风险。

三、审计建议

上述问题,仅为审计人员在项目实施中根据了解到的情况所做的梳理与归纳,因信息有限难免结论偏颇,建议学校组织专项检查,进一步查找可能存在的其他问题,深入分析问题产生的根源性原因,采取有针对性的措施,以防范风险。同时,审计建议:

(一)加强现有制度的宣传和学习

可组织全校范围的制度宣传或解读,尤其是与合同承办单位职责、合同业务审核部门职责相关的条款应进行重点说明。进一步要求各单位(部门)对于本单位(部门)印章的使用范围、使用程序等进行严格规范,推动学校现有制度的有效执行。

(二)进一步加强制度建设

在现有制度的基础上,应当制定合同业务审核部门的审核实施细则,制定合同专用章管理部门的用章使用办法,明确相关程序。具体细则可由各审核或管理部门制定,商学校办公室并经主管校领导签署后向全校发布并施行。

(三)对小额合同业务进行归口管理或授权管理

在学校各类合同业务归口管理的基础上,如考虑到学校合同业务较多,各合同业务审核部门工作量较大,可在充分调研的基础上商讨可行的方案,或者就 3 万元以下的小额合同指定相关部门进行审核,或者直接规定承办院系应承担、承诺小额合同的审核责任,经必要的程序后至学校印章管理部门用印。

（四）建立监督检查的常规机制

制度执行不能仅靠自觉,还须通过加强监督来推动落地,故建议学校应主动开展定期、不定期的合同管理和印章管理等检查工作。同时,鉴于合同文本是财务支付的原始依据,财务处应进一步强化履行对合同的审核责任,若发现不合规的合同,应及时提出并报相关部门处理。

（五）彻底改革现有合同业务审核及用印方式流程

审计认为,合同业务专用章分布在各部门,印章管理风险相对增大。审计注意到,目前部分合同业务审核部门已实现网上递交合同审核流程。在推进网上办公的形势下,学校已可实行所有合同业务在网上流转与审核的工作机制,将合同业务审核职责授权相关部门,但将印章收归学校办公室管理（即学校只须保留 1 枚合同专用章）。在各合同业务审核部门完成网上审核流程后,学校办公室指定专人根据网上流程及相关负责人签批的意见进行用印。如此,一则可简化办事流程,提高办事效率;二则可彻底规避合同印章管理风险。

以上建议,仅供参考。

审　计　处

2017 年×月×日

【选例 52】《关于对"相邻××小区居民房屋复测及评估事项请示"的风险分析和审计建议》

一、选例评析

（一）选例介绍

该审计建议文书缘起××大学某校区的新建科研楼工程项目的深基坑工程事项。工程启动后,按照政府有关规定,项目需要对邻近的居民小区房屋进行施工后检测及评估。为保证施工顺利进行,维护项目与周边居民的稳定团结,房屋拟提前进行施工后复测及评估。

根据检测规范和××业委会要求,需要分别对××路××弄×号房屋外立面、室外公共部位、×号楼、×号楼、×号楼进行复测及评估。4 项工作均委托居委会和业委会选定的××岩土工程检测中心房屋质量检测站开展,分别签订合同。按照××市的房屋检测收费标准,经谈判,小区×号房屋外立面损伤检测、室外公共部位损伤勘察及评估合同费用 50 万元,×号复测及评估合同费用 42 万元,×号复测及评估合同费用 49 万元,×号复测及评估合同费用 46 万元。

国家和学校的招投标规定均要求 50 万元以上的技术服务项目必须公开招标,学校招投标规定 30 万元以上的技术服务项目必须校内公开招标。但公开招标从时间和结果上都无法满足业委会要求。出于工期和维护稳定的考虑,基建管理部门就此情况咨询了所在区相关部门、建设咨询单位和法律顾问,结合各方建议,此费用宜参考该区新建项目的模式,列入"维稳"费用,并不纳入项目经费。

（二）选例亮点

1. 主动转换。综合特殊情况,将学校 OA 办公系统中流转至审计处的常规会签事项,主动转换为以审计建议书的方式履行部门职能,提出独立的想法。

2. 剖析风险。权衡利弊,在对该业务事项或涉几种违规风险分析的基础上,以高度的责任感,以敢于担当的精神,从审计的视角向学校相关部门提出务实可行的审计建议。

(三)文书成效

学校领导高度重视审计建议书所作的风险提示,经由校长办公会议决策,将该事件列为学校的"维稳"事项进行处置。同时,要求涉及此事项的职能部门,务必根据审计的建议,做好六个方面的细节工作。

二、选例文书

关于对"相邻××小区居民房屋复测及评估事项请示"的风险分析和审计建议

学校办公室:

昨日,OA办公系统要求我处对"关于××新建科研楼相邻××小区居民房屋复测及评估相关情况的请示"(下称请示)进行会签。经研究,我处的主要想法、风险分析以及相关审计建议如下。

一、主要想法和风险分析

根据基建处请示中的描述,结合我处曾参加本项目有关会议所了解到的情况,若公开招标确实无法实施,本事项则存在两种违规行为且面临如下风险:

(一)符合实际情况,但服务队伍的选择形式违反规定

基建处预估,本次检测一共需要花费近200万元。若是直接委托一家质量检测单位去实施勘探及评估业务,显然不符合"国家和学校的招投标规定均要求50万元以上的技术服务项目必须公开招标"的法律规定。对这一点,请示中已有言明。

风险分析:在接受国家审计等外部监督的检查时,此事项或会被

发现与揭示,其问题归属"应公开招标但却未实施公开招标",其定性应为"规避招标"。审计认为,因事出有因,且背后并无舞弊、腐败之风险,并无大碍。当然,或许也会因检查一般是抽样而未被发现。

(二)形式上合规,但涉嫌拆分项目

基建处对不走招标途径选择服务队伍属于违规行为十分清楚,但请示从"公开招标从时间和结果上都无法满足业委会要求"以及"出于工期和维护稳定的考虑",要求校长办公会议审议批准以下3点:

1. 同意××小区2—8号房屋外立面损伤检测室外公共部位损伤勘察及评估、2—3号复测及评估、4—6号复测及评估、7—8号复测及评估4个项目分别立项;立项金额分别为××万元、××万元、××万元、××万元。

2. 同意与居委会和业委会选定的××岩土工程检测中心分别签订合同。

3. 合同费用列入学校划拨专项"维稳"经费,不列入项目经费。

风险分析:如此分开立项,每个项目的金额均不超过50万元,从形式上看,没有违反公开招标的现行规定。但审计认为,由于这4个项目在同一时间段、委托同一家公司予以实施,一旦被外部监督抽中检查,就是违反《中华人民共和国招标投标法》中蓄意"化整为零"的行为,属于错上加错,问题定性较前者更为严重。而且,如果这只是管理部门的行为,学校主要领导只需要负"领导责任"、分管领导负"主管责任";但若是由校会决策批准的,则属于明知故犯、共同违反,可以定性为"直接责任"[①]。

二、审计建议

(一)将此业务列为学校的维稳事项

从本质上看,本事项应当归属学校的维稳事项,是为"维护项目与周边居民的稳定团结"而被迫使用"××居委会和业委会选定的××岩

[①] 依据:七部委《党政主要领导干部和国有企业领导人员经济责任审计规定实施细则》第二十五条中"直接责任"的第一种情形:"本人或者与他人共同违反有关法律法规、国家有关规定和单位内部管理规定的。"

土工程检测中心房屋质量检测站"。故维稳事项不宜简单地套用适用于常规经济活动的法律法规,当接受外部监督并被指出时,学校可以通过阐述情况,晓之以理、动之以情地获取理解和认可。

(二)相关管理部门应当做好的细节工作

审计认为,无论采用上述哪一种处理方案,相关管理部门均应做好以下细节工作:

1. 完整保留业委会指定服务商的记录以及复测收费依据和商务谈判过程等相关资料,以及请示中提及的"××区相关部门、建设咨询单位和法律顾问"的咨询意见或会议记录等相关资料。

2. 检测单位由××大学与业委会共同委托,并在委托合同中明确责任与义务。

3. 鉴于目前基坑处于拆除基坑第二道支撑的阶段,请谨慎选择复测时间和确定具体方案。

4. 进一步明确本次委托是否包含受损房屋的修复方案以及评估修复费用。

5. 若检测后明确基坑施工确实对周边建筑造成不应有的损伤,应进一步查找原因并追究相关单位的责任。

6. 认真反思,举一反三,在今后的项目管理实践中以防为主,并尽快制定相应的预案和处置流程,切实维护社会公共利益和学校利益。

以上分析与建议,仅供参考。

审 计 处

2017 年×月×日

第十章

审计要情

【概述】

  审计要情是内审部门专门用于报告重要审计发现的一种审计文书,是在经常性审计业务结论性报告以外的一种定向的审计专报,也是连接内审部门与学校主要领导之间的纽带与桥梁。其主要特征体现为专题和对上,具有其他种类的审计结果性文书无法替代的作用与价值。鉴于审计要情的内部专报属性,涉及的事项当属学校发展过程中显现的倾向性、重要性或突出性问题,故呈报对象应当是所在高校的党政主要领导。

  在现阶段,审计要情尚无统一的专业定义和解释,也暂未被高校内审部门广泛运用。就编者的认识,它本质是因重要审计发现而触发的一种主动性行为,生发于审计人员的全局视野和责任意识,缘起于审计工作者勤思索、善捕捉的职业特质。即是在常规审计项目实施的基础上,主动发现与识别影响事业发展的系统性障碍,以文书形式向学校高层报告的一种工作机制。这里所言的系统性障碍,是指影响学校事业发展的重大风险、内部控制体系的重要缺陷以及影响学校顺畅运行的瓶颈性问题。因此,审计要情是内部审计人员通过有效劳动,在原有审计项目实施价值之上,利用自身的职业优势再创新价值的一种行为结果。

  审计要情只是一种统称,其所附承载报告事项内容的正文是其核心所在。相对而言,这属于一种自由把握度更为宽泛的文书,其文书标题和文书内容无特别的规定或限制,应当根据需要报呈的事项自行确定。因此,既可以是情况专报,也可以是风险预警,一般仅限于审计实施所涉事项的范畴。但无论是情况专报还是风险预警,其共同之处均是立足审计的站位,直截了当地报告所发现的倾向性、突出性或重要性的问题,并通过去伪存真、化繁为简的阐述,分析成因,揭示风险,提请学校高层引起重视并采取措施,为组织的科学决策提供参考依据,推动问题在较短时间内得到解决,当好值得信赖的咨询顾问。

在实际运行中,哪类事项、哪种情况应当判定为重大风险,取决于所在高校其时的管理水平和审计环境;而能不能上报、该不该上报的尺度把握,则取决于内审部门主要负责人的认知与判断,这两者均无法一概而论。但毋庸置疑地是,审计要情的落脚点应当体现为两个"一致":报呈要情的初衷,应当始终与内部审计工作方向保持一致;内部审计工作方向,应当始终与学校的事业目标保持一致。

审计要情没有固定的模式,也无现成的文本模板,但它应当符合一般报告的撰写逻辑以及阅读者的思维逻辑。通常情况下,可由引文和正文组成,引文说明起因,正文则应着力分析事由并表明观点。

自 2009 年起,某高校内审部门便开始尝试主动以这种方式,构建与学校高层之间的特殊通道和沟通平台。经过近 10 年的探索,随着形势的发展和环境的变化,文书形式不断地调整与变化,现已被固化为学校内部审计的常规工作机制之一,亦成为学校主要领导高度重视的审计文书。

目前,当发现以下三类情况时,该校的内审部门便会主动开启审计要情的实施程序:一是须引起高层关注的体制、机制、制度等方面的重要缺陷或重大风险隐患;二是直接影响事业运行或发展、亟须解决的管理瓶颈性问题;三是将审计中关注到的碎片化管理情景拼合成一张全景图,供校领导决策时参考。其实施程序主要为以下两个流程:

1. 立项流程。(1)审计组长根据审计发现,可主动向业务科室主任提出需要出具审计要情的建议;(2)业务科室主任会同分管处领导把握问题事项的定性权,向处长提出要情的立项动议;(3)处长把握该问题事项是否上报的决定权,研究后确定立项。

2. 撰稿流程。(1)由审计组提供基本素材提交业务科室主任;②业务科室负责人或分管处长负责执笔成稿,必要时,可再行访谈或使用调查等审计手段;(3)审计处处长组织审核并上报学校主要领导。

下面以时间跨度较大的 6 个选例(2011 至 2018 年),展现审计处在审计要情工作机制方面且行且探索的实践过程。要情文书在基础文本上已作删改处理,请阅读者忽略事项的本身内容,重点关注该工作机制的思维方式以及行为方式。

【选例 53】《关于网络学院管理模式和运行机制问题的专题报告》

一、选例评析

(一)选例介绍

本选例的基础项目,为 2011 年××大学审计处组织实施的网络学院原院长的经济责任审计项目。被审计单位是学校为开拓网络教学领域而设的二级学院,在网络教学方面采取与外部公司合作办学的模式开展业务。开办 10 余年来,学院为学校开拓网络生源、组织办学收入作出了相应贡献,但根据数据分析,学院对学校的贡献度在逐年下降。

该经济责任审计项目由审计处委托某社会中介机构独立实施。社会中介机构出具的审计报告中仅反映了被审计单位在资产管理和财务收支等方面的常规性问题,对于体制、机制方面的问题未作书面揭示。在该项目结束后,审计处对该项目的送审资料和相关事实进行了进一步的梳理、分析,排摸查找因管理模式弊端形成的问题和已造成的学校利益损失,向学校呈报了《关于网络学院管理模式和运行机制存在问题的专题报告》的审计要情。

（二）文书成效

该份文书引发了学校对网络学院办学模式的思考。在主管领导的督促之下，学校办公室、财务处、资产处、教务处等部门专门组织多次研究会议，就网络学院的运行模式、后续发展进行反复讨论。为给学校领导提供更可靠的参考依据，审计处专门对与学院合作的 TF 公司进行了专项审计，详细了解公司的经营状况。

基于对基础数据的分析、对网络教学前景的判断，学校决定停止网络学院的网络教学业务，停止与 TF 公司的合作，纠正了学校办学模式的不合理之处，及时止住了学校在办学利益方面的更多损失，规避了可能存在的办学风险。

（三）选例亮点

本选例的可贵之处在于，审计以发展的眼光、宏观的视角实施审计。

在本例中，审计并非"就事论事"，而是以审计所发现的问题为基础，结合现行形势，并对未来发展进行分析与判断，思考被审计单位所存在的合理性，思考网络办学模式的合理性。不以过去式作为准绳，而以将来式作为依据。

这种思考方式充分体现了审计作为一个单位治理体系重要组成部分的前瞻性。

二、选例文书

审计要情〔2011〕第×号 　　　　　　　　　　★内部材料，注意保密★

校领导：

受党委组织部的委托，我处组织××社会中介机构对××同志任职继续教育学院兼网络教育学院院长的200×至2010年（下称当期）经济责任履行情况进行了审计,××社会中介机构出具的审计报告已呈报学校。但是,在组织和管理审计项目的过程中,网络学院的运行模式引起了我们的高度关注。

本着对学校负责的态度,结合检查有关送审资料以及审计中发现的若干问题,经对相关资料作进一步分析后,现呈报本审计要情《关于网络学院管理模式和运行机制存在问题的专题报告》,作为对经济责任审计报告的补充说明,谨供学校治理决策时参考。

审　计　处

2011 年×月×日

关于网络学院管理模式和运行机制问题的专题报告

一、网络学院的管理模式和运行机制

网络学院成立于 2000 年,其管理模式的最大特色,是采取校企合作办学框架下的运行机制。

2000 年,学校与 ZX(中国)投资有限公司(下称 ZX)签署合作办学协议,共同成立了上海 TF 网络技术公司(下称 TF 公司)。其中,ZX 出资人民币 3 000 万元,占股 50%;学校以网络教育办学权入股,占股 50%。

《办学协议》约定了有关远程教育设施、教育课件、学历学位颁发和招生、教学、学籍管理以及收入、分配等事项,具体如下:(略)

之后,网络学院和 TF 公司又签订了《教育课件及相关服务协议》《远程教学平台服务协议》,约定网络学院每月向 TF 公司支付服务费等事项。

二、2000—2010 年(下称"当期")实际资金运行情况

(略)

三、审计关注到的网络学院运行中存在的问题

（一）对 TF 公司的投资，未列入学校财务账表，形成了事实上的账外资产

上述协议显示，学校以网络教育办学权投资入股 TF 公司的股权比例应为 50%（因未取得相关工商登记资料，TF 公司工商登记的实际股权情况不详），但在学校的"对外投资"账表中，却未见上述学校对 TF 公司的股权及资产增值记录（由于未取得 TF 公司的财务报表，审计不了解该公司目前的规模、状况）。对于 TF 公司的投资，形成了学校事实上的账外资产。

审计认为，上述做法既不符合高等学校财务制度规定，也不利于维护学校的合法权益。一旦出现办学纠纷或办学规范问题，学校仍然需要承担相关责任（学校同期遭遇的另一办学诉讼案就是明证）。

（二）就同一服务内容，网络学院先后与 2 家公司签订相关服务协议。其中，TF 公司未按合同提供服务，但网络学院却始终在按合同支付相关费用

2002 年×月，网络学院和 TF 公司签订了《教育课件及相关服务协议》《远程教学平台服务协议》，约定由公司向网络学院提供教育课件服务和教学平台服务，网络学院每月向公司支付服务费××余万元。但仅过一学期后的 2003 年×月×日，网络学院又就同一服务内容，与 SX 公司签订《关于网上教育的合作协议书》，约定由其提供网络教育平台及日常服务（合作第一届双方按 8∶2 比例分成）。

审计中发现，网络学院在实际运行中所需的网络教育平台等相关服务确由 SX 公司提供，故其费用支付应属正常的业务范畴。但 TF 公司并未按签订的服务协议提供相应服务，网络学院却始终按合同支付相关费用。如此做法，或为内部管理混乱所致（应终止执行却未终止执行），或是有意为支付 TF 公司日常运转所需费用的一个借口。

（三）通过网络接受教育的学生所占比重过低

网络学院与 SX 公司签订的《关于网上教育的合作协议书》约定，

网上教育学生收入双方按 8∶2 比例分成。

审计人员注意到,当期网络学院共计支付该公司×××万元,由此可以推算出通过网络学院接受网上教育学生的总收入应为××××万元,占网络学院办学收入×亿×××万元的 18.09%,由此推理,通过网络接受教育的学生所占比重过低,也就是说,网络学院的大多数学生仍是通过传统模式接受教育的。因此,审计认为,网络学院成立的初衷似乎并未得以真正实现。

（四）应提取的办班收入管理费总额和返还人员工资费用总额相距甚大,故以返还人员费用替代对办班收入提取管理费的做法,值得审视和重新研究

目前,学校对各类学历教育或非学历教育的管理机制,通常是按办班收入提取 20%的管理费,另外的 80%的部分则以成本、酬金的形式分配给院系掌握、使用。但审计发现,网络学院的办班收入全部归属网络学院支配使用,无论是学历教育还是非学历教育（短期培训、辅导班等）,均从未提取过管理费。财务处的解释是,网络学院仅须返还学校代发的相关人员费用,学校便不对其办学收入提取管理费用。

审计发现,财务处提供的数据显示,当期,网络学院返还人员费用共计×××万元（其中,2007 年×××万元,2008 年×××万元）;而有关数据表明,网络学院当期办学收入×亿元（其中,2007 年××××万元,2008 年×××万元）,若仅按通常的 20%的计提比例,学校可提取管理费××××万元。

两者相比,差额巨大（高达××××万元）,学校分配政策的不恰当,造成了校级可支配预算收入的隐性流失。因此,审计认为,对网络学院以返还人员费用替代对办班收入提取管理费的做法,值得审视并重新研究。

综上所述,学校应对公司框架下运作网络学院的模式进行反思。

网络学院建院之初,也许是从资金、技术、办学风险等方面考虑,学校对网络学院采取了引入合作伙伴、合作办法的模式。但事实证明,这种运作模式存在问题,不利于最大化地维护学校的利益。

审计认为,在国家强调进一步规范并加强高等教育办学秩序管理,确保高等教育事业和谐、健康发展的形势下,学校应对这种运作框架进行反思和研究,寻找更好的办学模式,探索科学、高效的办学体制、机制。

(撰稿:×××　核稿:××)

【选例54】《在对××同志经济责任审计中关注到的学校若干管理问题》

一、选例评析

(一) 选例介绍

本选例的基础项目为××高校审计部门对外事处原处长的经济责任审计自审项目。在该审计项目的实施过程中,审计人员发现学校在机构设置、职能划分以及收入分配政策等方面不甚合理且存在管理漏洞,因此,向学校呈报了《在对××同志经济责任审计中关注到的学校若干管理问题》。

(二) 文书成效

在文书呈报校领导之后,在分管校领导的督办之下,财务处对出国出境服务中心的收入分配政策进行了调整;与留学生办公室之间的职能交叉问题,在学校后期的内控建设过程中也得到了相应的修正。

(三) 选例亮点

本文书主要向校领导呈报两个问题,一个是出国出境服务中心的收入分配政策不合理。出国出境服务中心挂靠外事处,作为一个服务机构收取对外服务收入,但因学校管理疏忽,其同时享受了学校机关部门和对外服务机构的酬金分配政策,显失公平。第二个问题是因为学校机构设置和职能界定不严谨,外事处与留学生办公室部分职能交叉,引起工作流程不顺、效率低下等。

这两方面问题的发现,取决于审计人员已跳出被审计项目的界限,由表及里,主动关注问题背后隐藏的学校体制存在的弊端和相关业务部门的管理漏洞,并且有针对性地提出切实可行的审计建议,直截了当,直击时弊,促进整改。

二、选例文书

审计要情〔2012〕第×号　　　　　　　★内部材料,注意保密★

校领导:

受党委组织部的委托,我处于2012年6至9月对原外事处处长××同志任职期间的经济责任履行情况进行了审计,审计报告已于9月30日呈报学校。外事处对于审计提出的意见和建议均积极予以了回应,并已着手开展相应的整改工作。

从外事处的业务运行中,我们发现了学校收入分配政策管理的执行漏洞,并关注到学校机构设置、职能划分等不甚合理的现状,故呈上《对××同志经济责任审计过程中关注到的学校若干管理问题》,请学校敦促相关职能部门加强管理,为学校进一步理顺体制机制提供参考思路。

审　计　处
2012年×月×日

在对××同志经济责任审计中关注到的学校若干管理问题

一、出国出境服务中心人员重复享受学校奖酬金政策

出国出境服务中心(下称中心)在体制上隶属于外事处的挂靠

部门。

审计发现,中心在享受按学校人事处统一标准核拨机关奖酬金的同时,还按其业务收入(办理出国成绩单、代办出国签证)的一定比例,由财务处进行人员经费的分配。由此,形成了同一部门既享受机关奖酬金又享受对外服务收入酬金双轨政策待遇的现象。相关会计资料显示,中心自200×年1月由原挂靠人事处转为挂靠外事处至今,财务处按其业务收入比例,共计分配酬金近×××万元。这种享受双轨政策待遇的情况,事实上在挂靠人事处的年代就已存在。

审计还发现,在人事处每年下拨外事处的奖酬金总额中,包含了中心人员的职数,其拨付标准相同于外事处其他人员的金额。

审计认为,上述现象反映出学校收入分配政策管理的执行漏洞,反映出学校机构设置思路与收入分配体系不匹配的紊乱状况,也反映出运行中财务处未能有效地履行其财务监管的职责。深究其因,则是因学校未切实落实教育部关于"高等学校必须确保学校财务规章制度、经济分配政策、经济资源配置、财务收支预算、会计核算等高度统一"的工作要求,对于事关民生的收入分配、人员酬金等重要运行事项,学校层面至今未有系统的政策和相关的制度,实际运行中也未建立有效的协调、制衡与监督机制。因此,这些管理盲区的出现和管理漏洞的产生,在所难免。

审计建议,应当立即责成有关职能部门,妥善处理已发现的执行漏洞;与此同时,应当对运行中是否存在同类问题进行统一排查,并在以下三点的基础上,建立起全新的学校收入分配管理体系。

1. 开展清查和梳理等基础工作,摸清学校现行收入分配政策的整体情况,测算可纳入学校统一财力的人力资源经费。

2. 自上而下地进行学校机构设置、人力资源配备使用的框架和规划的整体设计,调整、摒弃那些支离破碎或早已不适用的陈规旧章,从全局和战略高度出发,推出符合学校事业发展目标的一整套的改革措施、收入分配政策和规章制度。

3. 增强各部门业务的公开性、透明性和程序性，根据顶层设计，制定实施细则，力抓执行与落实，避免发生凌驾于规则之上或游离于规则之外的情况；最后，让更多的人对权利的运用有知情权和参与权，建立起有利于学校管理优化的协调机制、监管机制、制衡机制和监督机制。

二、学校的部分机构设置和职能划分不符合事业运行的客观规律

审计发现，外事处积极与国外大学签订校际协议，吸引国外学生来我校免费就读，以此交换我校学生赴国外大学免费就读，以促进学校的国际化交流。然而，作为全校外国学生管理部门的留学生办公室（下称××办），未将该类国际交流学生列入管理范围，对其就读院系亦不进行教务管理，却由外事处全程跟进，包办管理各项后续工作（如安排住宿、指导选课、准备成绩单、制作证书等事宜）。

外事处承担着全校人员出国出境、外籍来校人员证照办理事项，而该类学生的证照却须由外事处准备好资料后送××办办理。与此同时，××办的签证审批，仅对收费生打开门户（包括学历教育和非学历教育）。据了解，在实际运行中曾发生院系教授自己邀请来学校搞科研的外籍博士生，因××办拒签而不能实现入校交流的情况。

上述的职能交叉与混淆，形成了外事处对口国际交流学生、××办对口收费的外国来华生的现状，使得教育部国际合作与交流司来华留学工作处在与学校联系时，有别于所有的高校，须同时面对外事处和××办2个内部机构。

审计认为，国际交流学生未纳入××办管理范畴，以及外事处与××办的职责交叉与矛盾等现象，反映了在国际学生的管理机制上，尚存在部门职能划分不甚清晰且不符合客观运行规律的现象。对照国外高校和国内领先高校的做法，就办学体制而言，专设国际学生管理部门似并不符合办学的内在规律。

审计建议，学校应总结专设国际学生管理部门的利弊得失，从有利于提升国际学生管理效能、提高国际学生的录取质量和培养质量、帮助国际学生快速接受中国文化、融入学校文化等方面着眼，从优化整合管理职责入手,重新划分、界定相关管理职责,按照归口管理原则,将有关学生证照办理、学籍管理、学生工作、安全保卫等相关事务分别调整落实到外事处、教务处、学工部和保卫处等相应职能部门,以促进学校事业发展中的国际化战略目标的最终实现。

以上意见和建议,仅供参考。

(撰稿:×××　核稿:××)

【选例 55】《在经济责任审计中关注到的学校工程管理和预算管理等方面的问题》

一、选例评析

(一)选例介绍

本选例的基础项目,为××高校审计部门对教务处原处长的经济责任审计自审项目。在该审计项目的实施过程中,审计人员发现了工程管理方面的问题,进而发现了学校在预算管理方面的漏洞。于是,向学校呈报了《在经济责任审计中关注到的学校工程管理和预算管理等方面的问题》。

(二)文书成效

该份文书呈报校领导后,分管财务与基建修缮的校领导均作出批示,要求财务处、基建处对当年修缮预算进行摸查,查找有无类似情况,并着手研究理顺学校修缮管理体制。

1. 建立多部门联动并相互牵制的修缮管理体制。在学校基建工作领导小组的协调下,建立以房屋使用单位、资产管理部门、基建处、财务处联动并相互牵制的修缮管理体制。资产管理部门从立项的必要性、基建处从执行的可行性、财务处从资金安排的适当性等方面各司其职,加强修缮项目管理的科学性和严谨性。

2. 建立修缮项目库。 由资产管理部门全面排摸学校房屋使用状况,会同基建部门提出修缮项目库方案,对各类房屋提出短期、中期、长期修缮规划,并组织专家论证会,对该项目库内的修缮项目进行详尽论证,最终报校长办公会审议通过后作为学校修缮项目执行依据。该项目库为滚动加入制,在初始项目库的基础上,在每年年底对原有项目再次进行审议,根据学校实际情况增减。项目库的建设有效地改变了学校修缮工作的无序和随意性。

3. 加强预算归口管理。 在完善修缮管理体制、建议项目库的基础上,学校的预算归口管理得到进一步加强。未纳入项目库管理的项目一律不安排预算,预算统一下达至基建管理部门,并由资产管理部门作为立项审批单位与财务处共同监督预算执行情况。

(三) 选例亮点

这是一个以小见大、由点及面的典型事例。审计人员汇集多方信息与数据,敏锐地发现了被淹没在日常繁复事务中的管理漏洞,揭示了由单个事件所折射出的学校预算管理和工程管理的弊端,即管理碎片化的状况,并提出了有针对性的审计建议。

二、选例文书

审计要情〔2013〕第×号　　　　　　　　★内部材料,注意保密★

校领导:

受党委组织部的委托,我处于2013年×月至×月对教务处原处长××同志任职期间的经济责任履行情况进行了审计,审计报告已呈报学校。

在该审计项目的实施过程中,预算管理、工程管理中所折射出的学校管理碎片化状况,引起了我们的高度关注,它凸显了由于各职能部门的工作机制所形成的断层,学校管理运行中的弊端和漏洞,故呈报《在经济责任审计中关注到的学校工程管理和预算管理等方面的问题》,希冀以小见大,为学校有关职能部门加强协调、强化管理提供相应的参考依据。

审 计 处

2013 年×月×日

在经济责任审计中关注到的学校工程
管理和预算管理等方面的问题

审计处在实施领导干部经济责任审计项目的过程中,对××校区学生公寓改造项目工程管理和经费落实的情况进行了深入检查,发现了学校工程管理存在有失规范的现象,并从这个表象性问题入手,进一步查找出学校预算执行管理有失规范的根源性问题。

一、发现的问题

(一)××学生公寓改造项目工程管理随意,有失规范

审计发现,因香港××奖学金学生 201×年秋季安排入住的需求,学校教务处招生办公室会同外事处港澳台办提出了对××校区学生公寓 14 号楼卫浴设施改造的申请,本修缮项目按职能落实由基建处负责实施。其运行轨迹如下:

201×年×月××日,基建处修缮办与教务处招生办公室、外事处港澳台办及施工方现场勘查,共同确定了修缮内容。修缮办会同施工方现场估算,改造费用预计 19.8 万元。

201×年 8 月 27 日,该项目完成竣工验收。

201×年 11 月 15 日,分管财务工作的校领导在招生办公室、港澳台办的经费申请报告上批示:"19.8 万元由 201×年修缮经费支出,×

××万元由校长机动费支出。"

201×年11月17日,修缮办从修缮专项经费划转19.8万元至港澳台办公室经费账号;12月2日,财务处从校长机动费中另划拨××万元至港澳台办公室经费账号,两者共计转入经费××万元。

201×年12月13日和次年的1月17日,该项目先后支付空调、热水器等设备费××万元和工程合同预付款××万元。

次年5月,施工方向甲方提交项目结算书,提出改造费工程结算金额××万元(截至审计日,该工程项目尚在竣工结算审计过程中)。

上述运行中存在如下问题:

1. 竣工验收、签证、合同签订等日期错乱,工程管理程序明显有悖行业规律

工程项目竣工结算送审资料显示,本项目竣工验收日期为201×年8月27日;确认施工内容的2张签证单签发日期却在此后,为同年的8月31日和9月15日;施工合同的签订日期则更为夸张,竟为同年的11月3日。上述证据的时间顺序,明显有悖于行业程序和客观规律。

2. 施工内容的变更,未按行业规定办理相关手续

由于该项目施工内容有重大变更,工程造价由原立项金额增至送审时的××万元,超额幅度高达71.7%。但在所有的送审资料中,却未见行业规定的办理变更手续资料。

3. 承包方的送审资料存在造假嫌疑

201×年11月3日,时任修缮办负责人曾书面认定:"申报的立项金额为19.8元,实际结算金额预计为××万元,超额近50%。"但施工方提交的送审资料却显示,在201×年7月9日承包方编制的预算书中,同口径金额就已显示为预计的结算金额××万元。若修缮办负责人所言属实,则承包方在承接项目伊始便已高估冒算。

4. 或存在规避招投标、化整为零等拆分项目的蓄意行为

按照学校现行有关规定:"投资额20万元以上的修缮项目由职能部门组织招投标工作。"因此,在该项目中,将改造费用预计为19.8万元,以及将应归集为工程安装范畴的热水器、空调等设备费用单列由资产处实施,或为一种规避招标、化整为零等拆分项目的蓄意行为。

(二)财务处对建设工程项目预算管理随意,有失规范

审计人员从这个表象性问题入手,进一步顺藤摸瓜、解析判辨,发现了学校预算管理有失规范的根源性问题。

1. 该项目未曾列入学校预算,实际却付诸了实施

经查询财务处提供的200×年前后2年学校预算的"修缮费预算附表",该项目并不在其列,审计认定该项目未被列入学校预算。因此,从预算管理的角度看,该项目启动之初修缮办负责人所确认的19.8万元经费,并无预算依据但却付诸了实施,这折射出经学校批准的年度预算中的修缮经费预算,似有形同虚设之虞。

2. 学校尚未建立相应的预算调整机制及相关审批规则,"严格预算"或只为纸上空谈

在年度预算通过之后,若发生不可预见性的支出,应有相应的预算调整机制和审批手续。但审计发现,在该项目中,财务处仅以时任分管校长"应当严格预算。同意超支的××万元在今年的修缮费中支出,超支的××万元在今年的校长机动费中支出"的批示,替代了预算管理中预算增补的必要程序。且审计注意到,学校对修缮预算尚未建立相应的调整机制和审批规则,此做法不符合教育部关于"预算的调整必须按规定程序进行"的明确要求,令"严格预算"为纸上空谈。同时,在同一项目的运行中,××万元和××万元经费渠道之分列,似有存在规避学校现行"单笔超过50万元无预算的开支,应经校党政联席会议审议决定"规定之嫌。

3. 违背归口管理的原则,混淆预算分配渠道

按归口管理的原则,修缮经费应直接下达至基建处修缮办,由修缮办统一管理,控制使用。但财务处从校长机动费将××万元、修缮办从修缮专项经费将××万元款项,直接划拨至外事处港澳台办的业务经费,致使这笔修缮费用在业务经费直接开支。此举虚增了机关办公经费、虚减基建修缮费的预算分配数(××万元),账务处理的错误,学校预算分配渠道在不知不觉中被混淆。

(三)该事项中存在部门职能"错位"的现象

该项目运行中,发生了一连串的职能错位现象:

1. 修缮经费预算的申请主体应为基建处修缮办,但却错位为教务处招生办公室和外事处港澳台办。

2. 基建处修缮办同时错位和越位成了另外的身份。审计发现,修缮办负责人在招办、港澳台办的费用申请报告上批复内容:"1. 我们申报立项的费用为19.8万元,实际超支约××万元。其理由请招办及事务办在需要时直接向审计处解释清楚即可。2. 设备费用由资产处负责,可向资产处说明出资渠道即可。3. 所有增加的费用,财务处如同意,可从校长机动费中支出;如财务处不同意,请招办打报告后列入明年预算。"

3. 因14号楼项目设备费支出的渠道错为外事处经费,导致学校资产管理系统将空调、热水器等资产的归属使用部门,也错位为外事处,而非该物业的主管部门。

综上,审计认为,尽管学校学生公寓14号楼改造项目涉及金额不大,且项目具有一定的特殊性,但上述种种不规范的现象,在日常运行中却并非偶见。它既折射出学校工程管理的随意和失范,更凸显出预算执行管理的随意和失范。在过往的建设、财务"一支笔"统管机制下,形成了监督缺失或监督虚置,这也佐证了学校应从预算管理的源头上强化治理的必要性、紧迫性和严峻性。

二、审计建议

(一)学校应当尽快建立、健全工程管理的相关制度

学校应建立从立项论证、设计概算、项目实施和结项决算等环节的工程管理规章制度和实施细则。其顶层设计到执行细节的相关路径,既应符合客观规律,也应符合决策、执行、监督相互协调又相互制约的管理原则。

（二）学校应当着力加强全面预算管理

预算管理是为数不多的几个能把学校所有的关键问题融合于一个体系之中进行管理控制的重要方法之一，因此，学校应当在全面预算管理上下足功夫。只有抓牢预算管理这一牛鼻子，充分发挥预算在学校经济工作中的主导作用，强化预算的权威性与严肃性，提高预算的透明度，各职能部门严格履行相应的实施职责和监管职责，加强预算执行的管理与控制，学校的事业才能规范而有秩序地良性运行。

（撰稿：×××　核稿：××）

【选例56】《在经济责任审计中关注到的学校校办产业管理若干问题》

一、选例评析

（一）选例介绍

本选例文书源自××大学审计部门 2016 年对学校资产经营有限公司的经济责任审计项目。在该审计项目的实施过程中，审计人员发现，部分问题的形成并非被审计领导干部不作为和其所在单位不努力所致，而是由于学校体制、机制障碍和制度缺失引发的弊端和风险。它们从一个侧面反映出，较长时期以来，学校对校办产业管理缺乏顶层设计，存在疏于监管和执行不力的状况。审计认为，在当今内部治理要求和外部监管力度不断提升的新形势下，亟待引起学校重视并采取相应措施，遂向学校呈报了《在经济责任审计过程中关注到的学校校办产业管理若干问题》。

（二）文书成效

审计要情呈送校领导后，引起了高度重视。校长亲自签批，要求分管副校长专题开会研究审计提出的问题，限期解决。在如此强有力的推动下,资产经营公司的董事会、监事会等治理机构在半年后终于换届成立,有关业绩考核和股权回报制度开始拟订,与学校人财物不分的情况也在逐步梳理。

(三)选例亮点

审计要情阐述了学校在校企管理方面的几大痼疾:一是资产经营公司人财物未与学校分离,未实现独立运作;二是资产经营公司定位不清晰,未建立业绩考核和股权回报机制;三是资产经营公司内部治理结构不健全,防火墙功能发挥不足等。应当说,这几方面的问题在大多数高校都或多或少存在,这不仅有学校层面的责任,也与主管部门以及国家的相关制度和管理有关。高校办企业是学校、教育部和国家层面长期共同探索实践的过程,在这个过程中,各层级均在不停地思考、汲取教训、总结经验。

形势在发展,时代在进步,虽然揭示出的这些问题仍然存在着一些学校本身无法解决的背景因素,但从学校来说,应该要努力去做当下可以做的一些工作,而非等待和观望,否则,问题将慢慢变成痼疾,成为学校的重大风险隐患。

二、选例文书

审计要情〔2016〕第×号　　　　　　　　　★内部材料,注意保密★

校领导:

根据年度审计计划,我处受托对××同志任职上海××大学资产经营有限公司原总经理期间的经济责任履行情况实施了审计,审计报告已于5月1日呈报学校。除了在审计报告中披露的问题之外,审计组还发现了涉及学校管理层面的有关问题。这些管理问题的形成,非××同志和公司不作为所致,而是由学校体制、机制障碍和制度缺失引发的弊端和风险。它们从一个侧面反映出较长时期以来,学校对校办产业管理缺乏顶层设计、疏于中层监管和松懈基层执行的状况。我们认为,在当今内部治理要求和外部监管力度不断提升的新形势下,亟待引起学校重视并采取相应措施。

现呈上《审计处在经济责任审计过程中关注到的学校校办产业管理若干问题》,以期发挥审计的预警作用,为学校决策提供相应的参考依据。

专此报告。

审　计　处
2016 年×月×日

在经济责任审计中关注到的学校校办产业管理若干问题

一、资产经营公司未能按照教育部有关文件规定独立运作

2006 年,教育部出台了《教育部关于高校产业规范化建设中组建高校资产经营有限公司的若干意见》(教技发〔2006〕1 号),明确要求各高校要依据《公司法》等法律法规组建高校资产经营公司,目的是使资产经营公司"在资产、管理等方面与学校划分清楚,真正起到设立'防火墙'的作用,规避学校作为高校资产公司的唯一股东承担连带法律责任的风险"。

因此,意见明确要求"高校所有经营性资产原则上都要进入高校资产公司,由其负责经营和管理,确保国有经营性资产保值增值""高校资产公司应保证独立性""高校与高校资产公司应实行人员、资产、财务分开,机构、业务独立,各自独立核算、独立承担责任和风险""高校资产公司人员应相对独立于高校"。

我校资产经营公司也是根据教育部上述文件规定,于 2007 年成立的。但自成立以来,并未完全按照这一文件的要求,做到"高校与高校资产公司应实行人员、资产、财务分开,机构、业务独立",具体表现在以下3个方面:

(一)学校事业编制人员使用未分离

截至审计实施日,资产经营公司中为学校事业编制的员工共××人,其工资与岗位津贴均由学校统一发放。按照规定,企业应于每年年底返还工资和"四金"给学校。但审计发现,学校相关部门只要求归还其×位员工的岗位津贴,而未提出返还另外××位事业编制人员的上述费用。这客观上也加强了事业编制员工理念上的偏差,误以为资产经营公司仍是学校的一个"职能部门",而自己是职能部门的员工。

(二)资产经营公司目前仍作为预算单位向学校申请经费

资产经营公司除自身企业行为形成的财务收支外,历年来仍作为预算单位向学校申请预算,包括基本运行费、专项经费等,截至2015年年底,尚有经费结余千余万元,审计报告中已披露相关数据。我们认为,资产经营公司作为独立法人,财务独立,与学校不存在预算管理关系,不应再向学校申请基本运行费等。因此,在学校预算管理中,将资产经营公司列为常规预算申请单位的做法,是为不妥。如若确实发生须学校支持的开支,应当通过其他合适口子、用恰当方式,取得学校经费的支持。

(三)资产经营公司固定资产与学校未能完全分开,且无偿使用学校房产资源

在资产经营公司所有的固定资产中,一部分为企业资产,一部分为学校资产。资产经营公司历年来向学校申请经费,因事业性经费而形成的固定资产属于学校资产,但实际保管与使用为资产经营公司,在资产权属与管理使用中,学校资产与公司资产未能完全分开。

同时,资产经营公司自成立至今,一直使用学校×号楼一楼及二楼部分房间作为办公用房,建筑面积逾400 m²。该房产为××大学名下房屋,公司未向学校缴纳房产资源占用费。

资产经营公司作为独立核算的法人单位,应自主经营,自负盈亏,无偿使用学校房产的情况不符合《××大学公用房管理条例》第十一条规定"产业、商业用房,是指校办产业、商业网点等,使用人须与学校签订房屋租赁合同,参照当年市场标准,由使用人缴纳房屋使用费"。

综上,学校在人、财、物方面未能清晰地界定资产经营公司职能定位,学校的资产经营公司尚未按照教育部有关文件规定,做到独立运作。

二、学校对资产经营公司定位不明晰,未形成明确有效的业绩考核和股权回报机制

学校尚未充分发挥资产经营公司对下属企业经营运作、投资管理的功能,对其校办产业管理的范围、权限未作明确界定,未制定明确有效的业绩考核办法。

自成立以来,资产经营公司从未向学校分配过利润,其向下属企业收取的红利除按规定向财政部门上缴国有资本收益外,其余留存在公司账面闲置。一方面,资金使用效益低下;另一方面,学校作为资产经营公司出资人未充分享受到出资人收益。我们认为,学校应对资产经营公司明确定位,充分发挥其对下属企业经营管理的主观能动性,在学校与资产经营公司之间设立科学有效的业绩考核、股权回报机制,对其投资所得利润进行合理分配,在保证资产经营公司资本运作具有充分资源保障的前提下,使学校作为股东方能享受股权回报,实现国有资产保值增值的目标。

三、学校仍有部分投资企业未进行划转,资产经营公司"防火墙"的作用未能真正发挥

《教育部关于积极发展、规范管理高校科技产业的指导意见》第6条明确规定:"高校要依法组建国有独资性质的资产经营有限公司……,将学校所有经营性资产划转到高校资产公司,由其代表学校持有对企业投资所形成的股权。"按照这个文件规定,学校应将"所有经营性资产"划转到资产经营公司,由其统一管理,这样才能达到资产经营公司"防火墙"的作用。

学校财务账上反映的对外投资企业共有××家,其中,由资产经营公司负责管理的××家,占比不到60%。而在资产经营公司管理的企业中,有将近50%的企业的股权尚未划转到公司,其投资主体仍显现为××大学。

因此,目前有××多家企业的直接投资人仍为××大学,这或将使学校直接面临经营企业的经济和法律风险,亦不符合教育部文件规定。并且在上述企业中,有××家(占比66%)企业处于监管主体不明确的状况,学校校办产业存在极大的管理漏洞。

四、资产经营公司董事会、监事会目前无法正常运转

资产经营公司董事会和监事会成立于2007年×月。2011年××月换届,由分管校产的副校长任董事长,董事会和监事会成员大都由职能部门负责人担任。目前,大部分成员已不适合履行董监事职责,其中原因各异:有不符合现行规定的,有职务已经变动的,亦有退休或调离学校的。因此,目前作为公司决策机构的董事会、监事会已无法正常运转,造成公司的包括上缴学校利润等诸多重要事宜无从研究决策。

我们认为,资产经营公司的董事会、监事会亟须开展换届工作。

五、××大学企业发展有限公司与资产经营公司存在职能重合、权责不清的现象

××大学企业发展有限公司(以下简称企发公司)成立于1996年11月,最初由××大学出资。企发公司主要承担对下属企业的投资管理工作,本身并无实际经营业务,在资产经营公司成立前部分承担了资产经营公司投资管理的职能。企发公司成立后,学校形成以××大学产业化与校产管理办公室(以下简称校产办)作为学校行政管理部门承担校产的行政管理职能,企发公司作为投资公司承担投资管理职能的企业管理体制。

资产经营公司成立后,2009年经教育部批准,××大学将企发公司无偿划转给资产经营公司,成为资产经营公司子公司(实质为全资控股)。目前,企发公司账面共有 48 家参股企业,2014 年年底,长期投资账面余额为近千万元。

企发公司管理人员与资产经营公司基本为一套班子。企发公司本身未召开经理办公会议和董事会,由资产经营公司经理办公会议、董事会行使其职能。

在日常事务管理中,企发公司与资产经营公司也基本上是重合交叉运作,如行政事务、出纳、档案管理等。

审计认为,根据教育部文件精神,在资产经营公司成立后,由其承担学校投资管理的任务,企发公司已经完成其历史使命。企发公司持续运作造成其与资产经营公司间存在职能、人员重合以及"两块牌子,一套班子"的现象,实际工作中已造成权责不清、公司运作不规范的情况。此外,企发公司股权转由资产经营公司持有,原企发公司下属子公司转而成为资产经营公司的孙公司,增加了管理层级,加大了管理风险。

上述问题的存在,表明我校校办产业管理仍存在薄弱环节,也反映了学校校产管理体制不顺、部门机构之间的沟通不畅、权责划分不明确,这些问题将影响学校所属企业的进一步发展,需要学校各方引起足够重视。

(撰稿:×××　核稿:××)

【选例 57】《关于"××校区室外工程"近期签署的 3 个子项目补充协议的风险提示报告》

一、选例评析

(一)选例介绍

本选例的基础项目为××大学内审部门与工程管理部门长期无法

达成共识的历史遗留建设工程项目。2017 年,在工程管理部门送审的某工程项目竣工结算审计立项的资料审核过程中,审计人员发现了工程管理部门试图以混沌的处理方式,去处置历史的遗留问题。但是,审计人员认为,虽事项本身已属于过去式,相关人员也早已更替,但由于该项目在当下进行处置,鉴于国家政策法规已日益规范、明了,无法绕过必将面临的上级部门检查,也会直接影响对现任校长经济责任履职情况的审计评价。遂主动发出预警,呈报了《关于"××校区室外工程"近期签署的 3 个子项目补充协议的风险提示报告》,提请学校领导引起重视,认真对待,合规处置。

(二) 文书成效

该审计要情引发了学校的高度重视。学校领导责成工程管理部门领导提交该 3 个子项目补充协议签署的相关决策材料,并就审计提出的相关风险提示出具相应调整方案。

(三) 选例亮点

1. 不拘泥于项目层面的合法性,而是从学校层面的合规性和合理性出发,查找管理风险、提出审计意见。

2. 对于建设项目的审理不仅着眼于造价的审定,更着眼于工程管理行为的合规。

二、选例文书

审计要情〔2017〕第×号　　　　　　　　★内部材料,注意保密★

校领导:

"××大学××校区室外工程"(下称总项目)是 2007 年立项的历史遗留建设项目,存有先天性的缺陷。最初是非专业的校区建设办组织实施,为此,在 2012 年我处曾出具审计要情(见附件 1),专文反映了该项目未按教育部批复要求实行公开招标、合同管理混乱和重大变更随意等管理不规范情况;后由工程管理部门接管,但仍未能直面相对、跟进处理,长期以来,继续停留在斩不断、理还乱的局面。

近期,我处收到了所称总项目下 3 个子项目(名称和金额后述)的竣工结算审计送审资料。这 3 个项目,工程管理部门在 2009 年接管之后曾多次送审,但我处均因认定其不属于合同范围而退回。本次送审时,我处注意到,学校已与总承包单位签署《××新校区室外工程施工总承包合同补充协议(二)》(下称补充协议二),即这 3 个项目在法律程序上被列入了总项目的施工内容。对于我们而言,已可以进入竣工结算审计的实施流程;但对学校而言,由于该协议的签署本身存在隐患,且项目的结算时间都落在当下,日后若遇外部的监督检查,或将面临重大风险。

为此,特送呈《关于"××校区室外工程"近期签署的 3 个子项目补充协议的风险提示报告》,望学校在加强对在建工程项目管理、杜绝再发生类似情况的同时,采取必要的更正或补救措施,以应对未来外部的监督与检查。

审 计 处

2017 年×月×日

关于"××校区室外工程"近期签署的
3 个子项目补充协议的风险提示报告

一、送审项目情况概述
(一)3 个子项目的所属和名称

所属 2007 年立项的"××校区室外工程"(下称总项目)3 个子项目的名称分别为:

1. ××新校区零星工程；

2. ××新校区洗衣房、修车房、生活用房、××学院办公室、活动中心室内装饰工程等零星工程；

3. ××校区室外工程××地块室外总体工程。

以下分称子项一、子项二和子项三，合称为3个子项目。

（二）本次送审情况

1. 送审时间

201×年××月×日至××月×日期间，陆续提交3个子项目送审资料。

2. 送审金额

按上述子项目的顺序，分别为×××万元、×××万元和××万元，总计金额××××万元。

3. 审计立项依据：补充协议（二）

补充协议情况：（1）补充协议的暂定价为1 000万元；（2）协议用印为"××大学合同专用章"；（3）法定代表人：××（签名章），经办人：×××；（4）签订日期为空白（根据下文情况推断，应在201×年×月9日至××月20日之间）。

（三）历史送审和沟通情况

工程管理部门接手总项目后，多次送审过前任经手的子项一、子项二和其经手的子项三，但我处均因不属于总项目的施工内容退回。此后，我处曾就此多次与工程管理部门的前后两任处长及有关人员进行交流，建议作为历史遗留问题，在重新立项后另行结算，但始终未能获得共识。

201×年5月27日，工程管理部门要求我处对其提请上会的《关于××校区二期室外工程结算事项的请示》进行会签，我处于5月31日行文回复，明确阐述了4条意见：（1）未有立项，何以结算？（2）通过学校领导决策的方式处理，是否符合工程专业规范？是否存在违规风险？（3）重申审计原则。（4）再次重申风险。

201×年6月9日，两位校领导共同召集了两部门负责人和相关人员出席的建设工程管理审计联席会议，本事项被列入第四个研讨议题。研讨时，我处注意到，工程管理部门参会人员对此的意见本身不一致，故我处要求工程管理部门"从专业角度确认这3个遗留项目是否列属'××校区室外项目'，并提出了"若确非属，则请撰写情况说明并提出解决方案，妥善解决立项问题并明确相关的计价依据"的意见。

二、审计认为不应列入总项目施工范围的理由

（一）建设内容理应受"室外"内涵的限制

200×年8月，"教育部关于××大学××校区室外工程项目可行性研究报告的批复"显示，总项目的建设内容包括"新建运动场、景观绿化、室外总体工程"3部分并有具体表述（见附件2），均系室外工程范围；而子项一和子项二的建设内容均系室内修缮项目，不宜列入原项目的施工范围。

（二）建设项目的内容，不可随意跨项交叉或重复

子项三现冠名为××地块，但审计注意到，其建设内容和施工范围，主要为××学院科研楼和××温室的外墙、道路、绿化以及地下管线等工程内容，疑是该工程项目的甩项内容。

（三）子项三的实施时间，远离总项目约定的施工期间

××校区室外工程项目的总承包合同是原校区建设办签署的，施工期间约定为"开工日期：2007年××月×日，竣工日期：2008年×月××日"。根据送审资料，子项三的施工时间为2010年，远离总项目约定的施工期间。

三、3个子项目送审事项的风险评估

目前，虽然通过与总承包方签署补充协议二的形式，将其貌似合规化从而已可实施竣工结算审计。但审计认为，此补充协议二在接受来自外部监督时是经不起检查的。原因如下：

（一）送审的3个子项目不在上级批复范围内

补充协议二签署后，即便竣工结算审计可以付诸实施，但该行为违

反行业规范的性质却无法改变。

（二）补充协议二签署的时间或会引起关注和质疑

补充协议二的签署时间,虽因显现为空白而无法证实,但由于协议签署人是现任校长,签署时间与总项目合同签署与实施时间相隔久远是不争的事实。

（三）补充协议二与总项目承包合同的结算原则不一致,3个子项工程本身的结算原则也不一致

总承包合同专用条款第23条约定,项目计价按93定额"计算规则及相应有关取费标准和有关规定进行结算,……室外总体工程税前下浮6‰",而补充协议二取消了下浮率的约定:"工程结算价均不下浮";同时,3个子项工程本身的结算原则不一致,其中,子项一和子项二工程的计价原则是"按原合同执行",而子项三的计价规则条款则改为"按××市2000定额及配套文件结算,……"。

（四）审计未见补充协议二事项决策的资料

此项重大变更发生在当下。无论是其金额标的××××万元或是其建设内容,均应列属于重大变更,故3个子项补充协议的签署,须根据现行的学校规定和程序完成,但审计未见该事项决策的相应证明材料。

目前,工程管理部门提供的唯一决策依据,是200×年6月时任分管校长对校区建设办《关于新校区零星维修和生命学院楼基地有关问题的请示》的批复文本(见附件3)。但审计研读后与工程管理部门的理解有差异。审计认为:其一,请示内容仅包括室外项目维修和生科院"三通一平"工作,并未涉及室内维修和××室外总体工程内容。其二,校领导主要总体把关,专业政策法规的细节内容应由工程管理部门负责把握。其三,时任分管校长只是同意了零星维修费用的支出渠道,同时明确批示:"前面的事情尽快按程序处理。"问题在于无论是原校区建设办,还是其后接手的工程管理部门,均未从专业的角度去完成领导要求的操作程序合法合规。

四、3个子项目实施竣工结算审计面临的困难

目前,3个子项目的竣工结算送审资料均存在缺陷,如竣工图纸与施工现场不符、图纸无尺寸标注、签证编号不连续、签证内容描述不严谨等问题;此外,上述补充协议二的重大缺陷,造成了竣工结算审计实施依据不充分。以上问题,或将直接影响工程造价审计结论的合理性、准确性。

综上,3个子项目补充协议事宜,在接受外部检查时或将面临风险,专此提示。

附件:(略)

(撰稿:××　核稿:××)

【选例58】《关于××学院干部培训业务存在重大风险隐患的专项报告》

一、选例评析

(一)选例介绍

本选例的基础项目,是某大学内审部门对××学院院长的经济责任审计项目。该项目本被列为当年度的送达审计项目(即非重点项目),但审计人员在审阅学院提供的相关资料并进行适当的延伸检查后发现,学院在干部培训业务管理方面存在用人方式不合适、内部管理不规范、费用开支模式不合理的现象。囿于送达审计方式以及审计检查手段有限,审计暂无法对相关事项进行进一步核查,但根据现有资料,审计人员认为学院的干部培训业务管理存在重大风险隐患,无法排除发生舞弊行为的可能。

为发挥审计的预警作用,同时也为将相关问题查清查明,审计处将相关异常问题以审计要情的形式向学校报告,建议落实学校相关业务部门或纪监部门深入调查,查明情况。

（二）文书成效

该份要情送达校领导后，校长高度重视，立即作出明确批示，要求分管办班业务的副校长对该问题进行重点研究、督促整改，并责成纪监部门介入，进一步摸清该单位的具体情况，查实是否存在违法乱纪行为。同时要求由学校非学历教育管理部门牵头，在全校范围内展开专项检查和专题教育，对有关非学历教育情况进行梳理，采取措施，防范风险。

（三）选例亮点

1. 善用延伸审计和追溯审计功能。本项目采用的是送达审计方式，是××大学为应对日益繁重的审计任务而采取的分类管理措施，即审计人员仅查阅被审计单位根据要求送达的相关资料，不进驻现场进行现场审计。但是在查阅资料时，审计人员发现了异常和不合理之处，此时，审计人员采取了延伸审计和追溯审计功能，针对疑点，索取更进一步的资料，并约谈相关人员获取更多信息。我们常说，审计是有范围的，但在审计过程中，仍要善于把握审计风险，变通审计方式。该份审计要情的出具，也是基于内审部门对审计风险的合理规避。

2. 凸显以点及面和由此及彼的审计思维。因该校的办班业务采取了职能部门审批、各学院自主承办的管理模式，办班风险分散在各学院。审计人员联想到在该被审计单位凸显出来的问题，在其他学院里也极有可能存在。因此，在由此及彼、以点及面的审计思维带动下，审计在该份审计要情中，建议以此为契机，排摸全校非学历教育管理中的风险隐患，对非学历教育相关制度和管理模式进行研究，进一步规范学校非学历教育的管理工作。

二、选例文书

审计要情〔2018〕第×号　　　　　　　★内部材料，注意保密★

校领导：

　　根据年度审计计划的安排，我处已于2018年4月完成了对××学院原院长××同志的任期经济责任审计，并已出具审计报告，对发现的主要问题进行了披露。

　　该项目为送达审计方式。审计组依据学院提供的相关资料进行了适当的延伸检查。审计发现，学院在干部培训业务管理方面，存在用人方式不合适、内部管理不规范、费用开支模式不合理等现象。囿于送达审计方式以及审计检查手段有限，审计未对报告中披露的问题和相关数据作进一步取证和核实。但是，根据现有资料，审计认为××学院的干部培训业务管理存在重大风险隐患，无法排除发生舞弊行为的可能。

　　为发挥审计的预警作用，现将我们关注到的异常情况专报如下，建议落实学校相关业务部门或纪监部门深入调查，查明情况。同时，建议以此为契机，排摸全校非学历教育管理中的风险隐患，对非学历教育相关制度和管理模式进行研究，进一步规范学校非学历教育的管理工作。

　　特此报告，仅供决策时参考。

　　　　　　　　　　　　　　　　　　　　　　审　计　处

　　　　　　　　　　　　　　　　　　　　2018年×月×日

关于××学院干部培训业务存在重大风险隐患的专项报告

　　××学院（以下简称学院）于2012年起对外举办非学历干部培训

班。在实施领导干部经济责任审计的过程中，审计组对学院 2015 至 2016 年干部培训业务予以了重点关注。其间，学院举办干部培训班共××个，相关收入××××万元。审计发现，其业务运行存在以下重大或重要风险。

一、聘用合作单位理事作为办班管理人员，内控机制缺失

学院于 2015 年与上海 A 文化交流中心（以下简称 A 中心）① 建立会务服务合作关系，并于当年年初，聘用该单位的理事 Z 女士作为学院租赁人员，全面负责学院干部培训业务。审计发现，培训业务中大量职责集中在 Z 女士一人，不相容岗位未能分离，学院亦无有效监督措施。

审计认为，A 中心与学院已存在经济业务往来，而 Z 女士兼有双重身份，学院此不合理用人方式，造成培训业务内控机制缺失，从而无法防范非正常利益输送的情况发生。

二、费用支出模式不合理，经济活动存在重大风险

据学院提供的"培训班费用结算"表所示，每个培训项目收入经学校结算分配扣除 20％ 校管理费后，进入学院经费的 80％ 收入，学院保留其中 17％ 和学院提供教学场地的收费所得后，剩余部分全部列支费用，有关费用由办公室主任依据上述租赁人员在"培训班费用结算"中填列的费用名目和金额列支，其中，支付校外单位的费用均由上述租赁人员提供发票报销，相关列支的费用与项目收入不匹配。培训业务相关费用支出模式不合理，故审计无法确认办班费用的真实性、合理性，该经济活动的运行存在重大风险隐患。

三、办班业务内部管理不规范

具体表现为：学院未制定有关非学历教育培训制度以规范办班日常管理工作；所提供的非学历培训项目申请、延办或取消，均未见学院党政联席会议决策记录；培训班收费标准的确定缺乏必要测算依据，亦未对每个培训项目收支盈亏情况进行决算分析；存在项目申报审批时

---

① A 中心成立于 2014 年 8 月，属民办非企业单位，不具备从事与教育相关的会务活动的经营资质。

间晚于教育培训合同签订时间的情况;存在未严格按审批收费标准收费和另立名目收费的情况;票据管理中相关流程均集中在Z女士一人,内控缺失,且未建立票据台账对相关票据进行序时登记。

四、培训业务收支不规范,或存支出虚报、收入不完整的情况

1. 支付A中心大额会务费事由虚假或依据不足

学院分别于201×年×月×日、201×年×月×日支付A中心××万元、××万元会务费。相关支付凭证所附会务服务合同分别为A中心作为乙方承接"××省××县纪委干部培训班的会务安排"和"××区××街道公共管理与经济发展专题培训班的会务安排"。据检查,学院在合同约定时间内未举办上述培训班,学院存在以虚假合同为依据支付会务费的情况。

审计抽见,学院在201×年11至12月支付A中心7笔会务费,金额分别为×万元、×万元、×万元、×万元、×万元、×万元、×万元,金额总计××万元。上述7笔报销凭证均未附相关会务费用具体明细,支付依据不足,疑似拆分支付,规避学校"合同标的数额在3万元以上的应当订立书面合同"的相关规定。审计对上述会务费未作进一步追溯,故对其真实性无法确认。

2. 培训项目入账收入少于合同约定金额,收入或未完整上缴学校

学院培训班收费标准有按班级打包收费和按每学员标准收费两种。审计依据学院提供的合同及有关收费标准、学员人数等进行了粗略测算,发现2015至2016年期间,学院按打包方式收取的实际培训收入比合同约定金额少××万元;按每学员标准收费的业务,以学员手册人数统计计算,实际入账金额比按合同收费标准应收金额少×××万元,而若以学院填报的"自主办班情况表"中学员人数统计计算,实际入账金额比按合同收费标准应收金额少×××万元。

审计发现,学院提交的部分教育培训合同及相关非学历教育项目报审表中所涉及的收费内容存在篡改情况,与学校相关管理部门所存档的原件不一致。例如,学院提供的201×年×月×日签订的"××市卫生计生事业发展专题培训班"培训合同第八条内容"学费金额100 000元"篡改为"每人学费金额1 400元";合同第二十一条"双方就本合同其余条款约定内容外,同时约定下列内容:另有管理费××万元,住宿费××万元,餐饮费××万元,本次培训班共计总金额××万元整"相关内容被白纸遮盖。据了解,此班学员人数××人,实际收费入账金额仅×万元,比合同约定总金额少15.17万元。

此外,学院提交的"××市××法官素能提升培训班"相关的"非学历教育项目报审表"中的收费标准"委托培训总金额××万元"涂改为"每人1 000元"。同时,2016年8月29日签订的相关培训合同第八条约定的每人学费1 300元,篡改为每人学费1 000元。按学院上报人数××人统计,学院实际上缴金额××万元,比合同约定金额少3.21万元。

因受送达审计方式限制,审计未对上述数据进一步核实。但仅根据所获得的资料进行测算,已可判断学院培训收入的完整性存在问题。

3. 相关培训服务费未缴入学校账户,但相关培训费用从学院经费列支

审计发现,部分培训项目食宿、现场教学等培训服务费未见缴入学校账户记录,但有相关培训费用却从学院经费列支的现象。例如,学院自2015年12月6日起面向××市工商行政管理局领导干部连续开设了6期培训班,每期培训时间为8天,学员人数共275人。双方于2015年10月30日签订教育培训合同,约定了有关培训费和培训服务费。该班培训服务费××万元未见缴入学校账户记录,但审计却抽见××万元相关食宿费用由学院支付。

上述情况,专此报告。

(撰稿:×××　核稿:××)

参考文献

［1］劳伦斯·索耶,等.索耶内部审计[M].5 版.邵先宇,周瑞平,等译.北京:中国财政经济出版社,2005.

［2］王光远.现代内部审计的十大理念[J].审计研究,2007(2):24－30.

［3］鲍国明,刘力云.现代内部审计[M].北京:中国时代经济出版社,2014.

［4］理查德·钱伯斯.感悟审计职业生涯[J].中国内部审计,2015(11).

［5］时现.势在必行的改革[J].中国内部审计,2018(6):卷首.

［6］本刊特约评论员.新时代呼唤高水平的内部审计[J].中国内部审计,2018(7):卷首.

［7］本刊特约评论员.以审计精神立身[J].中国内部审计,2018(10):卷首.

［8］复旦大学审计处.经济责任审计知识读本[M].上海:复旦大学出版社,2018.

［9］谭丽丽,罗志国,等.内部审计工作法[M].北京:机械工业出版社,2017.

［10］郁炯,谢静芳,刘妍,刘萍.高校内部审计与社会审计合作模式下的质量控制[J].中国内部审计,2018(10):40－45.

［11］谢静芳.经济责任审计质量标准解析及双重控制[J].中国内部审计,2018(6):17－21.

［12］鲍国明.领导干部经济责任审计[R].北京:教育部财务司审计处(2017 年教育部审计处长培训班),2017.

［13］童清萍.谈新时期经济责任审计报告的特点及质量构建[EB/OL].http://www.qhaudit.gov.cn/info/1028/14154.htm.2016.

［14］李勋.我国经济责任审计发展历程研究[J].鸡西大学学报(综合版),2012,12(2):59－60.

［15］中国内部审计协会.中国内部审计准则.2014.

［16］徐峥.基本建设工程竣工财务决算审计应关注的重点事项[J].财务与会计,2017(11):63－64.

［17］复旦大学审计处.建设工程管理审计知识读本[M].上海:复旦大学出版社,2019.

［18］ 江进.新形势下高校预算管理审计探究［J］.财会学习,2017(7):112-113.

［19］ 江进.高校预算管理审计的思考［J］.成都工业学院学报,2016(9):60-63.

［20］ 王正涛.探讨企业全面预算管理审计［J］.财经界,2014(12):256.

［21］ 王燊.内部控制与审计的关系研究［J］.商情,2013(42):101.

［22］ 徐艳,陈留平.经济效益审计三要素探讨［J］.商场现代化,2008(26):358.

后　记

　　历经了酝酿、设构、编写、审稿等多个步骤，"高等学校内部审计知识系列丛书"（下称"系列丛书"）之三《审计结果性文书选例读本》（下称"本书"）终于脱稿了——逾40万字，满满的干货。

　　参与本书编写的人员有：

　　总　论　审计实施结果的载体与结晶　郁炯

　　第一章　领导干部经济责任审计　谢静芳、高卫强、刘妍

　　第二章　建设工程管理审计　郁炯、刘丹丹、张晓钧、陆茂华、郑耀琦

　　第三章　预算管理审计　谢静芳、高浩玮

　　第四章　科研经费管理审计　张育、郑勇、高卫强、许斌

　　第五章　内部控制审计　高浩玮、郑勇、雷洋昆、周国华

　　第六章　绩效审计　江进、周国华

　　第七章　专项审计调查　郁炯、谢静芳、金晶、郑梅娟

　　第八章　审计咨询　张育、谢静芳、刘丹丹、张晓钧

　　第九章　审计建议书　郁炯、谢静芳、刘丹丹

　　第十章　审计要情　郁炯、张育、谢静芳

　　郁炯、张育和谢静芳对全书进行了总撰，张璐妍承担本书编写组的秘书工作。

一个聊天中偶发的念头,在历经超乎预料的艰难之后,终获实现。执果溯因,得益于下述不可或缺的多重因素。

首先,必须重点提及的一位关键人物是本系列丛书的总策划——袁正宏研究员。袁正宏自2013年10月任复旦大学党委副书记兼纪委书记始,便协助校长管理复旦大学内部审计工作。上任之初,他便明确地提出了学校内部监督工作"防未病、治既病、强体系"的大政方针,指示我开展审计监督的同时,还要注重利用好审计结果进行审计宣传和培训,打消校内大部分人对审计的神秘感和恐惧感;当他对内部审计有进一步了解后,则果敢地要求内部审计要坚守定位、敢于亮剑,旗帜鲜明地发表审计意见与建议;在复旦内部审计部门成立30周年的2016年,他又明确提出开展阶段性的回顾,以四个校区同步展览的形式,组织内部审计建制30周年的宣传纪念活动,进一步扩大了内部审计的影响力。2017年年初,他要求我从审计理论研究的视角,对多年来复旦大学已然形成的审计理念、审计文化和审计方式与方法等进行提炼和固化,以便将已取得的审计经验传承下去。正是其时这些一道道被我们视为难题的"指令",逼迫我们调整埋头赶路的匆匆步履,凝神回眸这十余年来走过的路,俯拾归集沿途散落一地的果实,这才有了这套系列丛书。对于本书的编撰提议,他不仅大力支持,且与我一起斟酌、确定书名,并明确要求纳入其他高校的有益经验。在本书出版之际,历数他的正确部署与清晰思路,让我打心底里敬佩与信服!

其次,得益于复旦大学审计处的全体人员——用现在时态描述,这是我曾经的团队(2007年8月至2018年1月期间,我担任处长)。屈指细数,在这十余年中,前后共有20余人与我共同在内部审计这块土地上播种与耕耘,感受辛劳与快乐。因各种原因不少人已离开团队,其中最令我难忘的就是领我步入审计之门、引我学写审计文书的黄勤老师。因而,今日本书的大功告成,无疑是一种动须相应,是众多个体的付出汇入团队实践后所结出的累累硕果。

最后,有赖于参与本书编写的每一位人员。其中,有先我驻扎内审战线的"老"审计人,有在我任职期间加入团队的后来者,更有慷慨相助的兄弟高校审计同仁和助手单位人员。大家一呼即应、受领任务,共同见证了我们努力将正确理念落地、将有效经验传播的诸多时刻。

通过本书的编写,我们进一步从理论和实务上明晰了定位,强化了认识,厘清了不同业务条线的逻辑与脉络,从而收获了一份从实践中提炼、再返回指引实践的真切体验和一种螺旋性的认知升华。我相信,这种体验与升华对大家日后的思维定势和行为方式——无论是工作中还是生活上的,都将产生持久而正向的影响。

因此,请允许我以主编的身份,对上述所有人员致以最诚挚的感谢:《审计结果性文书选例读本》因你们而成就!

以下领导、学者和专家,也是我必须致以特别鸣谢的:

——感谢复旦大学历届校领导,特别是始终给予内部审计工作以坚定支持的许宁生校长、杨玉良校长和刘建中副书记;

——感谢教育部财务司审计处魏秦歌处长,她站在主管部门的视角,对本书编写给予了定调、指导与审核;

——感谢李若山教授和王雷研究员的厚爱,接受我突兀的不情之请,在百忙之中费神通阅本书并欣然作序;

——感谢业内的各位学者、领导和高校同仁,他们或拨冗参与审稿,或以通信及现场审稿会的方式,分别对书稿提出了高屋建瓴、富有见地的意见与建议,令我等受益匪浅,令本书更趋完善。他们是:

时现(南京财经大学副校长、教授、博士生导师);

周庆西(天津师范大学内部审计研究所所长、教授);

吴晓玲(上海市审计局副局长、高级审计师);

李明(清华大学审计处处长、中国教育审计学会常务副会长)。

在此,我还要向复旦大学出版社道声感谢,本书与前两本书的出版过程,凝聚着他们的付出与辛劳。同时,也顺便告诉高校的审计伙伴们,"高等学校内部审计知识系列丛书"是一个开放的平台,若各位有理论研究的收获欲分享，它的大门是敞开着的。

就个人而言，内部审计注定是我四十四年职业生涯的最后一站。因此，本系列丛书的编辑，已非一项单纯的、无可推卸的工作任务，而是为"存志留史，以启后学"（王雷语）的一种责任与义务，更可视作一场令自己往更高境界去的付出与修炼。在经受了不同领域、不同岗位的锻打和磨砺，幸会了很多截然不同但同样有趣或有意思的人，历经了"看山是山""看山不是山""看山还是山"的人生各阶段，此刻的我，心下无憾，唯存感恩：

感恩学校给予了这样的一个平台，使我有幸成为复旦大学内部审计转型发展的拓荒人；

感恩领导给予了足够的时间，令我得以从容地带领审计处步入厚积薄发的历史阶段，并得以顺利地完成了系列丛书前三本书的出版任务；

感恩这一路上所有的同行人，感恩这一路上所有的遇见！

今天，当我拿到出版社的校样稿，复阅、诵念这情暖如春的序言与感言，再次感慨动容。然而，二十世纪的著名诗人纪伯伦曾说："记忆是一种相聚的方式，忘却是一种自由的方式。"我想，现在我已可将对职场的记挂与牵绊，还有与各位的聚缘留给记忆，而大家当以一种自由的姿态去踏上未来已知或未知的征程……

我最后想对审计同行如是说：内部审计是一个充满阳光的正能量职业，但也是一份需要守住底线、耐住寂寞的平淡职业，更是一份必须时时保持敬畏之心、不断学习奉献的奋进职业。唯愿你们不管走得多远，能够始终牢记使命，不忘初心。内部审计未来可期，但路仍漫漫，在日后的行进中，你们既要脚踏实地，更勿忘仰望星空！

是为感言。

郁　炯

2019 年 5 月 25 日

感 言

● 丛书策划

袁正宏(复旦大学)

这本书看似是写出来的,其实是"做"出来的。自 2013 年 9 月起,我先后协助杨玉良校长和许宁生校长管理复旦大学内部审计工作,亲历了复旦大学内部审计工作的转型与创新的发展过程。其间,我有幸与一批勇者共事,目睹他们领会"防未病、治既病、强体系"的内部监督工作思路,践行审计处"勾稽审比 善谏助行"的处训,用笔揭示问题,用真情帮助学校各级管理者改进工作。如今,勇者又成为了智者,他们用笔记录历程,用真情提炼经验、启迪众人。由衷地为他们喝彩、点赞!

感谢本书的主编郁炯同志,感谢每一位参编人员!

● 审稿专家

魏秦歌(教育部财务司审计处处长)

当局者迷,旁观者清。内部审计作为组织内部的旁观者,把握应然判实然,揭示风险,提出建议,助力组织目标实现。本书用丰富翔实的案例和精准简练的评析彰显了内部审计的价值和意义。读本书,我不仅看到了一个个实实在在的案例,更看到了许多高校内部审计人员对这份职业的热爱与付出。

这是一本有厚度、有温度的书。

时　现（南京财经大学党委常委、副校长、教授）

这本书有情怀，令人感动。前言部分以"我俩聊到"作为每段的开头，对本书的形成缘由娓娓道来，平和温婉地植入时代背景、内审定位和职业内涵，从而推导出本书的编写是一种需求，也是一种必然，真实可信，让人愿意接着去读。

这本书务实前瞻，引人入胜。总论部分以国际前沿理论和先进的内部审计思想为基础，阐述了内部审计的概念框架和基本职能，且以此为基础，界定了本书所称的审计结果性文书的内涵与外延；各章节的概述或简述，坚持以总论为统领，紧扣现代审计理念和"确认、咨询"两大核心功能展开阐述；甄选的所有案例翔实而丰富，是郁炯老师等高校审计工作者多年审计经验的升华，渗透着审计人的哲理、思想和情怀。

我以为，这本书内容全、定位高，具有引领性和示范性，既适合做实务的审计工作者，也适合教审计的高校老师，值得细读。

周庆西（天津师范大学内部审计研究所所长、教授）

郁炯处长的能力和智慧令人佩服。她组织编撰的这本书，对高校内部审计具有引领和示范作用，意义重大。

这本书让高校的内部审计人员了解到哪些做法是可行的，从而缩短其学习曲线，规范其操作行为，加速其职业发展。值得推荐！

吴晓玲（上海市审计局副局长、高级审计师）

有感于郁炯处长和复旦大学等高校审计处多年的实践探索和精心研究，呈现给我们这样一本实务性极强的读本，其中有大量的、可直接为实务工作所借鉴与参考的审计结果性文书。我还注意到，本书虽则名为"选例读本"，但它同时通过导论、概（简）述及选例点评，系统地阐述了高校不同审计业务的定义与概念。如果换个视角去看，其中的选例文书又似乎成了配角，其用心与用力可谓良苦。

相信本书不仅会对内审人的实践工作有很多直接的帮助，也会对国家审计工作带来新的启迪和思考。

● <u>参编人员</u>（按提交时间先后排序）

谢静芳（副主编/复旦大学）

能与一群有想法、有能量的人共同做一件有意义的事情，实在是幸运又幸福。

幸运在于我们有一位于事严格、于人温和、富有人格魅力的主编，将我们汇聚在一起，以千锤百炼之心，将刚硬的审计实践煅化成一篇篇诤言良文；幸运在于能结识一群专业精湛、见识卓绝的专家学者，以春风化雨之功，为我们点拨困顿，开悟前路。

幸福在于我们能从审计职业生涯的每一步路上，找到我们以汗结下的果、以心孕出的珠，并将它们奉给需要的人；幸福在于能在琢磨本书的过程中，重新领悟审计的内涵，拓展内审的视野，再次获得自我的成长。

本书不是华文彩篇。只因为我们采的是最有机的果、最朴素的珠，希望读者能从中品出好滋味。

做成一件事情不易！编出一本有内容有质量的书不易，做好一份有内涵有价值的职业不易。正因为不易，我们才会格外珍视。相较于国家审计和社会审计，内部审计是一门更加需要讲究工作艺术的职业，其间奥妙也许只有亲历者才能真正体会。我敢肯定的是，内审的工作思维和方式，在任何岗位上都将使你受益匪浅。

江　进（北京语言大学）

一个偶然的机会，有幸加入本书编撰的队伍之中。整个参与过程中有无数次的感动，收获最大的是友情，是精神，是胸怀！

第一次读到前言和总论，折服于郁炯老师的敬业与担当；第一次读到初稿，如获至宝，折服于审计同仁的无私分享；第一次参加集体研讨，折服于团队的严谨与热情;第一次聆听专家现场指导与点评,折服于他们的视野和深度!

内审是静水深流、润物无声的职业,愿更多的同仁能在践行审计理念的过程中,找到价值的快乐与收获!

高浩玮(天津大学)

应该说这本书不是"写"出来的,书中所有选例编撰均取材于高校审计实务,都仿佛参编者自己的孩子一般,虽然"他"不一定尽善尽美,但却是高校内部审计人用实践奋斗孕育收获的幸福,这幸福来自服务完善高校治理切实发挥内部审计应有作用的实证,来自教育审计特色实务为业界及学界的借鉴研究。

我作为从业 28 年的高校内部审计人,有幸为这本书尽了自己的微薄之力,深感荣幸。感谢主编郁炯老师,致敬所有的教育审计同仁!

周国华(哈尔滨工业大学)

非常有幸能够参加复旦大学审计处《审计结果性文书选例读本》部分章节的编写。内控审计和绩效审计尚处于初始阶段,于我们而言是在传统内审工作之上的一个崭新的探索。通过参与编写《读本》,我们对相应理念、相关选例进行再一次的总结和反思,对《中国内部审计准则》和《中国内部审计实务指南》中关于内控审计和绩效审计的定义和操作程序也有了新的领会。这个实践与理论相结合的过程,使我们对于今后如何开展包括内控审计和绩效审计的管理审计有了新的认识。

感谢郁炯老师和复旦大学审计处赐予的学习与提高机会!

张晓钧(上海求是工程造价有限公司)

有幸参与了《读本》部分内容的编撰,可能因为才疏,过程有点艰辛。然而,小成之时,甚是欢喜。沉心静思使自己有了一点点进步,得以去理解"法无定法"乃至触碰"大道不二"的境界。

一点点思考的分享，更带来双倍喜悦。幸甚！

陆茂华(复旦大学)

作为一名普通的业务实操人员，参与本书的编写过程是一个业务重塑和思维再造的过程，从实然到应然，从实践到理论，有幸参与其中，收获颇多。

许　斌(中国矿业大学)

感谢复旦大学审计处提供的平台。参与本书编写工作是一次难忘的经历，令我受益良多。与众多优秀的审计同仁一同交流，并近距离聆听数位专家的指导，让我从新的高度去审视之前的工作案例，并将其从"实然"状态升华到"应然"状态，这个过程不仅是对工作成果的一次提炼，也是对我个人能力的一次提升。这次经历注定是我审计职业生涯中的一盏明灯，指引我前行。

刘丹丹(复旦大学)

2012年，初到审计处一年多的我，有幸参与了处内三上三下的"处训"征集和评选。当"勾稽审比　明辨慎思　履职尽责　善谏助行"的16字"处训"择定在眼前，彼时浅尝审计的我更多体会到的是审计的"技"和"术"，而远没有体悟到它的"道"和"谋"。

在随后近8年将审计书本的理论知识运用于实践，再从审计实践中总结适用于实际工作的审计经验，并进而参与本书的编写过程中，"勾稽审比"的审计方法已渐入骨肉，"善谏助行"的审计目标也渐显成效。尤其在梳理《审计结果性文书选例读本》的过程中，越发感受到只有"勾稽审比"的过程到位，才有可能写出"善谏助行"的文书，巧妇亦难为无米之炊；同时，只有撰写文书的人做到"善谏"，才能既无愧于同事们辛劳的审计过程，也有利于领导们精准的阅读理解，从而实现为组织"助行"的审计目标。

路长且阻,希望一路上都能遇到郁炯老师这般的引领者,带领我们在脚踏实地的同时,仍不忘仰望星空。

郑耀琦(上海华融投资咨询中心)

非常荣幸参与《审计结果性文书选例读本》的部分工作。对于我个人而言,与其说是参与编写,倒不如说是获得了学习与成长的机会。作为一个咨询行业的从业人员,如何将专业咨询与审计工作有机结合,是适应我国社会发展趋势的必然,更是一个全新的课题和挑战,亟待观念、知识、方法和手段等全方位的提升。这套丛书能为我们提供有益的启发和帮助,再次感谢复旦大学审计处和主编提供这样难得的平台。

衷心祝愿高校内部审计工作百尺竿头、更进一步。

高卫强(复旦大学)

作为一个从事内审工作已有20年的"老"审计人,有幸目睹了复旦大学审计处的审计范畴由窄变宽、审计功能由弱变强的整个历程,有幸参与读本的第一本书和第三本书部分章节的编写工作,更有幸当面聆听了业内著名审计专家们的点评与指导,感想与感悟很多,但却难以用语言准确表述。

感谢郁处这十余年来的引领,让我知晓了内部审计该干什么、如何去干;感谢郁处十余年来的鞭策,让我懂得了做审计不可如盲人摸象般地只看局部而忽视全局。就如她一直对我们所说的一样,审计是拿着尺子(制度等)去丈量被审计对象的行为,本书的意义就是我们该如何使用尺子、如何去做丈量的审计工作规范化的最好体现。

郑梅娟(武汉大学)

非常荣幸能参与此书的编写工作。一次次对选例进行审视和调整,是对这块"美玉"精雕细琢的过程,也考验着我们的细心、耐心和恒心。借着参编的机会,我学习到具有鲜明特色的高校内部审计选例,学习到创新的审计思维和开阔的审计思路,学习到闪耀在高校内部审计人身上锐意进取、担当有为的精神!

张璐妍(复旦大学)

感恩有机会能加入复旦大学审计处,成为大家庭中的一员;感恩主编给我这个新人以机会,承担编写组秘书工作;感恩能通过本次的参编过程,获得如此珍贵的学习机会与人生经历。

作为一名新的高校审计人,《读本》不仅能让我加深对高校审计的认识,更是一本不可多得的实用宝典,为日后的审计工作点亮了一盏指路明灯。

刘　妍(复旦大学)

参与本书第一章的编写,真切感悟有二:

一是幸运。既能高屋建瓴地了解高校内审各业务类型的内涵,又能看到高度凝练的各业务文本,这些都是前辈们经年累月总结凝练的结果,如此一览无余,可谓幸哉。

二是鞭策。在对文稿不断打磨的过程中,我体会到的是精雕细琢的工匠精神,是抽丝剥茧的钻研精神,是对审计工作的满腔热忱,这些都给予我鞭策、鼓舞和动力。

金　晶(武汉大学)

本书的形成呈现出一种"对话"状态:组织实施项目,是审计人与被审计对象的对话;编写选例,是我们与过往工作的对话;聆听现场审稿会,更开启了我们与审计学者、专家的深度对话。三次对话拾级而上,历经对审计成果的提炼、对审计思维的延展、对审计职责的坚守,受益匪浅,意义非凡。

感谢复旦大学审计处提供这样的平台,让一颗颗小果实得以迎风飞扬!

雷洋昆(北京大学)

初识郁炯处长是在 2009 年。这十年来,经常得到她热忱的指导,这是我的幸运,也是我的福气。审计是一项谁都可以做的工作,但又非一项谁都可以做好的工作。做与不做,做多做少,如何去做,核心在于审计人,尤其是审计领头人。作为一名敢于担当、经验丰富、睿智专业的审计领头人,郁炯处长专心投入一年多的时间,带领大家通过编写本书,原汁原味地呈现审计项目的组织,原汁原味地展现审计人员的思路,原汁原味地描述审计问题的定性,原汁原味地反映审计建议的构思,着实活灵活现、惟妙惟肖,着实令人深思、令人敬佩。感谢她点起了这样的一盏航标灯,引领我们教育审计人员在实践中探索,向正确方向前行!

张 育(副主编/复旦大学)

本书是一群高校审计工作者自身经历与经验的珍贵积淀,浸润着领导们的智慧冀望和专家们的真知灼见,更体现了郁炯老师在高校内部审计战线"十年磨一剑"的无私奉献。

本书将内部审计中各自独立运行的各类业务,用审计结果性文书这一共性载体组合在一起,展现出"横看成岭侧成峰,远近高低各不同"的景致。让阅读者既可纵览森林,也可欣赏独木;既可给正在奋勇前行的审计人以启发和思考,也能给尚在分叉路口摸索彷徨的审计人以方向指点。

感谢所有参编人员,感谢长期以来给予复旦大学审计处以支持的各级领导、专家学者,但愿本书所体现的开拓精神和开放心态,能引起众多高校审计人的共鸣,去努力践行郁炯老师所寄语我们的"脚踏实地、仰望星空"。

图书在版编目（CIP）数据

审计结果性文书选例读本/复旦大学审计处编.—上海：复旦大学出版社，2019.7
（2023.7 重印）
（高等学校内部审计知识系列丛书）
ISBN 978-7-309-14389-8

Ⅰ.①审…　Ⅱ.①复…　Ⅲ.①高等学校-审计-文书-研究　Ⅳ.①F239.66

中国版本图书馆 CIP 数据核字（2019）第 113862 号

审计结果性文书选例读本
复旦大学审计处　编
责任编辑/陆俊杰

复旦大学出版社有限公司出版发行
上海市国权路 579 号　邮编：200433
网址：fupnet@ fudanpress. com　http://www.fudanpress.com
门市零售：86-21-65642857　　团体订购：86-21-65118853
出版部电话：86-21-65642845
常熟市华顺印刷有限公司

开本 787×1092　1/16　印张 34.75　字数 467 千
2023 年 7 月第 1 版第 3 次印刷

ISBN 978-7-309-14389-8/F·2585
定价：80.00 元